D1717856

JOCHEN KIRCHHOFF
WAS DIE ERDE WILL

JOCHEN KIRCHHOFF

WAS DIE ERDE WILL

MENSCH – KOSMOS – TIEFENÖKOLOGIE

GUSTAV LÜBBE VERLAG

Copyright © 1998 by Gustav Lübbe Verlag,
Bergisch Gladbach
Redaktionelle Bearbeitung: Rainer Spengler, Berlin
Umschlaggestaltung: Guido Klütsch, Köln, unter
Verwendung eines Fotos von Frank Rossotto/
The Stoc Market Düsseldorf
Satz: Dörlemann Satz, Lemförde
Gesetzt aus der Slimbach von Berthold
Druck und Einband: Friedrich Pustet, Regensburg

Printed in Germany
ISBN 3-7857-0922-6

5   4   3   2   1

INHALT

7. Kapitel
Die Erde im Kosmos –
oder: Was bedeutet es
aus kosmischer Sicht,
wenn die Erde stirbt?

8. Kapitel
Spiritualität, Tiefenökologie
und Bewußtseinsforschung –
die Herausforderung
transpersonaler Erfahrungen

SCHLAGLICHTER
(STATT EINES VORWORTS)

◇ Fünf Millionen Kraftfahrzeuge, so höre ich, habe die deutsche Automobilindustrie im Jahre 1997 produziert. Ein Rekordergebnis. Sorgen, so höre ich weiter, bereite allein die nimmermüde ausländische Konkurrenz und die Aussicht, daß der globale Markt irgendwann erschöpft sein könnte ... Kaum gestellt wurde die – allein wichtige – Frage: Wie viele Autos verträgt die Erde? Wie viele industrielle Arbeitsplätze überhaupt kann der Planet verkraften? »Die vielen arbeitenden Menschen werden zu Totengräbern dieser Welt.« (Herbert Gruhl, 1992)[1]

◇ Zu Beginn der Olympischen Winterspiele im Februar 1998 in Nagano (Japan) wird ein überdimensionaler Luftballon, der die Erde darstellt, zu den Klängen des vierten Satzes der neunten Sinfonie von Beethoven in die Luft gestoßen. Der Jubelruf globaler Verbrüderung als Klangkulisse für Massenpathos und Sentimentalität. Der blaue Planet, diese so gehätschelte Ikone unserer Zeit, als harmloser Ballon. »Alle Menschen werden Brüder.« Beethoven eröffnet ein alpines Geschwindigkeits- und Technikspektakel ohnegleichen. Die Rodler sehen aus wie Raumfahrer oder wie Science-fiction-Figuren ...

◇ Wieviel Dummheit, wieviel Zynismus verträgt die Erde? Wieviel Dummheit, wieviel Zynismus tolerieren wir alle?

◇ Dennis Meadows, der 1972, im Auftrag des »Club of Rome«, die Studie *Grenzen des Wachstums* veröffentlichte, in einem Interview mit dem *Spiegel* im Sommer 1989: »Ich habe mich lange genug als globaler Evangelist versucht und dabei gelernt, daß man die Welt nicht verändern kann. Außerdem verhält sich die Menschheit wie ein Selbstmörder, und es hat keinen Sinn mehr, mit einem Selbstmörder zu argumentieren, wenn er bereits aus dem Fenster gesprungen ist.«[2]

◇ Rudolf Bahro 1987 in seinem Buch *Logik der Rettung*: »Dieser Mensch, ›wie er nun einmal ist‹ – mit dieser ›materiellen Interessiertheit‹ als Mitte seiner empirischen Existenz –, er ist verloren.«[3]

Also fangen wir an.

1. KAPITEL

»DEN VORHANG ZU UND ALLE FRAGEN OFFEN«

(Bertolt Brecht)[1]

»… die Trennung von Ich und Welt,
die schizoide Katastrophe, die abendländische
Schicksalsneurose: Wirklichkeit. Ein quälender
Begriff, und er quälte alle, die Intelligenz unzähliger
Geschlechter spaltete sich an ihm. Ein Begriff, der
als Verhängnis über dem Abendland lastete, mit
dem es rang, ohne ihn zu fassen …«
(Gottfried Benn, 1943)[2]

Es ist so unbegreiflich. Der Mensch – die Menschheit als Ganzes – scheint wie besessen davon, die alles Leben tragende Erde und damit langfristig auch sich selbst zu ruinieren, irreversibel zu schädigen. Die ökologische Katastrophe erfährt da und dort gewisse Abschwächungen, manche düsteren Voraussagen haben sich als voreilig herausgestellt, zumindest was die Zeitdimension anlangt (für viele Anlaß, überhaupt Entwarnung zu geben), viele Effekte sind umstritten und mehrdeutig (etwa die globale Klimaverschiebung), aber der Kurs der Titanic Richtung Eisberg ist unverändert. Nirgendwo ist der ernsthafte und über das rein Theoretische hinausgehende Wille erkennbar, eine Kurskorrektur des Luxusliners vorzunehmen. Alle maßgeblichen politischen Instanzen wirken wie gelähmt. Längst hat der geistferne Leerlauf des puren Ökonomismus alle Schranken durchbrochen, alle politisch-moralischen Steuerungsformen hinweggefegt. Der große Leviathan Kapital–Industrie–Technik–Wissenschaft, das, was Lewis Mumford die Megamaschine nennt, macht uns alle zu Sklaven, er gibt die Regeln des schlimmen Spiels vor. Karl Marx hätte sich nicht träumen lassen, in welchem Grade die Politik zum Dienstleistungsbetrieb, zum Erfüllungsgehilfen der Diktatur des Kapitals herabsinken könnte. Wobei das, was Marx als Kapital anprangerte (und zugleich bewunderte), eine Kümmerform dessen war, was heute global dominiert.

Eine Entmündigung ist seit Jahrzehnten im Gange, deren Größenordnung die wenigsten innerlich auch nur zulassen, schon um die Selbstachtung nicht zu verlieren. Kaum ein Aufschrei der Empörung; der Leviathan steht alternativlos da. Er siegt und siegt und wird sich selbst, wie alle Parasiten, zu Tode siegen, wenn sein Wirtsorganismus stirbt. Und das große Sterben ist allenthalben spürbar. Nicht nur die Biosphäre wird niedergewalzt, geschunden und geplündert, sondern auch die Noosphäre, also die Sphäre des Geistes. Mit der lebendigen Natur wird auch der Geist dezimiert, und das scheint der Mensch am schwersten zu begreifen. Die Turbinen der großen Maschine werden angetrieben *mit unserem Blut*, dem Blut der Herzen und dem Blut des lebendigen Geistes. Und dabei ist das tagtägliche Blutopfer, das uns etwa der Wahn der totalen Mobilität Jahr für Jahr abverlangt, also jene Zehntausende von sogenannten Verkehrstoten und jene Hunderttausende von Schwerverletzten, nur (wenn dies kein Zynismus ist) eine global gesehen winzige Facette, nur ein besonders augenfälliges – aber in sich schon grausiges – Symptom der allgemeinen Katastrophe und der allgemeinen Mentalität.

Ohne den Lebenssaft der Herzen *und* der Geister (und des lebendigen Geistes) würde der Leviathan als das erkennbar werden, was er ist: eine gewaltige Chimäre, ein parasitäres Konstrukt, eine Art Cyberspace. Ein Etwas demnach, das zwar wirkt und insofern auch eine kollektive seelische Wirklichkeit darstellt, aber das in sich und aus sich heraus substanzlos ist und fortwährend mit unseren Lebensenergien gefüttert werden muß. Warum wir unsere lebendigen Kräfte da hinein verausgaben und sie dort auslaugen lassen, ist das große Rätsel der ökologischen Krise, und zwar theoretisch-konzeptionell, psychologisch und auch auf der Handlungsebene. Denn es ist nicht so, daß das nun gar nicht gesehen oder gewußt wird: Viele sehen und wissen das, artikulieren es auch (meist in eher privaten, also unverbindlichen Zusammenhängen), spielen aber dennoch mit, auch wenn sie sich unwohl dabei fühlen. Unter anderem deswegen, weil sie ohnmächtig zu sein glauben, wie überhaupt das Gefühl der Ohnmacht fast allgegenwärtig ist. Die Menschen haben sich zunehmend daran gewöhnt, »daß ohnehin nichts zu machen ist«, was zu einer Mischung aus Resignation und (offenem oder verstecktem) Zynismus führt. Der Mensch glaubt nicht mehr an den Menschen! Das ist die niederschmetternde Pointe des Ganzen.

Der Biochemiker und Wissenschaftskritiker Erwin Chargaff gehört zu den wortgewaltigsten Diagnostikern des allgemeinen Wirklichkeitsverlusts. In seinem Aufsatz »Zu müssen, was man nicht soll«, der den Wahn und das Selbstbetrügerische der sogenannten Sachzwänge zum Gegenstand hat, heißt es:

»Wir leben in einer Zeit, in der das, was früher Wirklichkeit hieß, durch ein aus unzähligen Scheinwirklichkeiten bestehendes

Schichtwerk ersetzt worden ist. Was diesen diabolischen Sand-
wichbau, der nicht stärker ist als seine schwächste Schicht, zusammenhält, das sind eben die Sachzwänge. So leben wir alle aus
der kraftlosen Hand in den lügenhaften Mund. Was man früher
Gesellschaft nannte, ist eine Gesellschaft mit unbeschränkter
Nichthaftung geworden. Es gibt niemanden, der verantwortlich
gemacht werden kann: Die Sklaven treiben einander und wissen
nicht wohin.«[3]
    Das ist deutlich und von niemandem ernsthaft zu widerlegen.
Und nun?»Den Vorhang zu und alle Fragen offen«, heißt es am
Ende von Brechts Drama *Der gute Mensch von Sezuan*.»Soll es ein
andrer Mensch sein? Oder eine andre Welt? Vielleicht nur andre
Götter? Oder keine?« Noch einmal Brecht.[4] Um diese Fragen soll es
gehen in diesem Buch.
    Was ist die ökologische Krise im Kern, im Ursprung, in der
anthropologischen Substanz? Wie können wir die Krise denken?
Das Buch zielt auf nichts Geringeres als eine (philosophische, be-
wußtseinsgeschichtliche) Theorie der ökologischen Krise und auf
den Versuch, einen theoretischen Rahmen zu schaffen, ein theo-
retisches/philosophisches/bewußtseinsgeschichtliches Fundament,
das es ermöglicht, vielleicht – zunächst gegen alle Wahrscheinlichkeit – Veränderung und Verwandlung zu initiieren. Die Versuchung der Resignation und des Zynismus liegt nahe (und auch ich
erliege ihr immer wieder und mehr, als mir gut tut), auch die Versuchung, alles auf den kleinsten gemeinsamen Nenner zu reduzieren, auf die niedrigste Frequenz sich einzuschwingen, sich zu
begnügen mit kurzatmigen, das eigene Überleben garantierenden
pragmatischen Schritten. Denn man soll sich nichts vormachen:
Der allgemeine Konsens mit dem Kurs des großen Leviathan, der
großen Maschine, ist weitgehend ungebrochen, aller Kosmetik
ungeachtet oder gerade *wegen* der (häufig subtilen und sehr
geschickt ins Werk gesetzten) Kosmetik.
    Das Buch versteht sich als eine Art Grundlagenbuch, es ist
keine Handlungsanleitung für morgen und übermorgen. Es versucht noch einmal und wie zum erstenmal vielleicht, die Grund-

fragen zu stellen, um die es heute geht angesichts der globalen Krise. Es kümmert sich nicht um politische »Umsetzbarkeit«, auch ist es keiner Strömung oder Schule der ökologischen Debatte der letzten drei Jahrzehnte verpflichtet, am ehesten noch der sogenannten Tiefenökologie im Sinne des tiefen, des radikalen, des an die Wurzeln gehenden Fragens. Gleichwohl wird auch die Strömung, die sich Tiefenökologie nennt und deren Verdienst unbestritten ist, einer Grundlagenrevision unterzogen (wie auch der Ökofeminismus).

Wenn ein Etikett für ein Unterfangen wie das vorliegende überhaupt sinnvoll erscheint oder wirklich greift, dann möchte ich die eigene Reflexionsebene, den eigenen Ansatz als *integrale Tiefenökologie* bezeichnen, wobei ich weiß, daß der Begriff »integral« seit langem »besetzt« ist: durch Sri Aurobindo *(Integraler Yoga)*, Jean Gebser (im Sinne der Stufen der Bewußtseinsevolution, als die Stufe oberhalb der mentalen), Rudolf Bahro (die Idee des Homo integralis in der *Logik der Rettung*) oder, in der Gegenwart, durch das Werk von Ken Wilber, das für meine Konzeption von großer Wichtigkeit ist.»Integral« im Sinne dieses Buches meint soviel wie ganz, vollständig, integrierend oder integrativ; das Wort zielt auf das *ganze* Spektrum des Bewußtseins bis hinauf zum Transpersonalen, als den Ebenen oberhalb des Personalen oder Mentalen.

Es geht um den philosophischen Entwurf einer wirklich ganzheitlichen, integralen Tiefenökologie. Es geht um den Versuch des Denkens, eine sich zunehmend zersplitternde Wirklichkeit auf ihre Tiefenstruktur, ihre Tiefenmuster, ihre Tiefensysteme hin zu befragen.

Ausgangspunkt ist immer und durchgängig das Bewußtsein; wir *haben* nicht Bewußtsein, wir *sind* Bewußtsein. Die ökologische Krise ist eine Krise des Bewußtseins, und alle technischen und überhaupt materiellen Manifestationen sind stets objektivierter, geronnener und verfestigter Geist. In dieser geronnenen und verfestigten Form tritt der (eigene) Geist uns dann als Objekt gegenüber, bestimmt uns und beherrscht uns wie eine eigenständige Wesenheit.

Wie jeder Psychologe weiß, kann der Mensch von seinen eigenen projektiven Heraussetzungen, seinen eigenen Phantasmagorien vollständig dominiert werden, bis dahin, daß er jeden Kontakt zur eigentlichen und lebendigen Wirklichkeit verliert, ja diese Wirklichkeit selbst im Umkehrschluß zur Fiktion erklärt oder als Wahn abstempelt. Genau das geschieht heute kollektiv. Und in der Tiefe wissen auch sehr viele, daß es geschieht. Daß der so bewunderte und gefeierte Kaiser der Megamaschine schlicht nackt ist (um Andersens berühmtes Märchen zu bemühen), erkennen zunehmend mehr Menschen. Aber es ist dieser Kaiser, und niemand sonst, der Ehrungen und Würden vergibt, der die Forschungsgelder verwaltet und die Wissenschaftsapparate aller Staaten auf sich eingeschworen hat. Globalisierung: Das ist die Erdherrschaft der abstrakten Systeme, der Geldströme, der Technik, der industriellen Produktion, der Mathematik.

Wovon alle Diktatoren träumten, hier ist es erreicht, hier ist es realisiert ... Und ein Minimum an Tribut muß auch der Abtrünnige zollen, wenn er sich nicht gänzlich ins Abseits begeben möchte. Auch die privaten Nischen, die künstlerischen/intellektuellen Freiräume sind »mitgedacht« im großen Spiel. Nur, der Weltherrscher, der Imperator mundi der Technosphäre, ist nackt. Er ist nicht wirklich, er lebt nicht, und auch wenn er die Erde mit allem, was auf ihr lebt und wirkt, zur technischen Simulation degradieren möchte (was auf dem PC oder dem Fernsehschirm erscheint, ist die Wirklichkeit dieser Nicht-Wirklichkeit), bleibt er doch von den lebendigen Strömen von Gaia, von Licht und Nacht, von Nahrung und Jahreszeiten, von dem ganzen »Trägersystem« dieses Planeten abhängig.

Die »Scheinwirklichkeiten« (Chargaff) offenzulegen und transparent zu machen für den erkennenden Geist und damit zugleich das Auge zu öffnen für die Wahrnehmung der Wirklichkeit jenseits dieser Cyberspacewelt und jenseits unverbindlicher Reservate, ist ein zentrales Anliegen dieses Buches.

Inwiefern der hier vorgestellte Zugang zu Mensch und Erde wirklich als integral gelten kann, muß das Ergebnis zeigen. Inte-

gral in meinem Verständnis heißt: Die Ebenen/Schichten/Dimen-
sionen der menschlichen Existenz »zusammenzudenken«, und
das geht wohl nur, wenn ich von der Realität auch höherer Ebenen als der nur mentalen/egoischen/rationalen ausgehe. Daß diese
höheren Ebenen tatsächlich existieren bzw. als Möglichkeit evolutionären Wachstums in der menschlichen Existenz angelegt sind,
dafür gibt es eine überwältigende Fülle von Belegen; allein das von
der transpersonalen Psychologie und der Bewußtseinsforschung
der letzten drei Jahrzehnte zusammengetragene Material spricht
hier eine sehr eindringliche Sprache. Für das Verständnis der
Ursachen der ökologischen Krise ist es essentiell, den Menschen
von seinen höchsten Möglichkeiten aus zu denken, von der Fülle
des in seiner Existenz angelegten schöpferischen Potentials, des
Potentials höherer Bewußtseinsstufen und -ebenen. Das destruk-
tive Potential des Menschen kennen wir zur Genüge und werden
täglich erneut damit konfrontiert, auch die zunehmend fortschrei-
tende Aushöhlung der menschlichen Substanz im blinden Lauf
technischer Prozesse ist augenfällig …

Mein Grundansatz ist dieser: Die ökologische Krise ist eine
kollektive Neurose, Produkt und Ausdruck der Abspaltung unserer Psyche, unseres Bewußtseins von der uns tragenden, uns
konstituierenden Wirklichkeit. Seelisch/bewußtseinsmäßig sind wir
nicht angeschlossen an die Wirklichkeit. Und Wirklichkeit, im
umfassenden Sinne, ist kosmische Wirklichkeit. Insofern ist die
globale Krise eine *psycho-kosmologische Krise*, Ausdruck eines zutiefst neurotischen Mensch-Kosmos-Verhältnisses, einer weitgehend pathologischen inneren Kosmologie, die sich auch in der
»äußeren« Kosmologie widerspiegelt (also der weltweit wissenschaftlich sanktionierten). Mit Blick auf die Psychologie Sigmund
Freuds schreibt Theodore Roszak (einer der wenigen Interpreten der ökologischen Krise, der das hier angesprochene Dilemma,
wenigstens im Grundsätzlichen, sieht):

»Obwohl Freuds desolate und von tiefer Verzweiflung geprägte
Vision des Lebens in der professionalen Literatur selten diskutiert
wird, geht ihr Gespenst in den Hauptströmungen des psycholo-

gischen Denkens immer noch um. Es ist eine Art negative Präsenz, nie erwähnt, aber im Hintergrund immer anwesend: die Vision eines Kosmos, der so unmenschlich, so fremd ist, daß er nicht ins Bewußtsein hineingenommen werden kann.«[5]

Roszak bezieht sich an dieser Stelle auf die mechanistische/ materialistische und im Kern nihilistische Kosmologie des 19. und frühen 20. Jahrhunderts, die er durch die neuere Kosmologie (Urknall-Universum) bzw. einzelne Komponenten des neueren kosmologischen Denkens (anthropisches Prinzip, Verständnis der Materie als Geist-Stoff, evolutionäre Selbstorganisation u. ä.) überwunden glaubt. Dennoch ist er offenbar unsicher, wenn er z.B. schreibt:

»Aber obwohl die neue Physik den klassischen Materialismus weiter unterminierte, machte sie das Universum nicht menschlicher. Im Gegenteil ...«[6] Und: »An die Stelle der kalten Leere des Newtonschen Universums war die schwindelerregende Absurdität des Einsteinschen Kosmos getreten. Was die menschliche Dimension angeht, war der Übergang von der alten zur neuen Ära der Physik kein Fortschritt.«[7]

Daß überhaupt das Mensch-Kosmos-Verhältnis, in seiner neurotisierten Form, etwas zu tun haben könnte mit der ökologischen Krise, bekommen die meisten Autoren zu ökologischen Themen nicht in den Blick. Roszak ist da eher eine Ausnahme; er stellt sich der Problematik. Ich werde weiter unten darauf zurückkommen.

In der ökologischen Krise wird manifest, daß eine bestimmte Bewußtseinsverfassung oder Bewußtseinsformation: die mentale/ egoische/rationale/machtförmig-technische/»patriarchale« (oder wie immer wir sie nennen wollen), von der Erde, von der Biosphäre nicht verkraftet werden kann, jedenfalls wenn sie derart massiert und auf breiter Front daherkommt und den Planeten beherrscht. Insofern ist die drohende Katastrophe, der drohende Kollaps der Biosysteme, auf dieser Ebene nicht abzuwenden.

Auf dieser Ebene – und da sind sich alle ernstzunehmenden Theoretiker der ökologischen Krise einig – sind wir verloren, ist das große Spiel (früher oder später) zu Ende. Entscheidend ist, wie wir diese egoische/mentale Stufe oder Formation bewerten, wie wir sie in Beziehung setzen zu Gaia, dem Planeten Erde, und zu »allem Fleisch auf Erden«. Ist diese Bewußtseinsverfassung an sich und in sich selbst »des Teufels«, oder ist es lediglich eine bestimmte Form der pathologischen Entgleisung einer an sich notwendigen und fruchtbaren Bewußtseinsebene, die uns nun an den Rand des Abgrunds drückt? Formelhaft verkürzt: »Patriarchat« als Sündenfall oder als notwendiges Durchgangsstadium? ...

Mit der Fokussierung auf die rationale Egoität hat der Mensch sich nicht nur abgesprengt von den Leib und Seele nährenden Biosystemen der Erde, sondern auch abgeschottet gegenüber allen transrationalen/transpersonalen Bewußtseinsebenen. Die eine Trennung bedingt die andere: Eine Aufstiegsbewegung (hin zum Transzendenten/Transpersonalen) ohne die Rückbindung an die Erde, an den Leib und die Sinne kann nur in die Katastrophe führen (in neurotische Formen der Spiritualität). Und auch das ist geschehen.

Zu den fünf Grundverhältnissen des Menschen, die in jeder Kultur, jeder Epoche, jeder Bewußtseinsform anders konstelliert sind, gehören sein Verhältnis zum Eros (zur sexuellen Liebe, zum eigenen und zum anderen Geschlecht), sein Verhältnis zum Tod (zu seiner physischen Sterblichkeit und Endlichkeit), sein Verhältnis zur sinnlich-physischen und gestalthaften Natur (zur Erde, zum Bios), sein Verhältnis zum Kosmos (zum Universum, »zum Ganzen«) und sein Verhältnis zur Theosphäre (zum Absoluten, zum Transzendenten, zu Atman oder Brahman). Man kann Kulturen/Epochen/Gesellschaften in ihrer Gestalt, ihrer Physiognomik bestimmen, wenn man sich anschaut, wie diese Grundverhältnisse zueinander stehen, welche Wertigkeit ihnen zugesprochen wird (explizit oder implizit).

Jede Kultur/Epoche/Gesellschaft hat »ihre« Liebe, »ihren« Tod, »ihre« Natur, »ihren« Kosmos, »ihre« Gottheit. Für den Kulturphilosophen Oswald Spengler ist der Raum das »Ursymbol« einer Kultur; jede Kultur habe ihre eigene, unverwechselbare Vorstellung von dem, was der Raum ist. Die arabische Kultur, so meint

Spengler, habe den Raum als (magische) Höhle imaginiert, die griechische als Behältnis und Bezugssystem sinnlich wahrnehmbarer Dinge und die abendländische als unendliche Erstreckung (Raum und Gottheit, so Spengler, seien im Abendland fast zu Synonymen geworden). Raum, als kosmischer Raum oder Weltenraum, das ist in meiner Sicht der Kosmos selbst bzw. ein integraler Teil desselben, womit das vierte Grundverhältnis ins Spiel kommt.[8]

Jüngst hat der Philosoph Günter Schulte eindrucksvoll gezeigt, daß sich Philosophien und Denksysteme bestimmen lassen nach Maßgabe ihres Verhältnisses zur Liebe und zum Tod, genauer: nach Maßgabe des Verhältnisses, das ihr Urheber oder Schöpfer jeweils (meist unausgesprochen) zur Liebe und zum Tod hat. »Liebe und Tod als Grund und Abgrund des Denkens« heißt der Untertitel von Schultes erhellendem Buch.[9] In Anlehnung an Schulte würde ich sagen: Liebe, Tod, Natur, Kosmos und Gottheit als »Grund und Abgrund« eines je spezifischen In-der-Welt-Seins (kulturell oder auch individuell).

Daß wir die Erde zerstören, muß mit diesem »Grund und Abgrund« zu tun haben. Wenn wir Verknüpfungen und Zuordnungen vornehmen wollen, können wir mit einigem Recht sagen: Sind die ersten beiden Grundverhältnisse fundamental gestört oder neurotisch verzerrt, wird dies auch auf die drei anderen Grundverhältnisse durchschlagen.

Alle fünf Grundverhältnisse greifen auf sehr subtile, aber auch auf weniger subtile, ja, massive Weise ineinander, sind substantiell kaum voneinander zu trennen. Wo die prima causa liegt, wissen wir nicht. Aber Vermutungen sind möglich.

Die technische Weltbemächtigung und in ihrem Gefolge die globale ökologische Krise nahmen ihren Ausgang von einer Art des Denkens, wie sie in der abendländisch-christlichen Kultur (und so in keiner anderen uns bekannten Kultur) entstand; ihrer Schlagkraft und Universalität hatten die anderen Kulturen nichts entgegenzusetzen. Was den Globus unterwarf, ist die Freisetzung einer titanischen Energie, die nicht ihresgleichen kennt und gegen die bis dato kein (grünes) Kraut gewachsen ist. Von der erwähnten kollektiven Neurose aus läßt sich auch die Zuordnung der fünf Grundverhältnisse ableiten (und umgekehrt, je nach Blickwinkel und Ausgangspunkt). Formelhaft verkürzt läßt sich das abendländische In-der-Welt-Sein – und in seiner Konsequenz der Wille zur Erdherrschaft dieser Bewußtseinsform – mit Nietzsche (aus dem Gedicht »Vereinsamt«) wie folgt kennzeichnen:

> »Die Welt – ein Tor,
> zu tausend Wüsten stumm und kalt!
> Wer das verlor,
> was du verlorst, macht nirgends Halt.«[10]

Das sind Erde/Natur und Kosmos für das abendländische Subjekt (kollektiv oder archetypisch verstanden): »ein Tor zu tausend Wüsten stumm und kalt«. Im neuzeitlichen Denken wird der Kosmos zur abstrakten Wüste; das abendländische Subjekt hat den Himmel leergefegt und alles abgeräumt, was störend war und sperrig-lebendig, was Heimstatt war und Eros und irdisch-sinnlicher Grund. Dieses Subjekt, das sich von allem Erdhaften/Natürlichen und Kosmischen befreit dünkt, ja, rundum erlöst wähnt (Folge der christlichen Erlösungsidee), schickt sich nun an zur *Himmelfahrt ins Nichts* (Herbert Gruhl). Es macht »nirgends Halt« und kann auch nirgends haltmachen. Dazu ist es zu spät. Als es selbst, wie es ist, hat es längst alle Sicherungssysteme durchbrochen. Nur eine radikale Selbstüberschreitung könnte den Lauf des Geschosses noch stoppen.

»Gott ist tot«, sagt Nietzsche. Eher gilt: Gott hat sich in die Verborgenheit zurückgezogen, die Götter haben sich zurückgezogen (Hölderlin) oder aber (so Ernst Jünger) bloß transformiert, nur ihre Erscheinungsweise, ihre Gestalt geändert. »Pluto wurde zu Plutonium.« (Jünger)[11] Sie sind jetzt *in der technischen Welt*, sie wirken *als* die technische Welt: Die Theosphäre wird zur Technosphäre. Wer den Himmel leerfegt, muß das Vakuum füllen, und das geschieht auch: mit abstrakten Gespenstern aller Art. Wer die

Himmelswüste postuliert, wird früher oder später auch den ihn tragenden irdischen Boden zur Wüste machen. Das ist die ökologische Krise.

Hinter allem steht der Tod bzw. die Angst des abendländischen Subjekts vor seiner eigenen Auslöschung im Nirgendwo. So wird die technische Welt zur transformierten Götterwelt (fünftes Grundverhältnis) und zugleich auch, gleichsam spiegelverkehrt, zur transformierten Todeswelt. Sie setzt sich an die Stelle der erhofften, aber unglaubwürdig gewordenen Unsterblichkeit des Ego: Technik als Transzendenzersatz und Projekt, die Götter magisch zu bannen, um dem Tod zu trotzen. Was das mentale Ich hier verliert, glaubt es dort zu gewinnen. Erde und Leib und Eros und Gottheit/die Götter verloren, abgestoßen wie eine (nun überflüssige) Raketenstufe, rast das technische Ego unaufhaltsam hinein in seinen abstrakten Himmel, baut das technische Ego unermüdlich am technischen Gottesberg oder Gottestempel. Alle Seinsebenen, die fünf Grundverhältnisse, sind heillos durcheinander geraten, heillos neurotisiert. Nun bleibt als kulturelles/kollektives Ziel (in der privaten Nische mögen die Prioritäten anders gesetzt werden) nur noch das eine: den einmal eingeschlagenen Weg der christlich-technischen Erlösung bis zum Ende zu gehen. Was damit gemeint sein könnte, zeigen die avanciertesten Technikphantasien und Technikfiktionen, die nur andeuten, wohin die Reise überhaupt geht ...

Wer das verlor, was wir verloren, kann nicht mehr innehalten. Jedenfalls auf der Ebene dieser mittlerweile global dominierenden Bewußtseinsverfassung.

Gehen wir noch einmal einen Schritt zurück (oder voraus, je nach Blickwinkel) und fragen wir erneut. Fragen wir, um besser, um tiefer, ja um überhaupt zu verstehen. Zu einer richtig verstandenen Tiefenökologie gehört es, wie zur philosophischen Reflexion überhaupt, immer wieder zu fragen, um bessere oder tiefere Antworten zu bekommen.

2. KAPITEL

HABEN WIR DIE ÖKOLOGISCHE KRISE VERSTANDEN?

»Unser kosmischer Imperialismus ist ein Witz.
Wir sind noch immer Fremde auf unserem eigenen
Planeten und für uns selbst.«
(Richard Grossinger)[1]

»Himmelfahrt ins nichts«?

»Die menschliche Gattung ist zu Ende mit ihrer Weisheit. Sie hat
sich den Erdball rücksichtslos unterworfen; sie kann sich nicht
zügeln, und sie wird das nie können. Göttliche Weisheit und Vor-
aussicht wären vonnöten. Doch die menschliche Psyche, mit der
wir seit Tierzeiten ausgestattet sind, ist himmelweit davon entfernt. Der Mensch kann nicht vorausdenken (der antiken Kas-
sandra hatte diese Gabe ein Gott verliehen, doch ändern konnte
sie auch nichts) und erst recht nicht danach handeln. / Wir haben
allerdings über die Arbeitsweise der Natur in den letzten Jahren
tiefgründige ökologische Erkenntnisse gewinnen können. Damit
wissen wir jetzt, welche Vorgänge sie und uns unweigerlich in den
Untergang treiben. Doch nie werden sterbliche Wesen imstande
sein, die letztlich verborgenen Kräfte der Natur zu steuern. Wir
sind nun mit unheimlichen selbstgefertigten Waffen ausgestattet,
die der Natur und uns den Tod bringen. Das beginnen wir erst
jetzt zu begreifen, da es zur Umkehr zu spät ist. / Die verbleibende
Chance besteht nur in Fristverlängerungen. Aber auch dazu rafft
sich kein Volk, keine Regierung, keine Partei auf. Nur unsere
hybriden Gehirne, die so viele stolze Leistungen hervorgebracht
haben, bilden sich noch hin und wieder ein, das Schicksal aufhalten zu können.«[2]

Der dies 1992 schrieb, gehörte seit den 70er Jahren zu den grünen »Vordenkern« (wie man so schön sagt), insbesondere durch
sein Buch *Ein Planet wird geplündert* von 1975.

Die Rede ist von Herbert Gruhl (verstorben 1993), und der
zitierte Text ist der Schlußteil des Essays »Die Menschheit ist
am Ende«, den Gruhl kurz vor Erscheinen seines letzten Buches
(*Himmelfahrt ins Nichts. Der geplünderte Planet vor dem Ende*)
für den *Spiegel* schrieb. Gruhl war zum radikalen Pessimisten
geworden, dem auch der letzte Rest von Hoffnung auf eine ökologische Wende abhanden gekommen war. Im Vorwort seines
letzten Buches schreibt er, seit 1975 habe er »wohl um die tausend Vorschläge von Zeitgenossen geprüft«, die vorgaben, Ret-

tungswege für die Menschheit gefunden zu haben. »Alle griffen zu kurz, erwiesen sich als einseitig und verkannten außerdem die Schwierigkeiten jeder politischen Umsetzung.« – »Alles blieb so folgenlos wie gelesene Romane oder Gedichte.«[3]

Noch einmal Gruhl: »Im Zentrum der Darlegungen dieses Buches steht der folgenreichste und darum *letzte große Irrtum des Menschen*, nämlich daß diese gesamte Erde mit allem, was auf ihr ist, sein Spielzeug sei. Diesem Irrtum durfte er sich gefahrlos hingeben, solange er ein Traum blieb. Seit er aber mit technischen Mitteln seine wirren Träume materialisieren kann, *werden sie tödlich.*«[4]

Was haben wir dem – ernsthaft, wahrhaftig, authentisch (also nicht bloß polemisch) – entgegenzusetzen? Viele, vielleicht gar die meisten, wissen sehr genau, daß wir dem wenig oder gar nichts Substantielles entgegensetzen können.

»Man hat nur spät den Mut zu dem, was man eigentlich *weiß*«, schreibt Nietzsche einmal.[5] Ist es das? Fehlt uns der Mut, offen und unumwunden einzugestehen, daß es aus ist? Und: Wenn wir es eingestünden, was folgte daraus? Wie könnten wir weiterleben? Wie könnten wir weitermachen wie bisher? Eine Art fröhlicher Zynismus ist weit verbreitet: Gerade weil ohnehin nichts zu machen und zu verändern ist, jedenfalls was den Kurs des Ganzen angeht, machen wir weiter wie bisher. Und viele wissen oder ahnen wenigstens, daß die angestrebte »Ökologisierung« der Industriegesellschaft ein gigantischer Selbstbetrug ist.

Kaum einer hat den Mut, dies offen einzugestehen (offen und, auf der politischen Ebene, auch öffentlich). Wenn es schon »aus ist«, wenn die »Himmelfahrt ins Nichts«, die diese Menschheit vorbereitet, unaufhaltsam ist (oder sein sollte), dann doch sicher nicht morgen oder übermorgen, nicht in überschaubarer Lebenszeit. Und überhaupt: Die zähe Katze Leben hat schon manche Attacke überstanden, die Menschheit noch immer eine Lösung, einen (meist technischen) Rettungsweg gefunden. Also vielleicht wird es auch diesmal »irgendwie« einen Ausweg geben, werden sich alle apokalyptischen Szenarien als unbegründet erweisen. Da wir es im letzten nicht wissen, wird der Kurs beibehalten. Fast jedes Gespräch über die ökologische Krise kommt irgendwann und in irgendeiner Form an diesen Punkt. Also?

In einem Essay mit dem Titel »Was ist Natur?« schreibt Erwin Chargaff:»Wie wird also der Kampf der Menschen gegen die Natur ausgehen? Da man kaum wird sagen können, die Gegner seien schließlich unversöhnt geschieden, wird dieser sinnlose Krieg das Verschwinden der Menschheit bedeuten. Endlich wird die Natur wieder aufatmen können.«[6]

So weit, so gut. Oder eben: nicht gut. Aber: Was ist denn der Mensch? Was ist denn die Natur? Wenn der Mensch nur ein biologisches Wesen wäre, nur einfach Teil der planetarischen Biosphäre, also schlicht belebter Körper unter belebten Körpern, wenn er aufginge in Leib und Bios, wäre die Sache relativ einfach (wenn ich mir an dieser Stelle diesen Zynismus gestatten darf). Wo wäre dann das Problem? Die biologische Spezies Mensch hat sich als untauglich erwiesen, also wird sie irgendwann verschwinden, wie schon etliche Lebensformen auf der Erde verschwunden sind. Geist und Kultur, so hoch geschätzt und so unverzichtbar, das wäre dann offenbar nur eine Art Schimmelpilzbelag, eine (wenn auch hochkomplexe) Auswölbung am Bios, ein verrückter Wurmfortsatz, eine verrückte Drehung einer im letzten blinden und geistlosen kosmischen Evolution. Das ganze Theater der sogenannten Weltgeschichte erwiese sich als belangloses Intermezzo im biologischen Würfelspiel. Wozu der Lärm? Wozu die Aufregung?

So einfach können wir es uns nicht machen. Zynismus, in welcher Spielart auch immer, ist ohne Erkenntniswert. Und ich meine, daß es gerade daran in so auffälliger Weise mangelt: an Erkenntnis dessen, was die ökologische Krise in der Tiefe ist.

Vielleicht ist schon das Wort »ökologische Krise« irreführend, weil es den Blick verstellt (oder zumindest erschwert) auf die *Bewußtseinsdimension* der Erdzerstörung. Ökologie – man weiß es – ist ein Begriff aus der Biologie. Ernst Haeckel, der ihn erstmals verwendete (und wohl auch prägte) in seiner *Generellen Morphologie der Organismen* von 1866, verstand darunter »die gesamte Wissenschaft von den Beziehungen der Organismen zur umgebenden Außenwelt«. Und einige Jahre später schrieb Haeckel, ein glühender Anhänger Darwins, Ökologie (bei ihm auch manchmal: Ökonomie) der Natur beschreibe die »Wechselbeziehungen aller Organismen«, »welche an einem und demselben Ort miteinander leben, ihre Anpassung an ihre Umgebung sowie ihre Umbildung durch den Kampf ums Dasein«.[7] Die eigene Naturphilosophie, die »den goetheanisch-spätromantischen Pantheismus und den biologischen Evolutionismus ... zu einer komplexen Einheit verschmolz«[8], nannte Haeckel »Monismus«. Dieser Monismus war, über Jahrzehnte hinweg, ungeheuer populär und einflußreich in Deutschland.

Über Haeckels naturphilosophische Naivität ist oft gespottet worden, und ich muß das hier nicht weiter vertiefen. Für unseren Zusammenhang von Belang ist allein der Faktor, der die Ökologiedebatte bis heute geprägt hat: der im Grunde ökomaterialistische (man kann auch sagen: biologistische) Ansatz.

Darin steckt immer (unausgesprochen und meist undurchschaut) ein technisch-industrieller Naturbegriff, d.h. ein Naturbegriff, der Bewußtsein nicht als eigenständig wirksame Qualität der Natur anerkennt, der die Tiefe (oder Höhe), die Innenseite von Natur und Kosmos negiert bzw. zu einer (wenn auch subtilen) Funktion der Außenwelt macht. Daß dies schon erkenntnistheoretisch illegitim, ja, in sich widersprüchlich ist, haben Wissenschaftskritiker und Philosophen von Schelling und Schopenhauer bis zu Ken Wilber heute immer wieder betont. Ganz zu schweigen davon, daß der darwinistische Grundansatz – in der Form des Neo-Darwinismus – in arge Bedrängnis geraten ist und zunehmend angezweifelt wird. Kein ernstzunehmender Denker oder Wissenschaftler glaubt mehr daran, daß sich durch Selektion und Anpassung und zufallsbedingte Mutationen allein die Rätsel der Makroevolution wirklich erklären lassen. Haben wir die Evolution verstanden? Offenbar nicht.

»Der stumme Frühling«

Gemeinhin wird der epochale Bewußtseinswandel, den die kollektive Wahrnehmung der Erdzerstörung bedeutet, mit dem Buch
Silent Spring (Der stumme Frühling) von Rachel Carson verbunden, das 1962 erschien und die Verseuchung der Umwelt durch
Pestizide, den massenhaften Mißbrauch synthetischer Pflanzen-
schutzmittel (primär von DDT) attackierte.

»Carson dokumentierte, wie dort, wo Pestizide vom Flugzeug
aus verspritzt wurden, Haustiere krepierten und Singvögel ver-
schwanden. Präzise, aber verständlich für ein breites Publikum er-
läuterte sie, wie sich die Pflanzengifte im Körper anreichern und
dort Krebs auslösen oder das Erbgut schädigen können.« Das Buch
»wurde ein Bestseller, der, wie das Magazin *Time* kürzlich urteilte,
den Lauf der Geschichte ähnlich beeinflußte wie die Werke von
Karl Marx und Charles Darwin«.[9]

So gilt das Buch als Initialzündung dessen, was, verkürzt, als
»Umweltbewegung« oder »Ökologiebewegung« bezeichnet wird.
Als *Silent Spring* herauskam, »grenzten die Reaktionen an Massen-
hysterie. Carson erstickte in meist zustimmenden bis euphorischen
Leserbriefen. Die chemische Industrie hingegen warf ihr Polemik,
Einseitigkeit, Unwissenschaftlichkeit vor, manchmal auch kom-
munistische Konspiration. (...) Die folgenden Rückzugsgefechte
der Industrie klingen auch aus der heutigen Umweltdebatte ver-
traut: Man habe Fehler in der Vergangenheit gemacht, jetzt aber
alle Gefahren im Griff; man müsse Nutzen und Risiken abwägen;
und überhaupt könne man die explodierende Weltbevölkerung
anders nicht ernähren.«[10]

Schließlich wurde eine Umweltkommission eingesetzt, die die
Folgen des Einsatzes von Pestiziden untersuchte. Diese »bat die
bereits todkranke Carson im Sommer 1963 zu einer Anhörung.
Dort forderte sie keineswegs, wie ihre Gegner behaupteten, eine
›Rückkehr in dunkle Vorzeit‹ ohne jeglichen Pflanzenschutz. Ihrer
Zeit voraus, setzte sie vielmehr auf biologische Schädlingskon-
trolle als Alternative, wie sie heute im integrierten Landbau üblich

ist. Wenige Monate später, am 14. April 1964, starb Rachel Carson an Herzversagen. DDT wurde in den USA 1972 verboten, im selben Jahr auch in Deutschland. In vielen Entwicklungsländern ist das Insektengift noch immer in Gebrauch.«[11]

Das schon Anfang der 50er Jahre erschienene Buch von Rachel Carson *The Sea Around Us (Geheimnisse des Meeres)*, das die sich abzeichnende Überfischung der Ozeane anprangerte, war gleichfalls ein Bestseller, hatte aber, mittel- und langfristig, keine dem *Stummen Frühling* vergleichbare Wirkung.

Der Fall ist symptomatisch; er zeigt die enormen Trägheitskräfte und die ökonomischen Interessen, die einem tiefgreifenden Bewußtseinswandel entgegenstehen. Er zeigt aber auch (ein ermutigendes Signal), daß Veränderung, wenngleich mit erheblicher Verzögerung, möglich ist.

Warum erst in den 60er Jahren und nicht schon in den 50ern auf breiterer Basis erkannt wurde, welche desaströsen Auswirkungen die technisch-industrielle Großveranstaltung hat, die wir auf diesem Planeten inszenieren, läßt sich nicht mit Sicherheit sagen. Ideen, Gedanken, Konzepte, Visionen: Sie alle haben offenbar »ihre« Zeit, ihren Kairos. Für die antiken Griechen war »kairós« der »richtige Zeitpunkt«, der Zeitpunkt, an dem göttliches und menschliches Wirken zusammenkommen. Da wir das Drama, dessen Teil wir sind, als Ganzes nicht kennen und in einem erheblichen Grade wohl mehr gelebt werden als selber leben, kennen wir auch nicht die Abfolge, die Gestalt und die Zeitstruktur des Stücks. Wie die Völker Europas »hineingestolpert« sind in den Ersten Weltkrieg (so Lloyd George), so stolpert die Menschheit als Ganzes nun in den Dritten Weltkrieg: den der Menschen gegen den Rest des Planeten.

Umweltkrise
und »In-Weltkrise«

Was immer auch die Gründe dafür sind, daß die ökologische Krise erst seit 1962/63 und nicht schon seit 1951 ins allgemeine Blickfeld geriet, es gab diesen Kairos. Innerhalb weniger Jahre wurde der Begriff »ökologische Krise«, zumindest in der sogenannten westlichen Welt, eine allseits herumgereichte Münze. Im »real existierenden Sozialismus« wurde jede öffentliche Diskussion über Umweltfragen schon im Keim erstickt. Aufschlußreich ist, daß »ökologische Krise« niemals jene politische Breitenwirkung gewann wie »Umweltkrise«.

»Umweltkrise« ist der harmlosere Begriff; Umwelt: Das ist das Außen, die Plattform, das ganz und gar Andere, das der Mensch zwar braucht, um sich zu entfalten, mit dem er aber keine tiefere, keine existentielle Verbindung hat. Insofern ist »ökologische Krise« ein Erkenntnisfortschritt gegenüber »Umweltkrise«. Schon Benennung ist ein Akt der Wertung, der projektiven, ja, metaphysischen Setzung – einer Setzung, die auch die Physiognomie der Dinge mitbestimmt, ihre Gestalt. Sprache ist mächtiger, als viele annehmen, sie schafft Wirklichkeiten: seelische, geistige, imaginative. Ökologische Krise: Das deutet immerhin darauf, daß die sogenannte Umwelt globale Mitwelt ist, daß es – zunächst auf der biologischen Ebene – einen Erdzusammenhang gibt. Und »In-Weltkrise«, wie Rudolf Bahro sagt, geht noch einen Schritt weiter. Bahro: »Die Weltzerstörung kann nur begriffen, kann, wenn überhaupt, nur aufgehalten werden, wenn der Mensch die In-Weltkrise meistert, aus der sie hervorgeht.«[12]

Wenn wir immer dort, wo die »Umweltkrise« zur Sprache kommt oder die »Öko-Krise«, von »In-Weltkrise« oder, in meiner Wertung und Deutung, von psycho-kosmologischer Krise oder kollektiver Neurose als deren Ursache sprächen (das wird noch im einzelnen zu begründen sein), würde dies, gerade durch die Sperrigkeit solcherart Formel, unsere Aufmerksamkeit in eine andere Richtung lenken. Wir würden an das gemahnt, was ja tatsächlich und (mehr oder weniger ohne Abstriche) wirklich geschieht: ein gigantischer, ein im Grund monströser Abräumungs- und Zersetzungsprozeß der uns tragenden Systeme, dessen unaufhaltsame Logik beinahe das Erschreckendste daran ist. Denn das Ganze wirkt in keinster Weise willkürlich oder getrieben von einem blinden Ungefähr, sondern im Gegenteil: Es wirkt zielstrebig, planvoll, eben logisch (psycho-logisch, kosmo-logisch). Es wirkt wie ein von langer Hand vorbereitetes Großexperiment mit diesem Planeten, mit dieser Menschheit, so daß es nicht verwundern kann, wenn Science-fiction-Phantasien oder ufologische Spekulationen dies nun auch buchstäblich so deuten (wie dies, auf hohem literarischen Niveau und eher metaphorisch, in den Romanen *Shikasta* und *Die sirianischen Experimente* von Doris Lessing geschieht) ...

Wir sollten uns vielleicht nicht scheuen, auch abwegige und gänzlich »inakzeptable« Erklärungen der globalen Krise, sofern sie in sich konsistent sind, einmal durchzuspielen. Aufschlußreich ist dies allemal, und keiner sollte befürchten, Schaden zu nehmen an seiner »Seriosität« oder seinem »intellektuellen Niveau«. Häufig ist das gepriesene »Seriöse« (auch hier waltet Sprachmagie) schlicht Teil der Ebene, die zur Katastrophe gehört. Und wer legt fest, was als seriös gelten kann? Der ominöse Urknall gilt als seriöse kosmologische Hypothese, ich dagegen halte ihn für eine bloße Fiktion (insofern also für Science-fiction), die gar nicht bewiesen werden *kann.*

Ein Hinweis Ernst Jüngers

Bahro hat sicher recht, wenn er von einer »Logik der Selbstausrottung« spricht und ihr eine (seine) »Logik der Rettung« gegenüberstellt. Nur scheint mir diese Logik der Zerstörung und damit die Logik der Megamaschine, des global verzahnten Industriesystems, noch tiefer zu liegen, als Bahro vermutet hat. Um dies zu verstehen, ist ein Autor hilfreich, über den wir uns oft unterhalten haben: Ernst Jünger, der gerade vorgestern (ich schreibe diese Zeilen am 19. Februar 1998) im Alter von 102 Jahren gestorben ist. Daß Jünger hilfreich sein soll zum Verständnis der inneren Logik des unaufhaltsam und so undurchschaut ablaufenden Prozesses der »Weltvernutzung« (wie Heidegger sagt), mag überraschen. Aber es ist so, und zwar, weil Jünger mit dem kühlen, an Gestalten und Formen orientierten Blick auf die Dinge, einem durch und durch physiognomischen Blick ohne jede Sentimentalität, etwas sichtbar macht, was sich der moralischen Wertung entzieht. Und es mag weiter überraschen, daß der Haupttitel des vorliegenden Buches *Was die Erde will* wahrscheinlich (und wohl eher indirekt oder unbewußt) von Jünger inspiriert ist.

Im Herbst 1995 las ich erneut Jüngers Buch *An der Zeitmauer* aus den späten 50er Jahren, das wie auch andere Schriften Jüngers darum ringt, die Tiefenstruktur der Epoche, ihre Umbrüche, ihre Katastrophen zu verstehen. Auch der spätere Jünger benutzt den Begriff »ökologische Krise« nicht; er wäre zu eng für das, was er in den Blick zu nehmen versucht. In der *Zeitmauer* heißt es an einer Stelle:

»Jedoch wird jener Teil der Natur, der durch Abstraktion aus der Ansicht entfernt wurde, nicht dadurch aus der Wirklichkeit verbannt. Er ist immer mitwirkend. / Darauf, daß er Eintritt verlangt, beruht ein Teil der Weltangst, der Initiationsstimmung. Die Erde will in ihrem vollen Umfang, mit Kern und Schale, will in ihrer Beseelung erkannt werden. Dazu sucht sie Geister, die ihre Schlüssel sind. Vielleicht muß sie dazu auf die alte Heimat der Offenbarung, auf Asien, zurückgreifen.«[13]

Erstaunliche Sätze, auch wenn man den Kontext unberücksichtigt läßt, in dem sie stehen. Die Erde wird hier als beseeltes Wesen betrachtet; der Kosmos überhaupt ist nach Jünger bewußtseinserfüllt: »Es gibt keine unbelebte Materie; das Universum lebt.«[14] Abstraktion – durch Naturwissenschaft und Technik – arbeitet mit den Kräften der Erde, aber die Fülle des offenen und verborgenen Lebens und des Erd-Bewußtseins negiert sie. Nur hebt diese Negation Leben und Bewußtsein der Erde nicht auf, und der Mensch

weiß oder ahnt das; das Unterpflügte oder Negierte meldet sich zu
Wort, früher oder später; nichts geht verloren. Das ruft Angst hervor, kollektive Angst (»Weltangst«), und das Gefühl, daß eine Art
von Einweihung (Initiation) bevorsteht. Die Erde »sucht ... Geister,
die ihre Schlüssel sind«. Schlüssel der Erde können offenbar nur
diejenigen sein, die sich der Welt meditativ (»asiatisch«) nähern.
Sie sind die eigentlichen Gegenspieler der »Titanen« bzw. ihrer
Exekutoren in der technischen Welt.

Warum Pragmatismus nichts bringt

Haben wir die ökologische Krise verstanden? Die ökologische
Krise wirklich verstehen hieße uns selbst verstehen. Und davon
sind wir weit entfernt. Doch warum ist es überhaupt wichtig, die
große Krise zu verstehen? Was heißt das eigentlich: ein Ereignis von so elementarer, offenbar uns alle überfordernder Wucht
zu verstehen? Man könnte ja einwenden, das einzig Gebotene
sei nüchternes, pragmatisches Handeln, Handeln, ohne nun gleich
den Tiefengrund der Epoche aufzurühren oder in den Blick zu
nehmen. Nur: Dieses nüchterne, dieses pragmatische Handeln ist
häufig genug purer Aktionismus und als solcher schlicht blind. Es
bewegt sich im Bezugssystem des Verhängnisses, verläßt dieses
aber nicht.

Was allenthalben praktiziert wird (Ausnahmen können wir in
diesem Kontext außer acht lassen), ist entweder technisch moti-
vierter und technisch praktizierter »Umweltschutz« (damit die Ge-
nerallinie keine allzu großen Einbußen erleidet, ein Minimum an
ökologischer Reparatur muß sein, sonst kann weder produziert
noch abgesetzt werden) und daneben der Appell an die ökologische Einsicht, die ökologische Vernunft des Einzelnen (ökologische Ethik für den privaten Bereich, Schlagwort: »Jeder ist verantwortlich« oder »Jeder kann seinen Beitrag leisten«, was ja nicht
falsch ist, nur wenig bewegt, weil es, wie alle Appelle und Postu-

late, unverbindlich bleibt). Verbindlich – und zwar allein verbindlich – ist die technische Welt, sind die Regeln und Methoden der
scientific community (der wissenschaftlichen Gemeinschaft, und
zwar global), sind die angeblichen Gesetze der Ökonomie, die
»halt nun mal sind, wie sie sind«, wie auch »der Mensch ist, wie er
nun einmal ist« ...

Greifen könnte eine ökologische Ethik nur, wenn sie verbindlich
wird; dies aber setzt einen Bewußtseinswandel voraus, der dann
auch die entsprechenden Institutionen schafft. Und dieser (notwendig kulturelle/kollektive) Bewußtseinswandel hat (auch) mit
Einsicht, mit Geist, mit Erkenntnis zu tun. Hier mögen Einzelne
»Vorreiter« sein, auf der politischen Ebene auch charismatische
Einzelne in Schlüsselpositionen, aber Voraussetzung ist wohl, daß
die allgemeine Instabilität des herrschenden Industriesystems (der
Megamaschine und aller ihm zugeordneten Subsysteme) einen
kritischen Grad erreicht, der dann auch politisch-moralisches Handeln in großem Stil ermöglicht. Wo das Ganze für die meisten erkennbar zu kippen droht, gibt es überraschende Einsichten bei
einer dann rasch wachsenden Zahl von Menschen. Ein »bißchen
Apokalypse« (wenn dieses logische Monstrum gestattet ist) beflügelt Geist und Handlungswillen, »zuviel Apokalypse« lähmt oder
induziert panikartiges Handeln.

Jeder, auch nur bei einem Mindestmaß an Geistesbemühung,
kann unschwer einsehen, daß die »Öko-Krise« eine Grundlagenkrise des global verzahnten Industriesystems ist. Das Industrie-
system hat den Massen einen Wohlstand beschert wie kein anderes System jemals zuvor; so ist die allgemeine Zustimmung,
die dieses System erfährt, zunächst einmal verständlich. Erst massive Einbrüche, die die Einzelbiographie und ganze Gruppen oder
Gesellschaften/Volkswirtschaften in den Abgrund reißen, unter-
graben diesen Konsens. Also wird man, auch wenn man das Wort
von der kollektiven Neurose überzogen findet, nicht zu reden von
der psycho-kosmologischen Krise, die tönernen Füße des Kolosses
zunehmend weniger übersehen können.

»Das Erkennen erkennen« –
ökologische Krise
und Erkenntnistheorie

Der Mensch, ich sagte es bereits, ist primär Bewußtsein; und es gehört zum Wesen des Bewußtseins, des bewußten In-der-Welt-Seins, zu erkennen. Und sich darüber zu verständigen, was dieses Erkennen ist und was es zu tun hat mit dem Menschen, ist gerade heute von Belang. Die beiden Biologen Humberto Maturana und Francisco Varela haben den Aphorismus geprägt: »Jedes Tun ist Erkennen, und jedes Erkennen ist Tun.«[15] Ihr berühmtes Buch *Der Baum der Erkenntnis* ist der Fundierung und differenzierten Ausformung dieses Aphorismus gewidmet.

Im ersten Kapitel (»Das Erkennen erkennen«) heißt es: »Wir sind aufgefordert, unsere alltäglichen Erfahrungen beiseite zu legen und aufzuhören, unsere Erfahrung als versehen mit dem Siegel der Unanzweifelbarkeit zu betrachten – so als würde sie eine absolute Welt widerspiegeln. (...) Die Erfahrung von jedem Ding ›da draußen‹ wird auf eine spezifische Weise durch die menschliche Struktur konfiguriert, welche ›das Ding‹, das in der Beschreibung entsteht, erst möglich macht. Diese Zirkularität, diese Verkettung von Handlung und Erfahrung, diese Untrennbarkeit einer bestimmten Art, zu sein von der Art, wie die Welt uns erscheint, sagt uns, daß *jeder Akt des Erkennens eine Welt hervorbringt.*«[16]

Ob das in dieser dezidierten Form stimmt, sei zunächst dahingestellt (schon Nietzsche übrigens, den Maturana und Varela nicht heranziehen, hat diesen erkenntnistheoretischen Ansatz vorgetragen). Auch der technische Mensch, der in der Megamaschine und ihren herrschenden Apparaten Tätige, erkennt auf seine Weise, indem er herausfiltert oder eliminiert, was den technischen Zugriff stört oder trübt. Und er tut dies im Kontext einer bestimmten (kollektiven und allerorten sanktionierten) Bewußtseinsform, die eine »eigene Welt« hervorgebracht hat: die technisch-industriell-wissenschaftliche Welt, die alle Verbindlichkeit auf sich vereint (auch dort, wo ganz andere Ideologien vorherrschen) und nun mit der Erdenwirklichkeit auf tödliche Weise kollidiert. Der Planet hat zunehmend Mühe, diese Last zu tragen, dieses Erkennen einzubinden, das sich uns im Angesicht der Katastrophe als das enthüllt, was es schon im Ansatz war: ein durch und durch projektives System, zu schwer für das zarte und feine Geflecht des Lebendigen. Irgend etwas an diesem Erkennen war also offenbar – ist offenbar – der Lebenswirklichkeit entgegengesetzt. Und darum geht es.

Hören wir noch einmal Varela (und er nennt dies »ein Bekenntnis«): »Ich bin ein leidenschaftlicher Anhänger der Erkenntnistheorie. Für mich hängt die Chance, auf diesem Planeten mit Würde zu überleben, vom Erwerb eines neuen Bewußtseins ab. Dieses neue Bewußtsein muß unter anderem von einer radikal andersartigen Erkenntnistheorie hervorgebracht werden, die zu entsprechendem Handeln anhält. Aus diesem Grund – und nicht nur, weil sie an sich ihren Reiz besitzen – betrachte ich die gewundenen Wege erkenntnistheoretischer Überlegungen im wahrsten Sinne des Wortes als lebenswichtig.«[17] Dies möchte ich sinngemäß – und analog – auch auf die Darlegungen des vorliegenden Buches übertragen. Wir stehen heute (unter anderem) in dem Dilemma, daß ökologische Fragen entweder politisch-pragmatisch und technisch gestellt und beantwortet werden – oder aber sentimental.

Der Öko-Sentimentalismus ist weit verbreitet; meist wird er verbunden mit Wissensbrocken aus der Naturwissenschaft (insbesondere der Systemtheorie oder der – umstrittenen – Gaia-Theorie oder der modernen Kosmologie) oder mit vagen Gefühlen von Allverbundenheit und der Heraufbeschwörung des »Wunders des blauen Planeten«, der »Oase des Lebendigen« in der kosmischen Nacht u.ä. Dabei kann man – mit Abstrichen – weitermachen wie eh und je, abgesehen von den wenigen, die den Ausstieg aus der Industriegesellschaft vollziehen (oder dies jedenfalls vorgeben). Daß jeder Aussteiger oder Neinsager auf seine Weise das Bestehende bestätigt, gehört zur inneren Dialektik dieser Vorgänge, die die Betreffenden in der Regel nicht durchschauen.

Zur Ökologie des Denkens

Was wir heute mehr als je zuvor brauchen, ist ein wirklich ganzheitlicher (holistischer), wirklich integraler Zugang, der Denken, Fühlen, Wollen und Meditieren auf neuer Ebene umgreift und durchdringt. Dazu bedarf es einer Grundlagenbesinnung, einer wirklich tiefen Ökologie, die die Falle des Reduktionismus (auch in seiner subtilsten Form) und der Regression vermeidet, genauso wie die Falle des sentimentalen Ungefähr, der unverbindlichen Gefühligkeit. Diese Grundlagenbesinnung kann sich nicht (was die meisten »Ökodenker« tun) an bestimmte Ergebnisse der modernen Naturwissenschaft anschließen bzw. diese einfach referierend einbeziehen, ohne sie erkenntnistheoretisch und anthropologisch zu befragen. Systemtheorie, Gaia-Theorie, neue Kosmologie, Chaostheorie sind nicht Konzepte, die »einfach so« dastehen und nun beliebig als Versatzstücke dienen können für eine ökologische Besinnung. Wir müssen vom Menschen ausgehen, ohne ihn in der bekannten Art als »Krone der Schöpfung« berechtigt und befugt zu glauben, sich alle anderen Geschöpfe schrankenlos zu unterwerfen. Ein radikaler Nicht-Anthropozentrismus (alle Wesen sind als Teile der lebendigen Schöpfung gleichrangig, der Mensch ist insofern »nichts Besonderes«) ist in keiner Weise durchzuhalten, weder theoretisch noch praktisch. Das Ganze ist pure Sentimentalität!

Ganz zu schweigen davon, daß in den allermeisten Verlautbarungen dieser Art die sozialökologische Dimension ausgeklammert wird. »Ohne vorrangige Berücksichtigung der strukturellen gesellschaftlichen Bedingungen ist alles ökologische Reden, Schreiben und Bemühen von vornherein Makulatur und (zumindest) unbewußte Ablenkungsideologie.«[18] Dies schreibt der Philosoph Johannes Heinrichs in seinem Buch *Ökologik* (Untertitel: *Tiefenökologie als strukturelle Naturphilosophie*). Soweit ich sehen kann, gehört Heinrichs zu den ganz wenigen Autoren, deren Denkmethodik und Denkresultate das Etikett »tiefenökologisch« rechtfertigen. Was er vorlegt, ist nichts Geringeres als der Versuch einer philo-

sophischen Grundlegung von Ökologie überhaupt, die nach seiner
(und nach meiner) Überzeugung, wenn sie nicht technisch-natur-
wissenschaftlich oder reduktionistisch sein soll, notwendig eine
Ökologie des Bewußtseins einschließt, ja diese im Kern *ist.*
Heinrichs:»Denn es ist stets die strukturelle Lüge, die als erste
den Planeten verseucht, bevor sie äußerlich als Umweltschädi-
gung in Erscheinung tritt. Heute erleben die Wortverbindungen
mit ›öko‹ eine Hochkonjunktur, welche Mißtrauen erregt.›Ökologie‹ meint wörtlich den Logos des Haushaltens. Unsere gesamte
Industrie ist jedoch nicht auf Haushalten in der Natur eingerichtet,
sondern auf den Massenverbrauch teils unnützer Güter. Wenn wir
dem Einhalt gebieten wollen, müssen wir im Haushalt des Bewußtseins selbst ansetzen: bei der Ökologie des Bewußtseins.«[19]
Und:»Ohne das Haus des Denkens in Ordnung zu bringen, also
ohne *Ökologie des Denkens* im Ganzen, wird es keine grundlegenden Fortschritte in der Ökologie der äußeren Natur geben können.
Hier liegt der gravierende Unterschied zwischen Oberflächenöko-
logie und Tiefenökologie. Die letztere erkennt: Umweltverschmut-
zung und -zerstörung sind unausweichliche Folge der Innenwelt-
verschmutzung, der Gedankenzerstörung.›Ökologie des Denkens‹
meint zweierlei zugleich: erstens grundsätzlich denkendes Heran-
gehen an die ökologischen Probleme im Unterschied zu einem bloß
pragmatischen, zweitens und vor allem eine Ökologie der menschlichen Denkwelt als dem Teil seiner Innenwelt, dessen Verschmutzung und Vernachlässigung, wenn nicht gar Verwüstung, die weit-
reichendsten Folgen für den Zustand der Außenwelt zeitigen.«[20]
Ohne die Mühewaltung des Denkens (so Varela, Johannes Heinrichs, Rudolf Bahro, Ken Wilber und andere) werden wir in der
Frage, warum der Mensch die Erde und damit auch sich selbst zerstört, keinen Millimeter weiterkommen. Dieses Denken schließt
Spiritualität nicht aus, sondern gerade ein; beides bedingt und
steigert einander. Wirkliches Denken kann nie in Widerspruch
zu wirklicher Spiritualität geraten; wer das Denken konsequent
und subtil und ganzheitlich-komplex genug vorantreibt, also nicht
ideologisch geprägt und fixiert auf das, was als»Rationalität« hoch

im Kurs steht, stößt notwendig zum Spirituellen vor. Auf je verschiedene Weise sagen dies Varela, Heinrichs, Bahro und Wilber, und ich tue es auf meine Weise. Sicher gibt es Grenzen für eine denkerische Erfassung der Wirklichkeit, aber diese sind anders gezogen, als es eine schwärmerische, sentimentale oder schlicht »denkfaule« Betrachtung nahelegt. Nur das Technische/Mathematische/Naturwissenschaftliche gilt als »objektiv« und verbindlich, alles »Geisteswissenschaftliche« dagegen als »subjektiv« und mehr oder weniger unverbindlich (oder schwimmend im Ungefähren, im Mutmaßen und Meinen). Das ist die herrschende Überzeugung. Und genau diese Überzeugung ist Teil der Katastrophe.

Alle Instanzen sind abgeräumt, die dem eingangs genannten Leerlauf des puren Ökonomismus Einhalt gebieten könnten. Es herrscht ein Tanzplatz der Unverbindlichkeiten und der bloßen »Meinungen«; ob diese nun religiös, weltanschaulich oder philosophisch geprägt sind, ist sekundär. Naturwissenschaft–Technik–Industrie–Ökonomie: Das gilt nicht als »Meinung«, sondern als Welt der (unverrückbaren) Tatsachen. Politik, im Sinne von Gestaltung der menschlichen Gemeinschaft, der »Polis«, ist nur noch rudimentär, wenn überhaupt, vorhanden; und der Kollaps des Sozialismus gilt nur als weiteres Argument, eine dem Ökonomischen übergeordnete Instanz, die wirklich eingreift und gestaltet, als fragwürdig erscheinen zu lassen. Formal gibt es »natürlich« (oder gerade nicht natürlich) diese Instanzen, aber faktisch sind sie ausgehöhlt oder haben sich selbst aufgegeben. Und »irgendwie« scheinen das auch die meisten zu akzeptieren.

Kein Wunder, daß auch die eingangs erwähnte Entmündigung der Menschen durch den globalen Moloch oder Leviathan Kapital–Industrie–Technik–Wissenschaft, die ja auch eine (nachgerade atemberaubende) Entmündigung der politischen Instanzen darstellt, in einer breiteren Öffentlichkeit kaum wahrgenommen wird. Und auch eher kritische Intellektuelle neigen dazu, das Ganze kleinzureden. Dafür muß es Gründe geben. Welche sind es? Gibt es einen globalen Verblendungszusammenhang? Dafür spricht einiges.

Schon 1953 heißt es in der Schrift *Einführung in die Metaphysik*
von Martin Heidegger: »Der geistige Verfall der Erde ist so weit
fortgeschritten, daß die Völker die letzte geistige Kraft zu verlieren
drohen, die es ermöglicht, den ... Verfall auch nur zu sehen und
als solchen abzuschätzen. Diese einfache Feststellung hat nichts
mit Kulturpessimismus zu tun, freilich auch nichts mit einem Optimismus; denn die Verdüsterung der Welt, die Flucht der Götter,
die Zerstörung der Erde, die Vermassung des Menschen, der has-
sende Verdacht gegen alles Schöpferische und Freie hat auf der
ganzen Erde bereits ein Ausmaß erreicht, daß so kindische Kategorien wie Pessimismus und Optimismus längst lächerlich geworden sind.«[21]

Heidegger (wie auch Ernst Jünger) ist für viele kein guter Gewährsmann, obwohl seine Technikkritik auch eine »grüne Lesart«
hervorgerufen hat. Dennoch wäre es zu einfach, das Zitat nur
als »konservative Kulturkritik« abzutun oder gar den Vorwurf des
Elitären zu erheben. Heidegger, der 1976 starb, hat die »Perfektio-
nierung« des von ihm beschriebenen »geistigen Verfalls«, die wir
heute beobachten können, nicht mehr erlebt. Die geistigen Eliten
(was immer das konkret und im einzelnen heißt) sind in einem
Ausmaß weggebrochen oder abgeräumt worden, das schwindel-
erregend ist. Das ist erst einmal die Situation, in der wir uns befinden und auf die wir uns beziehen müssen, wie sehr wir auch wünschen, daß es anders wäre (wenn ich einmal unterstellen darf, daß
es doch etliche gibt, die sich diesem »wir« zuordnen lassen).

Was wir wirklich »haben« in der Ökologiefrage, ist der Versuch,
die Schädigungen der Biosphäre durch die Industrie auf technischem Wege zu verringern. Technik soll die Technikfolgen mil-
dern, gute Technik die schlechte (weil umweltschädliche) Technik
besänftigen. Das ist ein Widerspruch in sich selbst, der selten gesehen wird, weil es tatsächlich »Erfolge« gibt, nur sind diese »Erfolge«, aufs Ganze gesehen, kosmetischer Natur. Wie auch die ge-
schickteste Kosmetik nicht den Alterungsprozeß aufhebt, dem der
Mensch unterworfen ist, ihn nur kaschiert (Kosmetik ist *Schein*,
nicht Wirklichkeit), so kann auch der beste Katalysator nicht dar-

über hinwegtäuschen, daß der Wahn der totalen Mobilität, den das Auto repräsentiert, »des Teufels« ist und von der Erde zunehmend weniger verkraftet werden kann. (Als ich Mitte der 8oer Jahre in Peking war, gab es dort außer Taxis und Lastkraftwagen keine Autos, jedenfalls nicht in nennenswertem Umfang. Heute ist China einer der begehrtesten Märkte für die Automobilindustrie der USA, Japans, Deutschlands usw.)

Technischer Umweltschutz und Meßwahn

Herbert Gruhl (er war von 1969 bis 1980 Umweltsprecher der CDU/CSU-Fraktion im Deutschen Bundestag) schreibt in seinem letzten Buch *(Himmelfahrt ins Nichts)*:

»Die Entdeckung der *Umwelt* als schutzbedürftiges System, dem der Mensch zu Hilfe kommen muß, habe ich in der Politik seit 1969 miterlebt.

Obwohl in Deutschland schon immer ein tieferes, zum Teil romantisches Gefühl für die Natur vorhanden war, kam der Begriff wie die neue Bewegung aus den Vereinigten Staaten herüber. Dort hieß das nun ›human environment protection‹, also Schutz der *menschlichen* Umwelt, nicht etwa Schutz der *natürlichen* Umwelt an sich. Somit blieb der Mensch im Mittelpunkt und erklärte alles übrige zu *seiner* Umwelt. Er begriff allerdings, daß ihm selbst Gefahr drohte, wenn er die Dinge weiter so laufen ließ. Die übrigen Geschöpfe, die Tiere und die Pflanzen, interessierten nicht so sehr; denn deren Dahinschwinden bemerkt der städtische Mensch selten. Doch die schlechte Luft roch er, das schlechte Wasser schmeckte er, den Lärm hörte er, und den Müll sah er. Das erboste viele, und sie riefen nach Abhilfe. Aber wer sollte abhelfen, wenn nicht *die Technik*, die doch wohl alles vermochte. Wenn sie immer neue Mittel erfinden konnte, warum nicht auch die Gegenmittel? Damit war der *technische Umweltschutz* geboren, für den man sofort die Fachleute hatte. Folglich wurde der Umweltschutz in

Fachbereiche aufgeteilt, und andererseits wurde er selbst zu einem neuen Ressort der Politik, also der Gesetzgebung. Denn auf freiwilliger Basis geschah nichts, nur durch den Druck der Öffentlichkeit und den Zwang des Staates. Allgemein gültige *Grenzwerte* für zulässige Belastungen, von denen man annahm, daß sie der Mensch gerade noch vertrug, wurden verordnet. (...) Da die Belastungen summiert und synergetisch wirken, lassen sie sich quantitativ und qualitativ schwer oder gar nicht erfassen – und vieles wird immer ungeklärt bleiben, wie wir schon beim Waldsterben erfahren mußten. (...) *Der technische Umweltschutz* steigert nun auch das Bruttosozialprodukt. Gerade die erforderlichen Großanlagen sind teuer: Kläranlagen, Müllverbrennungsanlagen, Filtersysteme für Großkraftwerke. (...) Das Wissenschafts-Zentrum in Berlin ermittelte, daß von 1970 bis 1988 der Anteil des Bruttosozialprodukts, der für die Beseitigung von Umweltschäden aufgewendet wurde, von sieben auf zwölf Prozent gestiegen ist. Diese müßten vom Bruttosozialprodukt abgezogen werden; denn ihr *Wert* liegt nur darin, daß eine weit größere Verschlechterung der Umwelt vermieden wurde.

Das Bruttosozialprodukt wächst um so kräftiger, je höher die Schäden sind, die behoben werden müssen! Ökologisch betrachtet heißt das jedoch, daß jeder technische Umweltschutz einen *zusätzlichen* Energieeinsatz erfordert. Kraftwerke mit Filter und Autos mit Katalysator benötigen nicht nur die Energie zur Herstellung der Geräte, sondern auch für deren Betrieb. Das gilt auch für Klärwerke und eigentlich alles. *Jeder technische Vorgang verbraucht weit mehr Energie, als er an Leistung erbringt.* (...) Und alle Energieerzeugung und jeder Rohstoffverbrauch (sogar die Wiederverwendung) ist auch wieder mit unvermeidlichen Umweltbelastungen verbunden, somit kann die *ökologische Bilanz* gar nicht so viel besser werden – selbst dann nicht, wenn der perfekteste Umweltschutz betrieben würde. Hundertprozentig wird die Umwelt nur entlastet, wenn die jeweilige Produktion *ganz eingestellt* wird.«[22]

Im technischen Umweltschutz tobt sich der allgemeine Meßwahn auf prägnante Weise aus. Es gehört zu den großen Rätseln, warum der moderne Mensch wie besessen zu sein scheint vom Messen und vom Rechnen, von der Abstraktion überhaupt. Wobei die Feministinnen sicher recht haben, wenn sie diesen Kult des Abstrakten und der Messung mit der männlichen Dominanz in dieser Gesellschaft in Verbindung bringen. Nur: Die gesamte Technik basiert auf Abstraktion, ja die Technosphäre ist materialisierte Abstraktion. (Und: Kann es eine »weibliche Technik« geben?) Messungen müssen interpretiert werden, nicht nur bei sogenannten Grenzwerten der Belastung für den Menschen und andere Lebewesen, sondern auch in der Naturwissenschaft. Und Interpretation ist nicht nur Auswertung, sondern Wertung. Wertung, die mit Welthaltungen, mit Weltbildern und (oft gänzlich unhinterfragten) Grundeinstellungen zu tun hat, und um diese geht es in erster Linie. Messung pur ist genauso sinnlos wie Information pur. Und so erstickt der Mensch unserer Tage in einer Lawine von Messungen und Informationen, zu denen er gar keinen lebendigen Bezug herstellen kann. Häufig ist Messung einfach Ablenkung; wo gemessen wird, da wird (so erscheint es) etwas getan. In der Substanz ändert sich nichts. Das Bewußtsein größerer Zusammenhänge, auch nur auf der Stufe der vernetzten und ineinandergeschachtelten Systeme (wie sie die Systemtheorie beschreibt), fehlt fast völlig im öffentlichen oder politischen Raum.

Die meisten Berufe wären überflüssig, wenn alle Menschen vernünftig wären, sagte schon der große Satiriker Jonathan Swift sinngemäß. Das gilt auch für die Güterproduktion. Man werfe einen nachdenklichen Blick in einen beliebigen Zeitungskiosk und versuche sich, einen Moment nur, klarzumachen, was hier eigentlich konkret vorliegt, wie die bunte Flut der Magazine z.B. hergestellt und verbreitet, wie sie konsumiert und »entsorgt« wird. Das wirft ein jähes Licht auf das Ausmaß dessen, was ständig und offenbar unaufhaltsam geschieht. Und das Bild des düster-fanatischen Fundamentalisten (der immer irgendwie wie ein Mullah aussieht und dreinblickt), der Zensur ausübt und die bösen Bilder

stürmt, ist da fast willkommen (und wird auch so gepflegt), wenn
es darum geht, diese Art »Freiheit« zu verteidigen.

Der technische Umweltschutz hat nach wie vor oberste Priorität, weil er der Entlastung dient, und zwar auf ganzer Front. Die
meisten sehen vorderhand keine politisch durchsetzbare Alternative zu ihm, und Grundlagenreflexionen, die es durchaus gibt,
haben eher literarischen Charakter. Hinzu kommt das (ernsthafte,
nicht zu bespöttelnde) Bemühen unzähliger Einzelner, aber auch
etlicher Gruppen, soweit es irgend geht, »ökologisch zu leben« und
das eigene ökologische Gewissen (das ohnehin ständig geknechtet
wird) nicht allzusehr zu belasten. Dabei wissen (fast) alle oder
ahnen es zumindest, daß die herrschenden Strukturen fest und
gleichsam ehern dastehen, tief einbetoniert in die Fundamente
dieser Zivilisation, in die geistige/seelische (also innere) kollektive
Kosmologie. Was uns zugrunde zu richten droht, sind ja nicht
primär großkalibrige Verbrechen oder einzelne »böse« Drahtzieher hinter den Kulissen (obwohl man auch diesen Gedanken einmal durchspielen kann), sondern schlicht das, was wir für »normal« und selbstverständlich halten; selbstverständlich im Sinne
von: keiner Erklärung bedürftig. Und gerade hier liegt die entscheidende Dunkelstelle. Hier ist der Keller der kollektiven Psyche, der unaufhörlich Neurosen produziert. Überspitzt kann man
sagen: Der moderne Mensch (wenn es den so überhaupt gibt) *hat*
keine Neurosen, er *ist* die Neurose! Die herrschende Bewußtseinsverfassung als solche ist Ursache und Motor der »Logik der Selbstausrottung« (wie Bahro das nennt).

Und Tiefenökologie versucht genau dies: zu den Wurzeln der
Neurose vorzustoßen und uns (wieder) zu verbinden mit jener
tieferen und eigentlichen Wirklichkeit, die uns trägt und nährt
und ohne die wir verdorren. Um diese tiefere Wirklichkeit zu erreichen, geistig/denkend und praktisch (sowohl sozial als auch
meditativ), müssen die Schichten abgeräumt werden, die uns von
ihr trennen. Und diese Abräumarbeit läuft über das denkende Verstehen – als einem ersten Schritt, dem weitere Schritte folgen
müssen. Mit einem sentimentalen »Ökologismus« ist wenig aus-

zurichten; die »Schöpfung bewahren« wollen fast alle mehr oder weniger, auch wenn sie Atheisten sind. Das heißt nicht, daß Emotionen keine Bedeutung hätten, im Gegenteil: Ohne Emotionen und ohne Eros fehlt allem das wohl stärkste Antriebsmoment.

3. KAPITEL

WIE TIEF IST DIE TIEFENÖKOLOGIE?

»Ich glaube an Advaita (Nicht-Dualität),
ich glaube an die essentielle Einheit der Menschheit
und, was dazu kommt, an alles, was lebt. Daher
glaube ich, daß, wenn ein Mensch Spiritualität
gewinnt, die ganze Welt an ihm gewinnt, und daß,
wenn ein Mensch versagt, die ganze Welt im selben
Maße versagt.«
(Mahatma Gandhi)[1]

Flache Ökologie –
tiefe Ökologie

Neben dem Ökofeminismus, der Sozialökologie, der transpersonalen Psychologie und der Bewußtseinsforschung (der Erforschung veränderter Bewußtseinszustände) ist die Tiefenökologie eine der wichtigsten Strömungen zum Verständnis der großen Krise und zu ihrer möglichen Überwindung. In den USA sehr verbreitet und ein integraler Bestandteil der ökologischen Debatte, ist sie in Deutschland noch wenig bekannt.

1982 äußerte sich der Philosoph Arne Naess in einem Interview zu Grundfragen der Tiefenökologie:»Die Quintessenz der Tiefenökologie besteht darin, tiefergehende Fragen zu stellen. (…) Was wir heutzutage brauchen, ist eine ungeheure Erweiterung des ökologischen Denkens hin zu dem, was ich Ökosophie nenne. ›Sophie‹ kommt von dem griechischen Wort ›sophía‹, ›Weisheit‹, das sich auf Ethik, Regeln und Praxis bezieht. Also beinhaltet die Ökosophie oder Tiefenökologie eine Verlagerung von Wissenschaft auf Weisheit. (…) Wir sind nicht auf eine wissenschaftliche Vorgehensweise beschränkt, wir haben die Verpflichtung, eine Gesamtsicht auszudrücken.

Natürlich können sich die Gesamtsichten unterscheiden. Der Buddhismus stellt beispielsweise einen passenden Hintergrund oder Zusammenhang für die Tiefenökologie dar, gewisse christliche Gruppen haben Aktionsplattformen zugunsten der Tiefenökologie geschaffen, und ich selbst habe meine eigene Philosophie ausgearbeitet, die ich Ökosophie nenne. Im allgemeinen stellen die Leute jedoch nicht genug tiefgehende Fragen, um eine Gesamtsicht zu erklären oder klarzustellen. (…) Eine Gesamtsicht, so wie die Tiefenökologie, kann eine umfassende Motivationskraft für alle Aktivitäten und Bewegungen darstellen, die es sich zum Ziel gesetzt haben, den Planeten vor der Ausbeutung und Beherrschung durch den Menschen zu bewahren. (…) In fünfzig Jahren brauchen wir entweder eine Diktatur, um zu retten, was von all den vielfältigen Lebensformen übrig ist, oder wir brauchen eine

Veränderung unserer Werte, eine Veränderung unserer Gesamtsicht, so daß keine Diktatur mehr nötig ist.«[2]
 Gerade dieser letzte Punkt ist von zentraler Bedeutung: Je weniger »sanfte« Veränderung und Korrektur erfolgt, d.h. je ungebro-
chener und massiver die »Maschinenlogik« sich austoben kann
(ohne Rücksicht auf das von ihr Niedergewalzte), um so fürch-
terlicher werden die Gegenwirkungen sein, nicht nur von seiten der geschundenen Natur (Überschwemmungen, Dürren, fort-
schreitende Bodenerosion, Klimaturbulenzen u.ä.), sondern auch,
notwendig, auf der politischen Ebene. Das heißt, der häufig als
Schreckgespenst heraufbeschworene Ökofaschismus (Stichwort:
»grüner Adolf«) könnte dann irgendwann und in einer uns zunächst unbekannten Form wirksam werden. Man sollte sich nichts
vormachen: Großflächige ökologische Katastrophen, mit chao-
tischen, panikerzeugten Migrationsbewegungen großer Men-
schenmassen z.b., hebeln über kurz oder lang diese Demokratie
aus den Angeln; dann herrscht wirklich »Notstand«, und da gelten
schlagartig andere Gesetze. Im Grunde ist das bekannt, wird aber
kaum einbezogen ins Kalkül (nach der Devise: »Das wird schon
nicht eintreten«).
 Noch einmal Arne Naess: »Eine der Grundnormen der Tiefenökologie besagt, daß jede Lebensform im Prinzip das Recht hat,
zu leben und zu gedeihen. So wie die Welt beschaffen ist, müssen wir natürlich töten, um essen zu können, aber es gibt in der
Tiefenökologie eine grundlegende Intuition, wonach wir nicht
das Recht haben, ohne ausreichenden Grund andere Lebewesen zu töten. Eine weitere Norm besagt, daß, mit zunehmen-
der Reife, die Menschen dann Freude empfinden werden, wenn
andere Lebensformen Freude empfinden, und Trauer, wenn andere Lebensformen Trauer verspüren. (...) In unserer Zivilisation
steht uns ein gewaltiges Zerstörungspotential zur Verfügung,
aber unsere Gefühle sind extrem unreif. Die meisten Menschen
haben sich bis jetzt nur für eine geringe Gefühlsspannweite interessiert.
 Für die Tiefenökologie gibt es eine Kerndemokratie in der Bio-

sphäre. Die oberflächliche Ökologiebewegung spricht nur von den Ressourcen der Menschheit, während wir in der Tiefenökologie von den Ressourcen für jede Spezies sprechen ...«[3]

Was Arne Naess hier als »Kerndemokratie in der Biosphäre« bezeichnet, wird häufig auch mit dem Schlagwort »Biozentrismus« umschrieben. Das sei noch einmal mit zwei Autoren verdeutlicht, die sich der Tiefenökologie verbunden fühlen: dem Philosophen Michael E. Zimmerman und dem Physiker Fritjof Capra.

Zimmerman: »Die Tiefenökologie basiert auf zwei Grundprinzipien: das eine ist der wissenschaftliche Einblick in das Verbundensein aller Lebenssysteme auf Erden, zusammen mit dem Gedanken, daß der Anthropozentrismus – die Menschbezogenheit – eine fehlgeleitete Sichtweise ist. Die Tiefenökologen sind der Meinung, daß eine ökozentrische Haltung eher im Einklang mit der Wahrheit über die Art des Lebens auf der Erde steht. Anstatt die Menschen als etwas völlig Einmaliges oder Gottgewähltes zu betrachten, sehen sie uns als integrale Fäden im Stoff des Lebens. Sie sind davon überzeugt, daß wir eine weniger dominierende und aggressive Haltung der Erde gegenüber einnehmen müssen, wenn wir und der Planet überleben wollen.

Die zweite Komponente der Tiefenökologie ist das, was Arne Naess die Notwendigkeit der menschlichen Selbstverwirklichung nennt. Anstatt uns mit unserem Ego oder unserer unmittelbaren Familie zu identifizieren, sollen wir lernen, uns mit Bäumen, Tieren und Pflanzen und der ganzen Ökosphäre zu identifizieren.

Das würde eine recht radikale Bewußtseinsveränderung mit sich bringen, wodurch aber unser Verhalten mehr im Einklang mit den wissenschaftlich festgestellten Voraussetzungen für das Wohlergehen auf der Erde stehen würde.«[4]

Das deutet auf das sogenannte ökologische Selbst, mit dem ich mich in einem eigenen Kapitel beschäftigen möchte. Hier ist nur soviel wichtig, daß das ökologische Selbst ein bewußt gesetztes Gegenbild darstellt zur herkömmlichen Egofixierung des abendländischen Menschen, innerhalb derer ökologische Bezüge keine Bedeutung haben. Vereinfacht gesagt: Das abendländische

Ich ist in dieser Sichtweise eine umweltblinde (oder besser mitweltblinde) Monade, das ökologische Selbst dagegen ist selbst die Umwelt oder Mitwelt. »Selbst dann bin ich die Welt«, heißt es am Schluß von Richard Wagners *Tristan*...

Fritjof Capra (in seinem Buch *Lebensnetz*): »Seichte Ökologie ist anthropozentrisch, stellt also den Menschen in den Mittelpunkt. Für sie steht der Mensch über oder außerhalb der Natur, als Ursprung aller Werte, und dementsprechend gesteht sie der Natur nur einen instrumentellen Wert, einen ›Nützlichkeitswert‹, zu. Die Tiefenökologie dagegen sieht weder den Menschen noch irgend etwas anderes als von der natürlichen Welt getrennt. Sie erblickt in der Welt nicht eine Ansammlung voneinander isolierter Objekte, sondern ein Netz von Phänomenen, die grundsätzlich miteinander verbunden und wechselseitig voneinander abhängig sind. Die Tiefenökologie ist darum bemüht, den allen Lebewesen innewohnenden Wert wahrzunehmen; sie betrachtet den Menschen gleichsam als einen der Fäden im Netz des Lebens.

Letzten Endes ist tiefenökologisches Bewußtsein ein spirituelles oder religiöses Bewußtsein. Wenn der Begriff Spiritualität einen Bewußtseinszustand meint, in dem der einzelne Mensch ein Gefühl der Zugehörigkeit, der Verbundenheit mit dem Kosmos als Ganzem empfindet, dann wird klar, daß ökologisches Bewußtsein seinem tiefsten Wesen nach spirituell ist. Daher überrascht es nicht, daß das jetzt entstehende neue Bild der Wirklichkeit, das auf dem tiefenökologischen Bewußtsein basiert, der *philosophia perennis* (also der »Ewigen Philosophie«; J. K.) entspricht, der grundlegenden gemeinsamen Wahrheit aller spirituellen Traditionen, sei es im Bereich der christlichen Mystiker, des Buddhismus oder der Philosophie und Kosmologie, die den Traditionen der amerikanischen Ureinwohner zugrunde liegt. (...) Von daher stellt die Tiefenökologie weitreichende Fragen nach den verborgenen Grundlagen unseres modernen, wissenschaftlichen, industriellen, wachstumsorientierten, materialistischen Weltbildes und der ihm entsprechenden Lebensweise. Sie stellt dieses Paradigma als Ganzes aus einer ökologischen Perspektive in Frage: aus der Perspektive unserer Beziehungen zueinander, zu künftigen Generationen und zum Netz des Lebens, von dem auch wir ein Teil sind.«[5]

Wo bleibt das Bewußtsein? Kritik an der tiefenökologischen Schule

Was Capra (partiell auch Zimmerman) vorträgt und als »Tiefenökologie« bezeichnet, ist in meiner Wahrnehmung eher die »flache Version« dieser Strömung bzw. beleuchtet schlaglichtartig die Schwächen und Unzulänglichkeiten des ganzen Ansatzes. Was ist denn die Tiefe der Tiefenökologie? Das kann nur Bewußtsein sein; Bewußtsein ist die Tiefe (oder, in anderer Perspektive, auch Höhe) der Welt. Tiefenökologie ist, wenn sie diesen Namen verdient, Bewußtseinsökologie.

Und das ist die Tiefenökologie als Schule oder Strömung gerade nicht, was ihre Verdienste, die sie andererseits auch wieder hat, nicht schmälert, im Gegenteil, diese Kritik soll gerade das eigentlich Fruchtbare und Zukunftsweisende darin bewahren und, wenn man will, »retten«. Ohne die Auslotung der Tiefen des Bewußtseins kann es keine wirkliche Tiefenökologie geben. Meine Polemik gegen die tiefenökologische Schule ist kein intellektueller Selbstzweck (das wäre müßig). Das gilt analog auch für die schroffe Polemik, die Ken Wilber vorträgt (in seinem Buch *Sex, Ecology, Spirituality*, deutsch etwas mißverständlich: *Eros, Kosmos, Logos*), die unter Tiefenökologen und Ökofeministinnen in den USA Empörung ausgelöst hat (Joanna Macy etwa hat sich in diesem Sinne zu Wort gemeldet).[6] Und das gilt auch für die kritischen Anmerkungen von Johannes Heinrichs in seiner »Ökologik«, die im Untertitel (wie bereits erwähnt) »Tiefenökologie als strukturelle Naturphilosophie« heißt.

Ich nenne meinen Ansatz *integrale Tiefenökologie*, und in dieser Bezeichnung drückt sich zweierlei aus: zum einen meine Verbundenheit mit der tiefenökologischen Bewegung, zum andern aber das zentrale Element, das mich von ihr trennt und wo ich über sie hinausgehe (Stichwort: Integration der Bewußtseinsebenen als Seinsebenen, Tiefe als Bewußtsein in verschiedenen, strukturell und evolutiv ineinandergreifenden Schichten/Ebenen/Dimensionen). Das ist keine Besserwisserei (oder Beckmesserei), sondern – man kann mir das abnehmen – entstanden aus »intellektueller Redlichkeit« und dem »Pathos der Wahrheit« (um zwei Nietzsche-Formeln aufzugreifen) und aus der Sorge um die Erde, die wirklich etwas (von uns) will...

Sicher hat Capra recht, wenn er das ökologische Bewußtsein als ein im Kern spirituelles bezeichnet, und sicher hat er auch darin recht (wie die Tiefenökologen überhaupt), daß wir nicht isoliert und getrennt sind, daß es einen großen, uns alle umschließenden und durchdringenden, einen All-Zusammenhang gibt, aus dem sich niemand herauslösen kann, ohne sich selbst und dem ihn tragenden Ganzen zu schaden. Und sicher hat die Systemtheorie, auf die sich Capras Buch *Lebensnetz* bezieht und zu der es einen eigenen Beitrag darstellt (vollmundig als »Capra-Synthese« im Klappentext ausgewiesen), unser Verständnis natürlicher (und auch gesellschaftlicher) Strukturen, Ebenen, Schichten, Prozesse, Entwicklungen, Instabilitäten usw. enorm erweitert und vertieft. Dies ernsthaft zu leugnen, wäre borniert. Zimmermans Hinweis auf die »wissenschaftlich festgestellten Voraussetzungen für das Wohlergehen auf der Erde« nimmt gleichfalls (ohne sie direkt zu nennen) auf die Systemtheorie und verwandte Theorien Bezug.

Hier sei zunächst mit den Worten des Systemtheoretikers Mario Bunge eine Art Kurzdefinition der Systemtheorie gegeben: »Jedes konkrete Phänomen ist entweder ein System oder Bestandteil eines Systems, das heißt, ein Gebilde, das sich aus anderen, untereinander verbundenen Gebilden zusammensetzt. (...) Auf jeder Ebene treten gewisse Eigenschaften (insbesondere Gesetze) erstmalig in Erscheinung, werden also dazugewonnen, während andere Eigenschaften verlorengehen oder untertauchen.«[7]

Das hört sich sehr abstrakt an und ist es auch. Nicht zufällig geht die moderne Systemtheorie auf die Kybernetik zurück (jedenfalls ist das eine ihrer wichtigsten Quellen); Kybernetik, so der Mathematiker Norbert Wiener 1948, sei die Wissenschaft der »Regelung und Kommunikation im Lebewesen und in der Maschine«[8]. Die Idee, Maschinen und Organismen als analog zu betrachten, war nicht neu (es gibt sie schon im 18. Jahrhundert), aber die Computertechnik schuf die Möglichkeit zu einer bis dahin ungeahnten Verfeinerung und Mathematisierung. Es ging um Kommunikationsmuster (geschlossene Schleifen, Netzwerke), und Begriffe wie »Rückkoppelung« und »Selbstregelung« wurden gehandelt. Die berühmte »Selbstorganisation« von Systemen hat hier ihre konzeptionellen Wurzeln.

Für Capra ist »System« mehr oder weniger das gleiche wie »Netzwerk«. Maschinen haben keine Tiefe und können sie nicht haben; die Maschinenanalogie berührt nur die vordergründigsten Schichten von wirklich lebenden Systemen. Sie leistet weniger, als ihre Anhänger glauben. – Wichtiger für unseren Zusammenhang ist etwas anderes: Capra hebt die Spiritualität der tiefenökologischen (durch die Systemtheorie wissenschaftlich fundierten) Betrachtungsweise hervor und spricht von der »Verbundenheit mit dem Kosmos als Ganzem«.

Das kosmische Bedürfnis – erneut mißachtet?

Zunächst wird der Begriff »Kosmos« hier ganz vage und undifferenziert verwendet (das ist weit verbreitet); nur das materielle Universum kann nicht gemeint sein, da von Spiritualität die Rede ist. Die Systemtheorie jedenfalls weiß nichts von Spiritualität, das ist einfach eine ganz andere Ebene, ein anderes Stockwerk. Sie mathematisiert materielle und/oder energetische Muster, die mit Bewußtsein und überhaupt mit Leben gar nichts zu tun haben außer einigen vordergründigen Analogien. Geist wird nicht als Bewußtsein oder Seele u.ä. verstanden, sondern als verbindendes

Muster (»pattern that connects«, wie Gregory Bateson sagt). Die Systemtheorie hat mit dem, was spirituell oder philosophisch »Kosmos« bedeutet, nicht das mindeste zu tun. Keine Spur von Sinn und Wert und Tiefe bzw. Höhe. Mit Recht spricht Ken Wilber hier von »Flachland«, von »Einebnung des Kosmos«. – Es ist bezeichnend, daß Norbert Wiener, ganz wie die Naturwissenschaftler der Zeit um 1900, ein radikal düsteres Bild vom weiteren Fortgang des Universums hatte (Stichwort: unerbittliche Zunahme der Unordnung im All gemäß dem zweiten Hauptsatz der Wärmelehre, bekannt und berüchtigt als Entropie). Er schrieb,»der glückliche Zufall, der den Fortbestand des Lebens in allen seinen Formen auf dieser Erde erlaubt, selbst wenn man dabei nicht ausschließlich an das menschliche Leben denkt«, werde »schließlich ein völliges und katastrophales Ende nehmen«. »Wir sind in einem sehr realen Sinn Schiffbrüchige auf einem dem Untergang geweihten Planeten.«[9]

Dies zitiert Theodore Roszak in seinem erhellenden Buch *Ökopsychologie* und kommentiert es wie folgt:»In diesen Worten des Mitbegründers der Systemtheorie klingt der abgrundtiefe Pessimismus an, den Freud und Russell aus ihren Visionen eines *toten und feindseligen Universums* herleiteten. Das Studium der Systeme, wie die Schule Wieners es verstand, bestätigt so nur die Überzeugung von der *Fremdheit zwischen Mensch und Kosmos* und räumt ihr in den Wissenschaften vom Leben sogar einen noch höheren Stellenwert ein.«[10]

Vieles wird heute anders gesehen, als es Norbert Wiener seinerzeit sah; der zweite Hauptsatz hat seine Schrecken verloren (nicht erst seit Ilya Prigogines »dissipativen Strukturen«, also der These, daß neue Strukturen und Ordnungsformen an Punkten der Instabilität entstehen), dafür sind neue Schrecken hinzugekommen. Aber das Wesentliche, die »Fremdheit zwischen Mensch und Kosmos«, in der die kollektive Neurose des modernen Menschen wurzelt, hat sich lediglich verlagert, nicht aber aufgehoben. Der »Akosmismus« oder die Kosmosvergessenheit (analog vielleicht der »Seinsvergessenheit« Heideggers) des Menschen ist nach wie vor eine kollektive seelische Wirklichkeit. Ja, es ist nicht einmal in Ansätzen deutlich, wie denn ein wirklich ganzheitlich-geistiges Kosmosverständnis und Kosmosverhältnis überhaupt aussehen könnte. Aus eben diesem Grund hat das »Kosmische« in praktisch allen New-Age-Strömungen eine so zentrale Bedeutung; und auch die (zunehmend an Bedeutung gewinnende) Astrologie versucht dieses Vakuum zu füllen. Alles spricht dafür, daß es so etwas gibt wie ein »kosmisches Bedürfnis« (analog dem »metaphysischen Bedürfnis«, von dem Schopenhauer sprach), dessen Mißachtung oder Negierung auf längere Sicht verheerende Folgen hat. Niemand kann wirklich verkraften, in einem kosmisch-geistigen Niemandsland zu leben, das die eigene Existenz verachtet. Die Erde ist im Kosmos, ist Teil des Kosmos, und jede Kultur, jede Epoche, jeder Mensch ist gleichfalls im Kosmos und Teil des Kosmos. Und das heißt nicht einfach, Teil des materiellen Universums, wie subtil-energetisch oder systemisch auch immer vorgestellt, sondern integraler Teil eines auch das Geistige, das Seelische, eben die Ganzheit der menschlichen Existenz umfassenden Ganzen. Wäre dies nicht so, wären alle Kultur, aller Geist, alle Leiden und Freuden der Seele, alle Liebe und alles Streben nach Buddhaschaft u.ä. eine Fiktion, ja, buchstäblich nichtig, eine pure Illusion; die Existenz wäre eine nihilistische Farce (also genau das, was die Existentialisten in ihr sahen). »Es gibt nur zwei Dinge, die Leere und das gezeichnete Ich«, heißt es in einem Gedicht von Gottfried Benn.

Die tiefenökologisch oder systemtheoretisch motivierte Verneinung des sogenannten Anthropozentrismus zugunsten des »Ökozentrismus« (Zimmerman) negiert einmal mehr das kosmische Grundbedürfnis. Ganz zu schweigen davon, daß dieser Anthropozentrismus (der Mensch als Weltenmittelpunkt) so gar nicht existiert, sondern längst abgelöst wurde vom Technozentrismus. »Du bist nichts, dein Volk ist alles«, hieß es bei den Nationalsozialisten, bei den Sozialisten/Kommunisten trat die Klasse (als Arbeiterklasse) an die Stelle des Volkes. »Du bist nichts, die Biosphäre ist alles«, heißt es nun sinngemäß in systemisch-tiefenökologischer Lesart (man möge mir diese Polemik verzeihen, sie mag überzogen sein, aber sie trifft den Kernpunkt des – ohnehin nur propagierten – Nicht-Anthropozentrismus).

Die systemtheoretisch unterfütterte Tiefenökologie, die den Ökozentrismus gegen den Anthropozentrismus ausspielt (das eine gilt als gut, das andere als schlecht), tut in der Grundlinie nichts anderes, als was die neuzeitliche Naturwissenschaft immer getan hat: Sie eliminiert den Menschen, sie klammert das lebendige Subjekt aus. Die Subjektblindheit der Naturwissenschaft, die erst mit den Paradoxien der Quantentheorie als Problem in die Wahrnehmung trat, wird in der Systemtheorie einfach – auf neuer Ebene – weitergeführt. Das hat zu bedauerlichen Blickverengungen auch in der tiefenökologischen Debatte geführt. Der Mensch, als Ichwesen hochgradiger Komplexität der Selbst- und Weltbegegnung, ist eben doch »etwas völlig Einmaliges«; diese Einmaligkeit muß ihn nicht aggressiv und dominierend machen, obwohl gewisse Grade des Dominierens gegenüber der natürlichen Welt unvermeidbar sind. Auch wenn ich mich (im Sinne des ökologischen Selbst) »mit Bäumen, Tieren und Pflanzen und der ganzen Ökosphäre« identifiziere (Zimmerman), bleibt diese Identifikation ein selbstbewußter Akt, ein Akt des Willens. Dieser geschieht aus einem Bewußtsein der ökologischen Zusammenhänge heraus, einem Bewußtsein, das spezifisch menschlich ist. Frösche verstehen die Systemtheorie nicht. Ihnen einen geringeren Grad an Bewußtsein als dem Menschen zuzugestehen, eine geringere Tiefe, heißt ja an sich noch nicht, sie auszubeuten und ihnen die Existenzberechtigung streitig zu machen. Man muß sich wirklich hüten, nicht undurchschaut einfach fortzusetzen (wenn auch mit anderen Formeln), was gerade zur Katastrophe gehört, in die uns das »alte Paradigma« hineingeführt hat.

Menschen, als sie selbst (in ihrer Wesenheit), sind eben nicht einfach »integrale Fäden im Stoff des Lebens« (Zimmerman). Wenn die Formulierung einen Sinn machen soll, müßte dieser »Stoff des Lebens« ungleich subtiler und differenzierter betrachtet werden, als dies die Systemtheorie tut.»Die Tiefenökologie ... betrachtet den Menschen gleichsam als einen der Fäden im Netz des Lebens«, sagt Capra. Sowohl in den »Fäden« als auch in dem »Netz« spukt noch immer der kybernetische Ansatz, der nun wirklich weder mit dem Menschen (als Menschen) noch mit Spiritualität irgend etwas zu tun hat. Mit Recht schreibt ein kritischer Rezensent des Buches *Lebensnetz*:

»Die spirituellen Erfahrungen der Menschen, die in den mystischen und religiösen Traditionen der Welt leben, werden damit auf ein Wechselspiel sich selbst organisierender, autopoietischer Prozesse reduziert, die in kybernetischen Netzwerken resultieren. Spirituelle Begriffe können in ein solches Weltbild nicht integriert werden. Sie erscheinen wie ein Farbklecks in einer Schwarzweißskizze. Capras Buch macht deutlich, daß die Synthese zwischen Wissenschaft und Spiritualität immer noch nicht vollzogen ist.«[11]

Auch die Systemtheorie kommt nicht ohne Hierarchien aus, ja sie hat die hierarchische (holarchische) Struktur der Wirklichkeit, das strukturelle und evolutive Wechselspiel der Ebenen und Schichten mehr als jede andere Theorie ins (abstrakte) Bild gebracht, aber – und das ist der Kardinalpunkt des ganzen Ansatzes – sie argumentiert streng monistisch, sie geht (ontologisch) von einer allein existierenden Seinsebene aus.

Selbstorganisation heißt ja gerade Organisation (oder Formen- und Gestaltenbildung) ohne Prinzipien oder Kräfte aus einer höheren Ebene (einer spirituellen, metaphysischen, vielleicht gar göttlichen). Der Mensch, als Körper-Seele-Geist-Einheit und als Ichwesen, hat hierin ebensowenig Platz wie in der dem »alten Paradigma« angelasteten Form des Reduktionismus. Ist dann nicht die heraufbeschworene »Verbundenheit mit dem Kosmos als Ganzem« eine bloße Leerformel? Wie soll diese Verbundenheit aussehen, wie soll sie sich manifestieren?

Das »tote und feindselige Universum« – die »Fremdheit zwischen Mensch und Kosmos« – wird damit nicht überwunden. Aber gerade hierin liegt, meiner Überzeugung nach, der Kern der kollektiven Neurose, der psycho-kosmologischen Krise (wie ich das nenne). Ich muß dies immer wieder betonen, um jedes Mißver-

ständnis auszuräumen. Und diese Überwindung wird nicht geleistet, indem man von der reduktionistischen und abstrakten Ebene
der Systeme nun in einer Art Salto mortale hineinspringt in eine
(meist mißverstandene und verkürzte) Mystik, in eine ganz vage
Vision von Einheit und Allverbundenheit. Scharfsinniger als jeder
andere hat dies Ken Wilber kritisiert, schon in den späten 70er
Jahren (im Zusammenhang mit dem damals sehr populären holo-
graphischen Weltbild).[12]

Noch einmal sei Theodore Roszak das Wort erteilt, weil er zu
den wenigen »Öko-Denkern« gehört, die das Mensch-Kosmos-
Dilemma sehen und für die Deutung der großen Krise heranziehen. Im siebten Kapitel seiner *Ökopsychologie* (betitelt »Die Sonderstellung des Menschen«) schreibt er:

»Es ist keine Frage, daß Anthropozentrismus die Gefahr des
Anspruchs auf menschliche Oberhoheit über die Natur in sich
birgt, und daß dieser Anspruch die tiefste Ursache für unsere ökologischen Probleme darstellt. Das auszusprechen heißt, vor der
Möglichkeit zu warnen und zu einer anderen Sichtweise einzu-
laden. Wir sollten nicht vergessen, daß die gravierendsten ökologischen Verwüstungen sich in der Moderne ereignet haben, auf dem
Hintergrund einer rigoros nicht-anthropozentrischen Kosmologie,
die den Stellenwert der menschlichen Existenz im Universum auf
eine unbedeutende Ziffer reduziert. Es ist die These dieses Buches,
daß eine so radikale Entwertung des menschlichen Lebens nur
dazu führen kann, daß unser Bedürfnis nach Sinnfindung ausge-
hungert wird, bis es schließlich in eine pathologische Machtob-
session einmündet. Wenn das zutrifft, dann ist es wohl eher die
verzweifelte Flucht vor der absoluten Sinnleere als die anthropo-
zentrische Selbstüberhebung, die der halsstarrigen Behauptung
der menschlichen Dominanz immer neue Nahrung gibt.«[13]

Die Argumentation von Roszak ist aufschlußreich: Er führt die
rabiate Egozentrik des Menschen (das meint er eigentlich, wenn er
von Anthropozentrik spricht) auf eine Art Überkompensation des
Nihilismus zurück. Nihilismus, das heißt formelhaft: »Gott ist tot«
(Nietzsche), das Universum ist eine tote Maschine, die Erde ist ein

Staubkorn, der Mensch auf ihr ist ein Zufallsprodukt, alles hat keinen Sinn… (»Entwertung aller Werte«, noch einmal Nietzsche.)
Dies kann der Mensch nicht ertragen, und so füllt er die Leere des
Weltalls und seiner Seele mit dem Machtanspruch des Ego, und
zwar auf Teufel komm raus oder Welt geh zugrunde. Wenn alles
sinnlos ist, bleibt das Ego als das einzige, was der Mensch »hat«,
weil er es ist. Abgestürzt auf die Betondecke der puren Außenwelt
und des puren Ego (heute fast identisch mit dem so verhätschel-
ten, allseits bestaunten »body«, der mit dem beseelten Leib zunehmend weniger zu tun hat), krallt sich der moderne Mensch an dieses Body-Ego, das er allenfalls noch technisch erweitert (etwa
mittels seines Autos) … Ein weiteres Mal Gottfried Benn: »Es gibt
nur zwei Dinge, die Leere und das gezeichnete Ich.«

»Wir haben den Kosmos verloren«, sagt der englische Schriftsteller D. H. Lawrence im Jahr 1930. »Jetzt müssen wir den Kosmos wiedergewinnen, und das geschieht nicht durch einen Trick.
Die vielen Beziehungen zu ihm, die in uns erstorben sind, müssen
wieder lebendig werden. (…) Höre ich heute Menschen über ihre
Einsamkeit klagen, dann weiß ich, was los ist. Wir haben den Kosmos verloren. Uns fehlt nichts Menschliches oder Persönliches.
Uns fehlt das kosmische Leben.«[14]

Dieses letztere war für Lawrence primär eine ekstatisch-ero-
tische Seinserfahrung. Deren Wert ist unbestreitbar, und Versuche
heute, die Dimension des Tantrischen wiederzugewinnen und derart Spiritualität und Sexualität wieder zusammenzuführen, weisen
gleichfalls in diese Richtung.[15] Das tantrische Universum war (ist)
wirklich ein Kosmos im altgriechischen Sinne des Wortes: ein die
Gesamtheit des physischen und des nicht-physischen Seins um-
greifendes und durchstrahlendes Ordnungsgefüge. Vom Wort her
meint »Kosmos« ursprünglich soviel wie Schönheit und Ordnung.
Für Lawrence war der Kosmos zwar ebenfalls Schönheit und Ordnung und Sinn und Sinnlichkeit, aber eben nicht – Spiritualität,
nicht Geist, das Gegenteil von allem, was mit Denken zu tun hat.
Das Universum des D. H. Lawrence denkt nicht (Denken gilt als
kosmosfern, ja kosmosfeindlich), es »lebt nur«.

Es ist essentiell wichtig, uns selbst und die physisch-sinnliche Natur zu »kosmisieren«. Nur so können wir die bekannten Irrwege und Fallstricke vermeiden und die Himmelswüste unserer kollektiven Kosmologie wieder zum Oikos machen, zum bewohnbaren Haus oder Heim. Nur wenn die Erde (wieder) zum Oikos wird, kann auch das Universum jene Fremdheit und monströse Maskenhaftigkeit verlieren, die wir ihm angedichtet haben. Wirkliche Tiefenökologie muß diese Tiefe (oder Höhe) in den Blick nehmen. Alles, was darunter bleibt, »wird es nicht bringen«…

Zum Kosmosbegriff schreibt Johannes Heinrichs in seiner *Ökologik* (ausgehend vom »kosmischen Bewußtsein«): »Die Bezeichnung ›kosmisches Bewußtsein‹ rechtfertigt sich einerseits durch die Universalität des Geistes, an dem es wesentlich teilnimmt, jedoch begrenzt durch die Individualität der Seele: *Kosmos ist sinnvollerweise das Universum zu nennen, sofern es beseelt erlebt werden kann.*

›Beseeltes Universum‹ als Kosmos kann zweierlei heißen: an und für sich schon beseelt oder beseelt durch den erlebenden Menschen. Der *griechische Kosmos-Begriff* meint vornehmlich das erstere, die an und für sich schon beseelte Ganzheit der Welt. Platon sprach in diesem Sinne, ältere Vorstellungen aufnehmend, von ›Weltseele‹.«[16]

Nach Seele und Sinn und Göttern suchen wir alle; auch noch in den pervertiertesten Formen wird dies deutlich. Viele Süchte sind im Kern die eine metaphysische Sehn-Sucht, sind »Atman-Projekte« (Ken Wilber): das Mühen, Atman oder die Verbindung mit dem Kosmos auf der falschen Seinsebene zu verwirklichen. Viele suchen Atman in der Liebe, wollen durch die Liebesbeziehung mit einem konkreten Menschen erlöst werden. Das muß scheitern. Je ferner Atman selbst, die Weltseele, der Kosmos rücken (die größte Ferne ist die nihilistische Leugnung dieser Triade), um so tragischer und langfristig destruktiver geraten die Atman-Projekte. Wer das Absolute in der Materie sucht, wird diese früher oder später aus den Angeln heben (sie technisch zerstrahlen). Daß die gesamte Technik ein großes Atman-Projekt ist, tritt offen zutage. Eine wirklich tiefenökologische Besinnung muß sich diesen Atman-Projekten stellen, und mit ihnen jenen vielen Dämonen, die die verfallenen Altäre besetzt halten und das spirituelle Vakuum zu füllen trachten.

Abschließend sei (kommentarlos) ein Text zitiert, der das Verständnis von Tiefenökologie im Sinne ihres Begründers Arne Naess in acht Punkten umreißt und dem ich einschränkungslos zustimme. Die acht Punkte zum Verständnis der Tiefenökologie (»Deep Ecology Platform«):

»1. Das Wohlsein und Sich-entfalten-Können des menschlichen und des nichtmenschlichen Lebens auf der Erde haben einen Wert in sich selbst. Dieser Eigenwert ist unabhängig von der Nützlichkeit der Natur für menschliche Zwecke.

2. Der Reichtum und die Vielfalt der Lebensformen tragen zur Verwirklichung dieser Werte bei und sind ebenfalls als Wert in sich anzusehen.

3. Menschen haben kein Recht, diesen Reichtum und diese Vielfalt zu verringern, außer um ihre überlebensnotwendigen Bedürfnisse zu befriedigen.

4. Die gegenwärtigen Eingriffe in die nichtmenschliche Welt durch den Menschen sind übermächtig schädigend, und die Situation verschlechtert sich zunehmend immer schneller.

5. Das Wohlsein des Menschen und seiner Kulturen und das Überleben der nichtmenschlichen Daseinsformen setzt einen deutlichen Rückgang der Weltbevölkerung voraus.

6. Für eine tiefgreifende Verbesserung der Überlebensbedingungen sind politische Änderungen nötig. Die bevölkerungspolitischen Instrumente beispielsweise müssen sich ändern. Änderungen beziehen sich ferner auf grundlegende ökonomische, technische und ideelle Strukturen. Der sich hieraus ergebende Zustand gesellschaftlichen Zusammenlebens wird sich fundamental von dem gegenwärtigen unterscheiden.

7. Der geistige Wandel bezieht sich hauptsächlich auf die Wertschätzung von Lebensqualität (also auf die Wahrnehmung von Situationen mit innerem Wert) und nicht länger mehr auf stei-

genden Lebensstandard. Es wird sich ein tragendes Bewußtsein
des Unterschiedes zwischen Menge und Güte entwickeln.
8. Diejenigen, die die genannten Punkte befürworten, gehen damit gleichzeitig eine direkte und indirekte Verpflichtung ein, an
dem Versuch teilzunehmen, die nötigen Veränderungen durch-
zusetzen.«[17]

4. KAPITEL

KOSMOS UND ICH.
IST DER MENSCH
DER MITTELPUNKT
DER WELT?

»Der Astronom aber versprach, Wilhelmen
in dieser herrlichen klaren Nacht an den Wundern
des gestirnten Himmels vollkommen teilnehmen
zu lassen.
Nach einigen Stunden ließ der Astronom seinen
Gast die Treppen zur Sternwarte sich hinaufwinden,
und zuletzt allein auf die völlig freie Fläche eines
runden hohen Turmes heraustreten. Die heiterste
Nacht, von allen Sternen leuchtend und funkelnd,
umgab den Schauenden, welcher zum erstenmale
das hohe Himmelsgewölbe in seiner ganzen
Herrlichkeit zu erblicken glaubte. (…) Ergriffen
und erstaunt hielt er sich beide Augen zu. Das
Ungeheure hört auf erhaben zu sein, es überreicht
unsre Fassungskraft, es droht uns zu vernichten.
Was bin ich denn gegen das All? sprach er zu
seinem Geiste: wie kann ich ihm gegenüber, wie
kann ich in seiner Mitte stehen?«
(Goethe, *Wilhelm Meisters Wanderjahre*)[1]

Verwirrung und Einebnung – der flache Naturbegriff der Ökologen

Daß die tiefenökologische Schule – mit guten Gründen – den Anthropozentrismus angreift, wurde bereits gesagt. Zimmerman stellt dieser »Menschbezogenheit« (wie er es nennt) den »Ökozentrismus« gegenüber; in dieser Sichtweise verliert der Mensch seinen Gattungsegoismus, er begreift sich als Lebewesen unter Lebewesen und gibt es auf, sich »als etwas völlig Einmaliges« zu betrachten. Die kritischen Anmerkungen dazu, die ich schon gemacht habe, möchte ich hier aufgreifen und vertiefen, weil der Punkt, um den es dabei geht, Grundfragen der menschlichen Existenz berührt, die mit ihrem Naturverhältnis und Kosmosverhältnis zu tun haben. An dieser Stelle herrscht Verwirrung in vielen Köpfen, und wir werden nicht weiterkommen, wenn es uns nicht gelingt, hier Klarheit zu schaffen.

Wenige haben das hier in Frage stehende Problem so deutlich gesehen und formuliert wie Johannes Heinrichs. Und einmal mehr sei aus seiner *Ökologik* zitiert:

»Eine besondere Pointe liegt in folgender Sprachmanipulation: Autoren wie F. Capra nennen den natur- und selbstmörderischen menschlichen Egoismus ›Anthropozentrik‹. Dieses Wort hatte ursprünglich einen guten Sinn: Der Mensch wurde als Mitte und Kulmination der Natur, als ›Krone der Schöpfung‹, gesehen. Solche Anthropozentrik hätte ihn verpflichtet, sich, wenn schon als ›Herrn‹, dann schon als guten Verwalter, als Bewahrer und Diener der ihm dienenden Natur zu sehen. Nachdem er darin vorläufig versagte, deutet man nun das Wort ›Anthropozentrik‹ um in menschliche Egozentrik. Es geht uns nicht darum, auf einem Wort zu beharren, das manche ernsthafte Autoren inzwischen negativ besetzt haben. Doch der Gedanke, daß der Mensch im Mittelpunkt des ganzen erfahrbaren Kosmos steht und seine Aufgipfelung ist, kann damit nicht pseudo-demütig aus der Welt geschafft werden. Zudem wäre es eine erkenntnistheoretische und ontologische,

aber auch sozialwissenschaftliche und pädagogische Naivität son-
dergleichen, ihn aus dieser Stellung zu verweisen. Wovon anders
soll der erkennende Mensch in kritischer Weise ausgehen als von
den Strukturen seines eigenen Erkennens (welches freilich nicht
ein leeres Umsichkreisen, sondern ein gehaltvolles, unter anderem im engeren Sinn gegenständliches Erkennen ist)? (...) Derartige Polemik gegen Anthropozentrik dient im Grunde dazu, die
menschen- wie naturfremde Beherrschung der Natur mit feineren
Mitteln fortzusetzen. Darin zeigt sich das versteckt Ideologische
der anti-anthropozentrischen Mode, darin liegt das Nicht-Umden-
kenwollen unter der Parole eines ›Neuen Denkens‹. Autoren wie
Fritjof Capra ist dieser dialektische Zusammenhang nicht bewußt,
aber er besteht trotzdem.«[2]

Es bleibt erstaunlich, wie wenig überhaupt der hier angesprochene Zusammenhang gesehen wird, auch und gerade von vielen
durchaus Wohlmeinenden und um die Erhaltung der Lebensviel-
falt der Erde Bemühten. Und einmal mehr zeigt sich, was schon
Varela andeutet, die zentrale Bedeutung erkenntnistheoretischer
Grundüberlegungen. Das ist kein abstraktes, nur mit sich selbst
befaßtes Geschäft, als das es oft gesehen wird, sondern etwas
im tiefsten Sinne Lebensdienliches. Der Mensch ist nun einmal
kein bloßes Bioswesen, nicht einfach Strang im großen Netz (gerade das nimmt ihm einen Teil seiner Menschenwürde!), sondern
Geistwesen, Seelenwesen, Ichwesen, kosmisches Wesen.

Und Ganzheitlichkeit werden wir nur erreichen, wenn wir die
gesamte Spannweite und Tiefe des menschlichen Seins in den
Blick nehmen und nicht, wenn auch in bester Absicht, diese
Spannweite/Tiefe reduzieren oder beschneiden. So wird »Natur-
gemäßheit« in ökologischen Kreisen oft derart bestimmt, als gelte
es, das Lebewesen Mensch zurückzuführen und zurückzunehmen
in die große Gemeinschaft aller übrigen Lebewesen, aus der es ausgeschert sei: Heimholung des verlorenen Sohnes, der verlorenen
Tochter gleichsam, Reintegration des Irrläufers ins Ökoparadies.
Die Teilwahrheit, die hierin liegt, wird überlagert und unkenntlich gemacht durch den versteckten (häufig auch ganz offenen)

Reduktionismus von Natur und Mensch. Ganzheitlich ist diese Denkfigur, ist diese Vision gerade nicht! Schon der Naturbegriff ist viel zu eng, ja, er ist, wenn auch subtil, technisch-industriell. Und das ist jeder Naturbegriff, der Natur einfach als ein Außen begreift: als Erde, Pflanzen, Tiere, Stoffe, Meer, Wind und Wetter »da draußen«. Wobei dieses Draußen dadurch (ohne daß es immer gewollt würde) zum bloßen Ding wird, zum Etwas, das ganz aufgeht in der Außenwelt und somit sein Innenweltsein einbüßt, seine Bewußtseinsseite. Das macht jeden echten Dialog unmöglich.

Genau dies meint und ist das technisch-industrielle »Macht euch die Erde untertan!«. Das bloße Außen wird zum Objekt der Ausbeutung und Unterwerfung, zum absoluten Nicht-Ich, das nun dem Machtansturm des Ichs nichts Eigenlebendiges entgegensetzen kann. Nun attackieren die meisten »Ökodenker« dieses technisch-industrielle »Macht euch die Erde untertan!«. Ihm setzen sie die (vorgebliche) Ganzheit des großen Ökosystems Gaia (der Erde) entgegen, als dessen integraler Teil oder Strang der Mensch gesehen wird. Aber dieses so vorgestellte Ökosystem ist selbst, als Ganzes und in seiner ontologischen Wertigkeit (also in dem, was es wirklich ist), ein bloßes Ding, ein Objekt, ein Außen mit bestimmbarem Ort.

Dieser Naturbegriff hat sich so tief in das allgemeine Bewußtsein eingesenkt, daß es Mühe macht, ein Verständnis dafür zu wecken, was er bedeutet und welche desaströsen Auswirkungen er hat. Dieser Naturbegriff ist ein Teil der ökologischen Krise und kann, auch in seiner sublimierten Form (als System im Sinne der Systemtheorie), niemals einen Ansatz liefern zu ihrer Überwindung. Unter anderem deswegen, weil er (und das eine bedingt das andere) von einer ganz oberflächlichen, verkürzten Anthropologie ausgeht.

Der Mensch als Mensch – in seiner wirklichen Ganzheit – übersteigt und überschreitet jedes nur denkbare Ökosystem! Der Mensch als Mensch – in seiner wirklichen Ganzheit – ist kein Teil des Ökosystems. Wenn Natur einfach Ökosystem bedeutet, läßt sich sagen: Der Mensch ist kein Teil der Natur! Und dies so festzustellen, bedeutet nicht, ihn derart wieder, im Sinne traditioneller Religionen, abzutrennen oder loszulösen von der Natur, so als sei er »ganz da oben« und die Natur »ganz da unten« und etwas in ihrem Wesen von ihm unüberbrückbar Getrenntes. Fraglos ist der Mensch, als Bioswesen, Teil der irdischen Biosphäre; als physischer Körper ist er Teil der irdischen Physiosphäre und in dieser Hinsicht durchaus Körper unter Körpern, der sich – als Körper – nicht einfach hinwegsetzen kann über die sogenannten Naturgesetze. Aber das menschliche Ich – seine Individualität, seine Seelenhaftigkeit, seine Ich-Du-Wir-Beziehung – steht völlig außerhalb der Naturgesetze, wie sie die Physik beschreibt. Auch schon systemtheoretisch spricht man ja von der relativen Autonomie der jeweiligen Systemebenen, was eben auch bedeutet, daß jede Ebene ihren eigenen Gesetzen folgt.

Um es an einem Beispiel zu erläutern: Die erotische Begegnung mit der Geliebten/dem Geliebten folgt nicht den Gesetzen der subatomaren Physik, ist kein Teil dieser Natur, ist nicht quantenmechanisch zu beschreiben. So weit geht auch die Systemtheorie, aber ich meine noch etwas darüber Hinausgehendes. Schon deshalb, weil die Systemtheorie in ihren Schichtenmodellen im letzten (also ontologisch) von nur einer Welt- oder Seinsebene ausgeht. Systemtheoretisch wird nicht ernsthaft angenommen, daß das Ichwesen Mensch jedes nur denkbare System überschreitet, daß er eine ganz eigene und auf keine Weise reduzierbare Ebene darstellt.

Was ich hier auszudrücken versuche, ist von zentraler Bedeutung für meinen Ansatz einer integralen Tiefenökologie. Um es noch einmal, formelhaft, in buddhistischer Sprache zu sagen: Wenn ich der äußeren Natur (also dem, was mir zunächst als äußere Natur entgegentritt) die Würde der Buddha-Natur, des Buddha-Wesens abspreche und sie derart »unerlöst« lasse, gleichsam auf ewig eingesperrt in die bloße Außenwelt, kann ich sie auf Dauer nicht bewahren. Und Natur bewahren, das kann nicht einfach heißen, sie zu schützen (vor unserem imperialen Zugriff), sondern das kann nur heißen, in einen lebendigen Dialog mit ihr zu treten, sie als das noch unerlöste Buddha-Wesen zu begreifen, zu ihrer Weiterentwicklung zum lebendigen Geist beizutragen. Bewahren heißt zugleich: überschreiten (transzendieren), wenn wir davon ausgehen, daß die kosmische Evolution ein Ziel hat. »Denn alles muß zu nichts zerfallen, wenn es im Sein beharren will«, heißt es in einem Goethe-Gedicht.

Ist die Natur
ein Teil des Menschen?

Der Mensch – kein bloßer Strang im großen Ökonetz

Daß der Mensch ein Teil der Natur ist, gilt allgemein als ausgemachte Sache; wer es ernsthaft bezweifelt oder gar das Gegenteil behauptet (die Natur ist ein Teil des Menschen), muß erklären, was er denn meint. Eine »ausgemachte Sache« naheliegenderweise nur des herrschenden, als verbindlich geltenden Bewußtseins; daß es christliche Fundamentalisten gibt, die ohnehin den ganzen Evolutionsgedanken in Bausch und Bogen verdammen und damit von vornherein auch nur die Möglichkeit, daß der Mensch etwas Essentielles zu tun haben könnte mit der pflanzlichen und tierischen Natur, ist bekannt, muß uns aber an dieser Stelle nicht beschäftigen.

Auch Johannes Heinrichs weist den schlichten Gedanken, daß der Mensch Teil der Natur sei, in der allseits verbreiteten Form als arge Verkürzung oder Verdrehung zurück. So heißt es in der (aus gutem Grund immer wieder herangezogenen) *Ökologik*:

»Wenn unter ›Kosmos‹ und ›Natur‹ der physikalisch-biologische Wirkzusammenhang im modernen naturwissenschaftlich geprägten Verständnis, das heißt im Sinne eines zumindest methodischen Materialismus verstanden wird, dann läßt sich nur sagen: *Der Mensch ist nicht ›Teil‹ eines derartigen, rein materiellen Kosmos oder Universums.* Mag er als Körperwesen in einem solchen verwurzelt sein – sofern es ein rein materielles Universum ge-

ben sollte! –, diesem teilweise als Körper angehören. Als selbst-
bewußtes Zentrum ist der Mensch nicht dessen Teil noch Teil von
irgend etwas sonst. Mit der simplen Teil-Vorstellung läßt sich ein
tiefenökologisches, im Sinne eines neuen kosmischen, Bewußtsein nicht grundlegen! Diese Vorstellung taugt heute für populäre
ökologische Predigten. Doch sie ist zu einseitig für einen ernsthaf-
ten Paradigma-Wechsel. Wer den Menschen schlechthin zum Teil
eines materiellen Universums macht, hat das Spezifische von ihm
nicht begriffen. Als Ich oder Selbstbewußtsein – ein wunderliches
Faktum, worüber nicht genug nachgedacht werden kann – ist der
Mensch wohl Glied und Mitglied eines geistig-seelischen Universums, aber ›quodammodo omnia‹, wie es in der Aristotelischen
Tradition heißt: in gewisser Weise alles, das Ganze. Das ist aber
etwas ganz anderes als ein quantitatives Teil-Sein.«3
    Was hier als der aristotelischen Tradition zugehörig hervorge-
hoben wird, das »In-gewisser-Weise-alles-Sein«, findet sich in fast
allen relevanten spirituellen Traditionen. In der Ewigen Philosophie, dem Grundstock spiritueller Weltdeutung, der in abgewan-
delter Form immer wieder auftaucht, gilt es als eine der höchsten Bewußtseinsstufen, das eigene Selbst als das All-Selbst zu
begreifen und zu erfahren (Sanskrit: nirvikalpa samadhi) bzw.
sich daran zu erinnern, daß man dieses All-Selbst, dieses All
immer schon war (Erinnerung – Anamnesis, wie Platon sagt – an
das All, das zugleich das Eine ist). Als eine Vorstufe zu diesem
All-Selbst-Sein gilt das naturmystische Einheitsbewußtsein, das
gleichfalls jedes einfache Teil-Sein überschreitet.
    Der Philosoph Ken Wilber, der wohl umfassender und eindring-
licher als jeder andere Denker heute den »Geist der Evolution«
und seine Stufen und Ebenen zu denken versucht4, schreibt in
seiner *Kurzen Geschichte des Kosmos* (bezogen auf das, was die
tiefenökologische Schule ökologisches oder öko-noetisches Selbst
nennt, und auf die damit verbundene Grundvorstellung):
    »Diese Theoretiker reduzieren den Kósmos auf eine monolo-
gische Landkarte des Gesellschaftssystems (das sie meist Gaia
nennen), eine Flachland-Landkarte, die die sechs oder sieben tief-

greifenden inneren Transformationen außer acht läßt, durch die
sie überhaupt erst zur *Idee* eines globalen Systems kommen konnten. Dies hat zur Folge, daß diese ansonsten wahre und noble Intuition des öko-noetischen Selbst zu einem ›wir sind alle Stränge
im großen Gewebe‹ verflacht. Aber das ist gerade *nicht* die Erfahrung des öko-noetischen Selbst: In der naturmystischen Erfahrung
ist man *nicht* ein Strang im Gewebe, sondern man *ist* das ganze
Gewebe. Man tut etwas, was ein Strang niemals tun kann: Man
entrinnt seinem ›Strangsein‹, transzendiert es und wird eins mit
der ganzen Darbietung. Die Gewahrwerdung des ganzen Systems
zeigt doch, daß man eben *nicht* nur ein Strang ist, der man nach
offizieller Lesart eigentlich sein sollte.«[5]

In der ihm eigenen Sprache deutet Ken Wilber hier auf einen
Zirkelschluß, der fast generell im modernen (oder auch »postmodernen«) Denken über die Natur zu beobachten ist und eben auch
in der Ökologiedebatte: Zunächst kommt die bekannte Subjektblindheit der neuzeitlichen Naturwissenschaft überhaupt ins Spiel;
d.h. alle Karten der Welt – alle theoretischen/modellhaften Abbil-
dungen – werden zur weiteren Behandlung so betrachtet, als gäbe
es nicht denjenigen, der diese Karten/Modelle/Theorien entwirft
(»the map without the mapmaker«). Das allwissende Auge des
betrachtenden und theoriebildenden Subjekts wird nicht einbezogen. Es wird so getan, als gäbe es »da draußen« eine objektiv
vorhandene Welt, die das erkennende Subjekt einfach schnörkel-
los und ohne daß seine eigene Beschaffenheit zu berücksichtigen
wäre, abbildet, und zwar so, »wie sie wirklich ist«. Das Abbild – die
Karte – wird dann zunehmend verwechselt mit der Welt selbst
(»the map becomes the territory«). Einwände, die einzelne Philosophen und Erkenntnistheoretiker hatten, wurden ignoriert,
jedenfalls so lange, bis sie sich nicht mehr ignorieren ließen (spätestens seit der Quantentheorie) und die Naturwissenschaftler,
voran die Physiker, nun selbst genötigt wurden, Erkenntnistheorie
zu betreiben.

Der Lösung der grundsätzlichen Frage einer subjekthaften Existenz in einer objekthaften Welt (um es sehr vereinfachend zu

sagen) ist man aber auch durch die nun schon Jahrzehnte während quantentheoretische Diskussion nicht wesentlich nähergekommen.

Der Selbstwiderspruch des Neo-Darwinismus

Seit Darwin wird die Sonderstellung des Menschen in der Entwicklung der Natur bestritten. Der Mensch, so wird gesagt, sei ein höherer Primat, ein bloßer Seitenzweig der Evolution und keineswegs so etwas wie deren Krönung oder deren strahlender Gipfel. Als »technisch gebildeter Halbaffe« (Ernst Haeckel) hat der Mensch zwar alle anderen Lebewesen dieser Erde bezwungen, der aufrechte Gang, die Höherentwicklung des Gehirns, Sprache, Schrift und Intellekt sowie Vernunft haben es ihm ermöglicht, aber konsequent entwicklungsbiologisch gedacht bleibt nicht mehr viel übrig von dem, was im aufgeklärten Rationalismus oder in religiöser Sicht die Einzigartigkeit des Humanen ausmacht. Der Mensch wird rigoros zum höheren Tier, und zwar ohne Abstriche oder Einschränkungen (»das verlogene Tier« nennt ihn Nietzsche). Und so erscheint es fast konsequent, wenn nun einige der avanciertesten Kosmologen (Frank Tipler, John Barrow etwa) das »anthropische Prinzip« aus der Retorte heben (These, vereinfacht gesagt: Das Universum ist so, wie es ist, damit wir so sein können, wie wir sind).

Das war ein Ausweg, ein intellektueller Winkelzug (auch wenn ihn die meisten gar nicht akzeptieren), doch noch so etwas wie Würde in die menschliche Existenz hineinzubringen. Erst Selbstverkleinerung zum Quasi-Nichts im grenzenlosen All und nun der intellektuelle Quantensprung in den neuen Anthropozentrismus, nach dem Motto: Wir sind *doch* Mittelpunkt des Universums! Das Universum braucht uns, damit wir es beobachten können; ohne uns als Beobachter wäre es nicht das, was es ist. Damit kommt der einst so geschmähte idealistische Ansatz quasi durch die Hintertür

wieder ins Haus (allerdings als ein umstrittener Gast). Dazu gleich
mehr. Zunächst zurück zur Evolutionsbiologie.

Die berühmten phylogenetischen Stammbäume, die sich in jeder besseren (oder schlechteren) populärwissenschaftlichen Abhandlung zum Mensch-Natur-Verhältnis finden, so als könne es
gar nicht anders sein und als seien dies keine Karten, die wir selbst
hergestellt haben, sollen uns immer wieder vor Augen führen, wie
unbedeutend wir sind: ein bloßer Nebenzweig der Entwicklung
(vielleicht gar, wie Arthur Koestler meint, ein »Irrläufer der Evolution«). Dieses Stammbaumbild, dessen Modellcharakter längst der
allgemeinen Überzeugung Platz gemacht hat, daß es sich hierbei
um die »wirkliche Wirklichkeit« handelt, ist fraglos ein geistiges
Konstrukt, eine Heraussetzung, eine Begriffsdichtung, die ja selbst,
wenn die These vom Seitenarm der Evolution stimmt, sich eben
diesem Seitenzweig auch verdankt.

Und dieser Seitenzweig enthält (notwendig) Blickverengungen
und Begrenztheiten, die in sich und als solche gar nicht aufzuheben sind. Warum sollte dieses winkelhafte Geschöpf mit dem
Namen Mensch, als höheres Tier auf einem Seitengleis entstanden, nun überhaupt in der Lage sein, völlig herauszutreten aus
der eigenen Begrenztheit und der eigenen Winkelperspektive und
so das Ganze des evolutionären Systems der Lebewesen, in sou-
veräner, leibfreier Geistesschau, vor sich hinzustellen? Wenn das
schlaue Tier Mensch das wirklich könnte, aus seiner Nische herauszutreten, hinein in eine quasi-göttliche oder kosmische Vogel-
perspektive, dann wäre eben dadurch die geistige Vorrangstellung,
ja, überragende Eigenwürde des Menschen unter Beweis gestellt.
Das wäre, paradoxerweise, ein Beweis für die Noosphäre, für den
Geist, als eine eigene und eben überlegene Ebene!

Wenn es möglich ist (oder sein sollte), daß wir uns als Seitenzweig der Evolution wirklich erkennen, daß sich also in unserem
Geiste »das Ganze« derselben widerspiegeln kann, wären wir
eben kein unbedeutender Seitenzweig! Sieht man den Zirkelschluß? Sieht man, daß die ganze Argumentation in sich zusam-
menbricht? Daß der Geist den ganzen Biologismus aus den Angeln

hebt? Wenn die herrschende Evolutionstheorie stimmt, gerade dann hebt sie sich selbst auf! Wie soll ein Seitenzweig den ganzen Baum erkennen können? Nur als der ganze Baum könnte er es, und dann wäre er nicht mehr Baum...

Aus dem hier angedeuteten Zirkelschluß, dem Paradoxon, das hier vorliegt, kommt auch die moderne Gehirnforschung nicht heraus. Wenn das Gehirn so gebaut wäre, daß es sich selbst verstehen könnte, wenn es nur die neurophysiologische Ebene gäbe (die den Geist als Epiphänomen hervorbringt, einen Geist, der »an sich« gar nicht existiert), dann wäre das die Tat des Münchhausen: das Gehirn als der eigene Schopf *und* als der Arm bzw. die Hand. Monistisch läßt sich der Geist nicht begreifen. Über monistische Leerformeln ist man bisher nicht hinausgekommen. Das Gehirn ist ein Werkzeug oder Instrument, das – als ein solches – nicht seine eigene Reichweite oder Seinstiefe bestimmen kann. Wenn es dies könnte, wäre der Geist *wirklich*. Meiner Überzeugung nach *ist* er wirklich, und daß der Geist in der Lage sein soll, sich selbst fundamental zu relativieren, ja auszuheben, ist bis dato nicht bewiesen worden. Das Ganze ist immer verlogen und erkenntnistheoretisch unhaltbar. Und diese Verlogenheit oder Unhaltbarkeit ist Teil der ökologischen Krise bzw. ein sehr deutliches Symptom der allgemeinen Neurose. Größenwahn und (mit Selbstbewußtsein vorgetragene) Selbstverkleinerung, ja, Selbstauslöschung des Geistes gehen häufig eine enge Verbindung ein.

Die Natur als Teil des Menschen – wie könnte das aussehen oder gedacht werden? Notwendig führt dies auf die anthropologische Grundfrage, auf die nach dem Menschen überhaupt. Was ist »der Mensch überhaupt«? Die Frage läßt sich nicht abstrakt oder reduktionistisch beantworten (im Sinne der herrschenden Naturwissenschaften, die in diesem Punkt auch nur Spekulationen und Ideologien liefern). Nur eine wahrhaft holistische (also ganzheitliche) Betrachtung führt hier weiter, und diese muß von einer präzise durchgeführten Phänomenologie ausgehen, einer Art Bestandsaufnahme dessen, was sich als Ensemble von Phänomenen/Ebenen/Schichten u.ä. darbietet. Zwar manifestiert sich Menschsein je ganz

konkret, als *dieser* Mensch in dieser bestimmten Zeit mit *dieser*
einen unverwechselbaren Biographie im Kontext anderer Biographien und der Vielzahl an Prägefaktoren, zu denen auch, und sicher
zentral, die eigene Geschlechtlichkeit gehört. Feministinnen etwa
machen geltend, daß der in der tiefenökologischen Schule kritisierte Anthropozentrismus im Grunde Androzentrismus bedeutet,
d.h. die Mittelpunktstellung des Mannes anzeigt, seinen Egoismus,
nicht aber den Egoismus des Menschen überhaupt, ja, daß der Mann
Menschsein schlechthin an männlichen Werten festmacht, jedenfalls was Geist, Kultur und Herrschaft über die Natur anlangt. (Daß
das sogenannte Patriarchat, als historische und noch immer wirksame Formation der Gesellschaft, viel zu tun hat mit der globalen
Krise, dürfte unbestreitbar sein; dies läßt sich feststellen, ohne nun
allen Wertungen zu folgen, die von seiten des Feminismus – auch
des Ökofeminismus – vollzogen werden.)

Das Rätsel des Ich-Seins

Was den »Menschen überhaupt« zunächst kennzeichnet ist, daß
er ein Ich hat bzw. dieses Ich ist. Was dieses Ich eigentlich ist, welche Funktion es hat im kosmischen Ganzen, wie es möglicherweise entstanden ist und wie es sich verhält zum Leib (auch zum
Gehirn), zur sinnlich-physischen Natur, und ob es in der Lage ist,
sich selbst auf den Grund zu kommen, und vieles mehr, dies sind
wahrhaft sphingische Fragen, an denen Denken stets erneut gelingt oder – scheitert. Ich-Sein heißt: Der Mensch ist notwendig anthropozentrisch, das Wesen des Ich ist sein Anthropozentrismus.
Wer auf sich als auf ein Ich deutet oder von sich als einem Ich
ausgeht (und das tut jeder Mensch in unterschiedlichsten Graden), tut dies als Weltenzentrum. Das Ich, sagt der Philosoph
Arthur Schopenhauer, ist der blinde Fleck für das Erkennen; das
Ich erkennt, aber es wird nicht erkannt, weil hinter allem Erkennen und in allem Erkennen eben wieder dieses Ich selbst steckt.
Das Ich kann sich nicht selbst überspringen; es ist immer selbst

der eigene Schatten und das eigene Licht. Alle religiösen Strömungen haben dies gewußt oder geahnt und sich auf je andere Weise darauf eingerichtet. Daß auch das »moderne Ich«, das mentale/egoische/befreite Ich seine Geschichte hat, seine sowohl heroische als auch tragische Geschichte, läßt sich bewußtseinsgeschichtlich sehr deutlich aufzeigen. (Erich Neumann, Jean Gebser, Ken Wilber und andere haben dies eingehend erforscht und dargestellt; ich werde auf die Genesis des mentalen Ich oder Selbst noch in anderem Kontext eingehen.)

Das entwickelte Ich ist ein Weltenzentrum, der Mittelpunkt der Welt (der Welten, einer Welt, seiner Welt). Es muß einen kosmischen, einen evolutiven Sinn haben, daß das Ich existiert, dieses Wunderwerk von Tiefe, Zartheit, Abgrund und Rätsel, aber auch – in pathologischer Form – von Verblendung, Gier, Wahn und Angst. Das Ich ist sowohl die Stille im Zentrum des Taifuns als dieser Taifun selbst; es ist der Tiger und der Reiter.

Das Ich ist – sich selbst und anderen – Gott und Teufel, der engste Freund und der schlimmste Feind. Am Ich und im Ich entscheidet sich – alles. Auch das Unbewußte, das ohne die Beteiligung oder Intervention des Ichs Ablaufende wird erst durch das Ich manifest (zum Beispiel indem es eine neurotisch verzerrte Wahrnehmung produziert). Der Mensch hat einen (seinen) Körper, aber das Ich ist er. Das weiß auch jeder in der Tiefe. Wenn das Ich zum erstenmal zu sich selbst erwacht, irgendwann in der frühen Kindheit, kann dies ein erschütternder, ein das Innerste aufwühlender Vorgang sein, der häufig einhergeht mit der synchronen Wahrnehmung der eigenen Sterblichkeit. Das Ich erfährt sich als ein In-der-Welt-Sein, das so, als dieses In-der-Welt-Sein, vergänglich ist (was noch keine Aussage enthält über die Sterblichkeit auch dieses Ichs selbst, also außerhalb des Körpers).

Daß das Ich nicht identisch sein kann mit dem Körper, hier zunächst als physischer Körper verstanden, kann man leicht daraus ersehen, daß eigentlich das meiste in diesem Körper ohne Ichbewußtsein abläuft. Das Ich (um ein Beispiel zu geben) hat keinerlei Einfluß auf das, was mit der aufgenommenen Nahrung im

Körper geschieht; auf rätselhafte und in vielen Facetten auch noch ganz unverstandene Weise »verarbeitet« der Körper die Nahrung, zersetzt und verwandelt die Stoffe, gliedert ein und scheidet aus, und zugleich beeinflußt das derart Aufgenommene und Verwandelte die körperliche, seelische und mentale Befindlichkeit (häufig auf kaum spürbare Weise).

Die Körper-Seele-Geist-Einheit und die Bewußtseinszentren (= Chakras)

Traditionell läßt sich die menschliche Ganzheit als eine solche von Körper, Seele und Geist begreifen. Man kann dies, wie es jüngst Johannes Heinrichs getan hat, mittels eines Drei-Kreise-Modells sinnfällig machen, aus dem sich dann wieder weitreichende anthropologische und philosophische Schlußfolgerungen ableiten lassen. So gelingt es Heinrichs, aus der Triade von Körper–Geist–Seele, über die Brücke der sich ergebenden Schnittflächen, die aus indisch-theosophischen Überlieferungen herrührende Siebenfachheit der »Energiekörper« oder Chakras abzuleiten und (das ist in der Form neu) auch denkerisch zu fundieren.

Das Grundschema des Drei-Kreise-Modells bei Heinrichs sieht so aus:[6]

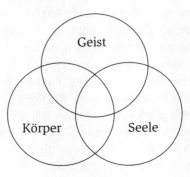

Die Selbstwahrnehmung dieser Dreifachheit ist von ungeheurer Subtilität, und nichts wäre verfehlter, als hier schematisch oder gar dogmatisch-formal vorzugehen. Leider wird das Thema »Chakras« in der einschlägigen esoterischen Literatur häufig schematisch und dogmatisch-formal abgehandelt. Das ist bedauerlich und hat viel Schaden angerichtet, so daß man sich fast schämt oder sich entschuldigen zu müssen glaubt, wenn man sich überhaupt ernsthaft damit abgibt. Ohne authentische Erfahrungen und die entsprechenden philosophischen/spirituellen Rahmenbedingungen bleibt alles Reden über Chakras reiner »Wortkram« (um ein von Goethe geschätztes Wort zu verwenden).

Chakras (Sanskrit = Räder) werden als Bewußtseins- und Energiezentren entlang der Vertikalachse des Körpers verstanden; auch in der indischen Tradition finden sich vielfältige Ausprägungen dieser Grundvorstellung, und es gibt – neben der Siebenzahl der Chakras – auch »Modelle«, die von nur fünf Zentren ausgehen. So heißt es in dem Buch *Grundlagen tibetischer Mystik* des großen buddhistischen Gelehrten Lama Anagarika Govinda:

»Das buddhistische System beschränkt sich ... auf die jedem Menschen ohne weiteres erkennbaren und erfühlbaren fünf Hauptzentren, die nach tibetischer Definition in drei Zonen eingeteilt werden: eine obere *(stod)*, zu der die Zentren des Hirns und der Kehle gehören; eine mittlere *(bar)*, der das Herz-Zentrum angehört; und eine untere *(smad)*, welcher der Solarplexus und die regenerativen Organe angehören.«[7]

Die Chakras sind, nach Govinda, gemäß der tibetisch-buddhistischen Überlieferung auch die »Zentren psychischer Kraft im Yoga des inneren Feuers *(gtum mo)*«[8].

Das Wurzel-Zentrum (Muladhara) und das Nabel-Zentrum (Manipura) gehören zur »Zone erdgebundener Kräfte«, das Herz-Zentrum (Anahata) stellt die »Zone der Verwirklichung auf der Ebene des Menschlichen« dar, und das Kehl-Zentrum (Vishuddha) sowie das Hirn-Zentrum (Sahasrara) repräsentieren die »Zone kosmischgeistiger Kräfte«[9]. In dem Schema mit sieben Chakras tritt an die zweite Stelle das Genital-Zentrum (Svadhistana) und an die sechste Stelle das Stirn-Zentrum (Ajna). Die anderen Zentren verschieben sich entsprechend.

Noch einmal Govinda:»Die drei Zonen stellen im letzten Grunde nichts anderes dar als:

1. die Ebene des Irdischen, d.h. erdhafter, erdgebundener, elementarer Kräfte der Natur, des Körpers, des Materiellen (formgewordener Vergangenheit);

2. die Ebene des Kosmischen, Universellen, der ewigen Gesetzmäßigkeit, des zeitlosen (vom menschlichen Standpunkt ›zukünftigen‹) Wissens, der reinen in sich ruhenden Erkenntnis der Unendlichkeit, der Grenzenlosigkeit des Raumes und der in ihr beschlossenen Formmöglichkeiten, der Großen Leere (shunyata; Tib.: *ston-pa-nid*);

3. die Ebene des Menschlichen, die Ebene individueller Verwirklichung, auf der Irdisches und Kosmisches seelisch bewußt, d.h. gefühlsdurchdrungen und zur lebendigen Gegenwart wird.«[10]

Im *Yoga des inneren Feuers* gibt es eine (sehr subtile) Aufstiegs- und Abstiegsbewegung innerhalb des zentralen Energiekanals, der die Zonen oder Stockwerke miteinander verbindet. (Daß sich diese yogische Aufstiegs- und Abstiegsbewegung auch als Interpretationsmuster eignet für große geistesgeschichtliche Zusammenhänge, hat Ken Wilber in seinem Buch *Eros, Kosmos, Logos* eindrucksvoll bewiesen.[11])

Die Körper-Geist-Seele-Einheit des Menschen läßt sich nun unschwer mit den drei Zonen in Verbindung bringen, die Govinda beschreibt; ansatzweise geschieht dies schon in dem zitierten Text aus den *Grundlagen tibetischer Mystik*. Der Dreiheit der Chakra-Zonen (Erde, Mensch und Kosmos) entspricht die Dreiheit von Körper, Seele und Geist, mit der wir alle, ob bewußt oder unbewußt, ständig umgehen. Daß das Herz-Zentrum etwas mit dem Einzelnen als Individualität zu tun hat, manifestiert sich sehr deutlich in der fast durchgängig zu beobachtenden Geste, welche der Mensch, wenn er sich selbst meint, anwendet: er berührt mit der Hand mit erstaunlicher Genauigkeit jene Stelle, die dem Herz-Zentrum entspricht (etwa auf der Höhe des Brustbeins), oder er führt seine Hand in die Nähe dieser Stelle. Niemand würde auf den Gedanken kommen, etwa eine Redewendung wie »Ich für meinen Teil bin der Überzeugung ...« mit einer auf die eigenen Geschlechtsorgane weisenden Geste zu unterstreichen; genausowenig würde jemand in diesem Fall seine Stirn berühren oder seinen Bauchbereich. Es gibt offenbar ein intuitives Wissen um diese Dinge.

Wieviel Körper hat der Mensch?
Betrachtungen zu Seele, Ich, Körper, Leib

Womit identifiziert sich der Mensch? Niemand identifiziert sich (direkt und bewußt) mit seinem Verdauungsapparat; was hier geschieht, beeinflußt zwar das Bewußtsein in mehr oder weniger deutlicher Form, aber der Einzelne *ist das nicht.* Sein Ich, im eigentlichen Sinne, ist nicht dort. Das gilt auch für die Geschlechtsorgane, obwohl die Dinge hier etwas anders gelagert sind, weil Sexualität, wenn sie nicht völlig abgespalten wird, das seelische Feld berührt, ja, mit diesem in unterschiedlichsten Graden verschmelzen kann. Was der Einzelne als er selbst ist, zeigt sich am klarsten in seiner Physiognomie, in Form und Ausdruck des Gesichts, in zweiter Linie in der Leibesgestalt als ganzer und in dem unendlich differenzierten Wechselspiel ihrer einzelnen Glieder.

Einer alten, wohl auf Aristoteles zurückgehenden Überlieferung folgend, können wir die Individualität des Einzelnen, das, was ihn zu dem macht, was er wirklich ist, was er fühlt, will und denkt, als Seele bezeichnen. Die so gefaßte Seele ist zugleich die individuelle Form des Körpers (genauer: des Leibes, dazu gleich mehr). Diese individuelle Form ist offenbar auch das Formprinzip oder die Formkraft des Körpers. Das Formprinzip bzw. die Formkraft läßt den Körper aus der ersten befruchteten Zelle entstehen; die Seele ist die Quellkraft der Embryogenese, der Morphogenese überhaupt, die sich vielleicht vermittelnder Felder, »morphogenetischer Felder«, wie Rupert Sheldrake das nennt, bedient. (Alle Versuche, die Formentstehung reduktionistisch zu erklären, sind kläglich gescheitert.) Den bewußten Teil der Seele bezeichnen wir als Ich. Merkwürdig bleibt es, daß ein erheblicher Teil der Seele, im Grunde der gesamte Bereich der Formgestaltung und Entwicklung, unbewußt ist. Dazu schreibt Günter Schulte in seinem faszinierenden Essay »Phantome und Doppelgänger«:

»Das Bewußtsein scheint vom Körper und dessen Formprinzip weitgehend abgekoppelt zu sein. Wir kennen unseren Körper nur von außen. Sein physiologischer Bauplan ist uns nicht a priori im Bewußtsein gegeben. Zur körperlichen Entwicklung und Formgestaltung tragen wir mittels Bewußtsein kaum etwas bei. Die Körperseele hat sich gewissermaßen aus dem Körper ins Gehirn zurückgezogen und hier das Selbstbewußtsein entfacht.«[12]

Es ist ein aufschlußreicher Vorgang, einmal mit dem Bewußtsein den eigenen Körper »abzutasten« und sich zum Beispiel klarzumachen, was man von ihm konkret wahrnimmt, ohne einen Spiegel heranzuziehen, und wie man ihn wahrnimmt (welche Sinneswahrnehmungen hier jeweils ins Spiel kommen und in welcher Form und Intensität). Wer dies einmal mit gleichsam klinischer Genauigkeit macht, kommt leicht in Regionen, wo es unheimlich wird und wo man die Gewißheit gewinnt, auf eine durchaus rätselhafte Weise diesen Körper zu bewohnen, wie man ein Haus bewohnt, das man aber nicht ist, ja, in diesen Körper irgendwie auch eingesperrt zu sein. Die alte orphische Vorstellung vom Körper als dem Kerker der Seele wird zwar häufig als »leibfeindlich« kritisiert, hat aber einen sehr realen Erfahrungshintergrund, der insbesondere in Todesnähe aktualisiert wird. Wie fühle ich etwa meinen Kopf, mein Gesicht, meinen Hals, meinen Rücken? Natürlich hat jeder von uns ein Bild in seinem Bewußtsein, wie sein Körper als Ganzes aufgebaut ist, wie er aussieht, auch ein (meist vages, verschwommenes) Bild davon, wie die »black box« des Leibesinnern beschaffen ist.

Neben dem für jedermann (nur nicht für den Einzelnen selbst)

als Ganzes sichtbaren physischen Körper als einem objektiven
Ding unter anderen Dingen, das der Gravitation unterworfen ist,
gibt es das, was im engeren Sinne als Leib bezeichnet wird: Das
ist der beseelte, als beseelt und lebendig empfundene Körper (der
eigene und der fremde). Neben diesem vom Einzelnen unmittelbar gespürten Leib, dem körperlichen Leib, »in dem Leib und Körper zusammenfließen zu einem solchen Leib, der auch das durch
Sehen und Tasten Erfaßbare enthält«, gibt es das bereits angedeutete sogenannte Körperschema, das allmählich durch Erfahrung
erworbene und habituell gewordene räumliche Vorstellungsbild
des ganzen eigenen Körpers.[13]

Schließlich gibt es als »vierten Körper« den unmittelbar gespürten Leib, der nicht identisch sein muß mit dem körperlichen Leib!
Hier kommt das von Schulte dargestellte Phänomen der »Phan-
tomglieder« ins Spiel.

»Gemeint sind Erlebnisse von nicht vorhandenen Gliedern –
so, als wären sie vorhanden. Die Erlebnisse der nicht vorhandenen
Glieder haben dabei dieselbe Lebhaftigkeit und Natürlichkeit wie
die der vorhandenen Glieder, zum Beispiel von Arm und Hand,
Bein und Fuß, Brust und Penis, also von vorwiegend distalen,
peripheren Gliedern oder Körperregionen. Auch gelähmte Kör-
perhälften können phantomisiert und weiter als nichtgelähmt erlebt werden. (...) Sogar bei angeborenem Nichtvorhandensein von
Gliedmaßen und Körperteilen gibt es Phantomerlebnisse, wenn
auch sehr selten. Nach Amputation kurz zuvor noch empfundener
Glieder wie Arm und Bein ist die Häufigkeit von Phantomerlebnis-
sen sehr hoch (90 Prozent).«[14]

Das wirft Grundfragen auf, die bis dato unbeantwortet geblieben
sind; wahrscheinlich sind die hier angedeuteten Phantomerlebnisse auch relevant für die Frage nach dem »feinstofflichen Körper«, von dem fast alle spirituellen Traditionen berichten.

Ist dieser unmittelbar gespürte Leib (der, als »vierter Körper«,
mit dem »dritten Körper« deckungsgleich sein kann, aber nicht
muß) identisch mit dem Körper, der bei Doppelgängererlebnissen
beobachtet wird (Doppelgänger jetzt primär im pathologischen,

nicht im esoterischen Sinne verstanden)? Oder gibt es gar einen
eigenen Doppelgängerkörper (oder besser: Doppelgängerleib)?
»Doppelgängerphantome entstehen zuweilen bei Halbseitenläh-
mung (Hemiplegie), und zwar dann, wenn die Lähmung nicht
wahrgenommen wird (*A-noso-gnosie* = Nichtanerkennen der
Krankheit). Bei diesem Anton-Babinskischen-Syndrom können die
Regenerationskünste niederer Lebewesen, nach Längshalbierung
zu zwei getrennten Individuen auszuwachsen, auf imaginärer
Ebene zum Zuge kommen.«[15] Im Doppelgängererlebnis spaltet der
Einzelne einen imaginären Körper (eine Art geklonte Imagination
seines normalen Körpers) von sich ab; so tritt der Doppelgänger
als »man selbst« in Erscheinung. Hier ist die Unheimlichkeit mit
Händen zu greifen.

Weiter wäre zu fragen, welche Art von Körper oder Leib bei
außerkörperlichen Erfahrungen vorliegt, wie sie etwa Robert Monroe schildert; Monroe selbst spricht vom »zweiten Körper« (in Abgrenzung zum »ersten Körper«, dem physisch-sinnlichen).[16] Und
was ist mit dem »Traumkörper«?

Allzu weit, so scheint es, hat uns dieser Exkurs in die rätselhaften Zwischenwelten der verschiedenen Körper oder Leiber vom
Thema, von der zentralen Fragestellung entfernt. Gleichwohl hat
er zu tun mit ihr, ist eng auf sie bezogen. Es geht um uns, um den
Menschen, um die Einheit von Körper, Seele und Geist, es geht um
anthropologische Grundfragen, die auf das engste verflochten sind
mit der großen Kollektivneurose, die die ökologische Krise darstellt. Was ist der Mensch? Wie steht der Mensch, als Ichwesen, im
Kosmos? Wieweit ist er Natur, wieweit Übernatur? – Kommen wir
auf die Dreiheit (oder Dreifachheit), auf die triadische Schichtung
der menschlichen Gesamtheit zurück, die auch in den drei Zonen
deutlich wird, die Lama Govinda aus tibetisch-buddhistischer
Sicht beschreibt:

Der Mensch als
Tier-Gott oder Gott-Tier
(nach Plotin)

In dieser Sicht ist der Mensch ein mittleres Wesen (ein Mesokosmos = mittlerer Kosmos): zwischen der Erde unter seinen Füßen und in seiner eigenen Leiblichkeit auf der einen Seite und dem übergeordneten, alles durchstrahlenden Geist oder Geist-Kosmos auf der anderen Seite. Irgendwo in der Mitte zwischen Tieren und Göttern, so hatte schon der neuplatonische Philosoph Plotin den Menschen ontologisch angesiedelt. Halb Tier, halb Gott. Weder das ganze Tier noch der ganze Gott, sondern: Tier-Gott oder Gott-Tier. Den Menschen so zu sehen, als Doppelwesen, hat immer nahegelegen, und die vertiefte Selbstbeobachtung kann dies auch heute noch verifizieren, wenn man sich nicht verkrümmen läßt durch eine Ideologie, die den Menschen überhaupt »ganz unten« ansiedelt; und das tut *jeder* Reduktionismus nach naturwissenschaftlichem Muster. Da hilft es dann wenig, wenn auch in dieser (verkürzten, reduktionistischen) Sicht der Mensch zu einer Art Mesokosmos wird: Die Größe des Menschen (hier physisch-materiell verstanden) soll in etwa in der Mitte liegen zwischen der Größe des Planeten Erde und der Größe eines Atoms; genauso soll die Masse des Menschen ungefähr das geometrische Mittel sein zwischen der Masse der Erde und der Masse eines Protons (eines der subatomaren Teilchen).[17] Kann man dem einen menschlichen oder geistig bedeutsamen Sinn abgewinnen? Ich glaube nicht.

In seiner eigenen komplexen, geschichteten Struktur, und das kommt in allen Chakra-Systemen zum Ausdruck (wie sehr sie auch sonst voneinander abweichen), hat der Mensch Anteil am Unten und Anteil am Oben, ja er ist beides; zu seinem Wesen gehört, daß er beides ist. Das macht seine Größe und seine Tragik aus, das bestimmt seine Schöpfungen und seine Abgründe. Und in seinem Auch-Körper-Sein ist nicht nur das Element Erde enthalten, nicht nur die Materie oder der Stoff, sondern auch die Pflanze und das Tier. Der Mensch ist auch Pflanze und Tier. Erde, Pflanze und Tier sind integrale Teile des Menschen, nicht umgekehrt. Die Biosphäre – als Natur im Sinne von Erde, Pflanze und Mensch – trägt zwar den Menschen und die Noosphäre, aber sie enthält ihn nicht, enthält sie nicht. (Teilhard de Chardin hat den Begriff »Noosphäre« für die Welt des Geistes und der Kultur geprägt, von griechisch *nous* = Geist.) Auch aus der Sicht einer philosophischen/ spirituellen Deutung der Evolution, wie sie Ken Wilber vorträgt, kann man zu diesem Ergebnis gelangen; aus der Sicht der reduktionistischen (materialistischen, neo-darwinistischen) Deutung ist es absurd. In dem folgenden Zitat aus der *Kurzen Geschichte des Kosmos* meint der Begriff »Holon« (den Arthur Koestler geprägt hat) eine »Entität, die selbst ein Ganzes und gleichzeitig ein Teil von einem anderen Ganzen ist«[18].

Ken Wilber schreibt: »Nehmen Sie eine beliebige evolutionäre Entwicklung, zum Beispiel von Atomen über Moleküle und Zellen zu Organismen. Dies ist eine Sequenz wachsender Ganzheit, wachsender Holons, die jeweils ihren Vorläufer transzendieren und einschließen. Wenn man nun in einem Gedankenexperiment ein beliebiges Holon ›zerstört‹, dann werden auch alle *höheren* Holons zerstört, nicht aber die *niedrigeren*. Durch diese ganz einfache Überlegung kann man herausfinden, was in einer Sequenz höher und was niedriger ist.

Wenn man zum Beispiel alle Moleküle des Universums zerstören würde, dann wären damit auch alle höheren Ebenen – Zellen und Organismen – zerstört. Die niedrigeren Holons, in diesem Fall Atome und subatomare Teilchen, blieben jedoch erhalten. (…) Wenn man irgendein Holon zerstört, dann sind damit auch alle höheren Holons zerstört, weil sie teilweise, das heißt *bezüglich ihrer eigenen Bestandteile*, von den niedrigeren Holons abhängen. Die niedrigeren Holons dagegen sind in keiner Weise auf die höheren angewiesen: Atome können auch ohne weiteres ohne Moleküle existieren, aber Moleküle nicht ohne Atome. (…) Die Biosphäre existierte vor dem Auftreten des menschlichen Geistes, vor dem Auftreten der Noosphäre, und sie existierte in bester Ordnung. Wenn man die Noosphäre zerstören würde, könnte und würde die Biosphäre weiterexistieren. Wenn man dagegen die Biosphäre zerstören würde, würde man auch den menschlichen Geist zerstören, weil die Biosphäre Teil der Noosphäre ist – aber nicht umgekehrt. Damit stellt die Biosphäre eine niedrigere Ebene struktureller Organisation dar als die Noosphäre. Die Noosphäre transzendiert und schließt die Biosphäre ein und ist nicht einfach Teil der Biosphäre. Dies wäre krasser Reduktionismus.

Die Physiosphäre ist also Teil der höheren Ganzheit der Biosphäre, die wiederum Teil der höheren Ganzheit der Noosphäre ist, aber nicht umgekehrt.«[19]

Der hier angesprochene Punkt ist von zentraler Wichtigkeit. Und man muß dem Grundansatz Ken Wilbers durchaus nicht in Gänze folgen (das tue ich in keiner Weise, ich setze da viele andere Akzente), um einzusehen, daß das in dem Zitat zum Ausdruck kommende Abhängigkeitsverhältnis – des Teils vom Ganzen, also etwa der Biosphäre von der Noosphäre – so tatsächlich existiert. Dreht man die Dinge um, wie das fast generell geschieht (auch in großen Teilen der Ökologiebewegung), gerät alles in eine fatale Schieflage. Und dabei kann man zunächst unberücksichtigt lassen, daß fraglos auch die Physiosphäre, also die Sphäre von Stoff/Materie/Energie, nicht gänzlich ohne Geist, ohne Nous ist. Wir haben gute Gründe anzunehmen, daß schon auf der Ebene der Elementarteilchen so etwas wie rudimentärer Geist vorhanden ist, vielleicht sogar erheblich mehr als dies; der harmonikalganzzahlige Aufbau der Elektronenschalen etwa, die sich um den Atomkern lagern, bekundet eine Ordnung, die ohne strukturierenden Geist nicht vorzustellen ist. Stoff ist offenbar immer schon Geist-Stoff, und Energie, ja, das Vakuum selbst (die sog. Nullpunktenergie), ist wohl immer Geist-Energie. Auch die homöopathischen Wirkungen, nicht nur die mit Hochpotenzen, in denen der materielle Stoff ganz verschwunden ist (und nur die »Information« bleibt), zeigen deutlich, daß wir sogar so etwas wie »Subjekthaftigkeit« in der Physiosphäre annehmen müssen. Jede homöopathische Arznei ist eine Art »subjektloses Subjekt«, und mit guten

Gründen sprach Samuel Hahnemann, der Begründer der Homöo-
pathie, von der »Geistartigkeit« der Stoffe.

Prägnant sagt der Philosoph Schelling (den Wilber mit Recht
für einen überragenden Denker hält): »Denn nichts der allgemeinen Substanz Fremdes ist die Erscheinung des Lebens; das
Leben tritt von selbst hervor, wo die Schranke der Endlichkeit
fällt, und aus dem Kern der Materie selbst sproßt die Blüte des
organischen Lebens hervor. (...) *Alles* ist Urkeim oder nichts.
Jeder Teil der Materie lebt nicht nur, sondern ist auch ein Universum von verschiedenen Arten des Lebens, wenngleich die
starre Selbstheit dies unendliche Leben zurückdrängt. (...) Auch
die sogenannte tote Materie ist nur eine schlafende, gleichsam
vor Endlichkeit trunkene Tier- und Pflanzenwelt, die ihre Auferstehung noch erwartet oder den Moment derselben versäumt
hat.«[20]

Der Mensch also ist ein Bardo-Wesen, ein Zwischenwesen, »eingehängt« zwischen Himmel und Erde, zwischen Materie und gei-
stigem/transmentalem Kosmos. In allen Chakra-Systemen kommt
dies zum Ausdruck. Wenn wir die verschiedenen Stufen und Anteile der menschlichen Körper-Geist-Seele-Ganzheit als »Körper«
bezeichnen, wie es in vielen esoterischen Traditionen geschieht,
ergibt sich eine Stufenordnung, eine Hierarchie dieser Körper vom
Physischen oder Grobstofflichen über das Feinstoffliche bis zum
Mentalen und Transmentalen (oder Supramentalen, wie Aurobindo
sagt). Die einschlägige Literatur kennt eine Vielzahl von Schemata
und Diagrammen, in denen verdeutlicht werden soll, wie die »Körper« zueinander stehen und wie sie sich einfügen in die große
gestufte Ordnung. Es wäre naheliegend, nun auch selbst ein derartiges Schema zu präsentieren und alles bisher Gesagte über
Körper-Geist-Seele und die verschiedenen Körper (etwa im Zusammenhang mit »Phantomen und Doppelgängern«) synoptisch
zusammenzuführen mit dem, was sich in der Ewigen Philosophie
dazu findet, anknüpfend an ein konkretes Beispiel. Wenn nun
eine Bemerkung aus der Werkstatt dieses Buches erlaubt ist,
möchte ich sagen, warum ich dies nicht tun möchte, obwohl ich

mich tagelang damit getragen habe, es doch zu tun, und auch etliche Entwürfe angefertigt habe.

Alle Schemata dieser Art neigen dazu, sich zu verselbständigen. Für viele heute ist der phylogenetische Stammbaum, der immer wieder neu präsentiert wird, gar kein Bild, Modell oder (spekulatives) Konstrukt mehr, sondern Wirklichkeit. Genauso gehen viele in der spirituellen Szene wie selbstverständlich von modellhaften Vorstellungen aus, die ihnen entweder bestimmte Meister oder Gurus vorgeführt oder die sie sich sonstwie angelesen haben, oft mit einem sehr geringen (manchmal gar keinem) Anteil an eigenen, authentischen Erfahrungen, von eigenen Denkbemühungen zu schweigen. Modelle und Schemata tendieren dazu, zu ganz eigenen Wesenheiten zu werden. Viele Anthroposophen gehen mit den Begriffen »Ätherleib« und »Astralleib«, die sie von Rudolf Steiner übernehmen, wie mit Dingen um, die einfach da sind und sich irgendwie von selbst verstehen.

Diese Art Verdinglichung des Geistes blockiert über kurz oder lang jeden echten Aufstieg. So kann es sinnvoller sein, bestimmte Unverträglichkeiten, Ungenauigkeiten, ja Widersprüche stehenzulassen, die bei diesem subtilsten, schwierigsten Feld der menschlichen Körper-Geist-Seele-Ganzheit fast unvermeidlich sind. Ist nun der Ätherleib, der feinstoffliche (ätherische) Körper vieler Traditionen, identisch mit dem Phantomkörper oder mit dem Doppelgängerkörper oder mit dem Traumkörper? Nur von der Erleuchtungs- oder Buddha-Ebene aus ließen sich hier klare Zuordnungen vornehmen.

Das Mitläufertum, das in unserer Gesellschaft grassiert (Johannes Heinrichs hat dies in seiner *Ökologik* überzeugend dargestellt[21]), ist auch in sogenannten esoterischen Kreisen oder Gruppen gang und gäbe. Selber denken hat keinen hohen Kurswert. Viele wollen (was verständlich ist) etwas »schwarz auf weiß nach Hause tragen«, um es zu »besitzen«, um ein für allemal zu wissen, »wie die Dinge sind«, und was ihnen die Möglichkeit gibt, nun die eigenen Erfahrungen einzuordnen. Daß, gerade bei spirituellen Erfahrungen, alles auf die angemessene und intelligente Interpretation ankommt (die die jeweilige Erfahrung ja nicht mitliefert, sondern die geleistet werden muß), hat Ken Wilber wie kein anderer gezeigt (in *Eros, Kosmos, Logos*).[22]

Stoff-Selbst, Pflanzen-Selbst, Tier-Selbst, Mental-Selbst

Aber auch ohne hier ein differenziertes Schaubild zu liefern, möchte ich noch bei den Ordnungen und Stufen der Körper verweilen. In seinen *Grundlagen tibetischer Mystik* stellt Lama Govinda das Fünf-Körper-System einer alten indischen Überlieferung dar (außerhalb der buddhistischen Tradition):

»Wir haben es hier mit einem Parallelismus körperlicher und seelischer Funktionen zu tun.

Dieser Parallelismus kommt anschaulich in der Lehre von den fünf Hüllen *(kosha)* des menschlichen Bewußtseins zum Ausdruck, die sich in stets wachsender Verdichtung um oder aus dem innersten Kern ... unseres Wesens kristallisieren. Die dichteste und äußerste dieser Hüllen ist der aus Nahrung gebildete physische Körper *(anna-maya-kosha)*, die nächste ist die diesen Körper durchdringende, atemgenährte, aus dem *Prana* gebildete, feinstoffliche Hülle *(prana-maya-kosha)*, die wir als *pranischen* oder ätherischen Körper bezeichnen können. Die nächst feinere Hülle ist die durch unser aktives Denken gebildete Persönlichkeit: unser Gedankenkörper *(mano-maya-kosha)*. Die vierte Hülle ist der über unser aktives Denken hinausgehende, die Gesamtheit unserer geistigen Fähigkeiten umfassende, potentielle Bewußtseinskörper *(vijnana-maya-kosha)*.

Die letzte und feinste, alle vorhergehenden durchdringende und zugleich ›innerste‹ Hülle ist der von Freude *(ananda)* genährte, aus Freude gewobene Körper des höchsten, universellen Bewußtseins *(ananda-maya-kosha)*, das nur im Zustand der Erleuchtung oder in den höchsten Stufen der Meditation *(dhyana)* erlebt wird

und in der Ausdrucksweise des *Mahayana* dem ›Körper der Entzückung‹, dem *Sambhoga-Kaya*, entspricht.

Diese ›Hüllen‹ sind also nicht als aufeinanderfolgende, getrennte
Schichten, die sich um einen festen Kern ansetzen, zu verstehen,
sondern als sich gegenseitig durchdringende Prinzipien – vom
feinsten ›allseitig leuchtenden‹, alles durchstrahlenden Bewußtsein
bis zum ›materialisierten‹ Bewußtsein, das als Körper in sichtbare
Erscheinung tritt. Die jeweils feineren Hüllen erfüllen und schließen die gröberen in sich ein.«[23]
    Der zweite Körper, der hier als pranischer oder ätherischer
Körper bezeichnet wird, hat in den siebenstufigen Modellen eine
etwas engere oder eingeschränktere Bedeutung: Er gilt für die
pflanzliche Ebene des Organischen. Als ätherischer Körper (oder
Lebenskörper, Vitalseele) ist der Mensch quasi ein pflanzliches,
ein bloß vegetatives Wesen. Wenn man, in bewußter Unschärfe,
den Begriff »Selbst« hier einführt, kann man den Lebenskörper
auch als das *Pflanzen-Selbst* des Menschen bezeichnen, den physischen Körper als das *Stoff-Selbst* (oder *Materie-Selbst*). Dann folgt
auf das Pflanzen-Selbst das *Tier-Selbst*, also das, was im Siebener-
Modell als der astralische Körper (»Astralleib«, wie Steiner sagt)
gilt oder als der »animalische Empfindungs- und Gefühlskörper«[24].
Auf dieser Stufe und als diese Stufe ist der Mensch Tier. Sind
Materie-Selbst und Pflanzen-Selbst eindeutig präpersonal, d.h. vor
jeder Ichhaftigkeit (Personalität), so tauchen auf der darauffolgen-
den Stufe Ansätze von Ichhaftigkeit auf (fraglos haben höhere
Tiere, etwa Katzen oder Hunde, eine Art von Ichgefühl). Das Tier-
Selbst steht mit einem Fuß im präpersonalen und mit dem anderen (wohl schwächeren) schon im personalen Bereich. Pflanzen-
Selbst und Tier-Selbst sind Ausdrucksformen der Seele, und zwar
im Sinne der an anderer Stelle gegebenen Bestimmung als Formkraft oder Formprinzip des Organischen.
    Mentale Ichhaftigkeit, d.h. wirkliche Fähigkeit zur Selbstrefle-
xivität, taucht erst auf der Stufe des im eigentlichen Verständnis
menschlichen Selbst auf: *Mental-Selbst* = ichhaftes Menschen-
Selbst. Die Ich-Stufe ist die des Mentalkörpers (oder Gedankenkör-

pers). Hier ist der Mensch *er selbst*. Und er trägt die drei anderen Selbste – das Materie-, das Pflanzen- und das Tier-Selbst – als integrale Teile in sich. Wenn diese drei Selbste als »Natur« gelten, dann ist die so verstandene Natur ein Teil des Menschen – und nicht umgekehrt (siehe auch die Argumentation von Ken Wilber). Vollends verneint wird das Teil-Sein des Menschen in bezug auf die Natur in der Anthroposophie. Schon der Begriff »Anthroposophie«, als »Weisheit vom Menschen«, deutet auf einen »bekennenden Anthropozentrismus«[25]. Aufschlußreich ist, daß Rudolf Steiner die herkömmliche Evolutionslehre auf den Kopf stellt: »Teile der organischen Natur, insbesondere das gesamte Tierreich, werden als verselbständigte Seelenkomplexe (Triebe, Leidenschaften) des Menschen angenommen, die dieser in seiner Evolution aus sich heraussetzen mußte, um Rationalität und Freiheit entwickeln zu können. Nicht der Mensch stammt vom Tier ab, sondern umgekehrt das Tier vom Menschen. Die Natur steht deshalb in einer seelisch-geistigen Relation zum Menschen, indem sie veräußerte und fixierte Stadien seines seelisch-geistigen Evolutionsprozesses verkörpert.«[26]

Die weitreichenden Schlußfolgerungen, die daraus gezogen worden sind, können hier nicht dargestellt werden, und es sei auf die einschlägigen Schriften Rudolf Steiners verwiesen.[27] Auch wenn man Steiners Ansatz nicht teilt, muß doch zugestanden werden, daß er in sich stimmig und konsistent ist und zu bemerkenswerten Einsichten führen kann, die ohne ihn verschlossen geblieben wären. So hat Steiners unermüdlich vorgetragener Hinweis auf die geistig-moralische Wirklichkeit in allem und hinter allem Physischen (in gewisser Weise als dieses Physische) eine kaum zu überschätzende tiefenökologische Bedeutung. Es ist bedauerlich, daß die Anthroposophie die Gedanken Steiners nicht wirklich weiterdenkt, sondern nur auf philologische Art nachdenkt oder einfach paraphrasierend wiederholt …

Auch der physische Körper, wie die physische Körperlichkeit überhaupt, ist nicht »nur Stoff« oder »nichts als Stoff«; ich habe dies bereits angedeutet. Und einmal mehr sei an das Rätsel der

»Geistartigkeit« der Stoffe erinnert, das in der homöopathischen Heilkunst deutlich wird.

Das menschliche Ich erscheint auf der dritten bzw. in dem erweiterten Schema auf der vierten Stufe. Das Menschen-Selbst als Mental-Selbst ist eine Manifestation der umfassenderen, tieferen/ höheren Ganzheit der Individualität. Das Ich ist ein Ausschnitt, wenngleich ein (buchstäblich) zentral wichtiger. Seine materielle Entsprechung ist die Großhirnrinde (der komplexe Neokortex), bekanntlich das entwicklungsgeschichtlich jüngste von drei Gehirnen, die sich übereinander gestülpt haben: Reptilienhirn (Hirnstamm), das sogenannte limbische System (das ältere Säugetierhirn) und eben der Neokortex. Dem Reptilienhirn werden einfache Formen von sensomotorischer Intelligenz sowie instinktive Triebe oder Impulse zugeordnet, dem limbischen System alles, was mit emotionalen Reaktionen, mit Sexualität, Hunger, Furcht und Aggression zu tun hat usw.[28] D.h. die beiden älteren Gehirne sind offenbar das materielle Korrelat zum Tier-Selbst in seinen vielfältigen Ausprägungen. Wie weit im einzelnen diese Korrelationen reichen, läßt sich nicht ausloten oder genau festlegen; mit dem bekannten Reduktionismus jedenfalls ist hier nicht weiterzukommen. Schon die Behauptung einer unlösbaren Koppelung von Großhirnrinde und selbstbewußtem Geist kann in der Form nicht stimmen; sie widerstreitet allen außerkörperlichen Erfahrungen, in denen ein ichhaftes Bewußtsein aus dem physischen Körper »aussteigt« und nun ganz eigene und doch sehr nachdrückliche (und auch mitteilbare) Erfahrungen auf einer anderen Wirklichkeitsebene macht. Auch wissen wir über die neurophysiologischen Entsprechungen von transpersonalen (psychedelischen/grenzüberschreitenden) Erfahrungen wenig bis gar nichts.

Wichtig jedenfalls ist der Umstand (er wurde bereits in anderem Kontext angesprochen), daß der ichbewußte Teil der Individualität kaum etwas beisteuert zur Entwicklung des Körpers und seiner Formgestaltung (auch zu Regenerations- und Heilungsprozessen nicht). Das Ich wandelt auf einem schmalen Grat und ist außerdem ständig in Gefahr, links oder rechts abzustürzen. Aber: Es ist eine kostbare Errungenschaft, ein hohes Gut, ein wichtiges Glied in der Bewußtseinskette der kosmischen Evolution. Wir wissen nicht genau, wie eng seine Verbindungen sind mit dem es tragenden und nährenden System unten (mit dem unmittelbar und mittelbar erlebten Leib, mit den unteren Bewußtseinszentren oder Chakras) und mit dem entsprechenden System oben (mit dem transmentalen oder supramentalen Geist, mit dem Kosmos als Korrelat der menschlichen Ganzheit, mit seinem Telos, seinem Ziel, auf seiner langen Reise zu Atman).

Die höheren oder transmentalen Bewußtseinsstufen

Von oben wirkt der (wesensmäßig transmentale/transegoische) Geist in den ichbewußten Mentalkörper hinein. Demnach kommt das Transmentale/Transegoische schon auf dieser (dritten oder vierten) Stufe zum Tragen. Allein die Teilhabe der seelischen Individualität an dem, was man mit Hegel»objektiver Geist« nennen könnte, bekundet auf deutliche Weise, daß auch diese Seeleneinheit, diese Individualität, ein Stück weit dieser»objektive Geist« ist! Ein Stück»Subjektwerden der Substanz« (Hegel) ist also mit dem Ich a priori gegeben. Das erschwert die stufenbezogene und notwendig immer linear gedachte Ein- oder Zuordnung. Das Transegoische, also das, was den Einzelnen übersteigt und über ihn hinausweist, ist schon im Ich selbst angelegt. Das Ich ist ein Paradoxon: Als es selbst ist es immer schon ein Anderes, hat es sich selbst immer schon hinter sich gelassen, ist es immer schon»ganz woanders«. Jede geistige Tat, jedes Erkennen von Welt geschieht im universalen Fluidum des Geistes, der notwendig überall ist (ja der vielleicht das – Über-All ist, wenn dieses Wortspiel gestattet ist).

Als»selbstbezügliche Transpersonalität« bezeichnet Johannes Heinrichs auf sicher sperrige, aber doch in der Substanz zutreffende Weise das, was das menschliche Person-Sein ausmacht.[29] Wir sind, jeder für sich und erst einmal allein, ein Ich, aber wir stehen im Geist, wir partizipieren am Geist, ohne den das Ich eine leere Hülse wäre, im Grunde ein Nichts. Aber auch ohne den Tiefengrund der seelischen Form, der seelischen, unverwechselbaren und auf immer einzigartigen Gestalt, wäre dieses Ich so etwas wie eines der berühmten (fiktiven) Schwarzen Löcher: Es selbst ist unsichtbar, betätigt sich aber als gefräßiges Nichts. So steht die seelische Gestalt jedes Einzelnen immer in der strahlenden Offenheit des universalen Geistes, und auch der kleinste, der geringste Denkvorgang hat (in irgendeiner Form) daran teil. Soviel zunächst, verkürzt, zur Stufe des Ich, des mentalen Selbst, des Mentalkörpers.

Alle Erfahrungen und Seinsbekundungen schöpferischer/spiritueller Menschen, quer durch die Zeiten und Kulturen, wissen von höheren Stufen/Ebenen/Dimensionen jenseits der ichhaften Stufe (daß diese selbst ohne den sie überragenden und durchdringenden Geist gar nicht existieren könnte, kann im Moment außerhalb der Betrachtung bleiben). Govindas Umschreibung des altindischen Fünf-Körper-Systems nennt als »vierte Hülle« den »die Gesamtheit unserer geistigen Fähigkeiten umfassenden ... Bewußtseinskörper«. Bei Ken Wilber, der sich gleichfalls einmal auf dieses Fünf-Körper-System bezieht, heißt diese vierte Stufe »Intelligenzhülle«, in Abgrenzung zur Mentalkörperstufe, die als »Denkhülle« auftritt.[30] Erhellend, daß hier Denken und Intelligenz voneinander getrennt erscheinen; offenbar ist das Denken der Mentalkörperebene ein eher enges, auf enge Zusammenhänge bezogenes und von diesen ausgehendes In-Beziehung-Setzen, das möglicherweise primär zu tun hat mit der Integration und Ordnung der sinnlichen Wahrnehmung in Richtung auf konsistente Erfahrung. »Intelligenz« geht dann darüber hinaus: Es hat mit schöpferischem Ingenium, mit Gestaltungswillen, mit Intuition und dem zu tun, was Wilber als »Schau-Logik« bezeichnet *(vision logic)* und das er dem wirklich großen philosophischen Denken zuordnet. Kommen bei dem Mentalkörper eher die niedrigeren, so kommen bei dem

Bewußtseinskörper als »Intelligenzhülle« die höheren Schichten des universalen Geistes zum Tragen.

Die höchste Stufe heißt bei Govinda »Körper der Entzückung«, er setzt diesen mit dem mahayana-buddhistischen Sambhoga-Kaya gleich; bei Wilber ist sie die »Seligkeitshülle« oder »Ursache-Hülle«. Nach Wilber liegt diese Stufe jenseits der Feinstofflichkeit, sie gehört der im kosmischen und spirituellen Sinne kausalen Sphäre an. Es ist möglich (und geschieht auch vielfach), noch andere Stufen/Schichten/Dimensionen in einem derartigen System holarchischer Ordnung unterzubringen, aber ich möchte dies zunächst auf sich beruhen lassen, zumal bei derartigen Stufenzuweisungen die Gefahr besteht, daß das Ganze einen etwas schulmeisterlichen oder scholastischen Anstrich bekommt, so als ließen sich die höheren Bewußtseinsformen auf eine lineare Skala auftragen, die jeder Erfahrung oder Dimension nun ihren genauen Ort zuweist. Die von Govinda erwähnte *Durchdringung* der Ebenen und Hüllen gerät auf diese Weise aus dem Blick. Und: Wer kann schon legitimerweise Erfahrungen einer hohen Stufe »kategorisieren«, die er selbst gar nicht gemacht hat! Man kommt da schnell in Regionen jenseits dessen, was geistig redlich und auch zuträglich ist. Auch Wilber ist es nicht immer gelungen, diese Klippe zu vermeiden; mitunter geht sein Ein- und Zuordnen spiritueller Erfahrungen (anderer!) schlicht zu weit.

Das anthropische Prinzip
und die Frage nach dem
außerirdischen Leben.
Wie steht es mit dem neuen
Anthropozentrismus?
Wie kommt es, daß wir da sind?

Staunend stellen wir fest, daß wir da sind, daß es uns gibt. Denn
das scheint alles andere als selbstverständlich zu sein. Offenbar ist
es erklärungsbedürftig. Menschen hat das seit je beschäftigt und
umgetrieben. Und die Frage nach dem Warum, die stets auch die
nach dem Wozu ist, nach dem Sinn der menschlichen Existenz
überhaupt, wird spätestens seit Kopernikus von einer ähnlich auf-
wühlenden Frage begleitet, die allerdings auf einer anderen Ebene
liegt (jedenfalls auf den ersten Blick): Sind wir allein im Universum, oder gibt es noch anderswo gleichartiges oder analoges
intelligentes Leben? Anderswo, das heißt auf anderen Himmelskörpern, in der näheren oder weiteren kosmischen Umgebung.
Als »nähere Umgebung« können wir das Sonnensystem ansprechen, als »weitere Umgebung« die Galaxie, um von anderen Galaxien hier abzusehen. Wie wir die Fragen beantworten – nach dem
Warum, dem Wozu und dem außerirdischen Leben –, ist zentral wichtig für unser Selbstverständnis, als Menschheit und als
Einzelne.

Wenn wir mit Sicherheit wüßten (also nicht bloß vermuteten
oder glaubten), daß wir nicht allein sind im All, wir gar Kontakt
hätten mit außerirdischen Intelligenzen (viele behaupten das ja
von sich), dann hätte dies Konsequenzen, deren Tiefendimension
kaum überschätzt werden kann, auch Konsequenzen für die in
diesem Buch interessierende Frage nach den Wurzeln der ökologischen Krise und nach möglichen Wegen zu ihrer Überwindung.
Zum Beispiel könnte die Frage gestellt werden: Kommt jede
Menschheit irgendwann und mit Notwendigkeit an den Punkt, wo
sie Gefahr läuft, die sie tragende Biosphäre ihres Heimatgestirns
zu zerstören und damit sich selbst auszulöschen? Oder: Gibt es

anderswo vielleicht Lösungen, die für uns hilfreich sein könnten (wenn wir davon in Kenntnis gesetzt würden)? Können wir aus dem Scheitern anderer Zivilisationen »irgendwo im All« lernen, und zwar in dem Sinne, es nicht so zu machen? (Obwohl gerade dieses letztere, nach allen Erfahrungen auf diesem Planeten, wohl eher unwahrscheinlich ist; jede Kultur erfindet die Welt aufs neue, jede Epoche kolonisiert die gesamte Vergangenheit. Diktatoren lernen nicht durch das Scheitern anderer Diktatoren; der Mensch überhaupt lernt in der Regel nur wenig durch die Erfahrungen anderer Menschen.)

Hat es das Weltall auf uns abgesehen, erwartet es sozusagen unsere Ankunft, um derart ganz es selbst zu sein, um erst durch uns zu sich selbst zu finden? Einige heute bejahen diese Frage, die mit dem sogenannten anthropischen Prinzip verbunden ist, ja, dieses im Kern darstellt. Das griechische Wort »ánthropos« heißt »Mensch«, und das anthropische Prinzip, das erstmals in den späten 70er Jahren formuliert wurde, gibt im Grunde der Verwunderung darüber Ausdruck, wie es möglich war, daß wir – zunächst gegen alle Wahrscheinlichkeit – als intelligente Spezies in diesem Winkel des Alls entstehen konnten. Nun ist diese Verwunderung selbst oder als solche nur entstanden, weil man von einem toten Universum ausging, bzw. weil man annahm (und in der Substanz noch heute annimmt), daß intelligentes Leben nur eine Art Oase darstellt, ein schwaches Leuchten des Geistes inmitten der schauerlichen Nacht einer sinnleeren Himmelswüste. Das zerschmettert erst einmal die menschliche Würde, und um sie, auf einem Schleichweg, wieder aufzubauen, dem menschlichen Größenwahn neues Futter zu geben, wird nun das ganze Universum zur Bühne, die uns den Auftritt ermöglicht.

Die sogenannten Naturgesetze geben zunächst nichts her zur Erklärung von Leben und Bewußtsein; sie selbst, wenn man sie als ontologische Wirklichkeiten betrachtet, sind zwar »irgendwie« Geist (Materie jedenfalls sind sie nicht) und auch »irgendwie« ewig und unwandelbar, aber eben doch auch – tot! Die Naturgesetze leben nicht. Und alles Leben, so scheint es, bewegt sich im Rahmen dieser Naturgesetze, muß (und gerade da liegt das Problem) aus ihnen ableitbar sein. Das jedenfalls ist das naturwissenschaftliche Postulat, das ein Postulat des Reduktionismus ist (Grundprämisse: Leben und Bewußtsein sind »eigentlich«, d.h. in ihrer Letztwirklichkeit, Materie und/oder Energie; manchmal wird der unscharfe Begriff »Information« hineingenommen, dessen Erklärungswert gegen Null geht).

Also in einfachster Form gesagt: Wie kommt Leben in eine Welt hinein, die doch eigentlich tot ist? Und das große Problem ist nun, Leben aus dem Toten abzuleiten, es aus ihm zu erklären, aus ihm heraus plausibel zu machen. Daß das Ganze wieder einer jener undurchschauten Zirkelschlüsse ist, die die Naturwissenschaft kennzeichnen, kann dem kritischen Blick nicht verborgen bleiben: lebendige, geistbegabte Subjekte, also konkrete Menschen, konstruieren diese Verbindung des Lebendigen mit dem Toten, sie sind immer schon da, werden immer vorausgesetzt. Das als tot erklärte Universum ist *ihr* Universum, sie »erfinden« dieses Universum als ein totes, als eine lebensfeindliche Wüste, und die bereits angedeutete Subjektblindheit der Naturwissenschaft erreicht hier ihren Gipfelpunkt. Das anthropische Prinzip ist selbst nur der Ausdruck dieses Zirkelschlusses, ein Salto mortale erstaunlicher Art.

Das lebendige Subjekt ist der Igel, der immer schon da ist, so sehr sich der Hase auch abhetzt! Wir setzen zwar das tote Universum aus uns heraus, wo es uns nun als monströse Maske entgegengrinst, aber wir können uns selbst nicht aus uns heraussetzen. Wir können uns selbst nicht ungeschehen machen. So wird der ganze Vorgang zu einer schlauen (einige sagen: eher törichten) Selbstbespiegelung des menschlichen Geistes.

Das anthropische Prinzip gibt es in einer »schwachen« und in einer »starken« Form. Schwache Form: »Weil es in diesem Universum Beobachter (Menschen) gibt, muß das Universum Eigenschaften besitzen, die die Existenz dieser Beobachter zulassen.« Starke Form: »Das Universum muß in seinem speziellen Aufbau so beschaffen sein, daß es irgendwann unweigerlich einen Beobachter hervorbringt.«[31]

Hierzu schreibt Johannes Heinrichs: »Beide Formulierungen gehen allerdings kaum über die evolutionstheoretische Feststellung hinaus: Wenn es den Menschen gibt, mußte es ihn vom materiellen Universum her geben können bzw. geben müssen. Sie lassen offen, ob die Welt nicht aufgrund anderer Naturkonstanten völlig anders hätte aussehen können.«[32]

Dies ist sicher zutreffend, berührt aber meines Erachtens nicht die zentralen Schwachpunkte des anthropischen Prinzips: Das anthropische Prinzip geht vom Urknall-Universum aus, von einem gewordenen, und zwar durch eine Art Ur-Explosion entstandenen Universum, und es geht davon aus, daß intelligentes Leben wenn nicht einzigartig (und nur hier auf der Erde verwirklicht), so doch sehr selten ist im Kosmos. Ich zweifle beides an.

Es ist hier nicht der Ort, eine erkenntnistheoretische und kosmologische Diskussion zu führen über Sinn und Unsinn der Urknall-Fiktion, aber ich möchte nicht verschweigen, daß ich diese Fiktion für schlecht gestützt und überdies für absurd halte. In den späten 8oer, frühen 9oer Jahren war die Urknall-Fraktion der Kosmologen (und die war bei weitem in der Mehrheit, Dissidenten hatten keine ernsthafte Chance) in arge Bedrängnis geraten: Zu viele Indizien waren aufgetaucht, die es sehr fraglich erscheinen ließen, ob es so etwas wie einen Urknall jemals gegeben hat, ganz abgesehen davon, daß grundsätzliche Einwände gegen den Urknall (auch erkenntnistheoretischer Art) niemals befriedigend ausgeräumt werden konnten. Doch inzwischen hat sich das Blatt wieder gewendet, und der ominöse Urknall steht als Sieger da, jedenfalls was die Scientific community betrifft, aber auch beim breiten Publikum, das den Urknall genauso liebgewonnen hat wie das Chaos oder die (fiktiven) Schwarzen Löcher.

Der »big bang« ist »everybody's darling«, und auch die spirituelle Szene liebt ihn. Selbst die katholische Kirche hat ihn ins Herz geschlossen; vielen dort gilt er als kosmologischer Beweis der Weltschöpfung durch Gott. Überhaupt kommen sich Kosmologen und

Theologen immer näher; längst sind die Zusammenkünfte der Kosmologen Konzilien geworden, und es geht um nichts Geringeres als Gott. Die Leichtfertigkeit und Oberflächlichkeit, mit der diese Kosmo-Theologen Gott bemühen, hat etwas Gespenstisches. Die Öffentlichkeit nimmt ohnehin fast alles kritiklos hin, was die Priester der Kosmologie von der Kanzel verkünden.[33]

Leben wir in einem
»Verbrecher-Universum«?

Die Sache mit dem Urknall hat auch mit der ökologischen Krise zu tun. Sicher kann man den Urknall auch spirituell interpretieren (und das geschieht nicht nur in der New-Age-Szene), aber der archetypische, projektive Anteil in diesem Modell ist überdeutlich. Der moderne Mensch liebt Explosionen; neuerdings taucht der Begriff Urknall auch in evolutionstheoretischen Darstellungen auf: als Metapher für das, was als erdgeschichtliche Revolution gilt. Im sogenannten Kambrium sollen die ersten Tiere entstanden sein »mit vielgestaltigem Körperbau, die über die Erde krochen und die simplen Urtiere ablösten«. »Sämtliche Konstruktionsprinzipien der Fauna«, »symmetrische Körper mit Kopf und Schwanz, Mund, Darm und Herz«, sollen damals erfunden worden sein (natürlich »explosionsartig«).[34]

Ökologische Krise und Urknall-Kosmologie gehören zusammen, sie sind zwei Ausdrucksformen desselben Dilemmas, derselben (kollektiven) Neurose: der Abspaltung des Menschen vom Kosmos als einer uns umgreifenden, ermöglichenden, aber uns zugleich übersteigenden hohen Intelligenz. Welche Bilder und Begriffe für welche kosmologischen Überlegungen und Theorien herangezogen werden, ist entlarvend. Völlig undurchschaute, unverstandene Prozesse im Universum – und das sind die meisten Vorgänge, die wir beobachten – werden auf einer Sprachebene zu begreifen und zu vermitteln versucht, deren projektiver Grundcharakter in die Augen springt.

Da werden jene (völlig fiktiven) Schwarzen Löcher, die angeblich in fast jeder Galaxie anzutreffen sind, als »kosmische Monster«, als »hungrige Sonnenfresser«, als »monströse Staubsauger« bezeichnet, die »ganze Sonnensysteme an sich ziehen und für immer verschlingen«. »Nicht einmal Lichtstrahlen lassen die Schwerkraftfallen aus ihrem düsteren Schlund entrinnen – deshalb ist das Innere der Schwarzen Löcher auch vollkommen unsichtbar.« – »In den Herzen der noch jungen Welteninseln ... wucherten die Schwerkraftmonster weiter wie galaktische Geschwüre. Doch schon bald hatten sie alle Materie aus der näheren Umgebung aufgefuttert...«[35] Günter Hasinger, Direktor am Astrophysikalischen Institut Potsdam: »Was uns als Röntgenstrahlung erreicht [bezogen auf neuere Messungen der »harten Strahlung« auf die Erde; J. K.], sind die Todesschreie von Materie – kurz bevor diese verspeist wird.« Noch einmal Hasinger: »In der Frühzeit des Universums hockte in fast jeder jungen Galaxie ein riesiges Schwarzes Loch und schlug sich die Wampe voll.« Und: »Heutzutage hungern die Ungeheuer, aber sie sind immer noch unter uns.«[36]

Wer nimmt das ernst, wer setzt sich damit auseinander? Begreift man nicht, daß das nicht nur sprachlich unsäglich ist, sondern auch erkenntnistheoretisch-kosmologisch bodenlos und heillos spekulativ? Zugleich ist es Symptom der herrschenden und trotz aller Kritik noch beinahe allseits sanktionierten Bewußtseinsverfassung; es ist *pure Projektion.*

C. G. Jung schreibt: »Die Projektionen verwandeln die Umwelt in das eigene, aber unbekannte Gesicht.«[37] Das ist es, was hier zutage tritt: das »eigene, aber unbekannte Gesicht«, das kollektive Gesicht jener Bewußtseinsform, die uns in die Katastrophe geführt hat. Und gerade dieser Zusammenhang gehört zu den bestgehüteten Geheimnissen unserer Zeit. Aus naheliegenden Gründen wird er kaum gesehen. Wenn es nicht gelingt, diese (wirklich monströsen) Projektionen zurückzunehmen, werden wir kaum eine Chance haben, die ökologische Krise zu überwinden.

In was für einem Universum leben wir? Für wie absurd halten wir diese Welt? »Wir geben dem Himmel einen Charakter, der in

Wirklichkeit zu uns selbst gehört«, schreibt der Anthropologe Richard Grossinger.[38] »Der Nachthimmel ist das Urgestein des Mythos, und das ist er auch heute noch: Er versorgt uns mit den Mythen der Astrophysik und Science-fiction, mit einem ›Krieg der Sterne‹ und ›Begegnungen der dritten Art‹. So kommen Dinge zum Klingen, die tief in uns verborgen liegen und anders nicht zum Ausdruck kommen können.«[39] Und: »Wir haben uns selbst unter diesen Himmel gestellt und uns sein Schicksalssiegel aufprägen lassen. Wir sind nicht nur vom Schicksal bestimmt, sondern wir können die Spur dieses Schicksals auch im Himmel auffinden, er ist ein dunkler magischer Spiegel unseres Lebenslaufes.

In den alten Sternenkulturen konnte man eine Revolution an der Veränderung des Himmels erkennen. Vielleicht stimmt das immer noch. (...) Weil wir im Himmel nichts als Gewalt, Relativität und Zerstörung finden, sehen wir uns selbst von Verkommenheit, Krawallen, Hunger und fortgeschrittener Waffentechnologie umgeben. Die ›Bestirnung der Erde‹ ist durchaus zeitgemäß. (...) Wofür soll man denn leben, wenn die Sterne nicht mehr für uns sorgen? Warum sollten wir überhaupt versuchen, uns anständig zu verhalten, wenn sich Nacht für Nacht ein so rücksichtsloser Verbrecher über uns ausbreitet.«[40]

Noch einmal die (uns alle bewegende) Frage: In was für einem Universum leben wir? Leben wir gar, wie uns viele glauben machen wollen, in einem »Verbrecher-Universum«, in einem Universum, an dem gemessen der Darwinsche »Kampf ums Dasein« eher harmlos wirkt? Wie viel Faschismus gibt es »da draußen«? Oder ist das alles (was ich vermute) »ganz anders«? Jede Pflanze, die wächst und blüht, spricht eine ganz andere Sprache. Und jede harmonikal-klanglich faßbare Ordnungsstruktur kündet offenbar von einem ganz anderen Universum, nämlich wirklich von einem Kosmos im antiken Sinne des Wortes... Wie wahrscheinlich ist die Existenz von intelligenten Wesen in einem Universum, das so tot, so absurd, so menschenfeindlich ist wie das uns von den Kosmologen präsentierte?

Das gerade ist ja die Pointe des anthropischen Prinzips: Weil

der Mensch so extrem unwahrscheinlich ist in einem derartigen
Weltall, weil dieses Weltall in seiner Grundstruktur der menschlichen Existenz so total widerspricht, dieser Mensch aber nun unbezweifelbar da ist und über all das nachdenkt, muß es quasi einen
Trick geben, wie das möglich war. Dieser Trick ist das anthropische Prinzip. Nur so glaubt man dem sinnleeren Lotteriespiel des
Universums ausweichen, dieses in gewisser Weise aushebeln zu
können, so daß wir dabei herauskommen. Die Monstrosität dieses
Universums wird damit nicht ernsthaft angetastet, vielmehr bleibt
sie bestehen. Ja, stärker noch, sie wird in gewisser Weise sogar
gerechtfertigt! Denn nur von der lebensfeindlichen, monströsen
Grundstruktur aus, die dem Universum im Mainstream-Denken
angedichtet wird (wenn auch häufig auf eher versteckte oder indirekte Weise), ist das Auftreten menschlicher Intelligenz so extrem
unwahrscheinlich, wie es behauptet wird. Daß uns der Kosmos
diese Erde zur Verfügung gestellt hat, diesen so ungemein günstigen und lebensfreundlichen Ort, offenbar in genau der richtigen
Entfernung von der Sonne und zu einem Zeitpunkt der unterstellten kosmischen Evolution seit dem Urknall, in dem physikalisch-
chemisch alle Voraussetzungen dafür gegeben waren, wirkt wie
ein Wunder oder – wie ein von Anfang an auf den Menschen zu-
geschnittenes Geschehen.

Theodore Roszak, der eine große Sympathie für das anthropische Prinzip bekundet, schreibt in seiner *Ökopsychologie*:

»Nehmen wir zum Beispiel den zentralen Parameter der Dichte;
er drückt die Geschwindigkeit aus, mit dem das Universum sich
zur Zeit des Urknalls ausgedehnt haben muß, um schließlich zu
der Dichte der Materie zu gelangen, die gegenwärtig geschätzt
wird. John Gribbin nennt das ›die allerfeinste der fein abgestimm-
ten Koinzidenzen‹. Wenn der Parameter nur um einen Bruchteil
anders wäre – so Gribbins Schätzung (›eine Dezimalstelle, gefolgt
von sechzig Nullen und einer Eins‹) –, hätten sich keine Galaxien herausbilden können und damit auch keine Wasserstoff- und
Helium-Sterne, die alle Elemente hervorbrachten. Wäre die Ex-
pansionsrate nicht die ›genau richtige‹ gewesen, hätte sich auf der

Erde nie Leben entwickeln können, das zu intelligentem Leben evolvierte.«[41]

Und wenig später heißt es zur Begründung der genannten Sympathie: »Das anthropische Prinzip operiert innerhalb einer ›postphysikalischen‹ Physik, in der die Materie so weit entmaterialisiert ist, daß sie gewisse Attribute des Bewußtseins annimmt, zum Beispiel die Fähigkeit zu reifen, Erfahrung zu akkumulieren, sich zu erinnern. Im anthropischen Universum wird der materiellen Substanz der Natur eine geschichtliche, ja, erfinderische Qualität zugestanden, eine biographische Dynamik, die den Stoff zu seiner gegenwärtig komplexesten Ausdrucksform in Gestalt des Menschen erhebt – und vielleicht in Gestalt anderer intelligenter Lebensformen, die möglicherweise im Kosmos existieren. Das Neue am anthropischen Prinzip ist die Tatsache, daß es Leben und Bewußtsein ins Zentrum der Kosmologie rückt, als Phänomene, die man erklären und in Rechnung stellen muß. (...) Das Universum ist so, wie es ist, weil es im Augenblick der Schöpfung auf uns hin ausgerichtet war, denn wäre es nicht so, dann wären wir nicht da.«[42]

»Das Universum ist nicht tot, weil wir nicht tot sind« (A. Goswami)

Die Deutung, die dem anthropischen Prinzip hier gegeben wird, ist aufschlußreich, zugleich aber mißverständlich. Alles hängt naturgemäß an der Frage: Wer ist dieser Anthropos, von dem in dem nach ihm benannten Prinzip die Rede ist? Ist das der Mensch hier auf dieser Erde und nur dieser Mensch, u.a. deswegen, weil wir von anderen Menschen irgendwo im Kosmos kein fundiertes Wissen haben? Oder ist der Anthropos der Mensch schlechthin, hier verstanden als Existenzform intelligenten Lebens im gesamten Universum? Im zweiten Fall wäre »Mensch« eine Bezeichnung universeller Art, die auf ungezählte Menschheiten auf den verschiedensten Gestirnen anzuwenden wäre.

Ganz eindeutig ist die erste Version gemeint: Es geht primär,
wenn nicht ausschließlich, um den Menschen, die menschliche Intelligenz auf diesem Planeten! Aus gutem Grund zählt der Physiker Paul Davies in seinem Buch *Sind wir allein im Universum?*
das anthropische Prinzip zu den häufig vorgetragenen »Argumenten gegen die Existenz außerirdischen Lebens«![43] Und, bezogen
auf den Astrophysiker Brandon Carter, einen der geistigen Väter
des anthropischen Prinzips, schreibt er: »Sein Gedankengang basiert auf der Annahme, daß die Entwicklung intelligenten Lebens
statistischen Regeln folgt und auf n [= einer bestimmten Anzahl;
J. K.] zufallsbedingten Schritten beruht. Was aber, wenn es sich
gar nicht um ein unwahrscheinliches Ereignis handelt? Es könnte,
ganz im Gegenteil, eine geradezu unausweichliche Konsequenz
physikalischer Gesetze sein …«[44]

Daß Leben aus den uns bekannten physikalischen Gesetzen mit
Notwendigkeit hervorgegangen sein soll, ist abwegig; dafür gibt es
nicht den Hauch eines Beweises. Es spricht wenig dafür, daß wir
überhaupt die wirklichen und eigentlichen Naturgesetze kennen;
diese könnten auf eine gänzlich andere, bis dato unbekannte Physik deuten, die zugleich, so der Mathematiker und Physiker Roger
Penrose, eine »Physik des Bewußtseins« wäre.[45] Aber darum geht
es an dieser Stelle nicht. Ich kann das Argument von Paul Davies
aufgreifen, ohne diesen Begründungsschritt mitzuvollziehen, und
ihm folgende Fassung geben (und damit gegen das Kernargument
für das anthropische Prinzip): Intelligentes Leben ist das, worum
es grundsätzlich und überall im Universum geht; intelligentes
Leben ist in keiner Weise unwahrscheinlich oder oasenhaft selten,
zu schweigen von der provinziellen und zugleich größenwahnsin-
nigen Annahme, der irdische Mensch sei das einzige intelligente
Wesen im All (dies ernsthaft anzunehmen, zeugt gerade nicht von
Intelligenz).

»Das Universum ist nicht tot, weil wir nicht tot sind«, sagt der
Physiker Amit Goswami.[46] Diesen Gedanken kann man ausbauen.
Wir müssen uns gar nicht mit Wahrscheinlichkeitsrechnungen im
Rahmen der herrschenden Kosmologie aufhalten; ein Minimum

an schöpferischer Vernunft genügt. Und noch einmal möchte ich die Argumentation von Paul Davies aufgreifen und zugleich über sie hinausgehen.

Im zweiten Kapitel seines genannten Buches mit dem Untertitel »Über die Wahrscheinlichkeit außerirdischen Lebens« unterscheidet Davies zunächst »drei philosophische Standpunkte zum Ursprung des Lebens«: »1. Es war ein Wunder. 2. Es war ein äußerst unwahrscheinlicher Zufall. 3. Es war ein unter geeigneten Bedingungen unausweichliches Resultat physikalischer und chemischer Gesetzmäßigkeiten.« Davies erklärt, »ein entschiedener Anhänger von Standpunkt 3« zu sein. Dieser Standpunkt wiederum basiert nach Davies auf drei philosophischen Prinzipien: dem »Prinzip der Gleichförmigkeit«, dem »Prinzip der Fülle« und dem »Kopernikanischen Prinzip« (oder »Prinzip der Mittelmäßigkeit«). Diese drei Prinzipien werden wie folgt charakterisiert:

»Dieselben Naturgesetze gelten im ganzen Universum. Die physikalischen Prozesse, die Leben auf der Erde hervorgebracht haben, können also anderswo dasselbe bewirken.« (Prinzip der Gleichförmigkeit.) »Alles, was in der Natur möglich ist, wird auch passieren. Nach allgemeiner wissenschaftlicher Erfahrung gibt es kaum Regeln oder Prozesse im Einklang mit den Naturgesetzen, für die sich nicht irgendwo in der Natur Beispiele fänden. (...) Das Prinzip der Fülle ermutigt uns also zu glauben, daß Leben entsteht, wo es entstehen kann.« Und: »Der Planet Erde befindet sich an keinem besonderen Platz im Universum und hat keinen besonderen Status. Er ist allem Anschein nach ein typischer Planet, der eine typische Sonne in einer typischen Galaxie umkreist. (...) In der Frage nach außerirdischem Leben bedeutet es, daß die Erde nicht nur in astronomischer, geologischer, physikalischer und chemischer, sondern auch in biologischer Hinsicht keinen Sonderfall darstellt.

Die Entdeckung außerirdischen Lebens wäre relevant für jeden der oben genannten Standpunkte 1 bis 3 zum Ursprung des Lebens.«[47]

Der Zufall
als Jonglierbegriff

Lassen wir das »Wunder« außer acht (schon aus Gründen der fast
unmöglichen Begriffsbestimmung, obwohl es beim »Zufall«, was
das betrifft, nicht wesentlich besser aussieht). Zum Zufall heißt
es bei Davies: »Fred Hoyle hat die Entstehung des Lebens durch
eine zufallsbedingte Molekülmischung in ihrem hohen Grad der
Unwahrscheinlichkeit mit einem Wirbelwind verglichen, der durch
eine Boeing-Halle fegt und aus herumliegenden Teilen einen
flugfähigen Jumbo-Jet zusammensetzt. Die statistische Chance,
daß ein DNS-Molekül rein zufällig aus seinen Bestandteilen entsteht, läßt sich leicht berechnen. Sie ist 1 zu $10^{40\,000}$ (ein Bruch mit
40 000 Nullen im Nenner). Mit derselben Wahrscheinlichkeit tippt
jemand 7000mal in seinem Leben sechs Richtige im Lotto oder
fällt eine Münze 130 000mal hintereinander auf dieselbe Seite.«[48]
Die Sache mit dem Zufall hat die Gemüter schon im 19. Jahrhundert beunruhigt; man denke an das berühmte Gedankenexperiment mit den Affen: Man gebe 1000 Affen mit 1000 Schreibmaschinen einen genügend großen Zeitraum (genauer: einen
unvorstellbar riesigen Zeitraum, wobei die Affen als quasi-un-
sterblich und die Schreibmaschinen als quasi-unzerstörbar fingiert
werden müssen), und nach den Gesetzen der Wahrscheinlichkeit werden sie irgendwann das gesamte Werk Shakespeares zu
Papier bringen. Man könnte das als pure Satire oder Farce auf sich
beruhen lassen, aber im Kern denken und argumentieren viele
auch heute noch so.
Schon erkenntnistheoretisch ist der Zufall ein Abgrund, den
noch niemand ausgelotet hat. Es gibt keine überzeugende Begriffsbestimmung. »Zufall« ist ein Jonglierbegriff (partiell auch in
der Quantentheorie!), der immer dann zur Stelle ist, wenn wir
nicht weiterkommen. Interessant ist es (und wenig bekannt), daß
der Begriff des Zufalls erst im 14. Jahrhundert im deutschen
Sprachraum auftaucht (angelehnt an das lateinische *accidens*),
»und zwar ... im Umkreis der Mystiker (Meister Eckhart, Tauler,

Seuse)«[49]. »Zufall« liegt ganz dicht am »Unfall«; das englische Wort *accident* meint beides! Und das ist kein »Zufall«! »Der Un-Fall ist dem Wortsinn nach die Negation des Falls, und der Begriff des Zufalls setzt notabene eine berechenbare Folge von Ereignissen voraus, die mit ihm in unberechenbarer Weise unterbrochen wurde.«[50] Das ist aufschlußreich und erhellend. Wobei ein gewisser Witz darin liegt, daß manche den »Zufall« der menschlichen Existenz eher für einen »Unfall« halten, für einen Unfall der Evolution. Man setze einmal konsequent dort, wo von »Zufall« gesprochen wird, das Wort »Unfall« ein und beobachte, wie sich der Sinn verschiebt. Leider hat das Adjektiv »zufällig« kein Äquivalent (»unfällig« gibt es nicht).

Wie weit reichen die Naturgesetze? oder: Gelten die »Provinzgesetze« für das ganze Universum?

Das, was Davies das »Prinzip der Gleichförmigkeit« nennt, beinhaltet allenfalls eine Teilwahrheit. »Dieselben Naturgesetze gelten im ganzen Universum.« Das ist die Prämisse von Physik überhaupt, soweit sie sich anheischig macht, auch kosmische Phänomene und Bewegungen zu erklären (und zwar nach Maßgabe dessen, was hier auf der Erde beobachtet und gemessen wird). Das glauben ja alle Physiker seit Newton, aber es muß nicht stimmen; es ist eine (im Kern unbeweisbare) metaphysische Voraussetzung, auf der die gesamte physikalische Astronomie und Kosmologie beruht.

Wir könnten eine Insel in einem uns gänzlich unbekannten Meer von kosmischem Sein darstellen, und was wir als »Naturgesetze« bezeichnen, könnten, kosmisch gesehen, ganz provinzielle Fiktionen sein, die hier leidlich gut funktionieren, aber im Großen keine Relevanz haben. Was uns als Gleichförmigkeit erscheint, könnte in der bekannten und allseits unterstellten Form ein Sym-

ptom sein für die »kosmische Brille«, mit der wir in den Weltenraum blicken (müssen?), bzw. für die *wirkliche* Relativität unseres
kosmischen Standortes, an der gemessen sowohl die kopernikanische als auch die Einsteinsche Relativität verblassen. Selbst wenn
es universelle (wahrhaftig und wirklich überall geltende) Gesetze
geben sollte, wofür in der Tat viel spricht, dann werden es mit
Sicherheit nicht jene mathematischen Fiktionen sein, die wir Naturgesetze nennen. Ich habe schon angedeutet, daß ich (mit Roger
Penrose) nicht glaube, daß wir bereits die wirklichen Gesetze des
Universums kennen. Erst aus diesen wirklichen Gesetzen wäre
nach meiner Überzeugung intelligentes Leben zu erklären. Allerdings glaube ich nicht, daß diese Gesetze einen abstrakt-mathe-
matischen Charakter haben, wie Penrose vermutet. Sie müssen,
wenn intelligentes Leben aus ihnen folgen soll, in sich selbst und
in ihrem Wesen bereits Leben und Bewußtsein enthalten, ja, in
gewisser Weise sein.

Was wir Naturgesetze nennen, gehört zu dieser tieferen/weite-
ren/umfassenderen Relativität, fundiert sie aber nicht. Anders gesagt: Unsere sogenannten Naturgesetze sind Ausdruck einer bestimmten kosmischen Provinz. Jenseits davon gelten sie so, wie
wir sie kennen, nicht mehr. Wie weit diese Provinz reicht, ließe
sich nur entscheiden, wenn wir die nächsthöhere Ebene erreicht
hätten. Doch Rom liegt weit weg, und die Provinzgouverneure
sind mächtig. Auch wissen wir nicht, wie weit ihre relative Autonomie reicht. Nur ist es ein fataler Fehler, die Provinzregierung
mit der Zentralregierung zu verwechseln.

Mit Blick auf das, was viele Kosmologen als Schwarze Löcher
bezeichnen, würde ich der Horrorvision von den sonnenfressen-
den Monstern eine Vision entgegenhalten, die sicher auch projek-
tiv ist, aber ein gänzlich anderes Bild zeichnet: Was sich in den
Zentren der Galaxien abspielt, sind Prozesse einer so unvorstellbar hohen und sublimen Intelligenz (eher Götter als Monster), daß
wir gar keine Kriterien dafür haben; wir registrieren mit unseren
Messungen die Oberfläche der Oberfläche, und diese noch dazu
verzerrt. Verzerrt nicht nur durch die Gesetze der Provinzregie-

rungen fern von der Machtzentrale im kosmischen Rom, sondern auch durch unsere (kollektive/kulturelle) innere Kosmologie. Vielleicht gilt die Provinzregierung nur im Sonnensystem, also bezogen auf die sogenannten Naturgesetze.

Das heißt nicht, daß nun auf dem Sirius, dem Aldebaran oder der Capella oder in den kosmischen Räumen dieser Gestirne keine Naturgesetze gelten, nur werden sie einen anderen Charakter haben, eine andere Struktur, eine andere Wirkungsebene. Es sind jeweils andere Provinzregierungen, auch sie in ihrer Weise abhängig von der Zentralregierung (vielleicht erst einmal der unserer Galaxie), die den unseren sicher ähnlich sind, aber in einem schwer durchschaubaren Grade. Wir interpretieren die anderen kosmischen Provinzen mit den Instrumentarien unserer Provinz. Was in unsere Wahrnehmung, in unsere Meßgeräte gelangt, kommt hier bereits transformiert an und wird dann noch zusätzlich flach interpretiert: Was Farbe ist, wird zu Schwarzweiß; was Tiefe ist, wird zur Fläche; wo Leben ist, sehen wir nur Totes. Wir sehen uns selbst. Und immer wieder uns selbst.

Das Universum:
Kosmos oder Irrenhaus?

Ich bestreite entschieden, daß das Universum so absurd ist, wie man uns glauben machen will. Das Universum ist ein Kosmos und kein Irrenhaus. Und wir tun gut daran, allen kosmologischen Behauptungen mit Skepsis zu begegnen.

Dennoch haben die genannten drei Prinzipien, die Paul Davies vorträgt, auch unter den Auspizien meiner so ganz andersartigen Sicht auf das Universum ihre Bedeutung. Sicher stellt die Erde keinen Sonderfall dar, d.h. sicher ist sie ein typisches Gestirn in einer typischen Galaxie. Schlußfolgerung (gezogen von allen Befürwortern dieser These):

»Wenn das Prinzip zutrifft [gemeint ist das kopernikanische; J. K.] und wenn zudem das Universum unendlichen Raum ein-

nimmt, dann gibt es unendlich viele Sterne, unendlich viele erdähnliche Planeten und unendlich viele organische Moleküle. Die
Wahrscheinlichkeit, daß ein DNS-Molekül entstehen wird, ist daher 1 (das heißt, es wird mit Sicherheit geschehen).«[51] »Wir kommen zu dem verblüffenden Schluß, daß es in einem unendlichen
Universum, das dem Kopernikanischen Prinzip gehorcht, Leben
im Überfluß geben *muß*.«[52]

Dem stimme ich vollständig zu. Ich stimme auch zu, wenn
Davies schreibt: »Entdeckten wir aber außerirdische DNS nach-
weislich unabhängigen Ursprungs, dann wären die Darwinsche
Evolutionslehre und das gesamte (gegenwärtig herrschende) wissenschaftliche Denken, das jede Zielrichtung in der Natur entschieden ablehnt, im Kern getroffen.«[53] – »Die Idee außerirdischen
Lebens ist daher im Grunde antidarwinistisch.«[54]

Wenn Leben nicht zufällig, sondern überall, wo die Möglichkeit
dazu gegeben ist, auch mit Notwendigkeit entsteht, wird der Neo-
Darwinismus hinfällig; dann ist intelligentes Leben vielleicht das,
worauf das Ganze zielt und das folglich schon im Ursprung oder
Ausgangspunkt als Ziel (oder Telos) angelegt sein muß. Der Zufall hätte dann ausgedient als Erklärungsmuster. Das wäre ein anderes anthropisches Prinzip, weil dann jedes erdähnliche Gestirn
(und es müßte deren unzählige geben) quasi sein eigenes anthropisches Prinzip hat.

Wenn wir schon in den Anfangsbedingungen dieser Erde »mitgedacht« waren und dies analog auch gilt für unendlich viele
andere Gestirne, dann erfüllt sich gleichsam in der jeweiligen
Menschheit der Sinn des Gestirns und, weitergehend, vielleicht
auch der Sinn kosmischer Prozesse überhaupt, und zwar überall
im Universum. Auch das ist ein »anthropisches Universum«: Intelligentes Leben entsteht überall unter den geeigneten Bedingungen, und die Gestalt dieses intelligenten Lebens heißt »Anthropos«
= Mensch. »Mensch« ist dann der Universalbegriff für eine beseelte Form oder Leib-Seele-Geist-Gestalt von der Art, wie wir sie
hier auf der Erde – im Unterschied zu mineralischen, pflanzlichen
und tierischen Formen – als Mensch bezeichnen.

Analoges müßte dann auch von Pflanzen und Tieren gelten, wenn wir sie als Universalbegriffe betrachten. Eine Gestalt als gebündeltes oder fokussiertes intelligentes Leben (mit einem Ich als Bewußtseinskern) auf dem Sirius oder im Siriussystem wäre dann auch als »Mensch« anzusprechen, egal, wie diese Gestalt in ihrer Struktur und in ihrer Wesensart von der irdischen abweicht. Das wäre eine Erweiterung des Begriffs »Mensch«, die ich für legitim halte. Sirianische Intelligenz (wie schon Voltaire ahnte) mag der irdischen unvorstellbar überlegen, in diesem Sinne also »übermenschlich« sein, sie wäre dennoch »menschlich«!

Die Wissenschaftler dagegen, die das anthropische Prinzip aufgestellt haben, meinen den Erdenmenschen und damit indirekt sich selbst als höchste mögliche Intelligenzform im Universum. Der moderne Kosmologe sieht sich selbst als Nabel des Universums: Der ganze unvorstellbare Aufwand seit der primordialen Explosion (dem Urknall) hat dann nur dieses eine Ziel, den modernen Naturwissenschaftler als selbsternannten Kosmologen hervorzubringen, der seine eigene Herkunft erkennt und sich als Königsgipfel des Kosmos begreift.

Daß dies keine bösartig-polemische Verdrehung ist, zeigen die Ausführungen des Physikers Frank Tipler in seinem Buch *Physik der Unsterblichkeit*, das 1994 monatelang auf der Bestsellerliste stand. Für Tipler ist der Mensch ein sehr komplexer Biocomputer, also eine Maschine; diese Maschine, so fabuliert Tipler, wird schließlich den Weltraum kolonisieren. Das Tipler-Buch wimmelt von Aussagen, die jeden Science-fiction-Roman in den Schatten stellen. Einige (fast beliebige) Zitate seien gebracht, weil der Leser den Eindruck gewinnen könnte, daß ich übertreibe. Es ist wichtig zu wissen, daß Tipler einer der Wortführer des anthropischen Prinzips ist.

Tipler: »Anhand einer einigermaßen detaillierten Analyse werde ich vorführen, daß es Leben physikalisch – indem es sich einer Technologie bedient, die nur um ein weniges weiter fortgeschritten ist als die jetzige – möglich ist, sich auf das gesamte Universum auszudehnen und die Kontrolle darüber zu erlangen.«[55]

Und: »Der verstorbene Physiker Gerard O'Neill schätzte, daß binnen weniger als einem Jahrhundert Kolonien im Weltraum autark und in der Lage sein könnten, weitere Raumkolonien zu gründen. Mir erscheint daher die Annahme durchaus realistisch, daß eine Von-Neumann-Sonde [= eine interstellare Robotersonde, die Kopien ihrer selbst produzieren kann; J. K.] innerhalb von fünfzig Jahren nach Erreichen des angepeilten Sternensystems damit beginnen könnte, Kopien ihrer selbst anzufertigen. Würde sie dann diese Kopien zu allen maximal zehn Lichtjahren von ihr entfernten Sternen senden, könnte eine Kolonisierung der Galaxie mit einer Geschwindigkeit von zehn Lichtjahren pro sechzig Jahren oder ein sechstel Lichtjahr pro Jahr voranschreiten. Da die Galaxie einen Durchmesser von etwa 100000 Lichtjahren hat, dauerte eine Kolonisierung der gesamten Milchstraße ungefähr 600000 Jahre. Mit dieser Kolonisierung könnte man Mitte des nächsten Jahrhunderts beginnen.«[56]

Und (letztes Zitat) aus dem Abschnitt mit dem unmißverständlichen Titel »Eine Raumfahrerspezies wird schließlich das gesamte Universum erobern und beherrschen«: »Beispielsweise werden unsere Nachkommen kaum untätig zusehen, wie die Erde in von jetzt an gerechnet sieben Milliarden Jahren verdampft, sondern lange zuvor den gesamten Planeten in Einzelteile zerlegt und das Material dazu verwendet haben, die Biosphäre auszudehnen. (Dyson hat dargelegt, daß es technisch machbar ist, einen Planeten auseinanderzunehmen, wenn man in Kauf nimmt, daß dieser Vorgang ein paar Millionen Jahre dauert.) Zuzulassen, daß Natur ihren Lauf nimmt und die Erde zerstört, heißt tatenlos zuzusehen, wie das, was von der Biosphäre der Erde übrigbleibt, sinn- und zwecklos ausgelöscht wird. Nimmt man statt dessen die Erde auseinander, so kann man die Bestandteile zur Errichtung O'Neillscher Kolonien verwenden, in denen Leben weiterexistieren kann. Genaugenommen wären dann sogar ein Mehr an Leben und eine vielfältigere Biosphäre möglich, denn auf der Erde als Ganzer kann Leben nur die Atmosphäre und die ersten paar Kilometer der Erdkruste nutzen. Würde man jedoch die Erde auseinandernehmen, könnte das *gesamte* Material, aus dem die Erde besteht, als Lebensraum dienen. Das gleiche gilt natürlich für die anderen Planeten und sogar für die Sonne. Auf sehr lange Sicht wird zuerst die Materie des gesamten Sonnensystems, dann die der gesamten Galaxie, danach die des gesamten Virgo-Galaxienhaufens und schließlich die des gesamten Universums auseinandergenommen und in Lebensraum für die expandierende Biosphäre verwandelt werden.

Bedenken Sie, daß auf sehr lange Sicht das Leben keine andere Wahl hat – es *muß* die natürlichen Strukturen aufbrechen, wenn es überdauern will. Daraus ziehe ich den Schluß, daß es das auch tun wird.«[57]

Dieser Wahnsinn ist nicht willkürlich, er hat durchaus Methode. Und, was das Furchtbare, aber für unseren Kontext das einzig Interessante daran ist, dieser Wahnsinn ist nur die Speerspitze eines ohnehin laufenden und weltweit bejubelten Projekts. Tipler denkt nur weiter, was die Megamaschine substantiell *ist*! Oft zeigt sich erst im Extrem, in der äußersten, wahnhaften Zuspitzung, der geheime Sinn, das verborgene Ziel eines Weges. Daß der kosmische Imperialismus eines Frank Tipler und vieler anderer nur das konsequente Weiterdenken des technischen Welteroberungsprogramms ist (wobei »Welt« hier bescheiden als »Erde« gedeutet wird), werden viele abstreiten oder für überzogen halten. Tipler gilt dann eher als verrückter Außenseiter. Das ist er in keiner Weise, was sich nicht nur an dem die meisten Leser in die Knie zwingenden mathematischen Anmerkungsteil zeigt, in dem gleichsam alle Register der modernsten theoretischen Physik gezogen werden, schon um dem »Laien« jede Möglichkeit zu nehmen, hier ernsthaft mitzureden.

Nun läßt sich das anthropische Prinzip sicher abkoppeln von dem pathologischen Imperialismus Tiplers, aber es bleibt der Gedanke, der dem anthropischen Prinzip Nahrung gibt: daß der intelligente Mensch dieses Gestirns Erde (unausgesprochen ist der mathematisch-naturwissenschaftlich-technische Mensch gemeint, zumindest *primär*) den Königsgipfel des gesamten Weltalls darstellt! An mögliche andere intelligente »Menschen« im obigen, erweiterten Sinn ist dabei nicht gedacht. Nirgendwo kommt bei Tipler übrigens zum Ausdruck, daß die als intelligent gedachten interstellaren Robotersonden, die sich selbst vervielfältigen, etwa auf anderes intelligentes Leben stoßen. Das gerade wird ausgeschlossen! Draußen ist Wüste, und die kolonisieren wir: Das ist der Grundgedanke. An Begegnungen, an (wie auch immer geartete) interstellare Kommunikation, an kosmische Dialoge ist nicht gedacht; das Universum ist in dieser Sicht genauso tot wie in der herkömmlichen Sicht. Tot – mit Ausnahme der Erde, die damit erneut ins Zentrum des Kosmos rückt.

Der neue Anthropozentrismus ist auch ein neuer Geozentrismus. Ich darf nochmals daran erinnern, daß Paul Davies das anthropische Prinzip, neben dem Neo-Darwinismus, den »Argumenten *gegen* die Existenz außerirdischen Lebens« zurechnet (im anthropischen Prinzip und im Neo-Darwinismus rückt der Faktor »Zufall« ins Zentrum der Betrachtung, allerdings auf je verschiedene Weise). Die reale Allgegenwart intelligenten Lebens im Universum (also überall dort, wo die Ausgangs- und Rahmenbedingungen dazu gegeben sind) hebt den neuen Anthropozentrismus im Kern auf. Ich glaube, daß die Beweisführung für ein real unendliches, unendlich belebtes und beseeltes Universum, wie sie Giordano Bruno in seinen kosmologischen Schriften von 1584 bis 1591 vorgetragen hat, noch immer unwiderlegt ist![58]

Paul Davies schreibt (und das hätte Giordano Bruno in der Grundrichtung akzeptiert): »Nach meiner Meinung wäre eine der wichtigsten Folgen einer Entdeckung außerirdischen Lebens, daß der Mensch etwas von seiner Würde zurückgewönne, die ihm die Wissenschaft genommen hat. Der *homo sapiens* würde durch eine solche Entdeckung nicht etwa als unbedeutende Kreatur im weiten Kosmos entlarvt. Im Gegenteil, die erwiesene Existenz außerirdischer Wesen gäbe uns Anlaß zu glauben, daß wir auf eine bescheidene Weise Teil eines umfassenden Prozesses kosmischer Selbsterkenntnis sind.«[59]

Die Zurückgewinnung der kosmischen Würde des Menschen,

von der Davies spricht, halte ich für unverzichtbar. Ohne diese
und die vielen einzelnen Schritte, die dahin führen, werden wir
kaum die notwendigen gedanklichen, spirituellen und gestalterischen Fähigkeiten entwickeln können, die wir entwickeln
müssen, um die Zerstörung der Biosphäre dieses Planeten abzuwenden. Insofern gehören Kosmologie und Ökologie unlösbar
zusammen; daß dies so ist, ist eine Kernthese dieses Buches. Sie
zu belegen und zu fundieren, dienen die meisten meiner Ausführungen.

Wenn von intelligentem Leben auf anderen Himmelskörpern
gesprochen wird, dann stellt sich die Frage, welchen Charakter,
welche Struktur, welche Reichweite oder Tiefe diese Intelligenzen jeweils haben. Hier kommt (notwendig) das Problem von Gut
und Böse ins Spiel, das hier nicht ausgelotet werden kann. In seinem Buch *Ökopsychologie* geht Theodore Roszak dieser (ihn stark
beunruhigenden) Frage nach; er schreibt:

»Ein noch größeres Problem stellen die verschiedenen Psycho-
pathologien dar, die wir in Rechnung stellen müssen, die Verbiegungen, Verdrehungen, Fehlleistungen des Geistes. Ein brillanter
Geist kann schwer gestört sein, ein langsamer Geist kann die Gabe
des Mitgefühls besitzen. Rationalität kann kalt und fehlgelei-
tet sein. Trägt das Bewußtsein im Kosmos solche Züge auch? In
Science-fiction-Romanen treten fremde Intelligenzen auf, die
feindselig sind, uralte Mythen sprechen von bösartigen, ja von
wahnsinnigen Göttern. Wenn es im Universum ein Ordnungsprin-
zip wie Intelligenz gibt, ist es dann an ein ähnliches Konzept wie
die Persönlichkeit gebunden? Ist es zu Wärme, Einfühlung, Trö-
stung fähig? Wenn Bewußtsein sich entwickelt, evolviert es dann
zwangsläufig in Richtung Weisheit?«[60]

Das Ziel
der kosmischen Evolution

Alles spricht dafür, daß es ein Ziel in der kosmischen Evolution
gibt (ein Telos); die kosmische Evolution ist nur teleologisch zu erklären. Das gilt für die Entwicklung des Lebendigen in gleichem
Maße, und alle halbwegs überzeugenden Ansätze, die es gibt, um
Leben und Bewußtsein zu erklären, argumentieren (mehr oder
weniger, eher indirekt oder ganz direkt) teleologisch. Wie soll man
die Embryogenese (die Entwicklung eines Embryos aus einem un-
gestalteten Zellhaufen) anders erklären als vom Ende aus, vom
Ziel, vom Telos aus? Längst wird dies auch – und zunehmend
mehr – zugegeben, obgleich es noch immer dem Dogma zuwi-
derläuft, ein Ziel anzunehmen sei anthropomorph und unwissen-
schaftlich.

Seltsam ist diese Zurückweisung der Ziele und Zwecke insofern,
als nun wahrlich anthropomorphe (also aus der menschlichen Erfahrung abgeleitete) Vorstellungen und Begriffe auch im angeblich
nicht teleologischen Denken und Forschen zuhauf anzutreffen
sind. Wir selbst, als »zielorientierte Wesen«, entstammen ja der
kosmischen Evolution, und wenn wir sind, wie wir sind (eben
»zielorientiert«), dann muß diese Eigenschaft auch irgendwie in
den Prozessen angelegt sein, die uns hervorgebracht haben. Insofern »vermenschlichen« wir nicht Vorgänge, die unüberbrückbar
getrennt sind vom Menschlichen, sondern wir handeln nur folge-
richtig, wenn wir teleologische Vorstellungen in die Natur »hinein-
tragen«. Eine andere Frage ist, welchem Telos die kosmische Evolution wirklich zustrebt. Obwohl sich dies sicher nicht letztgültig
sagen läßt, gibt es doch reichlich Indizien, und zwar schon aus den
Gedankenansätzen der evolutionären Systemtheorie heraus. Daß
eine Entwicklung zu immer höherer Komplexität, zu immer neuen,
umfassenderen Ebenen stattfindet, zu immer neuen Organisa-
tionsstufen, die sich nicht reduzieren lassen auf die Komponenten der jeweils vorherigen Stufen, insofern also ein unaufhörliches
Transzendieren (Überschreiten) bei gleichzeitigem Bewahren oder

Einschließen (die niedrigeren Stufen gehen als die Bestandteile in die jeweils höheren Stufen auf) – das alles ist unbestreitbar. Offenbar wirkt hier ein Großer Attraktor in Richtung auf höchstmögliche Komplexität und, damit verbunden, auf höchstmögliche Tiefe und Bewußtheit. Die kosmische Evolution zielt auf Bewußtsein ab; sie »will« Bewußtsein. Hat sie das selbstreflexive Bewußtsein erreicht, also das menschliche in seiner grundlegenden Form, dann »will« sie weiter und höher hinauf. Buddhistisch gesprochen: Die Evolution will den Buddha, sie will die Verwirklichung der allem Sein zugrundeliegenden Buddha-Natur. In der Sprache der Upanishaden: Die Evolution zielt auf das Atman-Bewußtsein, in dem sich das Einzelne als das Ganze erkennt, sich als das begreift, was es immer schon war: dem All verbunden und niemals getrennt.

Wenn der Biologe Richard Dawkins die wahrlich abenteuerliche Vorstellung von den »egoistischen Genen« entwickelt und diese als kleine Verbrecher-Subjekte und geheime Drahtzieher nun das gesamte biologische Geschehen bestimmen läßt, so ist das eine Projektion reinsten Wassers, erscheint aber nicht als solche. Gerade Dawkins polemisiert heftig gegen die Neigung einiger seiner Kollegen, so etwas wie Ziele und Sinn in der Natur anzunehmen. Das Ziel des Egoismus ist es, das Ego nicht nur zu erhalten, sondern auf Kosten aller anderen permanent zu steigern. Diese Denkfigur, auf die Ebene der Gene übertragen, ist Teleologie der niedrigsten Stufe. Daß es das Ziel der Evolution sein könnte, das Atman-Bewußtsein zu erlangen, gilt allgemein als pure Spekulation, als bloße Glaubenssache (im günstigsten Fall), daß aber Gene in Gänze personalisiert werden und nun im Untergrund ihr brutal-egoistisches Unwesen treiben, dies darf nicht nur sein, sondern gilt als Ausbund wissenschaftlicher Seriosität!

Analoges läßt sich von den Schwarzen Löchern sagen. Jeder, auch noch der primitivste Anthropomorphismus ist wissenschaftlich erlaubt (die Schwarzen Löcher sollen, ich sagte es bereits, »sonnenfressende Monster« u.ä. sein); dagegen ist nicht erlaubt und ruft sofort Kritik auf den Plan, wenn jemand ernsthaft Vorstellun-

gen heranzieht, die mit kosmischer Intelligenz, mit hohen, sublimen Bewußtseinsstufen, mit Atman oder Buddha zu tun haben.
Das gilt als unwissenschaftliche Projektion. – Wie konnte es dahin
kommen? Warum akzeptieren wir die primitivste Sprachebene,
den unsäglichen und hochmütig-eitlen Jargon der Kosmologen?
Warum? Wüßten wir eine Antwort darauf, wüßten wir, was die
ökologische Krise in der Tiefe, gleichsam in ihrem Wurzelwerk,
ist! Dann würden diese Projektionen wie ein Spuk zerstieben, und
wir könnten anfangen, uns wirklich als Bewohner der Erde und des
Kosmos zu begreifen und uns dementsprechend zu verhalten.

Es ist nicht schwer zu begreifen, daß die ökologische Krise Symptom einer Entgleisung ist, einer pathologischen Abirrung. Wie
kein anderer hat Ken Wilber deutlich gemacht, daß jede Bewußtseinsstufe die ihr eigenen Pathologien produzieren kann, die dann
in die nächsthöhere Bewußtseinsstufe mitgeführt werden. Nach
Wilber ist die ökologische Krise primär das Symptom der Dissoziation von Biosphäre und Noosphäre; im Zuge der Herausdiffe-
renzierung des (egoischen, mentalen) Geistes und der kollektiven/
kulturellen Etablierung dieser Stufe (Noosphäre) sei der Bios (die
sinnlich-physische Natur, der eigene Leib) abgespalten und nicht
integriert worden. Was als notwendige Differenzierung von Bios
und Geist angelegt war, als Überschreiten des Bios durch den
(mentalen) Logos, hat sich aufgespalten in zwei weitgehend un-
verbundene und einander bekämpfende Teile (Dissoziation).

In der *Kurzen Geschichte des Kosmos* schreibt Wilber: »Weil der
begriffliche Geist aber in dieser neuen und weiteren Welt existiert,
kann er auch seine niedrigeren Antriebe verdrängen und dissoziieren. Weil die Noosphäre die Biosphäre transzendiert, kann sie
nicht nur transzendieren und einschließen, sondern auch verdrängen, verzerren und verleugnen. Also nicht nur Differenzierung,
sondern auch Dissoziation, individuell und kollektiv. (...) Auf der
individuellen Ebene heißt das Ergebnis einer Unterdrückung der
Biosphäre durch die Noosphäre Psychoneurose. Der GEIST kann
die Natur unterdrücken, und zwar die äußere Natur (Öko-Krise)
wie die innere (Libido).

Psychoneurose oder einfach Neurose im technischen Sinne bedeutet, daß ein relativ stabiles, zusammenhängendes mentales Selbst aufgetaucht ist und dieses mental-begriffliche Selbst (das Ich) Aspekte seiner körperlichen Triebe und Antriebe verdrängen und dissoziieren kann, so daß diese verdrängten oder verzerrten Triebe – meist sexueller oder aggressiver Natur – in verkappten und schmerzlichen Formen in Erscheinung treten, die als neurotische Symptome bezeichnet werden. Mit anderen Worten, jedes neurotische Symptom ist eine ökologische Krise im Miniaturmaßstab.«[61]

Das kommt meiner Interpretation sehr nahe, obwohl Wilber nicht direkt von kollektiver Neurose spricht. Auch faßt er den Begriff »Neurose« etwas enger, als ich dies tue. In meinem Verständnis ist Neurose auch und zugleich eine »Abspaltung von oben«, eine Dissoziation von Ich und Kosmos (hier nicht, wie schon betont, primär als materielles Universum, sondern als sinnlich-übersinnliche Ordnung, als Kosmos und Meta-Kosmos verstanden u.ä.). Die moderne Kosmologie wird von Wilber zwar als monologisch und als Flachland kritisiert, aber nicht so grundsätzlich in Frage gestellt wie von mir. Insofern setze ich einen strukturell anderen Akzent, auch im Begriff »Neurose«.

Der oben zitierte Argwohn oder Verdacht von Theodore Roszak, daß die kosmische Evolution Richtung Geist oder Noosphäre auch in Richtung Bösartigkeit und Wahn entgleisen kann, also nicht »zwangsläufig in Richtung Weisheit« verläuft, läßt sich auch von Wilber aus rechtfertigen oder verständlich machen. Und er mag auch für die Frage von Belang sein, wie sich denn außerirdische Zivilisationen entwickelt haben. In der seit Jahren geführten Debatte um Existenz oder Nicht-Existenz von Ufos, um die Frage ihrer Herkunft, ihrer Natur und ihrer Absicht (wenn denn ihre Existenz anerkannt ist) tauchen Überlegungen auf, die damit zu tun haben. »Aliens« werden auch in einschlägigen Büchern oder Filmen oft als bösartig und feindselig, aber zugleich ausgestattet mit einer überlegenen Technologie imaginiert. Wie weit kann die kollektive Neurose einer Gestirnbevölkerung gehen, d.h. bis

zu welchem Grad der Selbst- *und* Fremdzerstörung (also der Zerstörung oder Unterdrückung/Versklavung anderer bewohnter Gestirne)? Ein endloser Stoff für Spekulationen und Projektionen!

Zur Frage der Ufologie möchte ich ein Wort Ernst Jüngers zur
Astrologie zitieren (und mir zu eigen machen für *beide* Felder):
»Über die Realität der Astrologie soll kein Urteil gewagt werden.
Der Streit um das, was wirklich an ihr ist, wird aufschlußreicher,
wenn man sich nicht an ihm beteiligt – wird er doch auf einem
Felde geführt, auf dem zwei Arten der Weltbetrachtung schroff
aufeinanderstoßen wie auf keinem anderen.«[62]

Zum Abschluß dieses Kapitels sei auf zwei Aspekte zurück-
gekommen, die vielleicht nicht in genügender Form verdeutlicht
worden sind. Der erste betrifft die kosmische Evolution. Ich verwende diesen Begriff, gebe ihm aber einen erheblich anderen
Sinn. Nach der Urknall-Fiktion evolviert der gesamte Kosmos (hier
im Sinne von Universum) aus einer Urexplosion heraus und dehnt
sich zugleich aus. Ich bezweifle Urknall und Ausdehnung und
halte beides für schlecht gestützt.[63] Dem Tipler-Universum stelle
ich das Bruno-Universum entgegen: ein unendliches, von unendlich vielen bewohnten Gestirnen erfülltes Universum, das als Ganzes nie entstanden ist und nie vergehen wird. Begriffe wie Entstehen und Vergehen haben nur Gültigkeit für einzelne Gestirne,
Sternensysteme, Galaxien, Galaxienhaufen, aber nicht für das Universum selbst.

Kosmische Evolution in meinem Verständnis bezieht sich demnach auf diese Einheiten, die alle – vom Grundimpuls her – dem
einen ewigen Ziel zustreben: dem Atman-Bewußtsein, dem Bewußtsein der Einheit und *als Einheit*. Jeder hochorganisierte Him-
melskörper »will« Bewußtsein, immer mehr Bewußtsein, immer
höheres Bewußtsein (als Bewußt-Sein).

Damit verbunden ist der zweite Aspekt. Ich habe mich der
Metaphorik von Zentralregierung (in Rom) und Provinzregierungen (in Abhängigkeit von Rom) bedient, um auf bildhafte Weise
zu verdeutlichen, was ich meine, wenn ich bestreite, daß die hier
auf der Erde und in ihrer kosmischen Nachbarschaft gültigen

Naturgesetze *so* überall, also im gesamten All, Gültigkeit haben. Sicher ist das Universum eine Einheit, und die Zentralregierung wirkt und waltet universell; nur hat jede Provinz (jede kosmische Zone) eine eigene Regierung, eigene Gesetze, Partialgesetze, die zwar abgeleitet sind von der Zentrale, aber in ihrer Natur bestimmt werden von dem sehr komplexen Wechselspiel dieser Provinz mit den Nachbarprovinzen.

Was wirklich und an sich oder eigentlich, auch nur physikalisch, passiert auf dem Sirius, läßt sich von der Erde aus grundsätzlich nicht entscheiden und wissen. Uns erreichen Strahlungen, die auf ihrer langen Reise Veränderungen und Wandlungen durchlaufen haben und zuletzt, wenn sie in unser Feld eintreten, noch von den Eigenschaften dieses Feldes verändert werden. Diese Strahlungen, egal aus welcher Richtung des Alls sie uns erreichen, spiegeln sich in unserer kosmischen Zone gemäß den »Naturgesetzen« dieser Zone. Außerhalb davon sehen die Dinge völlig anders aus.

Alle Aussagen über Natur und Werdegang der Sterne sind Aussagen aus einem ganz speziellen Blickwinkel, unter ganz speziellen Prämissen. Die wirklichen Gesetze des Universums, die von der Zentrale ausgehen, kennen die Kosmologen gar nicht. Weil dies so ist, nehmen sie den Schein dieser Zone für die Realität und bauen riesige kosmologische Gebäude mit ungeheurem Scharfsinn auf der Basis von falschen Prämissen. Faktisch weiß niemand etwas davon, wie das Universum wirklich gebaut ist, und alle Theorien sind im Grunde nur aufschlußreiche Selbstaussagen der Theoretiker.

Ich will gerne einräumen, daß meine ins Kosmologische gehenden Bemerkungen unzulänglich und wohl allzu skizzenhaft sind, aber – und darum allein ging es mir in diesem Kontext – die Grundrichtung wird deutlich: eine tiefe erkenntnistheoretische und auch prinzipielle Skepsis so weitreichenden Wissensbehauptungen gegenüber, wie sie die der modernen Kosmologie darstellen, zumal der projektive Anteil daran für jeden vorurteilsfreien, kritischen Betrachter in die Augen springt. Zu dieser Skepsis gesellt sich eine ebenso tiefe Überzeugung von der Allgegenwart in-

telligenten Lebens im All, von der Zielgerichtetheit aller Sternen-
biographien in Richtung auf die höchste erreichbare Bewußtseinsform (= Atman-Bewußtsein). Außerdem halte ich es für extrem
unwahrscheinlich, daß Erdbewohner, deren geistiger Zuschnitt
sie ganz eindeutig als lebensfeindlich ausweist (und das gesamte
technisch-wissenschaftliche Erdvernutzungsprojekt ist im Kern
gegen das Leben gerichtet) nun in der Lage sein sollten, wirklich
und wahrhaftig zu erkennen, wie das Universum beschaffen ist.
Das Tipler-Universum ist das kosmologische Äquivalent zur ökologischen Krise. An unserer jeweils favorisierten Kosmologie ist ab-
zulesen, welche Grundhaltung unser Leben bestimmt. Wir sehen
die Welt so, wie wir sind, individuell und kollektiv.

Aus einer Vielzahl von Gesprächen weiß ich, daß das Mißtrauen
gegen die herrschende Kosmologie sehr verbreitet ist, aber sich
öffentlich kaum Gehör verschaffen kann. Vielleicht können meine
Ausführungen dem einen oder anderen Mut machen und ihn dazu
ermuntern, das eigene Unbehagen auch öffentlich zu artikulieren.

5. KAPITEL

WIEVIEL ICH VERTRÄGT DIE ERDE? SINN UND UNSINN DES »ÖKOLOGISCHEN SELBST«

»Diese irrtümliche Verdinglichung des Selbst ist grundlegend für die gegenwärtige weltweite ökologische Krise. Wir haben geglaubt, wir seien eine Überlebenseinheit und müßten uns deshalb um unser eigenes Überleben kümmern, und wir meinen, diese Überlebenseinheit sei ein isoliertes Individuum oder eine einzelne Spezies, wo doch in Wirklichkeit – aufgrund der Evolutionsgeschichte – das Individuum mitsamt seiner Umwelt, die Spezies mitsamt ihrer Umwelt diese Einheit bilden, denn sie sind ihrem Wesen nach symbiotisch.«
(*Gregory Bateson*)[1]

»Das Ich trat hervor, trat nieder, kämpfte, dazu brauchte es Mittel, Materie, Macht. Es stellte sich der Materie anders gegenüber, es entfernte sich von ihr sinnlich, trat ihr aber formal näher. Es zergliederte sie, prüfte sie und sonderte aus: Waffe, Tauschobjekt, Lösegeld. Es klärte sie durch Isolierung, brachte sie auf Formeln, riß Stücke aus ihr hervor, teilte sie auf. Gegenüber dem sanften javanischen Wogengefühl [bezogen auf den Tempel von Borobudur; J.K.] liegt das Brutale und Niedrige dieses inneren Verhaltens klar auf der Hand.«
(*Gottfried Benn*)[2]

Tat tvam asi (»Das bist auch du«) oder: Geist, Selbst und Ökosystem

In ihrem Buch *Die Wiederentdeckung der sinnlichen Erde* (engl. *World as Lover, World as Self*) stellt Joanna Macy, Religionswissenschaftlerin und engagierte Tiefenökologin, die These auf, es gebe »vier Grundtypen«, die Welt zu betrachten; diese Grundtypen seien »an keine bestimmte Religion gebunden, sondern in den meisten spirituellen Traditionen anzutreffen: Diese vier Weltbilder sind: die Welt als Schlachtfeld, die Welt als Falle, die Welt als Geliebte oder Geliebter, die Welt als Selbst.«

»Viele Menschen erleben *die Welt als ein Schlachtfeld*, auf dem Gut und Böse gegeneinander angetreten sind und die Kräfte des Lichts mit den Kräften der Finsternis ringen. Das ist eine sehr alte Tradition, die auf die Zoroastrier und Manichäer zurückgeht. (...) Kommen wir zum zweiten Weltbild, *die Welt als Falle.* Hier besteht der spirituelle Weg nicht darin, den Kampf aufzunehmen und einen Widersacher niederzuringen; wir wollen uns vielmehr von dieser heillosen Welt losmachen und das Weite suchen, eine höhere, über den Phänomenen liegende Ebene erklimmen. Dieser Haltung liegt eine hierarchische Wirklichkeit zugrunde: Das Verstandesbewußtsein wird hier höher angesehen als die Materie, und der Geist wird weit über die Natur gestellt. Diese Anschauung fördert die Geringschätzung alles Materiellen. Elemente davon sind in allen großen Religionen der letzten dreitausend Jahre zu erkennen, und ganz unabhängig von ihrer Metaphysik.«[3]

Zu der dritten Rubrik, »*die Welt als Geliebte oder Geliebter*«, schreibt Joanna Macy: »Hier wird die Welt nicht als Schauplatz moralischer Kämpfe gesehen oder als Gefängnis, dem man entkommen muß, sondern als ein Partner, mit dem einen eine sehr innige und erfüllte Beziehung verbindet. (...) Die erotisch gefärbte Bejahung der Welt der Phänomene finden wir nicht nur im Hinduismus, sondern auch in den antiken Göttinnenreligionen, die jetzt (endlich!) erforscht werden, in manchen Strömungen des

Sufismus und der Kabbala und in der Brautmystik des Christentums. Wir begegnen ihr aber auch außerhalb aller religiösen Metaphorik.«[4]

Zu der vierten Rubrik, »*die Welt als Selbst*«, heißt es dann u.a.: »Wie Liebende nach Vereinigung streben, so kann es auch uns geschehen, daß wir uns mit der Welt vereinigen, wenn wir uns erst in sie verliebt haben. Der Weise in den Upanishaden bricht eine Samenschale auf, um den lebensträchtigen Kern bloßzulegen, und sagt zu seinem Schüler ›*Tat tvam asi* – Das bist du.‹ Der Baum, der aus diesem Samen sprießen wird, das bist du; das rinnende Wasser, das bist du, und die Sonne am Himmel und alles, was ist, das bist du.«[5]

Ganz eindeutig, wie schon der englische Buchtitel erkennen läßt, favorisiert Joanna Macy den dritten und den vierten Grundtypus. Was die in den Upanishaden (aber nicht nur dort) formulierte Lehre von der Einheit der Welt und des Bewußtseins anlangt, so glaubt Joanna Macy wie viele andere, daß »diese Betrachtungsweise ... heute auch Einzug in die Wissenschaften« halte.

Der Systemtheoretiker Gregory Bateson definiert kognitive offene Systeme – auch unser Verstandesbewußtsein – als ein Hindurchfließen von Informationen, in dem nirgendwo ein gesondertes Selbst auszumachen ist. »Bewußtsein«, sagt er, »ist der Natur immanent, und es reicht sehr viel weiter als die winzige Sphäre, die unsere bewußten Absichten ausleuchten.«

Die Art und Weise, wie wir unser Selbst definieren und abgrenzen, ist willkürlich. Wir können es zwischen unsere Ohren setzen und aus unseren Augen schauen lassen; wir können es ausweiten und die Luft mit einschließen, die wir atmen, und manchmal können wir die Grenzen noch weiter hinausschieben bis zu den sauerstoffspendenden Bäumen und dem Plankton, unseren erweiterten Lungen, oder noch weiter bis zu dem Gewebe des Lebens, in dem sie ihren Rückhalt haben.«[6]

Niemand wird bestreiten können, daß die Vorstellung eines erweiterten, eines in diesem Sinne ökologisch zu nennenden Selbst, eines wirklich partizipatorischen, mitfühlenden, mitsinnigen Bewußtseins gerade heute unverzichtbar ist. Zu genau wissen wir, wie peinvoll der moderne Mensch abgeschnitten ist von dem Wurzelgrund seiner Existenz, von Erde, Pflanze und Tier. Und zu genau wissen wir (oder könnten wir mittlerweile wissen), in welche Wahngefilde sich das isolierte, das abgetrennte, das vom Lebendigen abgesprengte Ego hineinbegeben hat, eine einsame Rakete auf der jagenden Fahrt ins Nichts. Und sicher bedürfen wir der »Ausweitung« unseres Selbst, bedürfen der Ein- und Rückbindung desselben usw. Nur – und hier liegt der entscheidende Einwand – ist der Mensch als er selbst, d.h. in dem, was ihn wesenhaft auszeichnet, eine Körper-Seele-Geist-Einheit (in dem andernorts umrissenen Sinne), eine Einheit, die niemals aufgeht und aufgehen kann in den Biosystemen, die organisches Leben ermöglichen. Der Mensch ist immer das inkarnierte Paradoxon von Natur-Übernatur, von Selbstbewußtsein/Selbstreflexivität und physischem Leib, von Ich und Teilhabe am (übergeordneten, medialen) Geist oder Logos.

Das Tat tvam asi, das hier herangezogen und mit Kategorien der Allgemeinen Systemtheorie verbunden wird, berührt eine gänzlich andere Ebene als jede denkbare systemische, d.h. eine transpersonale Ebene, keine biozentrische und damit präpersonale, um eine durch Ken Wilber eingeführte und umfassend begründete Unterscheidung ins Feld zu führen. Die Kritik Wilbers am ökologischen Selbst wurde bereits zitiert; auch wurde erwähnt, daß diese Kritik eine heftige Kontroverse in den USA ausgelöst hat.

Joanna Macy warf Wilber vor, er habe die Systemtheorie im Kern gar nicht verstanden. Was immer man von der Wilber-Kritik im einzelnen halten mag (die er in *Eros, Kosmos, Logos* in fast erdrückender Breite und Materialfülle darstellt), wichtig bleibt sie allemal; man kann nicht an ihr vorbeigehen. Präpersonal ist alles, was vor der Stufe des Personalen, des Ichhaften, liegt, und transpersonal das, was die Ich-Stufe überschreitet, sie aber enthält. Auch das transpersonale Selbst ist ichhaft, es ist das Ich und noch etwas, das über das Ich hinausgeht, während das präpersonale

Selbst die Ich-Stufe noch gar nicht erreicht hat. Das kann man sehr leicht verwechseln, und es wird auch ständig verwechselt. Was nicht-ichhaft ist, muß noch lange nicht transpersonal sein; allerdings ist es wenig sinnvoll, hier allzu scharfe Trennungen vorzunehmen. Und Wilbers Vorgehen hat hier, wie auch sonst zuweilen, etwas Schulmeisterliches. Schließlich gibt es Zustände des Bewußtseins, die eine Unterscheidung zwischen prä- und trans- schwierig, wenn nicht unmöglich machen, z.B. Zustände, die durch psychoaktive Substanzen oder spezielle Psychotechniken herbei- geführt wurden.

Gregory Bateson berichtet einmal, er habe in einer LSD-Er- fahrung zum erstenmal erlebt, wie »der Wahrnehmende und das Wahrgenommene ... in ungewöhnlicher Weise zu einem einzigen Einzelwesen vereinigt« worden seien (hier bezogen auf das Selbst und die gehörte Musik).[7] Was ist oder war nun diese »Vereini- gung«: präpersonal oder transpersonal? Wahrscheinlich sind hier Erfahrungsbereiche angesprochen, die ein subtiles In- und Neben- einander von beidem enthalten, so daß eine Herausfilterung des einen oder des anderen nicht gelingt.

Was Wilber in der Substanz kritisiert, könnte man so ausdrük- ken: In dem, was viele Tiefenökologen als ökologisches Selbst be- zeichnen, tritt eher eine Art biozentrisches Selbst zutage als ein wirklich öko-noetisches Selbst (also ein Selbst, das Oikos, die Bio- sphäre oder Gaia mit dem Nous = Geist verbindet).

Der Mensch als Ganzheit ist als physischer Körper und als Pflan- zen- und Tier-Selbst präpersonal, als Ich oder Selbst bzw. Seele personal und als Geist sowohl tatsächlich als auch in seiner Ent- wicklungsmöglichkeit transpersonal.

Gregory Bateson bezeichnet einmal die Vorstellung eines mona- denhaft abgeschlossenen und separaten Ich als »den erkennt- nistheoretischen Irrtum der abendländischen Zivilisation«[8]. Und Joanna Macy schreibt:

»Die Krise, die unseren Planeten bedroht, ob wir ihre militä- rische, ihre ökologische oder ihre soziale Seite betrachten, ent- springt einer untauglichen und pathologischen Sicht des Selbst,

einem Irrtum, was unseren Platz in der Ordnung der Dinge angeht. Ich meine den Irrglauben, das Selbst existiere gesondert von
allem anderen und sei so zerbrechlich, daß wir seine Grenzen immer wieder ziehen und verteidigen müssen; es sei so klein und bedürftig, daß wir unentwegt anschaffen und konsumieren müssen;
und es bestehe so sehr für sich, abgetrennt, daß wir weder als Einzelne noch als Gruppe, noch als Staaten, noch als Spezies eine
Rückwirkung dessen, was wir anderen Lebewesen antun, auf uns
selbst befürchten müssen.«[9]

Sicher ist die Separatheit und Abgetrenntheit des Ichs eine der
großen Illusionen, vielleicht gar die eine große Illusion der
menschlichen Existenz, wie die Buddhisten sagen. Nur: Dies festzustellen (und es ist wichtig und heilsam, sich dessen immer wieder bewußt zu werden) bedeutet noch nicht, daß das Ich nun aufgehört hat, seine Rolle als »Weltenzentrum« zu spielen. Das Ich ist
immer und seinem Wesen nach ein Stück weit »Weltenzentrum«,
ganz zu schweigen davon, daß es ohnehin als (relatives) Bezugs-
zentrum jedweden Tuns und Denkens unerläßlich ist. Das ist fast
banal, aber es verdient dennoch herausgestellt zu werden, weil die
Leichtfertigkeit im Umgang mit der Ich-Frage, die besonders in
esoterischen oder New-Age-Kreisen grassiert, etwas Beängstigen-
des hat. Viele wollen schon das Ich überschreiten, ohne überhaupt
begriffen und existentiell realisiert zu haben, was Ich-Sein bedeutet und in der Tiefe ist.

Die »Verdinglichung«, von der Bateson spricht, macht das Ich
gerade zum Quasi-Nicht-Ich. »Verdinglichung« ist genauso verhängnisvoll wie Leugnung oder Eliminierung. Jedes wirkliche und
integrierte Ich ist immer schon jenseits seines Nur-Ich-Seins; Fixie-
rung auf das Nur-Ich-Sein ist gerade ein Indikator dafür, daß das
Ich nicht »voll« und »rund« dasteht. Und mittlerweile kennen wir
ja fast nur noch Karikaturen. Das moderne Ego ist gerade der Verrat am Ich!

Noch einmal Joanna Macy: »Das Selbst ist eine Metapher. In der
objektiven Realität können wir seine Grenzen ziehen, wie wir wollen – unsere Haut, unsere Familie, unsere Gesellschaft, die Spezies

Mensch. Aber wie die Systemtheoretiker sagen, kann unser Bewußtsein nur eine begrenzte Sphäre in den großen Strömungen und Schleifen des Erkennens ausleuchten, die uns verbinden. Weshalb also nicht gleich annehmen, daß unser Geist von gleicher Ausdehnung ist wie die größeren Kreisläufe, das gesamte ›verbindende Muster‹, wie Bateson sagt?«[10] Und: »Wir denken: ›Was fangen wir an mit unserem Selbst, diesem lauthals fordernden Ich, das immer nur Aufmerksamkeit will, ständig irgendwelche Zuckerchen braucht? Sollen wir es kreuzigen, opfern, kasteien, bestrafen, oder sollen wir es adeln?‹ Aber wenn wir aufwachen, wissen wir plötzlich: ›Oh, es existiert einfach nicht.‹ Es ist eine Konvention, nichts als eine Konvention.«[11]

Die Mißverständnisse und auch erkenntnistheoretischen Fehlgriffe, die hier zutage treten, sind kaum auszuloten. Schon die allzu schnelle und vordergründige Zusammenführung der buddhistischen Anatma-Lehre (der Lehre vom Nicht-Selbst) mit systemtheoretischen Gedanken, die sehr verbreitet ist, verkennt etwas sehr Wesentliches: Die Systemtheorie, wenngleich auf subtiler Stufe, steht in der Tradition der Subjektblindheit der neuzeitlichen Naturwissenschaft (ich muß das immer wieder betonen), der Eliminierung des lebendigen Subjekts. Daß diese auch echte Erkenntnisse und Einsichten gebracht hat und nicht einseitig verteufelt werden kann, ist dabei mitgedacht. Daß Geist, verstanden als die gesamte Natur durchdringendes nicht-ichhaftes Medium (als »objektiver Geist«), Naturwissenschaft überhaupt erst ermöglicht, liegt auf der Hand. Egal, ob man nun schwerpunktmäßig diesen objektiven Geist eher platonisch-transzendent oder eben immanent betrachtet, wenn Geist nicht sowohl »draußen« (in der Natur) als auch »drinnen« (im Subjekt) wäre, könnten wir überhaupt nichts erkennen. Dann wären wir auf ewig im Spiegelkabinett unserer eigenen Projektionen gefangen.

Etwas ganz anderes ist das lebendige Subjekt, also das, was auch als Seele bezeichnet werden kann. Wir wissen nicht, bis zu welchem Grade diese Individualeinheit Seele zugleich auch dieser objektive Geist *ist*. Genausowenig wie wir wissen, wie groß der

Anteil der Einzelseele an der alles durchdringenden Weltseele ist.
Und ganz offensichtlich sind Weltgeist und Weltseele nicht einfach identisch.

Der berühmte Dualismus des Descartes, oft als das neuzeitliche
Verhängnis schlechthin herausgestellt, geht von zwei Substanzen
aus: einer *res cogitans*, einer »denkenden Sache«, und einer *res
extensa*, einer »ausgedehnten Sache«. Alles spricht dafür, daß hier
Descartes nicht primär den objektiven Geist meint, von dem die
Naturwissenschaft ausgeht und ausgehen muß (und auch Descartes tut dies), sondern den »subjektiven Geist«, also die Seele,
den Einzelnen, das Selbst. Und dieser Einzelne, diese Seele, dieses
Selbst kann nicht auf die pure Immanenz reduziert werden;
anders gesagt: Die Einzelseele geht nicht auf in der Welt. Sie ist
immer ein Stück weit »jenseits dieser Welt«.

Das kann man verkürzen und mißverstehen, wie es auch geschehen ist, als sei dieses Selbst nun ein freischwebendes, isoliertes, separates, ganz und gar leibfreies Etwas und, wie die Feministinnen betonen, ein im Kern männlich-asketisches Etwas, das
alles Weibliche/Verbindende/Mitgeschöpfliche abgeschnitten hat
oder leugnet. Wie so oft nimmt man die Zerrform für die »Sache selbst«, nimmt die Karikatur und das Mißverständnis für das
Eigentliche.

Die buddhistische Anatma-Lehre (= Lehre vom Nicht-Selbst) ist
ein äußerst subtiles und fein gesponnenes »Ding« und, wie der
Buddha wußte, sehr schwer zu begreifen. Die Buddhisten ringen
seit zweieinhalb Jahrtausenden mit dieser Frage. Im letzten geht
»anatma« über Ich und Nicht-Ich hinaus bzw. faßt sie in einer paradoxen Einheit zusammen. Der Buddha, in seinem Erleuchtungs-
erlebnis, erinnert sich ja »seiner« früheren Inkarnationen, nicht
der Inkarnationen eines wie immer gearteten Es oder eines Anderen; zugleich aber sind alle diese früheren Ichs nicht einfach identisch mit dem jetzigen Ich, das auch der Buddha (ein Buddha) immer noch hat, ja, ist! Fragen dieser Art hat der Buddha stets mit
einem Paradox beantwortet: Ist und ist zugleich nicht, das Ich existiert, und es existiert zugleich nicht. Es ist ganz verfehlt, subjekt-

blinde Ansätze von Naturwissenschaft nun in Parallele zu setzen mit der tiefgründigen buddhistischen Erkenntnistheorie und Praxis. Auch der Dalai Lama hat sich verschiedentlich zu diesen Fragen geäußert und einmal den Begriff eines »subtilen Ich« eingeführt, das etwas widerspiegelt von der paradoxen Einheit von Ich und Nicht-Ich.[12]

Wenn man den »Dualismus« kritisiert, sollte in einem ersten Gedankenschritt unterschieden werden zwischen dem Seele-Leib-Dualismus und dem Geist-Körper-Dualismus. Beide greifen zwar ineinander, sind aber nicht deckungsgleich. Also: Es ist ein Unterschied, ob ich mich darüber wundere (und man kann sich nicht genug darüber wundern), wie ich als dieses rätselhafte und einmalige Ich in diese Welt hineingekommen bin, die ja ein Es ist und kein Ich, oder darüber, wieso die Dinge »da draußen« so geordnet und offenbar einem unsichtbaren Plan, einem verborgenen Gesetz folgend, ablaufen, also wie so etwas wie Geist »da draußen« und zugleich, auf rätselhafte Weise, »da drinnen« (im Innern der Außenwelt) existieren kann. Ist das deutlich? Einmal staune ich über mich selbst, und zum andern staune ich über diese Gesetzen (Naturgesetzen) gehorchende Welt. Zusätzlich könnte ich staunen, wieso ich, als ichbewußte Seele, etwas wissen oder begreifen kann von dieser (unsichtbaren) Gesetzesordnung der Dinge.[13]

»Das Selbst ist eine Metapher«, sagt Joanna Macy, also etwas Uneigentliches, irgendwie nur ein Als-ob, nichts Substantielles. »Es ist eine Konvention, nichts als eine Konvention.« Nein, tausendmal nein! Das Ich oder Selbst, richtig und in der Tiefe verstanden, ist keine Konvention, keine Metapher! Metapher oder Konvention ist allenfalls das, was C. G. Jung die Persona nennt, die ja eine »künstliche Persönlichkeit« darstellt, »die die Funktion einer Schutzmaske im Beziehungssystem zu den Mitmenschen hat«[14]. Jung: »Die Persona ist ein kompliziertes Beziehungssystem zwischen dem individuellen Bewußtsein und der Sozietät, passenderweise eine Art Maske, welche einerseits darauf berechnet ist, einen bestimmten Eindruck auf die anderen zu machen, andererseits die wahre Natur des Individuums zu verdecken.«[15]

Hier muß angemerkt werden, um nicht weiteren Mißverständnissen Vorschub zu leisten, daß es »natürlich« zum Begriff und zum inneren Erleben und wohl auch zur Substanz des Selbst gehört, mit anderen zu sein, in Gemeinschaft zu sein. Jedenfalls gehört es zur Substanz eines wirklich integrierten, wirklich ganzheitlich begriffenen und erfahrenen Selbst. Der Mensch als ein ganzer ist ja nicht nur die oft genannte Körper-Seele-Geist-Einheit, sondern zugleich und immer diese Körper-Seele-Geist-Einheit im engen, unlösbaren Verbund mit anderen gleichartigen Einheiten (über Familie, Gesellschaft, Kultur, Epoche u. ä.) und mit anderen Lebewesen überhaupt, mit der Erde, ja dem Kosmos überhaupt. Ich-Selbst-Sein ist Im-Leib-Sein, Im-Geist-Sein *und* In-Gemeinschaft-Sein. Das berühmte Wort, daß der Mensch ein *zóon politikón* sei (wie immer man das übersetzt, z. B. als ein »auf Gemeinschaft/Gesellschaft bezogenes Lebewesen«), deutet dies ja an.

Insofern kann man, vielleicht übertreibend, sagen, daß jedes wirklich integrierte und lebendig in der Welt stehende Selbst immer schon das angestrebte ökologische Selbst ist! Der Mensch müßte demnach nur erkennen bzw. sich daran erinnern, was er in der Tiefe immer schon war oder ist. Das tiefe Selbst *ist* das ökologische Selbst, das öko-noetische Selbst. Das tiefe (und) eigentliche Selbst, auch wenn es das Pflanzen-Selbst und das Tier-Selbst als Bestandteile seiner selbst enthält, ist aber niemals einfach das biozentrische Selbst. Da liegt der Kern des Mißverständnisses. Ich habe dies oft (vielleicht gar schon zu oft) herausgearbeitet. Weil es so zentral wichtig ist, mag eine gewisse Redundanz in dieser Hinsicht verzeihlich sein.

Auch Gregory Bateson, dessen Rang, dessen zukunftweisende Gedanken in Sachen Ökologie unbestritten sind und bleiben, hat dennoch vielen Mißverständnissen Nahrung gegeben, die nun so schwer auszuräumen sind, weil sie sich tief eingenistet haben ins allgemeine Bewußtsein. In seiner Vorlesung über »Form, Substanz und Differenz« (Januar 1970) heißt es u. a.:

»Sie sehen also, daß ich nun irgend etwas, das ich als ›Geist‹ bezeichnete, als dem großen biologischen System – dem Ökosystem – immanent ansiedele. Oder, wenn ich die Grenzen des Systems auf einer anderen Ebene ziehe, dann ist der Geist der gesamten Evolutionsstruktur immanent. Wenn diese Identität von geistiger und evolutionärer Einheit im großen und ganzen richtig ist, dann stehen wir einer Reihe von Veränderungen in unserem Denken gegenüber. (...) Der individuelle Geist ist immanent, aber nicht nur dem Körper. Er ist auch den Bahnen und Mitteilungen außerhalb des Körpers immanent; und es gibt einen größeren Geist, von dem der individuelle Geist nur ein Subsystem ist. Der größere Geist läßt sich mit Gott vergleichen, und er ist vielleicht das, was einige Menschen mit ›Gott‹ meinen, aber er ist doch dem gesamten in Wechselbeziehung stehenden sozialen System und der planetaren Ökologie immanent. (...) Wenn man Gott nach außen verlegt und ihn seiner Schöpfung gegenüberstellt und wenn man die Vorstellung hat, daß man nach seinem Bilde geschaffen ist, dann wird man sich selbst logisch und natürlich als außerhalb von und entgegengesetzt zu den Dingen um einen herum sehen. Und wenn man sich selbst allen Geist anmaßt, dann wird man die Welt um sich herum als geistlos ansehen und ihr jeglichen Anspruch auf moralische oder ethische Erwägungen absprechen. Die Umgebung wird sich so darstellen, als sei sie nur für die Ausbeutung da.«[16]

Die Teilwahrheit dessen, was hier ausgesprochen wird, ist evident; wenn man die menschliche Seele (bei Bateson »individueller Geist«) und die Gottheit in einem absoluten Sinn als transzendent betrachtet, also als letztwirklich *unverbunden* mit der sinnlich-physischen Natur, dann ist diese Natur nicht nur Exil, sondern auch eine »Sache«, über die beliebig verfügt, die beliebig ausgebeutet und unterworfen werden darf, ja, soll. Niemand wird bestreiten, daß diese Denkfigur geschichtswirksam geworden ist, und zwar auf (buchstäblich) verheerende Weise. Und sicher hat das Christentum hieran einen entscheidenden Anteil. Das räumen auch Christen ein, so etwa Eugen Drewermann, der schon in einem seiner Buchtitel darauf verweist: *Der tödliche Fortschritt. Von der Zerstörung der Erde und des Menschen im Erbe des Christentums* (von 1981).

Erkenntnistheoretisch berührt Bateson auch die alte Frage nach
der Transzendenz oder Immanenz Gottes/der Gottheit/des Göttlichen in der Welt: Ist Gott *in* der Welt, ja vielleicht gar (irgendwie) mit ihr identisch (*deus sive natura*, verkürzt und oft ver-
fälschend als »Pantheismus« bezeichnet) oder steht er gänzlich
außerhalb der Welt und ist mit ihr allenfalls als ihr Urheber oder
Schöpfer verbunden (wobei undeutlich ist, wie diese Verbindung
aussieht)? Wahrscheinlich ist schon diese Trennung in der Form
falsch; Gott/die Gottheit/das Göttliche/die Göttin ist ganz hier und
ganz dort, ist immanent und transzendent zugleich. Giordano
Bruno z.B. hat es so gesehen, auch Plotin, auch Schelling, mit Abstrichen auch Platon, und viele andere Denker haben versucht,
diese Trennung aufzuheben.

Wichtig erscheint mir, daß diese Trennung – auch dies ein Dualismus – erst einmal als solche wahrgenommen und ernst genommen wird. Es bringt wenig, wenn man meint, man habe die
Lösung, die die Gegensätze übersteigt oder »aufhebt«, ohne überhaupt die Gegensätze wirklich erkannt und durchdacht zu haben.
Leider ist ein schlechter Monismus heute sehr populär, der nichts
erklärt und wirklich aus der Tiefe heraus verständlich macht, aber
in harsche Polemik verfällt, wenn es gilt, den (verteufelten) »Dualismus« zu attackieren. Bevor man die Einheit erreicht, muß man
um die Zweiheit wissen, muß man die Vielheit in ihrer Würde
begreifen.

Der dualistische Ansatz – transzendente Gottheit und transzendente Seele auf der einen, die physische Welt als Exil auf der anderen Seite – ist durchaus nicht ohne jede Berechtigung. Spätestens in Todesnähe spüren das auch Menschen, denen das, wenn
sie »voll im Fleische stehen«, abwegig oder künstlich erscheint.
Deswegen muß man diesem Dualismus nicht verfallen. Was hier
von uns verlangt wird, denkerisch und existentiell, ist buchstäblich eine Gratwanderung. Und vielleicht heißt Mensch-Sein grundsätzlich schon, sich auf dieser Gratwanderung zu befinden, ja diese
zu sein! Rechts und links klaffen Abgründe, und heftige Stürme
peitschen über den schmalen Grat, und häufig genug verschwin-

det das Ziel im dichten Nebel. Aber es gibt keine Alternative zu diesem Weg. Und sicher haben die Buddhisten recht, wenn sie die Unbewußtheit für den Abgrund der Abgründe halten.

Bateson unterscheidet nicht zwischen (individueller) Seele und (überindividuellem) Geist, und sicher ist sein Bemühen, Gott nun (mehr oder weniger) mit dem Ökosystem gleichzusetzen, wenig überzeugend. Auch dann nicht, wenn dieses Ökosystem als ein öko-noetisches System verstanden wird, also als ein von Geist durchwirktes, ja von ihm nicht zu trennendes System, von dem der individuelle Geist nun ein »Subsystem« sein soll. Das führt auf die bereits dargestellte Problematik des Teil-Seins (Ist der Mensch ein Teil der Natur?). In gewisser Weise ist der Mensch zugleich »Subsystem« und das ganze System, und zwar auf mehreren Ebenen bis hinauf zur kosmischen oder metakosmischen Ebene.

Es ist nicht sinnreich, nun wortklauberisch oder sophistisch die zitierten Sätze von Gregory Bateson daraufhin zu untersuchen, was er nun genau oder konkret mit »Immanenz« meint und wieviel Geist in seinem Sinne denn nun »sein darf« (und zwar als er selbst sein darf). Bateson verkündet keinen platten Biologismus; er sieht sich als Anwalt einer *Ökologie des Geistes* (so der Titel eines seiner Bücher, engl. *Steps to an Ecology of Mind* von 1972). Dennoch meine ich, daß gerade dies von Bateson nicht geleistet wird; eine wirklich ganzheitliche »Ökologie des Geistes« steht noch aus. (Die, soweit ich sehen kann, fruchtbarsten Anregungen in diese Richtung liefert die *Ökologik* von Johannes Heinrichs.)

Der Mensch als solcher, so kann man ohne Übertreibung behaupten, ist ein sozialökologisches Wesen. Und das ist vielleicht die treffendste Fassung des Satzes, daß der Mensch ein *zóon politikón* sei. »Politik« in diesem tiefsten Sinne (ursprünglich bezogen auf die Polis, den Stadtstaat der griechischen Antike) wäre demnach das Bemühen um eine sozialökologische Gestaltung des menschlichen Zusammenlebens, um die soziale Realisierung der Einheit (als Einheit in Verschiedenheit) von Mensch und Erde (Erde wiederum als Einheit von Erdreich, Pflanzenreich und Tierreich).

Johannes Heinrichs hat recht, wenn er darauf hinweist, daß wir gute Gründe haben, das soziale Ganze noch einmal neu und in einem ganzheitlichen Verständnis sozialökologisch zu durchdenken. Und das ist möglich! Sagen wir von vornherein und gleichsam apodiktisch, dies widerspreche dem Menschen, »wie er nun einmal (geworden) ist«, so bedeutet dies eine Bankrotterklärung der gestalterischen Vernunft. Der Bankrott des Denkens, kein Zweifel, ist Teil und Symptom der allgemeinen Katastrophe. Global triumphiert das technische Rechnen, während dem gestalterischen Denken kaum Nischen eingeräumt werden. Was sicher nicht ausschließlich, aber auch damit zu tun hat, daß Denken überhaupt wenig bis gar nichts gilt und auch diejenigen, deren Beruf das Denken ist (oder sein sollte), längst abgedankt haben und zum überwiegenden Teil nur noch Rückzugsgefechte liefern. »Philosophie« betreiben heute die Naturwissenschaftler, die ihr Rechnen als Denken ausgeben.

Daß »eine untaugliche und pathologische Sicht des Selbst« (J. Macy) dominiert, und zwar zunehmend global und keineswegs nur im sogenannten Abendland, ist unverkennbar. Und doch, oder gerade deswegen, erscheint es geboten, sich dieses Selbst, das Selbst oder Ich überhaupt, auch in seinem Werdegang, noch einmal vertieft anzuschauen. Das soll im nächsten Abschnitt geschehen. Und was die Zentralfrage dieses Kapitels anlangt – »Wieviel Ich verträgt die Erde?« –, so wäre (verkürzt und zunächst ungestützt) zu sagen: Die Erde verträgt nicht nur »viel Ich« (in vielen Einzelnen), sondern sie »braucht«, sie »will« auch »viel Ich«, sie will das ganze, das eigentliche oder »eigentlich gemeinte« Ich, das Tiefen-Ich, das wirklich öko-noetische Ich oder Selbst. Nur im wirklich öko-noetischen Ich oder Selbst kommt die Erde (als Erdreich, Pflanzenreich und Tierreich) zu sich selbst. Die Erde, als Teil der menschlichen Ganzheit (siehe meine Ausführungen dazu), braucht den ganzheitlichen Menschen, um wirklich sie selbst zu sein, indem sie sich überschreitet (transzendiert), und zwar in Richtung auf das Gesamtziel der kosmischen Evolution überall im Kosmos: das Atman-Bewußtsein als das Bewußtsein vom Einen-

Ganzen und *als* dieses Eine-Ganze. Insofern (auch insofern) »will« die Erde den Menschen.

Wie steht es nun mit der Genesis dieses so rätselhaft erscheinenden Ich oder Selbst?

Aus gutem Grund übrigens habe ich bisher nicht unterschieden zwischen Selbst und Ich, hierin, wenn auch in anderer Wertung, buddhistischem Sprachgebrauch folgend. Häufig wird das Ich als ein Teil des (umfassenderen) Selbst betrachtet, als dessen bewußter Teil etwa. Indirekt habe ich dies auch schon gemacht an einigen Stellen; meist aber wird vorderhand kein Unterschied erkennbar und ist auch keiner intendiert.

Wie entstand das Ich? Anmerkungen zur Sieges- und Katastrophengeschichte des mentalen Ich
Das mentale Fenster im großen Spektrum

Das mentale Ich, als Archetypus verstanden, ist unzweifelhaft die erfolgreichste (kollektive) Bewußtseinsformation der bekannten menschlichen Geschichte. Und ebenso unzweifelhaft ist, daß diese Bewußtseinsformation, in ihrer spezifisch abendländischen Ausprägung, heute global dominiert, faktisch dominiert, d.h. mittlerweile in Form von Technik–Wissenschaft–Industrie auch dort, wo sie eigentlich fremd ist und wo diese Dominanz formal und global (aus religiösen und kulturellen Gründen) bekämpft wird. Wenn fundamentalistische Mullahs im Iran modernste Computertechnologie bedienen, dann sind sie damit notwendig angeschlossen an eben diese mentale Bewußtseinsformation, auch wenn westliche Rationalität als »Gesamtausstattung« damit in keiner Weise verbunden ist. Es gibt also verschiedene Tiefengrade des Angeschlossenseins oder Eingeklinktseins. Und sicher auch jede Menge Schizophrenie, d.h. Bewußtseinsspaltung in eine

religiös-mythische oder magische und eine rationale/mentale
»Hälfte«. Die Megamaschine ist Ausdruck und Vehikel des mentalen Geistes, des mentalen Ich in der abendländischen Form; und
in dieser ist die mentale Ichhaftigkeit am tiefsten verankert, hier
hat sie ihre ersten großen Siege erfochten, d.h. flächendeckend
kolonisiert und auch große Teile der Bevölkerung von innen für
sich gewonnen, also via Überzeugung. Ein Computer bedarf heute
nicht der Werbung oder der gewehrgestützten Gewalt (jedenfalls
nicht auf direkte Weise), sondern er beglaubigt sich selbst; und
diese Legitimation wird ihm im globalen Maßstab abgenommen.
Und das gehört schon (partiell) zur Katastrophengeschichte. Aber
die Siege der mentalen/rationalen Bewußtseinsformation waren
häufig Pyrrhussiege, erzielt mit einem hohen Blutzoll. Oft siegte
das mentale Selbst und verblutete fast dabei, weil es dem Leben
soviel Gewalt antun mußte.

Das lateinische Wort *mens* heißt »Geist«, und »mental« ist zuförderst bezogen auf einen »Geist«, der rational ist, nicht dagegen
auf einen Geist im Sinne von überrationalem Geistwesen oder von
einem überrationalen/quasi-göttlichen oder göttlichen *spiritus*. Und
»rational« wird gemeinhin bezogen auf eine bestimmte Form der
Teilnahme oder Teilhabe des Ich (des selbstbewußten Teils der
Seele) an einem übergeordneten, in gewisser Weise vorausgesetz-
ten »objektiven Geist«. So beginnt die altgriechische Naturphilosophie ein halbes Jahrtausend vor Christus mit der Überzeugung,
daß es einen Logos gibt (Herakleitos), ein kosmisches Gesetz, und
daß dieser Logos zugleich Geist ist, objektiver, den Kosmos durch-
waltender Geist. Menschliches Denken ist dann ein »Nachdenken«
des göttlichen Denkens, des Denkens des Logos, ist insofern »logisches« Denken. Darauf bezieht sich der Begriff Logik zum Zeitpunkt seines Entstehens, bei Parmenides schon ganz in Richtung
jener Form von Rationalität, die dann triumphierte, bei Herakleitos dagegen noch eingebettet in eine tiefe, dem asiatischen Denken nahekommende Form von Spiritualität und Weisheit.

In gewisser Weise ist *jedes* Ich, als es selbst, zunächst auch ein
mentales, und zwar auch dann, wenn der Betreffende bereits zu

einer höheren als der bloß mentalen Stufe vorgedrungen ist. In der »supramentalen« Bewußtseinsform (um einen Begriff von Aurobindo zu verwenden) verschwindet das Ich nicht, es bleibt als ein intaktes und gefestigtes erhalten, aber es verliert seine Ausschließlichkeit, seine Absolutheit, d.h. es wird »von oben aus« relativiert. »Von unten aus« findet diese Relativierung ohnehin ständig statt, auch wenn sie ungern eingestanden wird: Unaufhörlich brandet die Flut des physischen Leibes, des Pflanzen-Leibes und des Tier-Leibes (= Pflanzen-Selbst, Tier-Selbst oder Lebenskörper, Empfindungs- bzw. Gefühlskörper) an die Festung des Ich, und nicht selten wird diese Festung vollständig überspült oder unterhöhlt. Man beachte einmal, was während eines einzigen Tages mit dem Ich geschieht, welchen Beeinflussungen vielfältigster Art es ausgesetzt ist: durch die Tageszeit, die »Tagesform«, die Jahreszeit, das Wetter, durch Emotionen, Ängste, Begierden, Zwänge, durch die Aufnahme und Verwandlung der Stoffe (Nahrung und evtl. Medikamente), durch Glücksgefühle oder Schmerzen usw. Zu schweigen davon, daß dieses Ich Nacht für Nacht sich selbst abhanden kommt, entweder ganz (im traumlosen Tiefschlaf) oder partiell (in den tausend Fluktuationen eines rätselhaften Traum-Ich oder Traumkörpers), und daß wir ständig durchströmt werden von (oft störenden) Gedanken, Bildern und Erinnerungen, deren Woher und Wohin meist dunkel bleibt und die offenbar kommen und gehen, wie es *ihnen* gefällt, egal, was das Ich dazu sagt oder meint. Dies zu dem schwankenden Boden des Ich. Ein Wunder, daß wir trotz allem so etwas wie eine durchgehende Identität bewahren können.

Nachstehend sei ein Schema gebracht (trotz der an anderer Stelle vorgetragenen Bedenken gegen Schemata überhaupt), das nicht »originell« ist und sein will, sondern in grober Anlehnung an Jean Gebser und Ken Wilber Gestalt und Entwicklung des Bewußtseinsspektrums verdeutlicht.

MODELL DER BEWUSSTSEINSEBENEN
(= BEWUSSTSEINSSTUFEN DER
EVOLUTION)

	Evolution		Involution
	5.	GEIST – das ABSOLUTE (jenseits der Dualität)	
überbe- wußt	4.7	Kosmisches Bewußtsein (Bewußt-Sein) Buddha-Geist, Erleuchtungsstufe, bodhichitta/Atman	
	4.6	Raumbewußtsein, transmentale »offene Weite«, Öffnung des Mentalen/Psychi- schen zum Bereich der »Großen Ordnung«, des Planetarischen	
	4.5	Sublimierte Mentalstufe, holistisches Denken, integraler Geist/integriertes Körper-Selbst	
personal- bewußt	4.4	Rational-ichhaft – Mentales Fenster Empirisches Tagesbewußtsein, erscheinungsgebunden	
unbewußt (= unter- bewußt)	4.3	Mythisch-»präpersonale« Stufe (Vorform des Rationalen)	
	4.2	Magisch-»präpersonale« Stufe	
	4.1	Archaisch-»präpersonale« Stufe/Plero- matisches natürliches Bewußt-Sein	
	4.	Organisches Leben/Bewußtsein 3. Stufe – Mensch	
	3.	Organisches Leben/Bewußtsein 2. Stufe – Tier	
	2.	Organisches Leben/Bewußtsein 1. Stufe – Pflanze	
	1.	Physische Ebene/Materie/Energie (höher organisiert = Vorform des Geistigen?)	
		Nacht des Unbewußten (Nicht-Sein, bloße Potentialität)	

Man mag dieses Schema oder Modell zusammenschließen mit den im 4. Kapitel gebrachten Überlegungen zum Stufenbau der menschlichen Ganzheit von Körper, Geist und Seele (und zu den Chakras sowie den verschiedenen »Körpern«). In diesem Kapitel geht es um einen anderen Schwerpunkt und speziell in diesem Abschnitt um die Genesis der mentalen/ichhaften Bewußtseinsformation.

Die Einteilung in die Stufen archaisch, magisch, mythisch, mental und integral geht auf den Schweizer Philosophen Jean Gebser zurück (sein Hauptwerk *Ursprung und Gegenwart*, das auch Ken Wilber stark beeinflußte, stammt aus den späten 40er, frühen 50er Jahren). Die Stufen oder Ebenen 4.4, 4.5 und 4.6 in meinem Schema sind eher an Wilber orientiert (sie tauchen so bei Gebser nicht auf), obwohl ich andere Begriffe verwende. Die »sublimierte Mentalstufe« etwa ist in ungefähr das, was Wilber als *vision logic* (dt. meist als »Schau-Logik« übersetzt) bezeichnet. Das Sanskrit-Wort *bodhichitta* heißt soviel wie »Erleuchtungsgeist«; das Sanskrit-Wort *atman* bezeichnet nach hinduistischem Glauben das wirkliche, unsterbliche Selbst des Menschen, dessen höchstes Ziel es ist, sich mit *brahman* (man könnte auch sagen: der Weltseele) zu vereinigen. In buddhistischer Sicht ist *atman* eine Illusion; zum Kern der Buddha-Lehre gehört die Vorstellung vom *anatman* oder Nicht-Selbst.

Mit Ken Wilber glaube ich, daß der *Kern* der Lehre der Upanishaden und des Buddhismus (insbesondere des Mahayana-Buddhismus, zu dem der Zen-Buddhismus gehört) identisch ist. Insofern verwende ich Atman (jetzt groß geschrieben) als Sammelbegriff für die höchste Bewußtseinsstufe und übernehme von Wilber den Begriff Atman-Bewußtsein. Es kommt wahrlich nicht auf Benennungen an, obwohl diese andererseits auch ihre Bedeutung haben. Ein Letztes zur Begriffsklärung: »Kosmisches Bewußtsein« ist bei Wilber eher eine Art von Naturmystik, eine hohe Stufe zwar, aber keineswegs die höchste. Bei Johannes Heinrichs gibt es oberhalb des kosmischen Bewußtseins, das er mit dem Stirnchakra in Verbindung bringt, das Logosbewußtsein, das auch er

Atman nennt und dem höchsten Zentrum, dem Scheitelchakra, zuordnet.[17]

Vielen mag das alles zu »esoterisch« sein, zu »abgehoben«. Hier möchte ich zu bedenken geben, daß weder Ken Wilber noch Johannes Heinrichs, noch ich in der Substanz »esoterisch« argumentieren, sondern philosophisch, ausgehend von den Phänomenen des Bewußtseins, die es unbezweifelbar gibt (insofern phänomenologisch). Argumentiert wird einerseits von der Struktur, dem vertikalen Bewußtseinsspektrum ausgehend (Wilber, Heinrichs, Kirchhoff), andererseits von der Entwicklung, der Evolution dieses Bewußtseins (Wilber, Kirchhoff wie viele andere auch: Gebser, Rudolf Steiner, Joseph Campbell, Erich Neumann, Stanislav Grof, um nur einige zu nennen). Und wirkliches philosophisches Denken, wenn es nicht bloßer »Wortkram« (Goethe) bleiben will, ist immer schon angesiedelt auf Stufe 4.5, d.h. oberhalb der mental-egoischen.

Die standhafte Leugnung der höheren Bewußtseinsdimensionen bzw. ihre Abdrängung in die Gefilde des Unverbindlichen, der Mutmaßung oder des bloßen (subjektiven) Glaubens *und* die eklatante Unfähigkeit, die archaische, magische, mythische Stufe der menschlichen Entwicklung sowie das Pflanzen-Selbst und das Tier-Selbst als lebendige Teile zu integrieren, etwas, das ständig anwesend ist und »mitleben will«, sind Symptome der allgemeinen Katastrophe. Ja, Leugnung/Abdrängung des Oben und mangelnde Integration des Unten sind die Katastrophe selbst, *sind* die ökologische Krise. Die neurotische Abspaltung ist eine zweifache: Abspaltung »von oben« und Abspaltung »von unten«.

Die Atman–Projekte des Ich

So jagt das mentale Ich nun vereinsamt, ewig in Unruhe, getrieben von tausend »Atman-Projekten« und in imperialem Wahn dahin, baut unermüdlich an der Unsterblichkeitskathedrale seiner selbst, ein Raketenkopf, der längst nicht mehr weiß, welchen abgesprengten Stufen er seine Schubkraft verdankt, und auch nicht weiß oder wissen will, wohin die rasende Fahrt geht, der große »Fortriß« (wie Heidegger sagt). Was hier ausagiert wird, ist das metaphysische oder kosmische Grundbedürfnis des Menschen auf der falschen Seinsebene. Ken Wilber hat hierfür den prägnanten Begriff des *Atman-Projekts* eingeführt (so der Titel eines seiner frühen Bücher).

»Seinsebene«, wie sie hier verstanden wird, meint eigentlich »Ebene des Seienden«; ich will hier ganz bewußt nicht differenzieren zwischen dem Sein und dem Seienden, um den Text nicht unnötig zu befrachten mit begrifflichen Nuancierungen, die der Sache, um die es geht, nicht dienen. Kenner der Philosophiegeschichte oder Bewunderer der Philosophie Heideggers mögen es mir verzeihen (also ich rede nicht vom »Seyn«). Zum Wesen dieser »Verwechslung der Seinsebenen« gehört es, diese Ebenen überhaupt, wenn nicht ganz, zu leugnen, so doch für gering oder irrelevant zu erachten.

Wenn ich zum Beispiel die physisch-sinnliche Ebene für die alleinige und eigentliche Wirklichkeit halte (= naiver Realismus), zugleich aber das genannte Grundbedürfnis zu meiner Wesensausstattung als Mensch gehört (wovon ich ja ausgehe), dann muß ich dieses Grundbedürfnis, die metaphysische Suche nach Atman, auf der physisch-sinnlichen Ebene zu befriedigen versuchen. Da aber diese Ebene dem metaphysischen Wollen niemals gerecht wird und niemals gerecht werden *kann*, ist das Scheitern über kurz oder lang unausweichlich. Wenn ich in der Liebe, in der erotisch-sinnlichen Begegnung, Erlösung suche (und viele Menschen wollen, meist unbewußt, durch die Liebe erlöst werden), dann belaste ich diese Liebe mit einem Anspruch, unter dem sie zusammenbrechen muß. Auch die tiefste oder höchste Ekstase der erotisch-sinnlichen Liebe ist nicht in sich selbst und als sie selbst Erlösung. Analoges gilt für jedwedes Projekt, wenn es das Absolute anstrebt, das auf der relativen Ebene nicht zu erreichen ist. Was wir leisten können (im äußersten Falle), sind Annäherungen; gehen diese Annäherungen zu weit, kann es gefährlich, ja unheimlich werden. Der Engel darf nicht »pur« erscheinen; das könnten wir nicht ertragen, jedenfalls nicht in dem Bewußtseinszustand des mentalen Selbst.

Ken Wilber: »Der Versuch, das Atman-Bewußtsein auf Arten oder unter Bedingungen wiederzuerlangen, die ebendies verhindern und symbolischen Ersatz erzwingen – dies ist das Atman-Projekt.« Und: »Doch beachten Sie, daß ein *Teil* des Atman-Projekts tatsächlich die *Suche* nach Atman ist (›Atman-Telos‹). Von Anfang an erahnen alle Geschöpfe Gott. Von Anfang an spüren alle Männer und Frauen ihre uranfängliche Atman-Natur, und dies wirkt sozusagen wie ein riesiger, unbewußter Magnet, der sie weiter und aufwärts zur vollständigen Befreiung des überbewußten GANZEN hinlenkt. Doch zwingt sie dies auch, als zeitweilige Heilmaßnahme allen möglichen Ersatz für Atman zu finden – Ersatzsubjekte, Ersatzobjekte, Ersatzbefriedigungen, Ersatzopfer, Unsterblichkeitsprojekte, kosmozentrische Entwürfe und Gutscheine für Transzendenz.

Unter diesem Druck werden immer neue Bewußtseinsstrukturen errichtet und wieder fallengelassen, ersonnen und dann transzendiert, geschaffen und dann nicht mehr beachtet. *Sie werden als Ersatz für Atman geschaffen und fallengelassen, wenn dieser Ersatz seinen Zweck nicht erfüllt.* Und die Evolution schreitet fort mittels einer Folge derartiger vergeblicher Versuche, Atman-Bewußtsein zu erreichen – sie schreitet also mittels des Atman-Projekts fort, wobei sie mit jedem Schritt Atman ein wenig näher kommt.«[18]

Ob dies wirklich so ist, wie Wilber behauptet, daß die Evolution über das Medium der unzähligen Atman-Projekte sich schrittweise Atman annähert (im Trial-and-error-Verfahren), kann man zunächst dahingestellt sein lassen. Es gibt sicher auch Atman-Projekte als »totale Irrläufer«, bei denen keinerlei echte Annäherung erfolgt, jedenfalls soweit wir das überhaupt beurteilen können. Und sicher gibt es nicht *die* Evolution, die immer und überall Atman zustrebt und dieses Ziel auch, auf Umwegen, erreicht. Wahrscheinlich ist die kosmische/metakosmische Wirklichkeit hier erheblich komplexer, facettenreicher und schlicht »höher dimensioniert«, als es in diesem linearen Schema erkennbar wird. Der Vorwurf der Linearität ist oft erhoben worden gegenüber den Stufenmodellen, die Ken Wilber in immer neuer Form seit zwei Jahrzehnten vorträgt; er hat ihn stets zurückgewiesen, ihn aber niemals in der Tiefe entkräftet.

Das relativierend festzustellen, mindert nicht den enormen Erkenntniswert seiner Denkbemühungen in dieser Richtung, denen auch ich sehr viel verdanke. Als weitere Einschränkung oder Relativierung wäre anzumerken, daß Wilbers Vorstellung von kosmischer Evolution, was die physisch-materielle Ebene anlangt, wie selbstverständlich vom Urknall-Universum ausgeht. Mein Verständnis von kosmischer Evolution (siehe das 4. Kap.) geht von ganz anderen Prämissen aus. Dennoch bleibt das »Atman-Projekt« eine großartige und fruchtbare Konzeption.

Nun zu »meinem« Schema oder Modell. Ich sagte schon, daß hier keine Originalität intendiert ist. Dennoch mag das Schema oder Modell hilfreich sein, um die Genesis des mentalen Selbst zu verdeutlichen. Wichtig ist, daß der Stufenbau sowohl die zeitliche Abfolge meint als auch die Schichtung der Seinsebenen jetzt. Jetzt, in diesem, in jedem Moment, ist in jedem Menschen (in jedem Leser dieses Buches) die ganze Skala anwesend!

Seelisches Wachstum als »Miniaturausgabe der kosmischen Evolution«?

Das gilt analog auch für die Chakras; diese sind immer anwesend (und »mitwesend«), auch wenn sie gar nicht ins Bewußtsein gelangen oder »unentwickelt« bleiben.

Die Stufen oberhalb der rational-ichhaften sind Potentiale, Entwicklungsmöglichkeiten, die aber gleichwohl »da sind«; im Prinzip hat jeder zu ihnen Zugang. Genauso sind die Stufen unterhalb der rational-ichhaften (immer noch) vorhanden, auch wenn sie zumeist unbewußt sind. Die Skala hat also eine vertikale (jetzt für jeden gültige) und eine horizontale (zeitliche, entwicklungsgeschichtliche) Dimension. »Entwicklungsgeschichtlich«: Das bezieht sich einerseits – und in erster Linie – auf die Bewußtseinsentwicklung der Erdenmenschheit und zum andern (hier nur sekundär) auf die Bewußtseinsentwicklung des einzelnen Menschen, die jeder von der Geburt an durchläuft. Daß es in beiden Bewußtseinsentwicklungen Parallelen und Analogien gibt, ist immer wieder (mit guten Gründen) herausgearbeitet worden.

Noch einmal Ken Wilber (zu dieser Parallelität, dieser Analogie): »Die holistische Evolution der Natur – die überall höhere Ganzheiten produziert – äußert sich in der menschlichen Psyche als *Entwicklung* oder *Wachstum*. Die gleiche evolutionäre Kraft, die den Menschen aus der Amöbe entstehen läßt, macht auch aus Kindern Erwachsene. Somit ist das menschliche Wachstum von der Kindheit bis zum reifen Erwachsenenalter im Grunde eine Miniaturausgabe der kosmischen Evolution. Wir könnten auch sagen, daß das psychische Wachstum oder die psychische Entwicklung des Menschen eine bloße mikroskopische Spiegelung des universellen Wachstums ist und das gleiche Ziel wie dieses hat: die Entfaltung immer höherer, umfassenderer Einheiten und Integrationen.«[19]

Auch hier muß ich eine Einschränkung machen, weil diese Analogie in vielen Darstellungen fast zur Identität wird, so als sei der Animismus in einem bestimmten Stadium der Kindheit (das Kind sieht alle Dinge als beseelte Wesen an) nun mehr oder weniger das gleiche wie der magische Animismus einer frühen Menschheitsstufe. Analogien – ja, Identität – nein. Oft fehlt genau diese Differenzierung, und so wichtig Wilbers Formel vom seelischen Wachstum des Menschen als einer »Miniaturausgabe der kosmischen Evolution« sicher ist (richtig als Analogie, nicht als strukturelle Identität), so fatal wäre es, hier »zu weit zu gehen«. Und auch Wilber selbst »geht zu weit«.

Wohl am eingehendsten erforscht worden sind die einzelnen Stadien der geistigen/psychischen Entwicklung des Menschen durch

Jean Piaget, der – und das ist wichtig – von der rational-ichhaften als der höchsten und höchstmöglichen Stufe ausgeht (Logik, Mathematik und Abstraktionsfähigkeit sind dann konsequent der Gipfel des menschlichen Geistes). Wilber nimmt zwar, entgegen Piaget, höhere Stufen an, folgt ihm aber im wesentlichen bis zur rationalen Stufe. Nach Piaget vollzieht sich die geistige Entwicklung des Menschen in vier großen Abschnitten. Abschnitt 1 wird als »sensomotorisch«, Abschnitt 2 als »präoperational«, Abschnitt 3 als »konkret-operational« und Abschnitt 4 als »formal-operational« bezeichnet (1.: 0–2 Jahre, 2.: 2. bis 7. Jahr, 3.: 7. bis 11. Jahr und 4.: ab dem 11. Jahr). Zusätzlich gibt es Unterabschnitte, und das Ganze wird von Piaget detailliert und gestützt auf ein gewaltiges empirisches Material vorgetragen. Kein Zweifel, daß die Stadien in ihrer Grundstruktur die seelische und geistige Entwicklung des Menschen zutreffend beschreiben (zunächst in unserem Kulturkreis und in dieser Epoche, aber – modifiziert – auch darüber hinaus).

Ein beliebiges Beispiel: Grob gerechnet mit Beginn der zweiten Phase realisiert das Kind, daß die Außenwelt unabhängig von ihm selbst existiert (Piaget nennt das »Objektpermanenz«), es differenziert sein (noch ganz physisches) Ich von der physischen Umgebung. Zu Beginn des dritten Lebensjahres sagen Kinder zum erstenmal »ich«; zugleich (und das wird meist unerwähnt gelassen) sind Kinder erst von da ab in der Lage, einen geschlossenen Kreis zu zeichnen, was sie vorher nicht können (ein eindrucksvoller Beleg für die These von C. G. Jung, daß der Kreis ein Symbol des Selbst darstellt). Die Forschungen von Piaget und anderen zeigen, daß die Differenzierung (und auch die Integration) von Innenwelt und Außenwelt ein langdauernder Prozeß ist; erst ganz allmählich begreift das anfänglich noch ganz körperliche Ich, daß die Außenwelt nicht einfach eine Erweiterung seiner selbst darstellt und eigenen Gesetzen gehorcht. Die berühmte »Warum«-Phase ist ein wichtiges Symptom für diese Innen-Außen-Differenzierung.

Ken Wilber schreibt (in *Eros, Kosmos, Logos*): »Im Alter von drei Jahren besitzt das Kind im Normalfall ein gefestigtes und kohärentes physisches und emotionales Ich – es hat seine Physiosphäre

und Biosphäre differenziert und integriert, transzendiert und bewahrt. Die Spracherlernung ist so weit fortgeschritten, daß jetzt
die noosphärische Entwicklung voll einsetzen kann.

Die ursprüngliche archaisch-magische Ausrichtung geht also mit
der Differenzierung des emotionalen Ich vom emotionalen anderen
zurück, aber die magischen Kognitionen beherrschen nach Piaget
doch weiterhin die frühe präoperationale Phase (2. bis 4. Jahr), also
die Phase, die ich einfach ›magisch‹ nenne.

Demnach ist die erste Hauptebene der Noosphäre magisch. In
dieser Zeit stehen Bilder und Symbole noch nicht *stellvertretend*
für Gegenstände, sondern werden konkret als Teil der Gegenstände angesehen, die sie repräsentieren, und so herrscht eine Art
›Wort-Magie‹ vor.«[20]

Kurz zuvor zitiert Wilber zustimmend Piaget mit dem Satz:
»Magie und Autismus sind demnach zwei verschiedene Seiten ein
und desselben Phänomens, nämlich dieser Verwechslung von Ich
und Welt...«[21] Genau da ist der Punkt, den ich als »zu weit ge-
hend« empfinde. Hier wird eine unbestreitbare Parallelität zur
Quasi-Identität. Die Grundstufen archaisch, magisch, mythisch,
mental, die auf Jean Gebser zurückgehen (ihnen folgt als fünfte
Stufe die integrale), lassen sich eben nicht ohne weiteres, wie dies
Wilber tut, auf das Phasenschema von Piaget übertragen. Es ist
eine Verkürzung, ja Verfälschung, Magie schlechthin mit früh-
kindlichem Autismus gleichzusetzen; es gibt Ausdrucksformen
des Magischen, die damit wenig oder gar nichts zu tun haben.

Doch genug davon. Der Leser möge mir diesen Exkurs, wie auch
andere Exkurse, nachsehen; ihr Sinn erschließt sich, wie ich hoffe,
im weiteren Fortgang der Darstellung.

Was ich, in Anlehnung an den physikalischen Begriff des optischen Fensters, als mentales Fenster bezeichne, bezieht sich auf
die heute herrschende und auch als einzig »normal« oder »gesund« geltende Bewußtseinsverfassung (zunächst im westlich-
abendländischen Kulturkreis, indirekt aber auch, über das Medium der Technik, in globalem Maßstab). Das Ich steht sicher in
der Welt, rational und in klarer Differenzierung von seiner biolo-

gischen Grundlage; es ist ein Mental-Ich, kein Leib-Ich. (Ein Punkt übrigens, den viele Kritiker dieser Entwicklung, und nicht nur Tiefenökologen und Ökofeministinnen, als das zentrale Verhängnis ansehen: die damit einhergehende Leibvergessenheit des Ich.)

»Nach oben« und »nach unten«, also zu den höheren und zu den niedrigeren Bewußtseinsstufen gleichermaßen, ist der Vorhang geschlossen; das Unten gilt als überwunden (mag es auch, etwa in Träumen und künstlerischen Phantasien, noch immer sein Unwesen treiben), und das Oben gilt als »nichtexistent im Eigensinn bürgerlicher Konvention« (um es mit Christian Morgenstern zu sagen). Allenfalls noch Stufe 4.5 wird, mit gewissen Einschränkungen, akzeptiert; diese Stufe wird einigen wenigen zugestanden, allerdings nicht als eine wirklich (also ontologisch) eigene Stufe, sondern eher als Ausdrucksform von Stufe 4.4 (als Feld dessen, was früher häufig und heute zunehmend weniger als das Geniale galt bzw. gilt). Auf der Stufe des mentalen Fensters wird meist nicht mehr genügend oder gar nicht wahrgenommen, daß diese Stufe einen durch eben dieses Fenster begrenzten Ausschnitt der Gesamtwirklichkeit darstellt. Diese Ausschnitthaftigkeit gerät um so mehr aus dem Blick, je offensichtlicher die Erfolge sind, die das Ich zu verzeichnen hat, und diese sind beträchtlich, staunenswert und – beängstigend.

Faust als Kolonisator

Das Bild vom geschlossenen Vorhang (nach oben und nach unten hin) ist eigentlich zu schwach; eher handelt es sich um eine zunehmend gewaltsamere Kontraktion, eine zunehmend gewaltsamere Abschottung in beide Richtungen, was sich – in einem langen, durchaus quälenden Prozeß – vollzog und zu dem heutigen Ich-Zustand geführt hat. Der greise Faust (bei Goethe), der im Bunde mit Mephistopheles Kanäle zieht und sich als wirkungsmächtiger Kolonisator betätigt, glaubt schließlich, kurz vor seinem Ende, zu erkennen:

»Der Erdenkreis ist mir genug bekannt,
Nach drüben ist die Aussicht uns verrannt;
Tor! wer dorthin die Augen blinzelnd richtet,
Sich über Wolken seinesgleichen dichtet!
Er stehe fest und sehe hier sich um;
dem Tüchtigen ist diese Welt nicht stumm.
Was braucht er in die Ewigkeit zu schweifen!
Was er erkennt, läßt sich ergreifen.«[22]

Dies ist von wünschenswerter Prägnanz; das technische Atman-Projekt ist Faustens letztes Tun. Das mentale und zunehmend technisierte Ich zwingt die Ewigkeit in die Erscheinung. »Nach drüben ist die Aussicht uns verrannt«: Das ist das Ergebnis – das tätig gewonnene Resultat – der Mentalstufe. Alle Aufstiegs-Transformation: einfach Torheit! Dieses Credo bekommt Faust nicht gut, wie es auch dem Homo technicus nicht gut bekommt. Wohin die Reise geht, hat Goethe unmißverständlich gezeigt: Der blinde Faust ergeht sich in menschheitsbeglückenden Großphantasien, ergötzt sich am »Geklirr der Spaten«, die doch nur sein Grab schaufeln, in das ihn die Lemuren schließlich hineinziehen.

»*Faust* (aus dem Palaste tretend, tastet an den Türpfosten).
Wie das Geklirr der Spaten mich ergetzt!
Es ist die Menge, die mir frönet,
Die Erde mit sich selbst versöhnet,
Den Wellen ihre Grenze setzt,
Das Meer mit strengem Band umzieht.
Mephisto (beiseite) Du bist doch nur für uns bemüht
Mit deinen Dämmen, deinen Buhnen;
Denn du bereitest schon Neptunen,
Dem Wasserteufel, großen Schmaus.
In jeder Art seid ihr verloren; –
Die Elemente sind mit uns verschworen,
Und auf Vernichtung läufts hinaus.«[23]

»Er stehe fest und sehe hier sich um«: Das ist die Haltung des mentalen Ich in der Erscheinungswelt, die nun ausgebreitet liegt wie ein zu kolonisierendes Land, ein großes Nicht-Ich, eine große Arena für alle nur denkbaren Atman-Projekte. Das schließt nicht aus, daß mythische und magische Faktoren, die noch immer lebendig sind in der eigenen Psyche, auch weiterhin wirksam bleiben; nur vollzieht sich dies meist undurchschaubar und unbewußt. Das Ich wähnt sich Herr im eigenen Hause, und es dauerte lange, ehe diese Position erschüttert wurde (u.a. durch die Tiefenpsychologie). Die Stufen 4.1, 4.2 und 4.3 stellen die »abgesprengten Raketenstufen« der Mentalstufe dar, ähnlich wie schon die erste Menschheitsstufe die Tierstufe hinter sich ließ und von sich abkoppelte. Pleroma ist die ungeschiedene Fülle des Ursprungs; die als archaisch-»präpersonal« bezeichnete frühe Menschheitsphase (»pleromatisches, natürliches Bewußt-Sein«) zeigt den Menschen in unausgesetzter Bemühung, sich vom Tier loszulösen, was nur unvollständig gelingt. Ständig ist das Tier-Sein eine große Bedrohung für den frühen Menschen, auch eine große Versuchung: Das Tier ist vollständig das, was es ist; der Mensch dagegen, in seinem mühevollen Aufstieg zum Bewußtsein, begreift sich als ein Werdender, als jemand, der sich nun auf eine Reise begeben hat, deren Ende er nicht kennt.

Das Magische und
das Mythische

Die magische Stufe stellt einen Zugewinn an Selbst-Bewußtsein dar. Das Ich existiert, obwohl es noch keine »Person« im späteren Sinne darstellt (daher »präpersonal«); es ist ein Körper-Ich (identifiziert mit dem Leib), das sich zwar »der Welt«, also den anderen Körpern (Menschenkörpern, Tierkörpern, Pflanzenkörpern und dem Erdkörper), gegenübergestellt sieht und sich als von ihnen getrennt wahrnimmt, aber doch nur bis zu einem gewissen Grade. Die Welt ist noch eine durch und durch belebte, beseelte, von vielfältigsten Geistern und bedrohlichen (auch mitunter tröstlichen) Wesenheiten erfüllte Welt, in der alles mit allem verbunden, mehr oder weniger auch alles möglich ist, Traum und physische Realität ineinander übergehen. Das alles ist oft beschrieben worden, und ich kann mich auf knappste Andeutungen beschränken. Überall ist der Vorhang durchlässig, für einige auch schon nach oben, im Überstieg zu höheren Bewußtseinsebenen, die partiell sogar schon das Mentale »überfliegen« (ich denke an die Gestalt des Schamanen, an die schamanische Seelen- und Jenseitsreise in veränderten Bewußtseinszuständen).

In der mythischen Welt zieht sich der Vorhang allmählich zu. Die Ichwahrnehmung gewinnt an Helle und Deutlichkeit, obwohl die Welt noch immer nicht, wie im mentalen Bewußtsein, ein gänzliches Außerhalb, eine gänzliche Außenwelt ist, die eigenen Gesetzen folgt, die ganz andere sind als die Gesetze des Innen. Noch immer ist der Mensch total eingebettet in einen ihm nur geringe Freiheitsräume zugestehenden Kosmos, der Diesseits und Jenseits einbezieht und die Gruppenzugehörigkeit zur beherrschenden Größe macht, die der Einzelne nur bei Gefahr für Leib und Leben überschreiten kann. Die frühe Götterwelt der mythischen Stufe ist noch durchsetzt mit magisch-animistischen Anteilen. Erst allmählich rücken die Götter in fernere Bezirke, schließlich werden sie »vernünftig« interpretiert (was immer der erste Schritt ist zu ihrer völligen Abschaffung). Das kann man an der griechischen Aufklärung sehr deutlich studieren. Die frühe Ratio, der frühe Logos ist noch mythische Ratio, mythischer Logos. Die individuierte Geist-Seele ist noch nicht »frei«; sie wird es erst (oder glaubt es zu sein, was zunächst fast das gleiche ist), als die Götter verschwunden oder zu (bestenfalls symbolischen) Schemen geworden sind. Die alte »Geisterwelt« schließt ihre Pforten, und der Aufstieg des »geisterlosen Geistes« nimmt seinen Lauf.

Eine intakte mythische Kultur mit magisch-schamanischen Einsprengseln kann man auch heute noch auf der Insel Bali studieren. Die ungeheure Faszination, die diese einzigartige Kultur auf abendländische Menschen ausübt, liegt in der ästhetischen, den gesamten Alltag auf authentische Weise durchdringenden Präsenz des mythischen Bewußtseins, die selbst der Tourismus nicht hat auslöschen können. Hier gibt es wirklich so etwas wie ein »Leben mit Göttern«.[24] Im Grunde gibt es nichts Profanes, die gesamte Existenz steht unter dem stets wachen Auge der Götter. Und die Götter zeigen sich in den das ganze Inselleben bestimmenden Festen auf unmittelbarste Weise. Kunst ist nicht Individualkunst, sondern gleichsam Kollektivkunst; Raum und Zeit werden als sakrales Bezugssystem gewertet. Es gibt keine »Frei-Zeit« und keinen »Frei-Raum«, beides hieße ja Loslösung, Abkoppelung, Für-sich-Sein. Zeitliche Abläufe werden primär zyklisch empfunden, akzentuiert durch heilige Zahlen und durch die Wiederkehr der Feste. Raum ist sakrale Topographie; wo die Götter fehlen, nisten sich Dämonen ein; das Leben ist umgürtet von der Angst, ins uranfängliche Chaos zurückzufallen. Und alle Rituale haben nur diese eine Aufgabe: den Absturz ins Chaos zu verhindern. (Margaret Mead und Gregory Bateson haben dies in ihren anthropologischen Feldstudien auf Bali schon in den 30er Jahren eindrucksvoll gezeigt.)[25] Was für viele Touristen einfach Folklore ist, ist im Bezugssystem der balinesischen Kultur von höchstem Ernst, von höchster, existentieller Bedeutsamkeit.

Das muß hier nicht im einzelnen vertieft werden; wichtig für unseren Zusammenhang ist allein der Umstand, daß das mythische Bewußtsein eine wie immer geartete Autonomie des Ich unmöglich macht. Wo das Ich anfängt, autonom zu werden oder sich als autonom zu empfinden, schwinden die Götter dahin, werden die Götter erst zu Symbolen, dann zu Schemen. Im Vergleich mit dem magischen In-der-Welt-Sein stellt das Mythische einen Zugewinn an Freiheit und Ichhaftigkeit dar; erste Züge des Rationalen werden erkennbar. Der magische Mensch fühlt die Präsenz des Göttlichen und des Numinosen wie eine ihn ständig und in Gänze durchdringende Strahlung. Jeder Winkel seiner Seele wird von dieser Präsenz bestimmt, und ein abgrundtiefer Schrecken ist allgegenwärtig; das Furchtbare wird nicht in Winkel und Nischen verbannt, es ist allgegenwärtig und muß ständig rituell gebannt und besänftigt werden. In der mythischen Welt tritt das Schreckliche zunehmend in den Hintergrund, ohne sich völlig aufzulösen. Erst der mentale/ichhafte Mensch wähnt sich losgelöst und befreit von dem Schrecken, der im Sein wohnt. Damit verschwindet der Schrecken nicht, aber er verlagert sich; wird er ganz zu eliminieren versucht (und das ist das erklärte Ziel aller aufklärerischen, emanzipatorischen, am Fortschritt orientierten Postulate), darf er nicht mehr sein, darf er nicht »mitleben«, zieht er sich in den Keller der Psyche zurück oder manifestiert sich auf eine Weise, die ihn (fast) unkenntlich macht. Der schon erwähnte Blutzoll der totalen Mobilität (bezogen auf die Toten und Schwerverletzten im Autoverkehr) ist ein Beispiel dafür. Kaum einer kommt auf den Gedanken, hierin auch so etwas wie ein »Mitleben-Wollen« des Schreckens zu sehen.

Es ist sinnvoll, sich darüber klar zu werden, daß das Schreckliche ein integraler Bestandteil der menschlichen Existenz ist; man kann dies ohne Aufgeregtheit feststellen. Jede Kultur bisher weiß dies auch in der Tiefe und versucht auf je verschiedene Weise das Schreckliche einzubinden. Fleisch und Blut zu sein heißt auch, im Schrecken des Fleisches und des Blutes zu stehen, wobei der Schrecken immer auch zusammengeht mit den Beseligungen, die Fleisch und Blut ermöglichen. Diese Existenz ist immer, auch in einer ökologisch intakten und »erdgerechten« Ordnung, nahe am Abgrund, ist immer ein Bardo, ein Zwischenzustand, wie die tibetischen Buddhisten sagen. Man muß das einfach feststellen, um einer sehr verbreiteten Naivität entgegenzuwirken, die in ökologischen Kreisen verbreitet ist. Auch das »Öko-Paradies« ist noch – Samsara (also eine Leid, Vergänglichkeit und Tod unterworfene Welt).

Das »Verstummen
der Götter«

In seinem Buch *Weltfremdheit* schreibt Peter Sloterdijk über die Abkoppelung des mentalen Selbst von der Götterwelt:

»Das Verstummen der Götter – unter diesem Titel verbirgt sich wohl eine der bedeutungsvollsten Zäsuren der Bewußtseinsgeschichte. Von dieser legen wir uns nur deswegen in der Regel keine deutliche Rechenschaft mehr ab, weil wir selbst Angehörige einer Zivilisation sind, die seit langem vom Götterschweigen geprägt ist. Moderne Menschen sind Leute, die sich vor Offenbarungen in Sicherheit gebracht haben – man kann diese Beobachtung so gut wie definitorisch verwenden. Wir halten unsere homogen prosaische Wirklichkeitsauslegung und unsere alltäglichen nüchternen Innenzustände für so normal und normativ, daß alles andere nur noch als Wahn und Nonsens in Betracht kommt; es gäbe für uns nichts Bestürzenderes als den Einbruch neuer Offenbarungen aus einem Jenseits, das kulturoffizielle Geltungsansprüche erheben wollte. (...) Wir halten es folglich für ausgemacht, daß Göttliches, sollte es überhaupt noch in irgendeiner Weise von seiner ›Existenz‹ die Rede sein können, grundsätzlich nicht erscheinungsfähig ist. (...) Über direkten Offenbarungen schwebt heute die Einsamkeit des religiösen Wahns.«[26]

Daß diese »nüchternen Innenzustände« gar nicht ausgehalten werden, zeigt der kollektive Bedarf an Drogen jedweder Art. Indem die modernen Menschen »sich vor Offenbarungen in Sicherheit gebracht haben«, haben sie sich zugleich und vielleicht sogar in erster Linie vor dem einst allgegenwärtigen Schrecken des Seins in Sicherheit gebracht. Natürlich ist diese Sicherheit (wie die meisten Sicherheiten) ein Wahn, und in der Tiefe wird das auch gewußt. Wenn der Abgrund offiziell nicht mehr »mitleben« darf (wie noch in der magischen und mythischen Kultur), tut er sich in der Psyche des Einzelnen auf.

Und doch hat das »Götterschweigen« auch seinen bewußtseinsgeschichtlichen Sinn; vielleicht war es bis zu einem gewissen

Grade unerläßlich, die Götter über uns zu leugnen, zu verdrängen, in die Nicht-Existenz zu verbannen, damit das Ich wirklich und wahrhaftig zu sich selbst kommen konnte. Das mentale Ich, als es selbst (»hier stehe ich«, und da draußen ist die Welt, als Nicht-Ich, als das Andere meiner selbst), braucht das Verstummen höherer Instanzen, braucht deren Abwertung zu bloßen Schemen oder moralischen Postulaten. Erst einmal! Parzival reißt sich von der Mutter los, und er tötet sie damit. Das will er nicht, und das kann ihm auch nicht als schuldhaftes Versagen angerechnet werden, aber es geschieht. Parzivals Rittertum ist Herzeloydes Tod.

Die zwei Fronten des Ich

Wichtig ist, daß die Götter im Lichte des mentalen Selbst nicht nur zu Schemen und Postulaten und bloßen Symbolgestalten verkümmern, sondern daß parallel dazu das Große Göttliche als Große Mutter, als »Mutter Erde«, als Bedrohung empfunden wird. Der Kraftakt, den das mentale Selbst leisten muß, um ganz es selbst zu werden und auch dauerhaft zu bleiben, erfordert einen lange währenden Kampf gegen die verschlingende Erdmutter, die das Ich nicht loslassen, nicht freigeben will. Der Kampf des egoischen Selbst gegen die Große Mutter, der zur Genesis dieses Selbst gehört, ist nicht nur der Kampf des patriarchalen Ego gegen das Weibliche, gegen die weiblich empfundene Natur, sondern immer auch der Kampf des Selbst überhaupt um Selbstwerdung und Selbstfindung, egal ob dieses Selbst nun mit einem männlichen oder einem weiblichen Körper verbunden ist. Das ist von kaum zu überschätzender Bedeutung. Nur wenn ich annehme, das weibliche Selbst sei seinem Wesen nach eine Art Natur-Ich, also ein Ich, das sich niemals wirklich löst oder auch nur lösen will vom umfassenden Wir der Natur, kann ich zu der Auffassung gelangen, in dem angedeuteten Kampf gegen die Große Mutter ginge es nur und ausschließlich um männliche Egos. Das haben viele Feministinnen immer wieder behauptet, womit sie, aus völlig verständlichen Gründen, die neurotische Übersteigerung für die Sache selbst nehmen. Ich will daher keinen Zweifel an meiner Position lassen.

Die Herauskristallisierung des mentalen Ich war bewußtseinsgeschichtlich notwendig. Um diese Herauskristallisierung zu leisten, *mußte* das mentale Ich (besonders in der Frühphase, aber auch später immer wieder) sich abstoßen von der physisch-sinnlichen Natur, von der Welt der Stoffe und des allbeherrschenden Bios, von Blutherrschaft und Fleischesherrschaft. Es mußte sich als ein Leibfreies finden (auch: erfinden), als ein seelisch-geistiges Zentrum, als Individualität, rätselhaft verbunden zwar mit einem physischen Körper, aber mit diesem nicht einfach identisch. Aus dem Körper-Ich gebar sich das Geist-Seele-Ich, mühsam, blutig und oft gewaltsam. Und das war nicht eine einmalige Geburt, sondern ein sich über viele Jahrhunderte erstreckender Prozeß, der vielleicht in der Mitte des dritten vorchristlichen Jahrtausends begann (erste Phase), sich ab ca. 500 v.Chr. dramatisch steigerte und schließlich noch einmal zweitausend Jahre später (ab ca. 1500 n.Chr.) in seine dritte und noch immer nicht abgeschlossene Phase trat.

Dieses Ich hatte stets an zwei Fronten zu kämpfen: an der Front des Es und an der Front des Wir. »Es«, hier nicht im Sinne der Psychoanalyse verstanden (obwohl auch das hineinspielt), sondern im Sinne der Objektwelt, der Außenwelt, der ganz eigenen Gesetzen folgenden Dinge. Um wirklich Ich zu sein, darf dieses Ich nicht aufgehen in der Außenwelt, darf dieses Ich sich nicht reduzieren lassen auf die sinnlich-physische Natur »da draußen«. Wird das Ich auf eine falsche Weise wieder »eingeholt« von der Außenwelt, also auf falsche und damit neurotische Weise erneut zum Körper-Ich, ist die Verdinglichung komplett: Der Einzelne ist dann ganz und nur »body«, aufgerufen, sich unaufhörlich selbst zu inszenieren. So ist das »modernste« Ich wieder ein Körper-Ich. Doch damit greifen wir der Entwicklung voraus.

Das Wir, als die zweite Front des Ich, ist die Große Mutter, ist der Große Bios. Das Ich *muß* sich vom Bios loslösen, sich der Großen Mutter entwinden, genauso wie den Dingen, der Außenwelt, der Stoffeswelt. Und diese Loslösung, die vor zweieinhalbtausend Jahren in ihre zweite Phase ging, ist nicht zu trennen von einem anderen Impuls, der wie ein zugleich beseligender und betäubender Donnerschlag in die Menschheit fuhr; ich meine den Impuls der Erlösung.

Die Subversion
des Erlösungsgedankens

Hören wir dazu noch einmal Peter Sloterdijk, der die Dimension dieses Donnerschlags wie wenige andere erkannte:

»Ohne Zweifel ist der Einbruch der Erlösungsidee eine der brisantesten Tatsachen der Bewußtseinsgeschichte. Seit die Idee der Erlösung in gewissen Traditionen mächtig wurde, schwelt ein radikaler weltkritischer Funke im Weltbewußtsein der hochkulturellen Völker. Wo Erlösung für möglich und begehrbar gehalten wird, dort gewinnt zugleich der Gedanke an Macht, daß alle Vorzeichen der natürlichen Existenz umgekehrt werden können und müssen.

Die Unterscheidung von Leben und Tod gerät ins Wanken, seit diese größte aller Subversionen lehrt, ein wahrer Tod sei einem falschen Leben vorzuziehen. Mit dem Erlösungsverlangen tritt die Möglichkeit der Verneinung von Welt und Leben in die Welt – einer heiligen Verneinung wohlgemerkt, die sich vom Trug des profanen Daseins abzustoßen versucht. (...) Der erlösungsuchende Geist macht sich daran, ›diese Welt‹ als ganze wie eine falsche Prämisse zu entkräften. Wer mit dem Erlösungsfeuer spielt, steht niemals ganz der grandiosen Versuchung fern, dem Weltgebäude den Rücken zu kehren und es seinem Ruin zu überlassen – die Apokalyptik geht sogar so weit, seine Zerstörung herbeizupredigen und es, wenn es nur möglich wäre, von eigener Hand in Brand zu stecken.«[27]

In der Tat ist der Impuls der Erlösung radikal, er geht an die Wurzeln unserer physisch-sinnlichen Existenz; er ist fraglos die

»größte aller Subversionen«. Und daß die Katastrophe des mentalen Selbst, die heute in der ökologischen Krise manifest wird, auch zu tun hat mit dieser Erlösungsidee, vor allem mit ihrer christlich-apokalyptischen Extremform, tritt offen genug zutage. Die monströsen Phantasien eines Frank Tipler sind nicht denkbar ohne diese »Vorarbeit«; Tiplers *Physik der Unsterblichkeit* ist die bisher konsequenteste und radikalste Version des modernen, technisch geprägten Erlösungsverlangens.

Das Ich sprengt sich von der Welt ab, um sich ganz und unverlierbar zu besitzen. Da dieser »ganze Besitz« in der Erscheinungswelt nicht realisiert werden kann (die physische Hardware ist einfach zu unzulänglich, um dauerhaft Träger der kostbaren Software Geist zu sein), wird die Welt als ein physisch-sinnlicher Ort zum Exil. Das Ich weiß sich beheimatet in einer »ganz anderen Welt«, einer Welt hinter der Welt oder auf deren Grunde oder jenseits von ihr, in die es nun zurückzukehren gilt. Alles Erlösungsstreben ist der heiße Versuch, das Absolute (der eigenen Seele, des eigenen Selbst) als völlig unabhängig von aller sinnlichen »Verunreinigung« zu denken. »Mein Reich ist nicht von dieser Welt«, sagt die weltflüchtige, heilsuchende Seele mit Jesus von Nazareth. So sucht die Seele »ihr Reich«, ihre Heimat, ihren absoluten Ort. Zwar unterscheiden sich etwa buddhistische Erlösungsvorstellungen erheblich von christlichen oder gnostischen, aber ihnen gemeinsam ist die Heilssuche außerhalb der Welt. Und der Einzelne, als sinnlich-übersinnliche Einheit in der Welt, kann »jene Welt« nur erreichen, indem er seine natürlichen Anteile asketisch verneint oder zurückdrängt. Was konkret verneint oder zurückgedrängt wird, ist meist zuförderst die Sexualität. Nichts wohl zieht stärker in alles Leibliche und Sinnliche hinein als der Eros; also ist er der Hauptfeind, der zentral angegangen werden muß.

Erlösungshunger, mit ganz wenigen Ausnahmen (etwa in tantrischen Strömungen), zielt auf Abkehr von der Sexualität; mit der Sexualität glaubt man (zumeist der Mann) auch den Tod zu überwinden. Ein halbes Jahrtausend vor Christus beginnt der Erlösungsgedanke erstmals Konturen anzunehmen; seine wahrhaft furchterregende Potenz erweist sich dann im Christentum, in der christlichen Apokalyptik. Und die Entseelung der Welt durch das Christentum bereitet den Boden für die technische Gnosis: die Herstellung des Neuen Jerusalem mit technischen Mitteln. Schon Francis Bacon in seiner Technikutopie *Nova Atlantis* von 1624 gibt die Richtung an, die dann allgemein eingeschlagen wurde. Die neue Naturwissenschaft, so verkündete er, sei eine »maskuline Geburt«, die eine »gesegnete Rasse von Helden und Übermenschen« in die Welt setzen werde.[28]

Die Erlösungsidee bricht in die zweite Phase der Selbstfindung des mentalen Selbst ein und wird phasenweise fast ununterscheidbar von ihr. Das ist verständlich, wenn man das mentale Ich als ein leibfreies versteht, als einen Fokus des Denkens und Wirkens außerhalb der physischen Leiblichkeit (wenn auch an diese gebunden, radikaler gesagt: durch diese gefesselt). Das mentale Selbst ist ein asketisches Selbst; das heißt nicht notwendig, daß der Einzelne auch asketisch lebt, also der Sexualität den Rücken kehrt, sondern nur, daß das Selbstverständnis dieses Ichs nicht aus dem Leib oder der Körperwelt abgeleitet wird. Wenn das mentale, leibfrei gedachte und asketische Selbst sich »rein geistig« versteht, dann ist es im Grunde nur ein kleiner weiterer Schritt, nun auch zu sagen: Was ich in mir als mein (mentales) Selbst spüre und was den Kern meiner Identität ausmacht, das wird auch meinen physischen Tod überleben, ja ich werde im Nach-Tod-Zustand erst gänzlich und ohne Einbuße »ich selbst« sein (also abzüglich der so hinderlichen Welt). Und genau dies ist Erlösung. Denn was bleibt eigentlich übrig vom mentalen Selbst, wenn ich seine Unsterblichkeit streiche und damit die Erlösung?

Zu den zentralen Projekten des mentalen Selbst gehört es, sich Unsterblichkeit zu verschaffen, Quasi-Unsterblichkeit auf der Erde, faktische Unsterblichkeit »drüben«. Was wäre ein Selbst wert, das vergeht? Das war – und ist – immer die Angstvorstellung schlechthin: das Verschwinden des Selbst im Tode. Und nur die Erlösungsidee rettet die eigene (metaphysische) Würde. Insofern ist es kein Zufall, daß der Aufstieg des Selbst im Abendland eng gekoppelt ist

an die Herauskristallisierung der Erlösungsidee. Platons Ideen-
lehre ist auch eine Erlösungslehre! Und zwar eine Erlösungslehre,
in der sich orphische Spiritualität mit sokratischer Naturfeindlich-
keit paaren.

Die doppelte Falle und
der Verrat am Weiblichen

Als dann das Christentum hinzutritt, kommt ein erneuter Schub
in den Selbstfindungsprozeß des mentalen Ich. Und längst ist das
Weibliche, sind die konkreten Frauen davon ausgeschlossen (worden); längst und dann zunehmend mehr wird dieses ganze Er-
lösungs-Mentalprojekt eine Sache der Männer. Zwar geht es den
meisten Männern (als konkreten Individuen) wie Richard Wagner
bei den Proben zum *Parsifal* in Bayreuth: Entgegen der Entsagungs-
botschaft des Werkes waren es vor allem die Blumenmädchen des
zweiten Akts, die Prostituierten Klingsors, die es ihm angetan hatten (bzw. die Darstellerinnen/Sängerinnen der Blumenmädchen).
Askese war nicht Wagners Sache, aber Parsifal, jene »Unschuld
vom Lande« (Nietzsche), darf sich nicht der sinnlichen Liebe erge-
ben, um nicht seine Sendung zu verfehlen. So blieb der erlösungs-
hungrige Mann, auch und gerade in seiner ideologisch verkünde-
ten Autonomie und Überlegenheit, gleichwohl faktisch an die Frau,
an das Weibliche, an die »Frau-Natur« gebunden.

Die Gleichsetzung der Frau mit der Natur und der Erde ist alt.
Frau–Natur–Erde–Leib: Das war nun das mental Abzustoßende.
Indem man (= der Mann) es mental abstieß, im stolzen Bewußtsein der eigenen (leibfreien) Unsterblichkeit, wurde Frau–Natur–
Erde–Leib zum Gegner (besser: zur Gegnerin), zur Versuchung,
die immer wieder neu zu bestehen ist (Parsifal muß immer wieder Kundry, die ihn verführen will, zurückstoßen). Und je unge-
stümer das mentale (männliche) Selbst sich losriß, um so mächtiger wurde der Gegner/die Gegnerin. Mächtiger, aber zugleich – und
gerade deswegen – auch »seelenloser«! Das Erlösungs-Mentalpro-

jekt des männlichen Logos entseelt den Eros, entseelt die Erde, entseelt den Leib, den eigenen und den weiblichen. Schließlich haßt man das, was man entseelt hat und von dem man doch nicht loskommt: Das ist fast immer die eigene Sexualität, die dem Erlösungsdrang so peinvoll im Wege steht. Will sagen: Je leibferner und im ideologischen Sinn asketischer und »feinstofflicher« das Selbst wurde, um so unbezwinglicher wurde das Abgesprengte, um so machtvoller wurde Frau–Natur–Erde–Leib als Eros, genauer: als zunehmend purer und schnörkelloser Sexus. Wer den Eros mental vergiftet und ihn reduziert auf den nackten »Trieb«, der wird gerade von diesem »Trieb« um so (nun wirklich) dämonischer beherrscht. Wer Sexualität zum Dämon macht, wird – notwendig – von diesem Dämon versklavt. Und genau das ist geschehen.

Was als notwendige Stufe angelegt war, das mentale Selbst, das zu sich selbst gekommene leibfreie Ich, wurde zur Falle – und zwar zur Falle für beide Seiten dieser Verstrickung: für Frau-Natur–Erde–Leib und für das mentale/männliche Ich. Letzteres »entsinnlichte«, »entweiblichte« sich zunehmend, hob immer mehr ab von der Erde, hinein in den Ideenhimmel seines eigenen Atman-Projekts, während Frau–Natur–Erde–Leib immer »klingsorischer« wurde, immer versucherischer, immer »sündiger« und damit (ein nie endendes Spiel) immer anziehender. Es war eine tödliche Falle für die Frau, als Nur-Natur und Nur-Erde und Nur-Leib und damit als ewige Versucherin des Mannes auftreten zu müssen (Kundry).

Die Herausbildung des mentalen Selbst war zugleich verbunden mit dem erklärten Willen, der Frau die metaphysische Selbstheit abzusprechen. (Selbst noch in der ganz anders gearteten buddhistischen Tradition ist dies in der Grundrichtung ähnlich: Nur der Mann ist zur Buddhaschaft bestimmt. Und Buddha zögerte lange, ehe er es über sich brachte, auch eigene Frauenorden zuzulassen.) Die Frau hatte keinen Anteil an dem Aufstieg des ichhaften Geistes; der solare Ich-Held im Kampf gegen die Große Mutter, die ihn nicht freigeben will, ist immer männlich.

In seinem Buch *Halbzeit der Evolution* hat Ken Wilber den hier angedeuteten Prozeß wie folgt umschrieben:

»Wir haben gesehen, daß das natürliche evolutionäre Geschehen, das an sich zur Differenzierung von Geist und Körper hätte führen sollen, in der Europäischen Dissoziation von Geist und Körper schon eine gefährliche Richtung eingeschlagen hatte. Unter der Last der mannigfachen Formen von Verantwortung, die das neu entstehende mentale Ego zu bewältigen hatte, brachen die beiden Systeme Geist und Körper auseinander. (...) Es war dies ein neuer Trick des Atman-Projekts, das Unsterblichkeit in abstraktem Denken und Kosmozentrizität in ungehemmter ichhafter Expansion suchte. Und somit stoßen wir auf das, worauf ich hinaus will. Historisch gesehen wurde der Körper mit Weiblichkeit und der Geist mit Männlichkeit gleichgesetzt. Das bedeutete, daß die innere psychologische Dissoziation von Körper und Geist nach außen gerichtet eine soziologische Unterdrückung des Femininen durch das Maskuline bewirkte.«[29]

Hierzu bemerkt Wilber in einer Fußnote:»Gemeint ist, daß Unterdrückung und/oder Ausbeutung der Natur, des Körpers und der Frau *aus denselben Gründen* erfolgt. Natur, Körper und Frau wurden als *eine Ganzheit* gesehen, eine Ganzheit, die unterdrückt werden sollte. Anders ausgedrückt, alle drei waren Ersatzopfer des männlichen Ego, dasselbe Ersatzopfer.«[30]

Dann heißt es weiter im eigentlichen Text:»Da der Körper als Bedrohung des ichhaften Atman-Projekts galt, betrachtete man das Feminine als Gefahr für den maskulinen, ichhaften, kommunikativen Himmel. Kurz gesagt: Als Adam fiel, da zerfiel er in zwei Wesenheiten: Adam der Jüngere und Eva, männlich und weiblich, Himmel und Erde, Psyche und Soma. (...) Man begreift das besser, wenn man bedenkt, daß das neue Ego sich unter dem starken Einfluß der Europäischen Dissoziation befand – der Spaltung von Körper und Geist. Da es den Körper nicht transzendiert, sondern nur verdrängt hatte, wurde auch das Mütterlich-Chthonische nicht transformiert, sondern unterdrückt. Diese Unterdrükkung des Mütterlich-Chthonischen schien (mittels Projektion) sein Auftreten allenthalben nur noch zu verstärken, weshalb die Bemühungen vervielfacht wurden, es zu beseitigen. Damit wurde das weibliche Prinzip insgesamt unterdrückt. Das heißt, allein das maskuline, nicht auch das weibliche Prinzip, wurde aus seinen chthonischen Ursprüngen befreit. Adam kam frei von der Großen Mutter, während Eva ausschließlich mit der Großen Mutter, mit dem Körper, mit gefühlsmäßiger Sexualität identifiziert wurde. ›Weg vom mütterlichen Unbewußten‹ wurde verwechselt mit ›weg vom Weiblichen insgesamt‹. (...) Es ist eine historische Tatsache – die nicht einmal mythologisch verhüllt ist –, daß das feminine Prinzip insgesamt von der sich neu herausbildenden Welt rationalen Geistes, der Kultur freien kommunikativen Austausches, des apollinischen Himmels ausgeschlossen wurde. (...) Solare Femininität, bewußte Femininität, mentale Femininität – das war nicht erlaubt. Die Töchter der Sonne traten niemals in Erscheinung, und die Frau wurde gesellschaftlich identifiziert nur als Tochter der Erde, chthonisch, mysteriös, gefährlich, eine Gefahr für den Verstand, eine Bedrohung des Himmels. Daher war es die grundlegende Rolle der Frau, neben der chthonischen Mutter auch die große Verführerin zu sein. Sie mußte lernen, die eine oder die andere Rolle gut zu spielen (oft auch beide zugleich, eine unmögliche Aufgabe). In der Ehe war sie nach der Geburt eines Kindes automatisch die chthonische Mutter, und der Ehemann sah sich häufig anderswo nach einer großen Verführerin um – daher auch die sogenannte doppelte Sexualmoral.«[31]

Dieses Dilemma wirkt noch heute auf vielfältige Weise nach und erschwert es noch immer vielen Frauen, sich dem mentalen Logos zu öffnen, dessen Macht sie zu fürchten gelernt haben. Es war eine Tragödie der Bewußtseinsentwicklung, daß die von Wilber so bezeichneten »Töchter der Sonne« nicht in Erscheinung traten, sondern das Weibliche ausschließlich mit dem »Mondhaften«, dem Feuchten, dem Erdhaft-Dunklen und Leiblichen gleichgesetzt wurde. Die *notwendige* Loslösung des Ich vom Urmütterlichen, von der sinnlich-physischen Erde, von Physis und Bios schlug um in den *Verrat am Weiblichen*. (Parzival, um es noch einmal zu sagen, muß die Mutter verlassen, um er selbst zu werden. Die enge Verbindung zu Herzeloyde stranguliert seine Entwicklung;

er kann nur gegen die Mutter wachsen, nicht an ihrer Seite oder unter ihrer Ägide.)

Dieser Verrat hat auch den Mann in der Tiefe geschädigt. Und hat auch das Ich überhaupt geschädigt und neurotisch verbogen, so daß es verständliche Zweifel gibt am Sinn mentaler Ichhaftigkeit, zudem Zweifel am Sinn des Strebens nach Erlösung. Ich und Erlösung gemeinsam (und da liegt eine innere Logik) werden zunehmend verdächtigt, Haupturheber der großen Misere zu sein. Was geschichtswirksam geworden ist, das sind zum überwiegenden Teil pathologische Formen, das sind Entgleisungen, neurotische Verzerrungen. Aber, und das bleibt als Verdacht, ist es nicht doch, ein Stück weit wenigstens, die Sache selbst?

Der imperiale Wahn
der Nur-halb-Geborenen

Was will der Mensch? Sicher auch dies, und vielleicht dies vor allem anderen: zu sich selbst geboren werden; immer wieder zu sich selbst geboren werden. Schon die erste, also die physische Geburt kann gleichsam mißraten. Wieviel unsägliche Qual im Menschen, wenn er das Gefühl hat oder haben muß, »falsch inkarniert« zu sein, sich nicht annehmen zu können! Und das geht unzähligen Menschen so. Ganz tief unten nistet der Selbsthaß, der Haß auf dieses inkarnierte Wesen, das »man selbst« oder eigentlich, in der Tiefe, gerade nicht »man selbst« ist. Diese Spannung zwischen zwei Wesen – dem falsch inkarnierten und dem ersehnten oder geahnten richtig inkarnierten – gehört zu den machtvollsten Antriebsmomenten menschlichen Handelns.

Wer sich falsch inkarniert glaubt und sich so, wie er ist, nicht annehmen kann, wird nichts unversucht lassen, die richtige Geburt herbeizuführen, ja herbeizuzwingen. Die von Wilber so genannten »Atman-Projekte« sind häufig auch dies: Versuche, wirklich geboren zu werden, sich wirklich zu gebären. Nicht auszuloten ist die Verstrickung in Liebesbeziehungen, wenn beide Partner durch den jeweils anderen im Grunde geboren werden wollen. Für Männer gilt dies in stärkerem Grade als für Frauen; Männer sind per se weniger inkarniert als Frauen, und das wissen sie auch, aber sie haben ein tiefes Verlangen danach, sich zu inkarnieren, Fleisch zu werden, Erde zu werden, sich dem Planeten als lebendiger Leib und nicht nur als erdferner Logos zu verbinden. Vielleicht gehört es zu den essentiellen Aufgaben des Mannes, den erdfernen Logos wirklich zu inkarnieren; und das kann er nur über die Frau.

Der ersten Geburt (durch die Mutter) folgen weitere, andere, auch höhere Geburten, schließlich die Geburt, die der physische Tod darstellt (die Exkarnation). Angereichert durch die Erde, vollzieht die Geist-Seele den Übergang, dem – nach einem langen Weg über viele Metamorphosen – eine erneute physische Geburt folgt.

Auch im Orgasmus wollen wir geboren werden. Immer ist der (wirkliche, tiefe) Orgasmus Geburt und »kleiner Tod« zugleich. In der höchsten Lust ersehnen wir den Durchbruch, die Überschreitung, die ichüberschreitende Ekstase. Wer dem nachspürt, woraus sich das Orgasmusverlangen speist, der wird irgendwann auf den Punkt kommen, worum es hinter aller Lust und in aller Lust geht: um das Geborenwerden, um die Geburt zu sich selbst, um die Tiefengeburt, die alles flach und falsch oder halb Inkarnierte überschreitet. Jeder will irgendwie »den Durchbruch«, hier, im Orgasmus, und auch sonst. Mit jedem Durchbruch, so fühlen wir, erreichen wir eine höhere Stufe unserer selbst. Wir ersehnen diese höhere Stufe, und genau dies wollen wir in der Liebe: Steigerung. Steigerung und – Metamorphose.

»Es gibt nur ein Problem: ›Wie bricht man durch?‹« sagt Thomas Mann irgendwo.[32] Was immer er damit, bezogen auf seine Situation als Schriftsteller, gemeint hat – es stimmt, das ist tatsächlich das Kernproblem der menschlichen Existenz: Durchzubrechen, um bei sich selbst anzukommen. Jeder, dem es vergönnt war, in grenzüberschreitenden Zuständen seine eigene physische Geburt noch einmal zu erleben (ob im »Rebirthing«, in der Klangtherapie nach Alfred Tomatis, in der holotropen Atemtherapie oder mit Hilfe psychoaktiver Substanzen) kennt die Erschütterung, die dieser Vorgang auslöst. Häufig wird mit der wiedererlebten ersten (physischen) Geburt gleichzeitig eine zweite Geburt erlebt: die Geburt der Exkarnation, der Austritt aus dem Körper. Der Psychiater und Bewußtseinsforscher Stanislav Grof hat dies eingehend und über Jahrzehnte hinweg erforscht.[33]

In der Sprache der Musik kann man sagen: Der Mensch ist gleichsam die Inkarnation der Septime (des Leittons), der ewig unerlösten, ewig drängenden und spannungsreichen Septime, die ihre Erlösung in die Acht und damit in die Oktave hinein ersehnt. In der romantischen (besonders der spätromantischen) Musik wird die Septime, der siebente Tonschritt in der diatonischen Skala (der Halbtonschritt vor der Oktave), häufig bis zum Äußersten gedehnt, die Erlösung immer weiter hinausgeschoben. Ersehnt wird der Orgasmus der Sieben in die Acht, die wieder die Eins ist, nur auf höherer Stufe. Der Mensch ist der unerlöste Leitton (auch als Leidton), der die Erlösung ersehnt als Durchbruch zu sich selbst in oktavierter Form. Wie viele Oktaven über dem Grundton liegt die Erleuchtung?

Jede Überschreitung einer Schwelle ist ein Tod-Wiedergeburts-Vorgang. Auf jeder Stufe seiner geschichtlich-kollektiven und individuell-biographischen Entwicklung erfährt der Mensch eine Art von Geburt; und diese, wie alle Geburten und alle Tode, kann gelingen oder eben – mißlingen. Die tibetischen Buddhisten sagen, daß wir ständig in Bardos leben, in Zwischenzuständen zwischen Geborenwerden und Sterben. Ich will dies auf die Bewußtseinsstufen anwenden. Das mentale Selbst muß geboren werden; und sicher war es eine der schwierigsten Geburten überhaupt (vielleicht eine Zangengeburt oder eine Geburt mittels Kaiserschnitt oder eine Frühgeburt etc.). Da stand das mentale Selbst nun da, anfänglich schwach noch und erschütterbar, voller Angst, zurückzufallen in seine vorgeburtlichen Zustände, voller Abwehr auch gegenüber allem, was es über sich ahnte. Diese vorgeburtlichen Zustände, um das klar zu sagen, waren immer anwesend, liefen immer mit, lebten mit, ob nun durchschaut oder, wie meistens, undurchschaut. Liefen mit und lebten mit, jedoch nicht in integrierter und damit irgendwie »geklärter« Form, sondern als unverdaute Brocken, als Sperrgut der Seele, als permanente Störfeuer »aus dem Souterrain«.

Die rational-ichhafte Stufe war ständig fragil, ständig gefährdet, ständig in Alarmbereitschaft, umgürtet von der panischen Angst, irgendwann und irgendwie abzustürzen. Das Ich, so kann man es pointiert sagen, ist nur halb geboren worden; es war nur selten wirklich und richtig inkarniert. Und der imperiale Wahn, den das mentale Selbst an den Tag legte, kann als das fortgesetzte Mühen gedeutet werden, diese wirkliche Inkarnation »nachzuholen«. Immer aufs neue mußte das Banner des Ich aufgepflanzt werden, auch auf Trümmern und Leichenbergen; immer neue Blutopfer mußten gebracht werden. Es war ein blutiges Ringen von Anbeginn, aber – es war (weitgehend) siegreich! Die Bewußtseinsformation des mentalen Selbst hat erst einmal gesiegt im globalen Maßstab. Das darf man nicht aus den Augen verlieren. Nur zeigt der Schatten dieses Siegeszuges – u.a. die ökologische Krise – deutlich genug, daß eine echte Integration der zurückgelegten Stufen gar nicht erfolgt ist, daher die brutale Regression, die immer wieder schockartig hereinbricht. So suchen viele heute, überdrüssig ihres nur unvollkommen geborenen Selbst, Spiritualität in Form von Regression, bzw. sie verwechseln den Rückfall in vormentale Stufen mit dem Aufstieg ins Überbewußte. Eigentlich wollen sie sich selbst loswerden oder, mittels der ichauflösenden Regression, sich selbst auf gleichsam vorgeburtlicher Ebene gebären! Anders gesagt: Das Urbedürfnis nach Durchbruch, nach Geburt zu sich selbst, bekundet sich auch hier, nur auf der falschen Seinsebene. Was nicht ausschließt, daß vorübergehende Regressionen therapeutisch sinnvoll sein können. Nur haben diese nichts mit Spiritualität zu tun.

Nicht »zu viel Ich« ist die eigentliche Katastrophe, sondern eher »zu wenig Ich«! Was sich manifestiert, sind Ausdrucksformen eines unreifen Ich, eines nur unvollkommen oder halb oder »schief« geborenen Ich, das permanent gezwungen ist oder sich gezwungen fühlt, dieses Manko, diesen Ursprungsfehler zu kompensieren. Immer getrieben von dem Wunsch, eines Tages wirklich geboren zu werden, eines Tages wirklich und authentisch es selbst zu sein. Als ein wirklich und wahrhaftig zu sich selbst gekommenes Ich kann es zumindest die gröbsten Fehler und Verwechslungen vermeiden: die Regression und die imperiale Übersteigerung nach außen. Auch das reife Ich will die »nächsthöhere Oktave« erreichen, auch das reife Ich ist eine »unerlöste Septime«, um noch einmal die musikalische/harmonikale Symbolik zu bemühen. Aber es agiert nicht zwanghaft-neurotisch, sondern wach und bewußt, auch in der Überschreitung seiner selbst.

Was im Zen-Buddhismus *satori* heißt (ein hoher, erleuchteter Bewußtseinszustand), sei nicht gleichzusetzen mit »regressiver Harmonie« (so Erich Fromm), »die durch Rückkehr zur vor-individuellen, vorbewußten Harmonie des Paradieses gefunden wird, sondern die Harmonie auf einer neuen Ebene, die der Mensch nur erreichen kann, nachdem er seine Isoliertheit empfunden und das Stadium der Entfremdung von sich selbst und von der Welt durchlaufen hat *und ganz geboren wird*« (Hervorhebung durch J.K.). »Eine Voraussetzung dieser neuen Harmonie ist die volle Entwicklung der Vernunft des Menschen bis zu einem Stadium, in dem sie ihn nicht mehr daran hindert, die Natur unmittelbar und intuitiv zu erfassen.«[34]

Nur als Ganz-Geborene können wir die (uns allen abverlangte) Aufstiegs-Transformation leisten: die Transzendierung unserer eigenen Egoität, ihre Aufhebung und zugleich Bewahrung, ja »Rettung«. »Wirkliche Gesundheit«, schreibt der Psychiater R. D. Laing, »beinhaltet auf die eine oder andere Weise die Auflösung des normalen Ich, jenes falschen Selbst, das bestens an unsere entfremdete gesellschaftliche Realität angepaßt ist: das Auftauchen der ›inneren‹ archetypischen Mittler göttlicher Macht, die Tod und Wiedergeburt versprechen und die schließliche Wieder-Einrichtung einer neuen Art von funktionierendem Ich, wobei das Ich nun der Diener des Göttlichen ist, nicht mehr sein Verräter.«[35] Es geht nicht um die Alternative Ich oder Nicht-mehr-Ich, sondern um die Alternative »Ich als Diener des Göttlichen« oder »Ich als Verräter des Göttlichen«, wobei sich »göttlich« hier beziehen läßt auf die höheren, transmentalen Bewußtseinsstufen des Menschen und die durch sie erschlossenen Wirklichkeitsebenen, aber auch auf den Gott/die Göttin/die Gottheit noch jenseits all dessen.

Der Ich-Impuls als solcher ist noch immer unausgeschöpft, uneingelöst, in gewisser Weise unerlöst, weil mehrheitlich unverstanden. Der Ideenhimmel wirkt weitgehend vernutzt und verbraucht. Das hat auch den Ich-Impuls hineingestrudelt in die allgemeine Katastrophe. Er ist abgestürzt auf den Betonboden des modernen/ »postmodernen« Egos, das, als ein halb oder schief geborenes, gar nichts mehr weiß oder wissen will von *jedwedem* Dienst, der es irgendwie in Frage stellen könnte. Ähnlich ist der große Impuls der Wahrheitssuche, der Suche nach »objektiver« Wahrheit und Verbindlichkeit, abgestürzt auf die Ebene des Abstrakt-Allgemeinen und damit Toten (abstrakte Naturwissenschaft, Technik, die große Verzifferung). Noch einmal: Nicht »zu viel Ich« ist das Desaster, sondern »zu wenig Ich« oder, anders gesagt: Wir haben zu viel Ego als Verräter und zu wenig Ich als Diener höherer Bewußtseinsebenen.

VOM WESEN DER ERDE – GEDANKEN ZUR »GEO-LOGIK«. WEISS DER MENSCH, WELCHES GESTIRN ER BEWOHNT?

»An der Erde zu freveln ist jetzt das Furchtbarste.«
(Nietzsche)[1]

»Soviel wir auch dichten und planen, die Erde bleibt terra incognita.«
(Ernst Jünger)[2]

Assoziationen zur Erde

Was verbinden Menschen mit der Erde? Was fällt ihnen spontan ein, wenn sie sich zur Erde äußern sollen, welche Assoziationen, welche Bilder, welche Vergleiche, welche Fragen?

Ich stelle zunächst, ohne systematische Ordnung, einige der Assoziationen, Bilder, Vergleiche, Fragen zusammen, die im abendländisch-westlichen Einflußbereich auftauchen: Was also ist die Erde?

– Die Erde: Das ist der Planet Erde, die Erdkugel, eine berechenbare Masse, die mit einer berechenbaren Geschwindigkeit um die Sonne jagt wie eine große Billardkugel, genauso mechanisch und naturgesetzlich wie diese. Den sogenannten naturwissenschaftlich Gebildeten werden die Keplerschen Gesetze einfallen, das Newtonsche Gravitationsgesetz und die Einsteinschen Weltlinien, die Raumkrümmung, die als Wirkung großer Massen gilt, in diesem Fall der Sonne.

– Das populäre Bild des blauen Planeten, der Oase des Lebendigen in der kosmischen, lebensfeindlichen Nacht, millionenfach verbreitet und nun unverlierbarer Bestandteil der kollektiven Vorstellung von der Erde. Die planetare Ikone.

– Gaia. Die Erde als Superorganismus gemäß der gleichfalls sehr populären Theorie von James Lovelock. Die Erde als Lebewesen, das nun krank ist und (von uns) geheilt werden soll.

– Der uns tragende Boden, die sinnlich-physische, die so fest gegründete, unverrückbar wirkende Plattform, auf der wir stehen. »Mit beiden Beinen auf der Erde stehen«: Dieses Stehen ist nicht das auf einer kosmischen Billardkugel, die mit 30 km/s um die Sonne rast, sondern das Stehen auf einer festen Unterlage. (Merkwürdig ja ohnehin und von den wenigsten noch ernsthaft bedacht: Warum merken wir nichts von der jagenden Fahrt?)

– Das Erdreich, die (z.B. feuchte) Erde, in die ich hineingreifen kann. Das fruchtbare Erdreich, aus dem die Pflanzen emporwachsen, der Wurzelgrund alles Lebendigen, die Heimstatt unzähliger Kleinstlebewesen.

– Das Element Erde (neben Feuer, Wasser, Luft und, gemäß

antiker Tradition, auch Äther). Das Feste schlechthin, das Mineralische, der feste Aggregatzustand der Stoffe.

– Das Sinnlich-Physische überhaupt, das »Irdische«. »Erde zu Erde.« Erde als irdischer Stoff, der dem Seelisch-Geistigen als Träger dient und der mit dem physischen Tod wieder in die Elementewelt zurückgenommen wird.

– Das Schwere, die Erdenschwere der Dinge. Die Rückbindung alles Ätherischen/Seelischen/Geistigen an den tragenden und nährenden Boden. So gesehen sind Erde und Gravitation untrennbar. Die Erde zieht Materie an, »buchstäblich«-physikalisch, aber auch in einem höheren Sinne. Niemand kann als inkarniertes Wesen der Erdenschwere ausweichen.

– Die göttliche Schöpfung, die geschaffene und geschöpfliche »Welt«. Oft werden »Erde« und »Welt« einfach gleichgesetzt.

– Die Biosphäre, die uns durchdringt und ermöglicht. Das ganze, unendlich komplexe Wechselspiel von Klima, Jahreszeiten, Meeresströmungen, Sonne, Mond, Tag, Nacht, Klein- und Großorganismen usw.

– Das Raumschiff Erde. Das geht über die planetare Dimension hinaus. »Raumschiff« ist ein technischer Begriff (»Raumschiff Enterprise«). Die Erde als Raumschiff, da tauchen sehr widersprüchliche Assoziationen und Fragen auf: Wer lenkt das Raumschiff? Wohin geht die Reise? Gibt es andere (ähnliche) Raumschiffe, gar eine Kontaktmöglichkeit mit ihnen? Jagt das Raumschiff Erde »einfach so« und mehr oder weniger verloren und isoliert dahin und wir mit ihm? Sind wir verlorenes oder vergessenes Treibgut im All?

– Die Erde als eine Kolonie von Außerirdischen, womöglich noch miteinander rivalisierender Gruppen von Außerirdischen (etwa Sirianer gegen Aldebaraner). Die Science-fiction wimmelt von solchen Denkfiguren. Die Erdbewohner als (gar geklonte und genetisch manipulierte) Schachfiguren im großen galaktischen oder gar intergalaktischen Machtspiel.

– »Mutter Erde«. Erde, Demeter/Gemeter, Gaia. Das Große Weibliche, dem wir alle entstammen. Das Große Weibliche, das Leben,

Tod und Wiedergeburt schenkt. Mutter Erde als Herrscherin aller
zyklischen Prozesse, als Inbegriff des Lebendigen. Mutter Erde als
allgewaltiger Bios, der alles durchdringt. Die Ikone des Ökofeminismus.

– Die Erdkräfte, die auch Lebens- und Formungskräfte sind:
ätherische, astralische, kosmische (z. B. im Sinne der Anthroposophie). Die Erde als durchwirkt und durchwallt von Ätherkräften.

– Die Erde als bergende Heimstatt, als Oikos, aber auch als Ge-
staltungsaufgabe (Extreme: Erde als zu bearbeitender Rohstoff
und Plattform technischer Größe auf der einen Seite, dem einen
Pol, und Erde als »unerlöste Stofflichkeit«, die des zu sich selbst erwachten Menschen bedarf, um sich umzugestalten, zu transformieren, um in den Geist »erlöst« zu werden, auf der anderen Seite,
dem anderen Pol).

– Die Erde als Manifestation des Kosmos, der großen übergrei-
fenden, sowohl Sinnliches als auch Übersinnliches durchdringenden Ordnung. Erde als kosmische Natur.

Dies soll hier genügen. Es versteht sich von selbst, daß es
Überschneidungen und Durchdringungen gibt, vielfältige Über-
lagerungen. Auch in jedem Einzelnen von uns. Wir sind keine ein-
dimensionalen oder »einsinnigen« Wesen. Und die Favorisierung
der einen Facette bedeutet in keiner Weise, daß nun alle anderen
Facetten ausgeklammert wären. In jedem von uns gibt es ein komplexes, häufig auch widersprüchliches Zusammenwirken von Bildern, Ideen, Vermutungen, Gefühlen etc. über die Erde.

Ist die Erde ein Lebewesen?

Die berühmte Gaia-Theorie von James Lovelock ist mittlerweile
so häufig dargestellt worden, daß es wenig Sinn macht, ihr hier
eine breite Darstellung zu widmen. Auch hat sie eine erstaunliche
Breitenwirkung und Popularität erreicht, und keineswegs nur in
der Ökologie- oder New-Age-Bewegung. Selbst viele Naturwissenschaftler bekunden ihre Sympathie für Gaia (daß zu ihnen auch

der Physiker Frank Tipler gehört, von dessen kosmischem Imperialismus bereits die Rede war, ist erstaunlich, ja verdächtig). Gaia ist fast so populär wie der Urknall; auch das ist irgendwie verdächtig. Offenbar sind beide Vorstellungen zu Versatzstücken im modernen Bewußtsein geworden. Ob Gaia nun buchstäblich als Lebewesen angesehen wird (starke Form der Theorie) oder eher im symbolischen Sinn (schwache Form), mag dabei unerheblich sein; längst transportiert die allseits herumgereichte Münze Gaia nur noch wenig Substantielles, Verbindliches oder Existentielles schon gar nicht.

Das soll nicht heißen, daß der Gedanke schlecht oder falsch oder irreführend ist, den Heimatplaneten nun als großes Lebewesen zu betrachten und diesem Lebewesen die griechisch-mythologische Bezeichnung »Gaia« zu geben. Im Gegenteil. Nur erscheint es angezeigt, die gesamte Frage, um die es hier geht, noch einmal ganz neu anzugehen. Denn auch als Gaia ist die Erde Terra incognita (wie Ernst Jünger sagt), ein weitgehend unbekanntes Gestirn.

Daß die Erde als großer Organismus angesehen werden kann, ist eine alte Vorstellung, die immer wieder auf den verschiedensten Ebenen ins Bewußtsein trat und auch wieder in Vergessenheit geriet, einer rätselhaften Fluktuation folgend. So sagt Goethe im Gespräch mit Eckermann (1827): »Ich denke mir die Erde mit ihrem Dunstkreise gleichnisweise als ein großes lebendiges Wesen, das im ewigen Ein- und Ausatmen begriffen ist.«[3]

Und der Philosoph Giordano Bruno schreibt in seinem Buch *Über das Unendliche, das Universum und die Welten* von 1584: »Darum ist es erforderlich, daß von einem unerreichten göttlichen Angesicht ein unendliches Abbild sei, in welchem sich dann als unzählige Teile unzählige Welten – welche jene anderen sind – befinden. *Darum muß es* aufgrund unzähliger Grade der Vollkommenheit, welche bestimmt sind, die unkörperliche göttliche Vortrefflichkeit in körperlicher Weise zu entfalten, *unzählige Einzelwesen geben, welche die großen Lebewesen sind (von denen diese Erde eines ist,* die göttliche Mutter, die uns geboren hat und uns ernährt und uns wieder in sich aufnehmen wird), zur Aufnahme dieser unzählig vielen ist ein unendlicher Raum erforderlich.

Es ist also sogar gut, daß unzählige Welten, so wie sie sein können, sind, die dieser gleichen, wie sie sein könnte und sein kann, wie es gut ist, daß sie ist.«[4] (Hervorhebungen durch J.K.)

Das sind Aussagen von einer schwindelerregenden Tragweite, die – richtig verstanden und weitergedacht – zu einer gänzlich anderen Kosmologie führen, als sie uns durch das ominöse Urknall-Universum präsentiert wird. Doch diese kosmologischen Perspektiven sollen einem eigenen Buch vorbehalten bleiben. Hier geht es nur darum, wie Giordano Bruno die Gestirne als Lebewesen denkt. Und übertragen bzw. eingeschränkt auf die Erde, zeigen sich erhebliche Unterschiede zur Gaia-Theorie von Lovelock.

Einen wichtigen Aspekt dieser Unterschiede beleuchtet Johannes Heinrichs in seiner *Ökologik* (ohne daß er Bruno in diesem Kontext überhaupt erwähnt). Der Mensch, so schreibt Heinrichs, gehöre »zur Definition der Natur«. »Keiner kann es gut mit ihm meinen, der die Seele des Menschen aus ihr heraushalten will. Denn sie ist Anteil der eigenen Seele der Natur.« Und dazu heißt es in einer Fußnote:

»In etwa diesem Sinn ist Gaia, die Erde, beseelt. Nicht nur ein eigenes Öko-System ..., sondern beseelt von einer einheitlichen Seele: der Erden-Menschheits-Seele. Ohne die Menschheit wäre die Erde wohl nur ein physisch-biologisches System. Die biologische Gaia-Hypothese von J.E. Lovelock ..., welche die Erde als eigenen beseelten Organismus auch ohne Menschen ansprechen will, halte ich, in ihrer starken Interpretation (die Erde als eigenes Lebewesen oder gar als voll selbstbezügliche Instanz), für eine unnötige und leicht vom Eigentlichen ablenkende Mystifizierung, vor allem solange man nicht das ganze Sonnensystem, den Kosmos des Menschen, in seiner möglichen geistig-seelischen Bedeutung in Betracht zieht. Wir bedürfen keiner mystifizierenden Erdseele, sondern einer realen: der Erden-Menschheits-Seele.«[5]

Weitet man die Bemerkung über das Sonnensystem auf das Universum aus, auf den Kosmos als Ganzes, dann läßt sich die Kritik von Heinrichs an der Gaia-Theorie aufschlußreich verbinden mit der Brunoschen Lehre von der geistig-seelischen Komponente *aller* Gestirne. »Mystifizierend« und »leicht vom Eigentlichen ablenkend« ist die Gaia-Theorie nach Heinrichs ja aus zwei Gründen: Sie bezieht den Menschen nicht ein, und sie bezieht den Kosmos nicht ein (bei ihm beschränkt auf das Sonnensystem). Und sie tut dies deswegen nicht, weil sie im Kern biologistisch ist, orientiert an der herrschenden Subjektblindheit der Naturwissenschaften, und weil sie gerade nicht von der Allgegenwart intelligenten Lebens im All ausgeht (wie dies Giordano Bruno tut).

Für Bruno gehört es zur Erfüllung jeder Gestirnentwicklung, intelligentes Leben zu tragen (in welcher Form und auf welcher Existenz- oder Seinsebene auch immer). Die Gestirne als kosmische Lebewesen haben nach Bruno eine (empfindende, wollende und denkende) Seele und ein in die Weiten des Weltenraums sich erstreckendes Bewußtsein. Bruno schreibt einmal, die Gestirne hätten »das Vermögen..., Gott, die Prinzipien alles Seienden und die Verteilung der Ordnungen des Weltalls anzuschauen«[6]. Zudem sind alle Gestirne – und so auch die Erde – einem kosmischen Stoffwechsel unterworfen. In der Schrift *Vom Unendlichen* heißt es dazu:

»Daher ist diese Erde, wenn sie ewig und dauernd ist, dies nicht aufgrund des Fortbestandes ihrer Teile und Unteilbaren *(individui)*, sondern aufgrund des Wechsels zwischen den einen, die sie aussendet, und den anderen, die an deren Stelle in sie übergehen, so daß der Körper, der immer dieselbe Seele und Intelligenz hat, sich Teil für Teil beständig verändert und erneuert.«[7]

Ein letztes Zitat zu Brunos »Gaia-Theorie« (die eingebettet ist in eine Theorie der Gestirne überhaupt), aus dem Dialog *Das Aschermittwochsmahl* (1584):

»So bewegen sich auch die Erde und die anderen Gestirne ihrer verschiedenen Lage entsprechend aus dem inneren Prinzip, welches ihre eigene Seele ist. Glaubt Ihr (sagte Nundinio), daß diese Seele empfindend sei? Nicht nur empfindend, antwortete der Nolaner (= Bruno selbst; J.K.), sondern auch denkend, und nicht nur denkend wie die unsere, sondern vielleicht in noch höherem Grade als diese.« Und wenig später heißt es dann: »... daß, wenn die Erde Empfindungen besitzt, so nicht dieselben wie wir, wenn sie Glieder hat, sie nicht wie die unseren sind, wenn sie Fleisch, Blut, Nerven, Knochen und Adern hat, diese nicht den unseren gleichen, und wenn sie ein Herz hat, dann nicht so eines wie wir. So entsprechen auch alle übrigen Teile den Gliedern vieler anderer Wesen, die wir lebendig nennen und die gemeinhin als Lebewesen angesehen werden.«[8]

Auch der Astronom und Mathematiker Johannes Kepler übrigens hielt die Erde für einen beseelten Organismus; anders als für Bruno war für ihn die Erde eine Art Tier. So schreibt er: »Da ich mit der Analogie vorankam, geschah es, daß ich sie noch weiter trieb und die Körper der Tiere mit dem der Erde verglich. Ich fand dabei, daß das allermeiste, was aus einem Tierkörper herauskommt und damit bekundet, daß diesem eine Seele innewohnt, auch aus dem Körper der Erde herauskommt. Wie nämlich der Körper auf der Oberfläche der Haut Haare, so bringt die Erde Pflanzen und Bäume hervor...«[9] Die von Kepler vorgestellte Analogie wirkt eher vordergründig; seine »Erdseele« ist keineswegs gleichzusetzen mit der planetaren/kosmischen Intelligenz im Sinne der Brunoschen Gestirnlehre.

Natürlich kann die Erde auch als eine Art Pflanze vorgestellt werden, eine Pflanze mit einem Pflanzenbewußtsein. Über das Bewußtsein der Pflanzen wissen wir ohnehin wenig, auch wissen wir nicht, was Pflanzen in der Tiefe und »eigentlich« sind. Die Erde könnte eine Pflanze uns bisher unbekannter Art sein oder, abgeschwächt, ein quasi-pflanzliches kosmisches Lebewesen. Mir ist nicht bekannt, daß jemand diese Pflanzen-Analogie oder Pflanzen-Identität der Erde einmal gedanklich durchgespielt hätte.

Genauso könnte ich die Materie schlechthin als beseelt und belebt und bewußtseinserfüllt betrachten (und dafür gibt es durchaus Argumente) und von dort aus nun auch das Gestirnganze (als Körper, als Stoff, als Materie) als Lebewesen werten. Nur habe oder hätte ich damit wenig gewonnen. Ich müßte erst verständlich machen, in welchem Sinne ich denn den Stoff, die (anorganischen) Körper, die Materie als beseelt und belebt betrachte. Dann könnte ich in einem nächsten Schritt das hier Gewonnene oder Gedachte auf die Materiezusammenballung des Gestirns anwenden. »Definitionen« bringen wenig, und wie sähe es mit der Erfahrung aus? Bestimmte Steine strahlen Wirkungen aus, die tief ins Psychische und Mentale hineinreichen, und warum sollte ich nicht die ganze Erde als einen derartigen Stein betrachten (dürfen)? Bei Wolfram von Eschenbach ist der Gral ein Stein! Könnte die Erde nicht ein solcher Gralsstein sein? Alle Feldwirkungen (auch die gravitativen und elektromagnetischen) wären dann hier einzuordnen. Und alles pflanzliche, tierische und menschliche Leben wäre dann nur möglich und konnte nur entstehen, weil der Gestirnkörper selbst ein strahlungsintensiver lebender Stein ist, eine Art Gral...

Die Erde als Makroanthropos, als Großer Mensch, auch das kann gedacht werden, nur müßte man dazu den Begriff »Mensch« fundamental erweitern bzw. ihn ganz neu bestimmen. Als vordergründige (direkte) Analogie oder gar Identität macht das keinen Sinn. Die Erde kann kein Mensch sein.

Giordano Bruno definiert die Gestirne als Lebewesen auf zwei Ebenen: zum einen mit Analogieschlüssen von den »normalen Lebewesen« aus (Beispiel: Stoffwechsel) und zum zweiten mit einer ins Kosmische erweiterten Bewußtseinsform, die ihren Ausgang vom Menschen nimmt, vom menschlichen Geist, von der menschlichen Individualität. So umspannt der Brunosche Gestirnorganismus Physis, Bios und Logos und, darüber hinausgehend, auch Theos, also die Sphäre des Göttlichen. Die Gestirne sind Quasi-Götter, ihr göttliches und kosmisches Bewußtsein ist ein in diesem Sinne übermenschliches. Die Brunosche »Geo-Logik« ist eine kosmische Logik, die den Menschen, als zum Kosmos und zum Göttlichen geöffnetes Wesen, als integralen Bestandteil mit einschließt. Geo-Logik, so verstanden, ist sowohl Bio-Logik als auch Psycho-Logik, Kosmo-Logik und (ja, auch das) Theo-Logik. Dieses Ensemble erst wäre wirkliche »Öko-Logik«. Und auch jede Form von sozialer Öko-Logik müßte diese Ebenen/Schichten/Dimensionen einbeziehen; nur dann wäre das Wort »ganzheitlich« wirklich angebracht.

Wie wird das Lebewesen Erde gedacht und vorgestellt in der Gaia-Theorie? Lewis Thomas schreibt dazu im Jahre 1978:

»Die Erde hält zusammen, ihre Zellstrukturen sind kohärent, und sie präsentiert sich uns als eine Struktur, die wir wirklich als in umfassender Weise sinnerfüllt begreifen würden, wenn wir nur genug darüber wüßten. Aus einiger Entfernung, sagen wir, von einem Satelliten aus fotografiert, scheint sie eine Art Organismus zu sein. Außerdem macht sie, über geologische Zeiträume hinweg betrachtet, eindeutig einen Entwicklungsprozeß durch, wie ein Embryo von enormen Dimensionen. Bei all ihrer immensen Größe, ihren zahllosen Elementen und der unendlichen Vielfalt ihrer Lebensformen ist sie doch durch und durch kohärent. Jede Zellstruktur ist für ihr Überleben auf andere Zellstrukturen angewiesen. Die Erde ist ein Lebewesen, oder, wenn man einen konventionelleren, aber weniger interessanten Terminus vorzieht, ein System.«[10]

Letztlich werden die Begriffe »System« und »Lebewesen« als fast identisch betrachtet; von einer wie immer gearteten Innenseite, einer Tiefe, einer Bewußtseinsdimension ist nicht die Rede. Nach Lewis Thomas (und damit steht er repräsentativ für viele andere) ist Gaia ein »Als-ob-Lebewesen«. Nun kann man natürlich den Begriff der Kohärenz auch mit dem der Intelligenz verbinden. Das geschieht auch immer wieder, ohne daß damit in der Regel die Vorstellung verbunden ist, diese Intelligenz habe einen personalen Kern, sei also gebunden an eine Art Ich oder Selbst. Eher wird diese Form der Intelligenz, ganz im Sinn der Systemtheorie, als immanenter Geist verstanden, der letztlich identisch ist mit einer Struktur, einem Muster. Ist dann die Rede von der Intelligenz von Gaia eine bloße Metapher? Theodore Roszak verneint das. Er schreibt: »Gaia, als aktive Intelligenz verstanden, ist ganz entschieden keine bloße Metapher. Sie ist die eigentliche Substanz der Idee.«[11]

Und am Ende des der Gaia-Theorie gewidmeten Kapitels der *Ökopsychologie* heißt es:

»Wenn überall um mich her, auf dem gesamten Planeten, eine integrative Intelligenz am Werk ist, dann empfinde ich sie nicht als menschliche Intelligenz. Sie ist etwas viel Größeres und gleichzeitig viel Ursprünglicheres, eine Weisheit wie die eines Körpers, ein unbeeinflußbarer Wille, die Aufgaben zu erfüllen, die das Überleben des Gesamtorganismus verlangt. Im klassischen metaphysischen Sinn war dies die Bedeutung von ›Seele‹; sie war das innerste Prinzip des physischen Lebens, das nur Gott erschaffen konnte, aber sie wirkte auf der stofflichen Ebene, die der Ebene des Geistes untergeordnet war. Das lateinische Wort für Seele, ›anima‹, legt eine engere Verbindung mit dem ›Animalischen‹ (dem Instinkt) nahe als mit dem Intellekt. Vielleicht ist dies die Beziehung, in der Gaia, die Weltseele, zu ihrer am höchsten entwickelten Schöpfung steht.«[12]

Auch für Roszak, das macht das Zitat deutlich, ist die Erde eine Art kosmisches Tier, ein beseelter Tierkörper, wobei »Seele« hier ausdrücklich nicht mit so etwas wie Ich, Selbst oder Selbstbewußtsein verbunden wird. Dieses große Tier ist nach Roszak ein unendlich komplexes Es mit gewissen Zügen eines echten Wir, auf keinen Fall ein (menschliches oder übermenschliches) Ich. Und die Deutung von Roszak gehört schon der als »stark« bezeichneten Version der Gaia-Theorie an. Der »Wille« Gaias wird zum Überlebenswillen, ist also kein Geistwille, sondern ein Bioswille. Die Erde will leben und überleben. Das ist die Botschaft. Im Grunde nichts darüber Hinausgehendes. Und wir, so wird uns nahegelegt, tun gut daran, dies zu berücksichtigen, d.h. uns entsprechend zu verhalten. Kein Wort davon, daß Gaia, der Planet Erde als Lebewesen, den Menschen will, Gaia *ist* Bios und *will* Bios. Das ist es. Ich dagegen sage: Gaia will den Menschen, will die zu sich selbst gekommene Menschheit, will den menschlichen Geist, die menschliche Geist-Seele als kosmisches Organ ihrer selbst. Ich sage mit Novalis: »Die Menschheit ist gleichsam der höhere Sinn unseres Planeten, das Auge, was er gen Himmel hebt, der Nerv, der dieses Glied mit der oberen Welt verknüpft.«[13] In diesem Sinne »braucht« die Erde den Menschen, kommt sie erst, kosmisch gesehen, zu sich selbst über den Menschen und durch den Menschen, allerdings nur durch den Menschen, der die Erde wirklich bewohnt und, wie Ernst Jünger sagt, in ihrer Beseelung in vollem Umfange erkennt.[14]

Zunächst noch einmal zu Lovelock, und ohne nun die zurückgewiesene »breite Darstellung« seiner Theorie zu geben, sei doch in kurzer Form in Erinnerung gerufen, was Lovelock zentral bewegte, was ihn dazu brachte, die Erde als Lebewesen zu bezeichnen. Am sinnvollsten geschieht dies mit den Worten von Lovelock selbst:

»Gaia ist der Name, den die alten Griechen der Erdgöttin gaben. Sie war eine sanfte, weibliche, hegende Gottheit, wie wir sie auch in anderen Frühreligionen finden, aber zugleich unnachsichtig mit allen, die nicht in Einklang mit der Erde lebten.

Dieser Name schien sich besonders gut zu eignen für die neue Hypothese, die in den späten sechziger Jahren Gestalt annahm. Anfangs besagte die Hypothese, daß das Leben sich die Umwelt nach seinen Bedürfnissen gestaltet, doch dann sahen wir immer deutlicher, daß nicht das Leben, die Biosphäre, der regelnde Faktor ist, sondern das System aus Leben und Umwelt in seiner Gesamtheit. Jetzt haben wir eine Gaia-Theorie, die besagt, daß die Organismen und ihre physikalisch-chemische Umwelt in ihrer Evolution so eng miteinander gekoppelt sind, daß sie zusammen *einen*, und zwar einen selbstregulierenden Evolutionsprozeß konstituieren. Klima und Zusammensetzung von Gestein, Luft und Meer sind also nicht einfach die Folge geologischer Vorgänge, sondern auch durch das Leben bedingt. Durch das unaufhörliche Wirken des Lebens sind die Bedingungen auf der Erde seit 3,6 Milliarden Jahren so geblieben, daß Leben existieren kann. Jede Spezies, die die Umwelt schädigt und sie dadurch für ihre Nachkommen unbewohnbar macht, wird schließlich ebenso sicher ausgestoßen wie jene schwächeren Exemplare einer Spezies, die den ›Fitneß-test‹ der Evolution nicht bestehen.«[15]

Das ist eine sublimierte Spielart des verbreiteten Öko-Materialismus, für den der Oikos (Heim oder Haus), um den es geht, ein rein materiell-biologischer ist, letztlich pure Außenwelt oder Dingwelt. Keine Spur von Geist, von Innenseite, von Bewußtsein. Die angeführte Zeitangabe – wie alle Zeitangaben dieser Größenordnung – hat nichts Menschliches, einen in irgendeiner Form menschlichen Sinn kann niemand mit ihr verbinden. Sie ist letztlich eine tote Abstraktion, eine Abstraktion zudem, für die es *so* keinen wirklichen Beweis gibt. Alle derartigen Zeitangaben setzen voraus, daß es überhaupt legitim ist, von einem (schon in bestimmter Weise interpretierten) Ist-Zustand der Materie aus linear zurückzurechnen; und nicht nur linear, sondern auch ganz naiv realistisch in der durch nichts gestützten Annahme, daß Zeit »einfach so« gleichmäßig läuft oder gelaufen ist, daß keine qualitativen Sprünge oder Veränderungen gänzlich undurchschauter Art stattgefunden haben. Hier gilt Ähnliches wie das an anderer Stelle zur Universalität der Naturgesetze Bemerkte. In beiden Fällen wird die Provinz für das Ganze genommen. Ich glaube keine Sekunde, daß das Universum unserer Kosmologen dem wirklichen und eigentlichen Universum, dem Kosmos, auch nur von ferne ähnlich sieht.

Die Gaia-Theorie in *der* Form (bei allem Respekt für James Lovelock) ist genauso trostlos wie alle übrigen Ansätze, die den Bios oder selbstorganisierende Systeme zur Letztwirklichkeit machen. Der Mensch gerade, und zwar in dem, was ihn in seinem Menschsein bestimmt und prägt, wird davon allenfalls an der Peripherie berührt. Der Mensch selbst »ist ganz woanders«; sein ontologischer Ort ist kein physischer Ort. *Dieses* Gaia-System enthält den Menschen nicht als seinen integralen Teil; es ist, ich sage es noch einmal, gerade umgekehrt: Der Mensch trägt Gaia in sich (als seinen integralen Teil).

Wir müssen den Begriff Gaia weiter und tiefer fassen, um das ganze Thema wirklich tiefenökologisch anzugehen, d.h. vom Bewußtsein aus. Denn die Tiefe der Welt ist das Bewußtsein! Nehme ich diese Tiefe hinweg, bleibt eine Wüste übrig. Ohne Tiefe wird jedes Öko-Paradies zur Öko-Hölle. Ob nun das große Quasi-Tier Gaia oder die tote Steinkugel mit dem Schimmelpilzbelag des Lebens, auf beidem ist für den Geist, ist für die kosmisch ausgerichtete Körper-Seele-Geist-Einheit, die da Mensch heißt, kein Oikos, keine Heimat. Wirklich »zu Hause« wäre der Mensch nur auf einer Erde, die ihn nicht nur biologisch ermöglicht, sondern einschließt, und zwar in seiner Gesamtheit. In jeder Sichtweise der Erde, die eine eigenständige Geist-Seele-Dimension oder Bewußtseinsdimension leugnet (also im Grunde die Tiefe der Erde negiert), ist der Mensch im Exil. Im Stoff als Stoff, im Bios als Bios (also ohne Aufwärts-Transformation in den Geist, in die ihrer selbst bewußte Seele) ist der Mensch ein Gefangener. Und auch Stoff und Bios sind Gefangene (ihrer selbst). Denn nur im kosmischen Bewußtsein des Menschen werden Mineralien, Pflanzen und Tiere aus ihrer Unerlöstheit befreit.

Großartig hat dies Johannes Heinrichs auf seine Weise zum Ausdruck gebracht: »Irdisch werden heißt daher, scheinbar paradox, die geradezu priesterliche Bedeutung, die der Mensch für die Erde hat, als solche wahrzunehmen – und das ist mehr und spiritueller, als eine oft geheuchelte ›ethische‹ Verantwortung: Die Erde und alles, was auf ihr lebt, bedarf des Menschen nicht zum Überleben, wohl aber zu ihrer kosmischen Bestimmung, Körper einer weiterentwickelten Menschheit zu sein.«[16]

Von der Erde zur ERDE,
von Gaia zu Demeter

Was die Erde will, das kann nur unter Einschluß des Menschen gedacht werden. Und: Was der Mensch will, das kann nur unter Einschluß der Erde gedacht werden. Mensch und Erde brauchen einander, auch auf der physisch-biologischen Ebene, aber zugleich darüber hinausgehend, sie unendlich übersteigend. Vielleicht sollten wir zwischen ERDE und Erde unterscheiden (wie, wenn man denn will, zwischen KOSMOS und Kosmos, NATUR und Natur). Die Erde, als Gaia (als physisch-biologisches System), ist ein Teil, ist die unterste Schicht der ERDE. Wenn wir für ERDE eine andere griechische Bezeichnung wählen, Demeter, wäre Gaia ein Teil von

Demeter, aber nicht umgekehrt. Demeter (ERDE) umschließt den Menschen in seiner Gesamtheit, sie ist die Große Göttin, während Gaia die Große Mutter ist (die Erdmutter). Die sehr fruchtbare Unterscheidung zwischen Großer Göttin und Großer Mutter hat Ken Wilber eingeführt. In der *Halbzeit der Evolution* heißt es hierzu: »Jetzt erschließt sich uns ein fundamentaler Unterschied zwischen der Großen Mutter – einem einfachen biologischen Nahrungs- und Fruchtbarkeitssymbol, das man magisch zu kosmischen Proportionen aufgebläht hat – und der Großen Göttin, einem subtilen Einssein von echter Transzendenz, das die echte Göttlichkeit repräsentiert. Ich möchte aufzeigen, daß es sich hierbei nicht nur um zwei völlig verschiedene Gestalten handelt, sondern daß sie in verschiedenen Bewußtseinsstrukturen tatsächlich weiterbestehen. Sie existieren innerhalb der Großen Kette des Seins auf verschiedenen Ebenen.«[17]

Ken Wilber schreibt dies im Zusammenhang mit seinen Ausführungen zur Entstehungsgeschichte des mentalen Ich. In dem Abschnitt »Schlußfolgerungen: Große Mutter kontra Große Göttin« heißt es dann:

»Das grundlegende Vorstellungsbild von der MUTTER entstand als ein einfaches Korrelat körperlicher Existenz mit biologischen Auswirkungen wie Geburt aus dem Mutterschoß, Stillen mit der Brust, Trennungsängste und so weiter – also dreht sich hier alles um die biologische Mutter. Diese einfache biologische Abhängigkeit, verstärkt noch durch die Vorstellung von der Erde als Mutter der angebauten Feldfrüchte, begründete die Vorrangigkeit des Mutterbildes in den grundlegenden Mythologien des Stadiums der mythischen Gruppenzugehörigkeit.

Bis zu diesem Punkt gibt es für die Existenz und Funktion der Muttergöttin eine mehr oder weniger natürliche Erklärung, bedarf es dazu keiner hohen metaphysischen Prinzipien; einfache Biologie und gewöhnliche psychoanalytische Methoden reichen dafür aus.

Jenseits des durchschnittlichen und typischen Ich der Gruppenzugehörigkeit jedoch, das gegen den starken Sog der chthonischen

MUTTER ankämpfte, fanden einzelne hochentwickelte Individuen – wahre Priester und Heilige – Zugang zu Bereichen des Überbewußten. (...) Die Große Mutter reflektiert die mythische Gruppenzugehörigkeitsebene der Wirklichkeit – immer noch sehr körpernah, nahe den Instinkten und der Natur... Die Große Göttin jedoch reflektiert eine metaphysische Wahrheit – daß alles EINS ist – sowie eine wahrhaft höhere Ebene der Wirklichkeit – den *Beginn* des Subtilen, das auf vielerlei Art verifiziert werden kann (von der fortgeschrittenen Meditation über hermeneutische Erkenntnis bis zur höheren Entwicklungspsychologie).

So sollten also die Erklärung der Genesis und Funktion der Großen Mutter nicht mit denen der Großen Göttin verwechselt werden. Und dennoch *reduzieren* die orthodoxen Anthropologen die Große Göttin auf die biologische Große Mutter... Sie versäumen es, die biologische Große Mutter von der transzendenten Großen Göttin zu unterscheiden.«[18]

Zu den zentralen Thesen Wilbers gehört es, daß die Absprengung der Großen Mutter, der Gaia, durch das mentale Ich (= Dissoziation von physisch-biologischer Natur und Geist) »auch die Große Göttin unsichtbar« gemacht habe.[19] So können wir höhere Ebenen des Bewußtseins nur erreichen, wenn wir diese Absprengung oder Abspaltung rückgängig machen; der Aufstieg zum Überbewußten bedarf der Erdung.

Heutzutage reduzieren die meisten Ökologen/Ökodenker Gaia auf die physisch-biologische Erde oder, wenn so etwas wie Geist ins Spiel kommt, auf abstrakte Netzwerke im Sinne der Systemtheorie. Die Netzwerke verbleiben auf der Egoebene/Mentalebene bzw. auf der Ebene des Außen (ob nun Dinge oder Energien); das Physisch-Sinnliche, wenn es absolut gesetzt wird, ist pure Regression. So wird uns die Gaia-Theorie in der bisherigen Form keinen Schritt weiterbringen. Wenn ich nun, wie oben geschehen, die Bezeichnung *Demeter* für jenen tieferen/höheren Zusammenhang einführe, der auch den Menschen in seiner physisch-seelisch-geistigen Gesamtheit umschließt (also ERDE statt nur Erde), dann werte ich die Große Mutter im Sinne Wilbers als Gaia, die Große

Göttin als Demeter (= ERDE). Das würde Wilber *so* nicht akzeptieren; aber darum geht es hier nicht. Es geht mir an dieser Stelle lediglich um eine Unterscheidung zweier ganz verschiedener Vorstellungen von Erde: einmal als Plattform oder großes Muttertier, genannt Gaia, oder als sinnlich-übersinnliche Ganzheit, die den Menschen *wirklich* einschließt und integrieren kann.

Diese Ganzheit nenne ich Demeter und knüpfe damit ganz bewußt an den wohl tiefsten Natur- und Mysterienkult der Antike an, den der Eleusinischen Demeter. Auf singuläre Weise waren hier das Sinnlich-Physische (= Erdmütterliche) und das Transzendierend-Übersinnliche miteinander verbunden; hier war wirklich die Große Göttin, die die Große Mutter liebevoll-integrativ umschloß. Die Einweihung in Eleusis, die Jahrhunderte der antiken Welt in Bann hielt und viele Geister beeinflußte, war die Einweihung in ein Erdenmysterium, das die Erde als integralen Teil der ERDE begriff, die dionysische Bejahung des Sinnlichen mit todüberwindender »Jenseitigkeit« verknüpfte. Es bleibt merkwürdig, daß Ken Wilber, hierin Erich Neumann und Joseph Campbell folgend, davon nichts wahrnimmt; für ihn ist der Demeterkult zu Eleusis ein klassischer Erdmutterkult ohne die Dimension der Überschreitung, d.h. ohne das Überbewußte.[20] Ich halte das für eine krasse Fehldeutung.

Und um, vielleicht für manche Leser verwirrend, hier noch eine dritte Bezeichnung für die Erde einzuführen, möchte ich die regressive Wirkungsrichtung von Gaia (= physisch-sinnlicher Erdmutter) als *Kybele* bezeichnen. Im Dienste der Kybele fanden in einigen Regionen des Mittelmeerraums blutige Selbstentmannungen der Priester statt (wir finden diese Vorstellung noch in Richard Wagners *Parsifal*-Musikdrama: Hier entmannt sich Klingsor selbst). Gaia wird zu Kybele, wenn das Ich eigentlich eine höhere Ebene anstrebt, diese aber nicht erreicht, weil der Sog (von dem ja auch Wilber spricht) es zurückzieht ins Erdhafte als dem Nur-Bios. So geht der Weg hinauf zu Demeter oder hinab zu Kybele; Ausgangspunkt ist in beiden Fällen Gaia.

Strebt das mentale Selbst rabiat voran, indem es Gaia verdrängt oder absprengt, und das ist ja kollektiv geschehen, wird Gaia zu Kybele: Das Erdhaft-Biologische, verbannt in den Keller der Psyche, wird dämonisch und regressiv. Das ganze Mann-Frau-Drama wird davon affiziert und bekommt seine bekannte neurotische Dimension: Die Frau, reduziert auf Gaia, wird notwendig zu Kybele; und der Mann, unfähig, Gaia zu begreifen (ganz zu schweigen von Demeter), erliegt dieser regressiven Suggestion, die er zugleich haßt und verachtet. Sexualität wird zum »Trieb«, wenn der Geist nur zugespitzter Intellekt sein darf. Und die Frau, kybelisch geworden (siehe Wagners Kundry-Gestalt), haßt das mentale Ich, das sie ausschließlich als ein Machtförmig-intellektuelles und Abgespaltenes begreift und erfährt, und dieser Macht setzt sie die Macht der Kybele entgegen: Sie will nun das Blutopfer des männlichen Selbst; und sie bekommt es. Und langfristig zerstören sich beide Geschlechter damit... Vielleicht müssen wirklich die Frauen auch »Töchter der Sonne« und die Männer auch »Söhne der Erde« (vielleicht auch des Mondes) werden.

Doch nach diesem Exkurs in die Geschlechterproblematik zurück zur Geo-Logik. Formelhaft zusammengezogen, würde ich sagen: Wir brauchen eine Erden-Logik, die die Gaia-Logik als integralen Teil der Demeter-Logik begreift. Kybele will etwas anderes als Gaia, Gaia will etwas anderes als Demeter. Die Erde kann nicht den Menschen wollen, nur die ERDE will den Menschen! Die Erde kommt gut ohne den Menschen aus, nur die ERDE braucht den Menschen; ja, sie wird erst ERDE durch und über den Menschen. Nur in einem Kosmos, im antiken Sinne des Wortes (also im Grunde: KOSMOS), macht eine Vorstellung wie die der ERDE überhaupt Sinn. Nur in einem wirklichen Kosmos kann der Mensch so etwas wie Heimat oder Oikos erlangen. Leugne ich den Kosmos (als KOSMOS), ist die Menschenwürde unweigerlich dahin und mit ihr auch die Würde der Erde. Das geschieht ja: Erdenwürde und Menschenwürde gehen gemeinsam verloren; alle Seinsebenen sind heillos verwirrt worden. Techniker, Reduktionisten und Diener der Kybele scheinen das Feld zu behaupten. Und Gaia, abgeschnitten von Demeter, verdorrt zum Wüsten Land.

Von der Gaia-Ebene aus gibt es für den Menschen zweierlei Verwandlung: die Verwandlung nach oben und die Verwandlung nach unten. Einerseits kann Gaia in die höhere, umfassendere Stufe oder Seinsweise integriert werden (Gaia wird zu Demeter), andererseits kann Gaia »unterschritten« werden: durch den kybelischen Sog hinab in den puren Bios, die Kollektivseelen-Bereiche des Tierischen und Pflanzlichen. Bestimmte Trancetechniken sind dazu angetan, diesen »Abstieg« zu erleichtern. Ich nenne diesen Weg nach unten *die weibliche Abstiegs-Transformation* (die natürlich auch Männern offensteht). Daneben gibt es eine *männliche Abstiegs-Transformation*, die auch eine Verwandlung nach unten darstellt, aber fast immer genau gegenteilig gedeutet wird: Ich meine den (zweiten) Weg nach unten, der in die Eingeweide der Materie hineinführt. Dieser Weg hinunter in das Dunkel der Materie, mittels technisch-abstrakter Verfahren, ist gleichfalls Regression. Bekanntlich wird gerade diese Form der Regression zuhöchst gefeiert, sie gilt beinahe als Speerspitze der Rationalität. Aber sie unterschreitet die seelische Individualität, sie überschreitet sie nicht; sie negiert sie genauso wie der Abstieg ins Pflanzen- und Tierreich.

So haben wir ein beklemmendes Paradoxon, das – rätselhafterweise – kaum gesehen wird: In dem stolzen Bewußtsein, den Gipfel des Geistes zu erklimmen und die tiefsten Geheimnisse der Natur aufzudecken, wird der wissenschaftliche Mensch immer tiefer buchstäblich hineingesaugt in den Abgrund der Materie. Der Logos, der hier enthüllt wird, hat jede Spur von Leben und ichhaftem Bewußtsein eingebüßt; er ist durch und durch toter Geist. Dieser tote Geist tötet nun auch, womit er in Berührung kommt. Dieser mathematisch-abstrakte Logos ist »untersinnlich« (um einen Begriff der Anthroposophen aufzugreifen, womit ihm allerdings ein etwas anderer Sinn gegeben wird). Man kann fast generell sagen, daß die technisch orientierte Naturwissenschaft das »Übersinnliche« mit dem »Untersinnlichen« verwechselt.

Es gibt also zwei Arten von Regression, eine eher männliche und eine eher weibliche. Beide blockieren den so notwendigen

Aufstieg zur ERDE, zu Demeter. Um hier gleich einem Mißverständnis zu begegnen, das vielleicht auftauchen könnte: Mit dem
Hinweis auf die »männliche Abstiegs-Transformation« ist keine
anti-wissenschaftliche Haltung verbunden, im Gegenteil. Es geht
mir um eigentliche und wahre Wissenschaft, die heute fast völlig untergegangen ist in den Simulationswelten der technischen
Apparate. Ein Großteil der Technik wird von der »Untersinnlich-
keit« bestimmt. Was großspurig als »Grundlagenforschung« bezeichnet wird, ist »untersinnliche« Forschung. Diese erreicht die
Gaia-Ebene der Sinnlichkeit gar nicht. Biochemiker wissen nichts
von der sinnlich-konkreten Gestalt der Lebewesen, Astronomen
nichts von den Sternbildern, von wirklich kosmischen, von gei-
stig-kosmischen Zusammenhängen ganz zu schweigen (die als
unwissenschaftlicher Humbug der Astrologie zugeschlagen werden oder der »Esoterik«).

Das Mensch-Erde-Verhältnis, das ja zugleich ein Mensch-Mine-
ral-Pflanze-Tier-Verhältnis ist, berührt zentral die Grundfragen
nach Leben und Bewußtsein. Wenn die Erde, was ja auch in der
herkömmlichen Gaia-Theorie geschieht, als Lebewesen bezeichnet wird, dann stellt sich sofort die Frage (der ich ja schon ansatzweise nachgegangen bin): Welcher Art ist dieses große Lebewesen Erde? Was ist überhaupt Leben, was ein Lebewesen? Welche
Kriterien haben wir, um ein Etwas, ein Wesen, eine Gestalt, ein
System u.ä. als lebendig zu bezeichnen? Und was hat der Status des Lebendigseins mit Bewußtsein zu tun? Welches Bewußtsein kann den Pflanzen, den Tieren, evtl. den Mineralien, der Erde
in ihrer Gesamtheit zugesprochen werden? Und wie manifestiert
sich dieses Bewußtsein für uns? Welche Kriterien haben wir, um
z.B. festzustellen, ob bestimmten Pflanzen (etwa Petunien oder
Zimmergeranien oder Yuccas) ein wie immer geartetes Bewußtsein zugesprochen werden kann? Was nehmen Pflanzen wahr?
Wie weit geht die bewußte Wahrnehmung von Haustieren? Wie
stehen die vier so getrennt erscheinenden Reiche der Natur (Mineralreich, Pflanzenreich, Tierreich, Reich des Menschen) zueinander, und welche Beziehung haben sie jeweils zur Erde, zu Gaia,

aber auch zu Demeter? Ich will zunächst die Unterscheidung von Erde und ERDE auf sich beruhen lassen. Sie ist angesprochen worden, und das möge für den Moment genügen.

Was also ist Leben?
was ist ein Lebewesen?

Wir alle haben ein naives, unhinterfragtes und meist elementares Verständnis von Leben, von Lebendigsein und Totsein. Ein Computer ist kein Lebewesen, eine Katze dagegen ist es genauso wie die exotische Pflanze, die den Computerbildschirm umrankt. Sicher können wir auch Gegenstände wie Personen behandeln, können zu Gegenständen intensive seelische Beziehungen aufbauen und pflegen, so daß uns die Dinge wie Freunde und Weggefährten mit eigenem Bewußtsein erscheinen (für viele ist das Auto ein derartiges Ding, ein Quasi-Lebewesen). Aber »richtig Lebendigsein«, das ist doch noch etwas anderes.

Offenbar gehört dazu, schon im naiven Grundverständnis, eine Innenseite, eine Innerlichkeit, ein seelisch-geistiger Innenraum. Denn wenn dieser Innenraum nicht wirklich existiert, sind auch sogenannte Lebewesen im Grunde tot, sind im Grunde Maschinen oder Apparate. Man zerstört ein Lebewesen, und etwas Fundamentales verändert sich. Das, was eben noch Leben bekundete, ist plötzlich tot; es mag seine Gestalt noch eine Weile aufrechterhalten, aber etwas Entscheidendes ist von ihm abgezogen worden. Das frühere Lebewesen wird zum bloßen Stoff, der nun, unaufhaltsam, nach den Gesetzen dieser Stoffeswelt verfällt.

Von außen betrachtet, ist der Tod der Absturz von der Gestaltebene auf die Stoffebene. Auch die Stoffebene ist nicht ohne jede Gestalt, aber die Gestalt, deren Zerfall wir beobachten, liegt auf einer höheren Ebene, einer Ebene, die die unteren Ebenen überschreitet – und enthält. Aber dieses »enthält« gilt nur mit Einschränkungen, die in der Systemtheorie so kaum gedacht werden: Materie im Bios »funktioniert« grundsätzlich anders als auf der

Stoffebene. Es ist nicht so, wie die Physiker und Chemiker unermüdlich (und ungestützt) behaupten, daß die von ihnen entdeckten Gesetze auf der Ebene der Lebewesen noch immer in der gleichen Weise gelten. So haben, um ein Beispiel zu geben, Pflanzen die Fähigkeit, unter bestimmten Bedingungen Elemente umzuwandeln. »Wie das geschieht, ist der Wissenschaft nach wie vor ein Rätsel. Der kleinste Grashalm, der zarteste Krokus, die zierlichste Petunie vollbringen etwas, wozu die modernen Alchemisten – die Kernphysiker – bis heute nicht in der Lage sind.«[21]

Das Leben bedient sich der Stoffe, es übergreift die Stoffe, verändert ihre Gestalt, hebt sie auf eine andere Ebene; es ist Gestalt im Wechsel der Stoffe, aber mehr als nur Form oder Struktur. Es vervielfältigt sich, es nimmt wahr, erinnert sich und gibt diese Erinnerung weiter. Es fließt, und es bleibt; es ist Gestalterhaltung und Gestaltwandel in einem. Leben ist niemals ableitbar; alle Versuche, Lebendiges aus Totem, Organisches aus Anorganischem abzuleiten, sind gescheitert. Die reduktionistische Naturwissenschaft postuliert diese Ableitung, aber sie ist nie bewiesen worden. Was wir wirklich beobachten, und zwar ständig, ist, daß Lebendiges zu Totem wird, daß Hochorganisiertes abstürzt auf die stoffliche Ebene. Daß sich die stoffliche Ebene von sich aus aufschwingt zum Lebendigsein, ist noch niemals beobachtet worden. »Irgendwie« hat es zwar eine Entwicklung des Organischen aus Anorganischem gegeben, aber diese kann auf keinen Fall so erfolgt sein, wie dies die Evolutionsbiologie darstellt.[22]

Nicht von ungefähr gerät der Neo-Darwinismus immer mehr unter Beschuß, weil zunehmend deutlich wird, wie wenig er wirklich erklären kann. Aber auch bei den meisten Kritikern des Neo-Darwinismus bleibt das Wesentliche unerklärt: Was ist Leben? Wie ist Leben möglich? Wie ist Leben entstanden? Was treibt die Entwicklung voran? Wie entsteht Neues? Wie ist intelligentes Bewußtsein möglich? Wie ist es entstanden? Wie sind lebendige Formen entstanden (ob nun der Schmetterlingsflügel, der keinen Überlebensvorteil bringt, oder die unendlich klugen und wissenden Köpfe der Katzen)? Warum gibt es Schönheit, Freude und Leid? Usw.

Fritjof Capra tritt (in seinem Buch *Lebensnetz*) mit dem Anspruch auf, einen wesentlichen Schritt in der Erkenntnis des
Wesens des Lebens vollzogen zu haben. Er schreibt u.a.:
»Wenn wir das Wesen des Lebens aus systemischer Sicht verstehen wollen, müssen wir eine Reihe allgemeiner Kriterien auf-
stellen, nach denen wir klar zwischen lebenden und nichtleben-
den Systemen unterscheiden können. Im Laufe der Geschichte der
Biologie sind viele Kriterien vorgeschlagen worden, aber sie alle
erwiesen sich bald auf die eine oder andere Weise als ungenü-
gend. Die neueren Modelle der Selbstorganisation und der Mathematik der Komplexität deuten darauf hin, daß es jetzt möglich
ist, derartige Kriterien zu formulieren. Der entscheidende Gedanke meiner Synthese besteht darin, diese Kriterien in Form der
drei begrifflichen Dimensionen Muster, Struktur und Prozeß auszudrücken.«
Und dann heißt es im Text (und dies wird auf eine besondere
Weise herausgehoben):

>> SCHLÜSSELKRITERIEN
EINES LEBENDEN SYSTEMS

Organisationsmuster
die Anordnung der Beziehungen, die
die wesentlichen Merkmale des Systems
festlegt;

Struktur
die materielle Verkörperung
des Organisationsmusters des Systems;

Lebensprozeß
die in der kontinuierlichen Verkörperung
des Organisationsmusters des Systems
stattfindende Aktivität.«[23]

Ich glaube nicht, daß dieser Formalismus uns der Erkenntnis dessen, was Leben, was ein Lebewesen ist, auch nur einen Millimeter näher bringt. Zu dem dritten Faktor (Lebensprozeß) meint Capra, dieser sei identisch mit dem, was Gregory Bateson, Maturana und Varela als »Kognition« (= Erkenntnis) definiert hätten. Fraglos ist die »Aktivität« lebender Systeme immer auch Erkenntnis, und es ist wichtig, dies festzustellen. Aber das macht Bewußtsein nicht verständlich, also die rätselhafte Innenseite des Lebendigen. Und wir kommen erneut an den bereits mehrfach genannten Punkt: Alle Ansätze dieser Art versagen bei den wirklich entscheidenden, wirklich bewegenden und uns existentiell berührenden Fragen.

Was zunächst erklärungsbedürftig ist (von subtileren Ebenen einmal abgesehen), sei mit den Worten des Anthroposophen Rudolf Bubner nochmals verdeutlicht:

»Die Welt zeigt uns zwar niedrigere und höhere Naturreiche, zeigt uns auch, daß die höheren Reiche auf den niederen fußen, daß sich die niederen in den höheren wiederholen, aber sie zeigt uns das alles doch nur als eine fertige, eine vollendete Architektur, nicht als einen im Werden begriffenen Prozeß. An keiner Stelle sehen wir den Aufstieg des Lebens aus der Materie, des Beseelten aus dem Lebendigen, des Geistes aus dem Beseelten; wir sehen keinen Menschen wirklich aus dem Tierreich aufsteigen und kein Tier aus dem Pflanzlichen und sehen kein Pflanzliches aus der anorganischen Materie, nichts Lebendiges aus dem Unlebendigen aufsteigen. (...) Das Leben selbst ist keine Fortsetzung des Mineralreichs und niemals aus ihm entstanden, ist unableitbar neu und erstmalig und hat seinen eigenen Ursprung. Die Wiederkehr des Mineralreichs in der Pflanze ist selbstverständlich auch Bild für einen irgendwie gearteten Entwicklungsweg. Das ›Wie‹ aber dieses Weges liegt völlig im Dunkel, genauso wie die Herkunft des Lebens. Die gleichen Probleme wiederholen sich in dem Verhältnis von Pflanzenreich und Tierreich. Die Pflanze ist das Vorhergehende und sich im Tier Wiederholende; die lebendige Leiblichkeit im Tier wird von der tierischen Seinsstufe als schon vorhanden vorausgesetzt. Wie es zu diesem Aufstieg kam und wo der Ursprung des Seelischen zu suchen ist, bleibt auch jetzt wieder völlig im Dunkel der Vergangenheit.

Und zum dritten Male wiederholen sich diese Verhältnisse in der Partnerschaft von Tier und Mensch. Die tierische Organisation kehrt überformt im Menschen wieder, während das Ichhaft-Geistige das unableitbar Neue dieses Reiches ist, dessen Ursprung und Herkunft für uns ebenso eine offene Frage ist wie die Herkunft des Seelischen und des Lebens und schließlich auch die des Physischen.«[24]

Das ganze Problem muß noch einmal von Grund auf neu durchdacht werden, das machen diese Ausführungen deutlich. Und es ist nicht müßig oder unerheblich, wie wir dazu stehen. Denn wenn wir nach dem Wesen der Erde fragen, nach dem Wesen des Großorganismus Gaia, dann ist immer darin eingeschlossen die Frage, was denn das Leben überhaupt ist, welche Funktion es hat im kosmischen Prozeß und wie es entstanden sein mag. Und weiter ist wichtig, uns darüber klar zu werden, wie wir diesen Großorganismus wirklich erkennen, d.h. mit ihm geistig und seelisch kommunizieren. Wie stellen wir die Verbindung her mit dem kosmischen Lebewesen, das uns trägt und ermöglicht (ob nun Erde/Gaia oder, darüber hinausgehend, ERDE/Demeter im Sinne des an anderer Stelle Gesagten)?

Leben ist für mich in erster Linie *Gestalt, Verwandlung* und *Bewußtsein.* Wenn es das Ziel des Gestirnwerdens ist, intelligentes Leben hervorzubringen, damit sich dieses irgendwann zum Atman-Bewußtsein aufschwingen kann, muß schon der Anfang (jeder Anfang eines kosmischen Systems) dieses Telos in sich bergen, dieses Ziel in potentia enthalten. Schon im Ursprung des Gestirns ist der Mensch anwesend. Der Mensch ist immer anwesend, in jedem Mineral, in jeder Pflanze, in jedem Tier. Und wenn wir das Atman-Bewußtsein, als eine sehr hohe Bewußtseinsstufe, die dem Menschen als Menschen offensteht, als ein »übermenschliches« bezeichnen, dann wäre auch dieses »Übermenschliche« schon im ersten Anfang eines kosmischen Systems gegenwärtig. Vielleicht auch schon jene Bewußtseins- und Seinsformen, die

möglicherweise noch höhere, nicht mehr inkarnierbare Stufen an-
zeigen. Dann ist der tiefste Sinn jeder Gestalt und jeder Verwandlung, die diese Gestalt physisch, ätherisch und bewußtseinsmäßig
durchläuft, das Höchsterreichbare auch wirklich zu erreichen, also
nichts »darunter«!

Nun ist dieser Prozeß kein streng kausal und damit notwendig
ablaufendes Geschehen, so als gäbe es keine Freiheitsspielräume
und damit auch keine Möglichkeit, partiell eine andere Richtung
einzuschlagen. Diese Möglichkeit muß es geben; diese Freiheit
muß es geben (wie immer sie zu denken ist). Buddhistisch gesprochen, ist Buddhaschaft, die Verwirklichung der Buddha-Natur,
jedem Lebewesen möglich, ja dessen eigentliche Erfüllung. Der
Prozeß des Lebendigen erfüllt sich im Buddha-Sein. Und diese
Buddha-Natur, auch »unrealisiert«, ist immer schon da, ist immer
schon anwesend und »mitwesend«. Nur sind die Lebewesen ver-
strickt in einen leidvollen Prozeß des Vergessens; sie haben vergessen, was sie eigentlich sind und immer waren.

Vom »Absturz der Götter«
oder: Sternenstaub
als Götterstaub

Damit ist eine Denkfigur angesprochen, die sich, in verschieden-
ster Ausprägung, in vielen spirituellen Traditionen findet: daß nämlich der Weltprozeß aus dem Abstieg (= Involution) eines hohen
Bewußtseinswesens hervorging. Ein hohes Wesen entäußert sich
in die Welt und als Welt, um nach einem langen, häufig qualvollen
und mühsamen Prozeß des Aufstiegs wieder zu sich selbst zurückzukehren, sich erneut seiner selbst zu erinnern. Wobei dieses
Zu-sich-selbst-Zurückkehren nicht einfach die Wiederherstellung
des Anfangs ist, sondern die Erreichung einer anderen, vielleicht
bewußteren oder höheren Stufe. Betrachte ich dieses hohe Bewußtseinswesen als Gottheit (als etwas in irgendeinem Betrachte
Göttliches oder Gottähnliches), dann wäre der Weltprozeß die

(bewußt vollzogene?) Selbstvergessenheit und Selbstentfremdung der Gottheit. Die Gottheit verläßt sich, begibt sich ins selbstgewählte Exil und kehrt schließlich, bereichert und auf höherer Bewußtseinsebene, zu sich selbst zurück. Etwas von dieser Figur findet sich in besonderer Deutlichkeit in den altindischen Upanishaden. Natürlich bleibt dann immer die Frage, warum sich das hohe Wesen diesem Exil unterzog. Warum verliert sich der Eine in die Vielheit?

Wichtig ist, welchen Rang ich diesem hohen (göttlichen oder gottähnlichen) Wesen zuspreche. Ist es eine sehr hohe Manifestation oder Emanation des Göttlichen, die sich in die Selbstvergessenheit als Weltprozeß stürzt? Vielleicht gar die höchste, also das Absolute selbst (= das absolute Selbst)? (Das nehmen offenbar die Verfasser der Upanishaden an.) Oder hat sich nur eine bestimmte Schicht dieses Absoluten in die Welt hineinbegeben? In Teilen der jüdischen Kabbala wird angenommen, daß sich die dunkle Seite der Gottheit in die Welt, in den Weltprozeß entäußert habe. In der Lurianischen Kabbala wird der Weltprozeß als ein Geschehen gedeutet, in dem die unerlöste Gottheit sich selbst erlöst, und zwar unter Mithilfe des Menschen. Indem er Gott erlöst, erlöst der Mensch auch sich selbst.[25]

Genauso kann folgendes gedacht werden: Das hohe Bewußtseinswesen, das sich in den Weltprozeß (oder bescheidener: in den Prozeß eines kosmischen Systems) hineinbegibt, ist nur »eine Art Gott«, also ein Wesen, das wir nur mangels genauerer Begrifflichkeit als Gott ansprechen, was nur besagen will, daß sein Bewußtsein dem unseren überlegen ist, und zwar unvorstellbar überlegen. Dieser »Gott« muß in der Hierarchie des möglichen Bewußtseinsspektrums nicht die höchste Stufe darstellen; er kann das sein, was der Goethesche Mephistopheles in der »höllischen Hierarchie« ist (Mephisto sagt selbst, er sei »keiner von den Großen«).

Auch können es viele Götter sein. Gab es einen Göttersturz, dessen Folge ein kosmisches Weltsystem darstellt? Und ist die Evolution, dieser große Durchlauf durch Gestalt, Verwandlung und Bewußtsein, die Chance oder Möglichkeit für diese (abgestürzten) Götter, wieder zu sich selbst zu kommen, den Fehler, der irgendwie passiert sein muß, rückgängig zu machen? Manchem Leser mag das abwegig erscheinen, und er könnte die Frage stellen, was derartige metaphysische Spekulationen mit dem Wesen des Lebens, mit dem Wesen der Erde, mit den Wurzeln der ökologischen Krise zu tun haben. Ich meine, daß die Verbindung sehr eng ist. Und ich hoffe, das verständlich zu machen.

Die Denkfigur der »abgestürzten Götter« ist natürlich auch buddhistisch zu interpretieren, ohne daß sich ihre Essenz wesentlich ändert. Es geht auch nicht um Begriffe von großer gedanklicher Trennschärfe, eher um Fingerzeige, um Andeutungen oder um Vorschläge, das ganze Thema einmal (und wenn auch nur als Gedankenexperiment) so zu betrachten. Wenn ich mich auf die »gestürzten Götter« einlasse, dann gibt es immer noch Fragen zuhauf, aber einiges zumindest kann geklärt werden. Der Wandel der Gestalten und der Bewußtseinsformen ist dann offenbar ein Prozeß der Rückerinnerung, der sukzessiven Wiederannäherung an den einstigen hohen Status. Evolution ist Götterwerden. Die Götter sind abgestürzt und wohl zersplittert, zersprengt oder sonstwie ihrer Ganzheit verlustig gegangen (vielleicht analog dem kabbalistischen »Bruch der Gefäße«, der Zerstreuung der göttlichen Lichtfunken).[26] Dieser Sturz war der Sturz in die Nacht des Unbewußten; und die erste Stufe des Wiederaufstiegs der Götter ist die Materie, zunächst in ihrer mineralischen Form. (Gold sei »Götterdreck«, hieß es bei den alten Mexikanern.) Schließlich, über die Stufen des Pflanzen- und Tierreichs, gelingt es einigen der ehemaligen Götter, sich zu erinnern, zunächst noch ganz zaghaft und undeutlich, dann zunehmend klarer. Am Ende steht das, was Platon als *Anamnesis* bezeichnet, als Rückerinnerung der Seele an ihren Ursprung. Im Buddha-Bewußtsein erinnert sich der Gott an sich selbst.

Der goldene Faden, der sich gleichsam durch die gesamte Evolution eines kosmischen Systems zieht, ist Erinnerung. Jede Form in der Natur ist im letzten Erinnerung. Das heißt nicht, daß sich alles wiederholt, es also einen Kreislauf des Immergleichen gibt (Nietzsches Angst- und Wunschvision); denn zugleich ist jede Form auch neu, steht da und strahlt wie am ersten Tag, wie noch niemals gewesen. Aber alles Neue entfaltet sich und kann sich nur entfalten auf der Folie dessen, was immer geschah und ewig geschieht. Immer und überall geht es um den *Gestaltwandel der Götter* (um einen Buchtitel von Leopold Ziegler heranzuziehen). Evolution ist Göttersturz, Götterwerden, Göttererinnerung. Die neuen Götter sind nicht identisch mit den alten; aber sie enthalten etwas von ihnen. Die neuen Götter sind die transformierten alten.

Der Göttersturz, von dem hier die Rede ist, könnte auch noch weiter zurückverlegt werden: Der eigentliche Sturz der Götter könnte ihre Empörung gewesen sein, ihre Auflehnung gegen die kosmische Ordnung, ihr Versagen. Erst als die Götter zu Dämonen mutiert waren, in einem fernen und alten Sternensystem, wurden sie, die »Titanen«, von den Blitzen des Zeus zerschmettert (um jenen Mythos aufzugreifen, der sich um den rätselhaften Gott Dionysos rankt, in diesem Falle um die Gestalt des Dionysos-Zagreus). Vor ihrer Zerschlagung durch die göttlichen Blitze hatten die Titanen Dionysos-Zagreus verschlungen, und aus der Asche der Titanen formt Zeus das Menschengeschlecht. Verbirgt sich hinter diesem orphischen Mythos eine uralte Sternengeschichte, *unsere* Sternenvergangenheit?

Für viele mag das wie pure Fantasy wirken, aber es ist eine Denkmöglichkeit, eine Denkmöglichkeit zudem, die sich aufschlußreich verbinden läßt mit mythologisch-archetypischen Figuren und Geschichten, wie sie sich in vielen Kulturen finden. Wenn wir »aus Sternenstaub gemacht« sind[27], und dies könnte auch außerhalb des Big-Bang-Mythos gedacht werden, dann könnte dieser Sternenstaub in seiner eigentlichen kosmischen Substanz Götterstaub sein. Wir sind aus Götterstaub gemacht oder, im Sinne des soeben Skizzierten, aus Titanenstaub. In uns, so heißt es im orphischen Dionysos-Mythos, ist beides: die Asche der Titanen, der gestürzten und zerschlagenen Götter, und das von den Titanen Verschlungene: der zerstückelte Dionysos-Zagreus.

Wir hätten, wenn man es so deuten will, demnach einen zwei-
fachen Göttersturz: die »Entartung« der Götter zu Dämonen, zu
Aufrührern gegen die kosmische Ordnung, und die Zerschlagung
dieser Dämonen, die den Abstieg in die Nacht des Unbewußten zur Folge hat, also in einen Zustand vor aller Form, vor aller
Materie. Dem Sturz in die Finsternis folgt der Aufstieg: Der erste
geformte Sternenstaub bildet die erste Stufe jenes Aufstiegs ans
Licht, an deren Ende der kosmische Anthropos, der Sternenmensch
im Angesicht des Göttlich-Einen-und-Ganzen stehen könnte, vielleicht stehen *sollte*.

Aber die Erinnerung, die aus kosmischen Fernen heraufquillt, ist
eine doppelte: Es ist auch die Erinnerung an die Titanen; symbolisch gesprochen: daß das Sternenschiff »Titanic« einst zerbrach
und sank, scheint die Sekundärerinnerung zu sein, die Primärerin-
nerung ist offenbar die an den Triumph der Titanen. Anders gesagt,
vergessen wurde der Sturz, erinnert wird der (kurze) Triumph.
Faust kolonisiert, während die Helfershelfer des Mephistopheles
hinter seinem Rücken sein Grab ausheben. Davon war schon die
Rede. Und bleiben wir noch einen Moment beim zweiten Teil des
Faust, der viel enthält an mythologisch-kosmischem Geschehen.
Wie sagt Proteus, der große Verwandlungskünstler, in der »klassischen Walpurgisnacht«?

>»Was ists zuletzt mit diesen Stolzen?
>Die Götterbilder standen groß, –
>Zerstörte sie ein Erdestoß;
>Längst sind sie wieder eingeschmolzen.«[28]

Wir alle gingen aus diesen großen kosmischen »Einschmelzpro-
zessen« hervor, die einst die »Götterbilder« erfaßte.

Das Ende des Homunculus, jenes von Faust mit Mephistopheles' Hilfe in der Retorte erzeugten »leuchtend Zwerglein«[29], spiegelt
etwas von dem von mir umrissenen Sternenmythos.

>*Thales*. Er fragt um Rat und möchte gern entstehn.
Er ist, wie ich von ihm vernommen,
Gar wundersam nur halb zur Welt gekommen.
Ihm fehlt es nicht an geistigen Eigenschaften,
Doch gar zu sehr am greiflich Tüchtighaften.
Bis jetzt gibt ihm das Glas allein Gewicht,
Doch wär er gern zunächst verkörperlicht.
Proteus. Du bist ein rechter Jungfernsohn,
Eh du sein solltest, bist du schon.«[30]

>*Proteus*. Da muß es desto eher glücken;
So wie er anlangt, wird sichs schicken.
Doch gilt es hier nicht viel Besinnen,
Im weiten Meere mußt du anbeginnen!
Da fängt man erst im kleinen an
Und freut sich, Kleinste zu verschlingen,
Man wächst so nach und nach heran
Und bildet sich zu höherem Vollbringen.«[31]

Homunculus will die Glasphiole, die ihn umgibt und trägt, zerbrechen, um sich ins Meer zu ergießen. Ganz unverkennbar ist dieses Meer eine Art Urmeer, ein kosmisches Meer; nicht zufällig tritt Thales auf und verkündet das Meer als den Uranfang aller Dinge. Proteus sagt zu Homunculus:

>Dem Leben frommt die Welle besser;
Dich trägt ins ewige Gewässer
Proteus-Delphin. *(Er verwandelt sich.)* Schon ists getan!
Da soll es dir zum schönsten glücken,
Ich nehme dich auf meinen Rücken,
Vermähle dich dem Ozean.
Thales. Gib nach dem löblichen Verlangen,
Von vorn die Schöpfung anzufangen!
Zu raschem Wirken sei bereit!
Da regst du dich nach ewigen Normen,

Durch tausend, abertausend Formen,
Und bis zum Menschen hast du Zeit.«[32]

Und dann heißt es am Ende dieser grandios-rätselhaften Szene:

>»*Nereus*. Welch neues Geheimnis in Mitte der Scharen
will unseren Augen sich offengebaren?
Was flammt um die Muschel, um Galatees Füße?
Bald lodert es mächtig, bald lieblich, bald süße,
Als wär es von Pulsen der Liebe gerührt.
Thales. Homunculus ist es, von Proteus verführt …
Er wird sich zerschellen am glänzenden Thron;
Jetzt flammt es, nun blitzt es, ergießet sich schon.
Sirenen. Welch feuriges Wunder verklärt uns die Wellen,
Die gegeneinander sich funkelnd zerschellen?«[33]

»Diese sehr ernsten Scherze«: So hat Goethe einmal selbst den
Faust II charakterisiert. Wohlgemerkt, es geht hier nicht um eine
Interpretation dieser »Scherze«, sondern um eine (gleichfalls hei-
ter-ernst gemeinte) bildhafte Verdeutlichung des von mir vorge-
stellten Ursprungs- und Sternenmythos. Homunculus ergießt sich,
zerschellt am Thron der Meeresgöttin Galatea, in das ätherische
Weltenmeer, in den primordialen Weltenstoff. Er beginnt die
Schöpfung »von vorn«, und »bis zum Menschen« hat er viel Zeit.
Auch das ist eine Sichtweise auf die kosmische Evolution. Man
setze an die Stelle des Homunculus die gestürzten Götter, die
Titanen, und man erhält die mythologische Grundfigur, um die
es mir hier zu tun ist. *Faust II* (Klassische Walpurgisnacht) und or-
phischer Dionysos-Zagreus-Mythos lassen sich (wie ich meine:
erkenntniserhellend) zusammenführen.

Und um den Lesern, die an dieser Stelle, bei dieser Ursprungs-
geschichte, nicht mitgehen können oder wollen, gleichfalls ein
Zitat an die Hand zu geben, sei ein Wort des Mephistopheles aus
jenem wahrlich turbulenten zweiten Akt von *Faust II* angeführt:

»Denn, wo Gespenster Platz genommen,
Ist auch der Philosoph willkommen.
Damit man seiner Kunst und Gunst sich freue,
Erschafft er gleich ein Dutzend neue.«[34]

Bleiben wir noch einen Moment bei »meinem« Sternenmythos,
der ja zentral zu tun hat mit den Fragen: Was ist Leben? Und: Wie
entstand Leben? Und: Woher stammen wir?

Sternenstaub ist Götterstaub oder Titanenstaub. Allem Aufstieg
zum Licht des Bewußtseins und der organischen Gestalt liegt ein
Göttersturz, ein Abstieg der Götter zugrunde. Evolution und Involution bedingen einander. Und es gibt ganz verschiedene Weisen,
dies ins Bild zu bekommen, sich dies denkend-imaginativ zu erschließen. Der Götterstaub entwickelt sich »durch tausend, abertausend Formen« erneut zur Götterform »zurück« (oder besser:
voraus). Im Vorwort seines Buches *Halbzeit der Evolution* schreibt
Ken Wilber:

»Auch wenn der Mensch sich bereits auf dem Weg vom Tier zu
den Göttern befindet, verbleibt er in der Zwischenzeit in einem
recht tragischen Zustand. In der Schwebe zwischen beiden Extre-
men ist er den stärksten Konflikten ausgesetzt. Nicht mehr Tier,
aber auch noch nicht Gott – oder schlimmer, halb Tier, halb Gott:
So steht es um die Seele des Menschen. Anders ausgedrückt, der
Mensch ist eine im tiefsten Wesen tragische Erscheinung mit einer
vielversprechenden Zukunft – wenn er es schafft, den Übergang
zu erleben.«[35] Ich kann mir diese Aussage zu eigen machen, auch
wenn ich vermute,·daß Ken Wilber »meinem« Sternenmythos die
Zustimmung verweigert.

Womit Wilber und ich konform gehen, ist die Vorstellung, daß
jeder Geburt ein Abstiegsprozeß vorausgeht. Dieser Abstieg spiegelt zwar, wie ich glaube, den großen und jedem kosmischen
System vorausgehenden Götterabstieg, ist aber nicht identisch
mit ihm. Unter Heranziehung des *Bardo-Thödol*, des tibetischen
Totenbuchs, beschreibt Wilber in seinem Atman-Projekt auf eindrucksvolle Weise den Abstieg und die Kontraktion des Bewußt-

seinsprinzips »vom reinen Bewußtsein weg und hinab in die Viel-
fältigkeit«, »in die weniger intensiven und weniger realen Seins-
zustände«.[36]

»Nach dem *Thödol* erscheint dieser gesamte Aufbau der karmi-
schen Neigungen, des Eros, des Verlangens und der Kontraktion
immer wieder auf den verschiedenen Stufen des Bardo-Reiches.
Mit jeder weiteren Kontraktion entfernt sich die Seele weiter von
ihrem Ursprung, und dieses Muster wiederholt sich, bis Kontraktion, Eros und Karma erschöpft sind und als Kräfte der Involution
ihre Wirkung verloren haben.«[37]

Der generelle Aufstieg aus der Nacht des Unbewußten, die der
Götter-Titanen-Sturz bedeutet (für ein bestimmtes kosmisches
System), wird auf der Stufe des Menschen immer wieder »unterbrochen« durch den partiellen Abstieg, den jede Seele bei ihrer
erneuten Wiedereinkörperung zu vollziehen hat. Das im *Bardo-
Thödol* Dargestellte muß in dieser dezidierten Form so nicht stimmen, deutet aber eine Richtung an. Und um diese geht es. Und
stets spiegelt die »kleine Involution« die »große Involution«, wie
auch die »kleine Evolution« die große spiegelt. Auch dies ist ein
Stück »Selbstähnlichkeit« im kosmischen, evolutiven Kontext. Es
geht immer und überall, im Grunde in jedem Augenblick (wie das
Bardo-Thödol sagt), um das Wechselspiel von Aufstieg und Abstieg, von Bewußtheit und Unbewußtheit. Und jeder Augenblick
spiegelt und manifestiert in nuce das gesamte kosmische Drama!

Nur aus diesen Zusammenhängen heraus läßt sich begreifen,
was Leben ist, wie Lebewesen entstehen. Reduktionistisch jedenfalls kommen wir nicht weiter, allen wahrhaft staunenswerten Bemühungen zum Trotz, die es ja gibt. Es ist schon fast bewunderns-
wert, wieviel Scharfsinn aufgewendet wird, um das Leben, um
Bewußtsein doch noch »irgendwie« reduktionistisch abzuleiten.
Gelungen ist es bis dato nicht, und es kann auch nicht gelingen,
weil die Grundprämisse nicht zutrifft. Aus Totem läßt sich nichts
Lebendiges ableiten. Und jede lebendige Gestalt wurzelt im letzten in einem kosmischen Tiefengeschehen, gegen das gehalten
alle reduktionistischen Versuche, ob von Kosmologen oder Evolu-

tionsbiologen, etwas nachgerade Rührendes haben, u.a. deswegen, weil im Reduktionismus eigentlich ständig ein Etwas aus dem Nichts erklärt werden muß, jede Tiefe aus der Fläche, jedes Innen aus dem Außen. Und das kann nicht gehen! Das ist genau jene »Einebnung des Kosmos«, die Ken Wilber – fast möchte ich sagen: »ein für allemal« – als Bestimmungsgröße des modernen Denkens entlarvt hat. Ich halte diese Denkleistung Wilbers für unhintergehbar.[38] Man muß sie genauso zur Kenntnis nehmen wie etwa Kants Abrechnung mit der dogmatischen Metaphysik in der *Kritik der reinen Vernunft* oder Nietzsches Fundamentalkritik der christlich-moralischen Wertsetzungen. Man kann weder hinter Kant noch hinter Nietzsche oder Wilber zurück.

Jedes Sternensystem spiegelt ältere, zugrundegegangene, aufgelöste Sternensysteme. Jede Form oder Gestalt der sinnlich-physischen Natur ist gleichsam ein Göttersplitter, der sich erneut zur Ganzheit emporringt. In jedem Gestalt gewordenen Göttersplitter lebt älteste Erinnerung, lebt aber auch das Ziel, das Telos der gesamten kosmischen Evolution eines Sternensystems. Jede Form ist eingespannt in zwei gewaltige, das Gegenwärtige überwölbende und durchdringende Bögen: den Bogen, der zurückreicht und zurückweist in die Dunkelzone des Göttersturzes, und den Bogen, der vorausreicht in das Licht der vollendeten göttlichen Gestalt. *Halbzeit der Evolution* ist immer (in irgendeiner Form).

Alle Formen entstammen einem großen Schmelztiegel (siehe Goethes/Proteus: »Die Götterbilder standen groß... Längst sind sie wieder eingeschmolzen«). Und an dieser Stelle muß ich eine wichtige Ergänzung vorstellen. In Anknüpfung an verschiedene spirituelle Strömungen läßt sich die Vermutung wagen, daß der kosmische Aufstieg zum Licht des Bewußtseins (und, buddhistisch gesehen, zur Buddhaschaft) ein Prozeß ist, der ständig begleitet und betreut wird von »höheren Intelligenzen«, der also nicht einfach »immanent« abläuft. Diesen »höheren Intelligenzen« tritt der enorme Trägheitswiderstand der Materie und der kollektiven Unbewußtheit entgegen, und häufig genug wird derart der weitere Aufstieg verlangsamt oder gar ganz vereitelt. Aber es gibt nicht nur den Großen Attraktor des Telos, des Ziels der kosmischen Evolution, des Atman-Bewußtseins, sondern auch den Großen Attraktor (die Großen Attraktoren) der »höheren Intelligenzen«. Zweierlei »Zug« also nach oben und zum Licht. Die »höheren Intelligenzen« dienen dem Großen Telos. Daneben gibt es immer und überall den Sog in die Tiefe, den involutiven Drang, den Drang zur Regression, zum Abstieg, zur Unbewußtheit... Darum dreht sich das Weltendrama. Immer und überall und zentral.

Was wissen die Pflanzen?

Zweifellos gibt es eine planetare Intelligenz. Und wahrscheinlich hat auch das, was wir als pflanzliche und tierische, ja wohl auch menschliche Intelligenz verstehen, hier ihren Nährboden und Quellgrund. Die Pflanzen-Intelligenz etwa scheint die gesamte Oberfläche des Planeten zu umspannen; Pflanzen sind die eigentlichen Katalysatoren des Lebendigen. Die Fähigkeiten der Pflanzen grenzen ans Wunderbare, und ganz offenbar verfügen sie über Empfindungs- und Wahrnehmungskräfte rätselhafter Art. Rätselhaft insofern, als ja kein Nervensystem vorhanden ist als materielles Substrat oder Korrelat für diese Bewußtseinsvorgänge. Schon Charles Darwin hat dieses Problem beschäftigt, also einen Mann, der als Gründervater des biologischen Reduktionismus gelten kann und der rigoros alles Seelische und Geistige, alles Teleologische aus seiner Theorie verbannt hat. Und doch schreibt er am Ende seines letzten Buches *Das Bewegungsvermögen der Pflanzen*: »Die Behauptung, daß die Enden der Würzelchen einer Pflanze wie das Gehirn eines niederen Tieres funktionieren, dürfte wohl kaum eine Übertreibung sein; das Gehirn empfängt die Eindrücke der Sinnesorgane und steuert die zahlreichen Bewegungsabläufe.«[39]

In ihrem faszinierenden Buch *Das geheime Leben der Pflanzen* haben Peter Tompkins und Christopher Bird eine Fülle von

Material zusammengetragen, um ihre Grundthese zu belegen: daß nämlich Pflanzen eine Wahrnehmungsfähigkeit besitzen, eine Art Primär-Wahrnehmung unterhalb der zerebralen Ebene, die enorm weit reicht und sogar die Psyche des Menschen, seine Emotionen, seinen Willen, seine Gedanken berührt. Wie ist das möglich? An den Phänomenen, auch wenn sie im einzelnen verschieden interpretiert werden können, kann kein Zweifel bestehen. Einzelne Pflanzen, Philodendren etwa, können buchstäblich »Gedanken lesen«; sie sind in der Lage, energetische Verbindungen herzustellen, für die es in der herkömmlichen Biologie nicht den Ansatz einer Erklärung gibt.

Der Chemiker Marcel Vogel, der diese Zusammenhänge eingehend erforscht hat, sagt u.a.:

»Es ist eine Tatsache: Der Mensch kann mit der Pflanzenwelt kommunizieren, und er tut es. Pflanzen sind lebendige, empfindsame, mit dem All verbundene Wesen. Sie mögen im menschlichen Sinne blind, taub und stumm sein, aber meiner Meinung nach gibt es keinen Zweifel daran, daß sie äußerst sensible Instrumente sind, die die Emotionen des Menschen ›auffangen‹. Sie strahlen energetische Kräfte aus, die der Mensch fühlen kann und als angenehm empfindet. Sie dringen in unser eigenes Kraftfeld ein, das dafür seinerseits Energie zur Pflanze zurückfließen läßt.«[40]

Daß sich besonders sensitiv veranlagte Menschen in eine Pflanze hineinversetzen können, ist vielfach belegt; der Mystiker Jakob Böhme soll diese Fähigkeit besessen haben. In veränderten Bewußtseinszuständen (etwa solchen durch Psychedelika ausgelösten) hat im Prinzip jeder die Möglichkeit, die Innenperspektive von Pflanzen, übrigens auch von Tieren und anorganischen Stoffen zu erleben (jedenfalls bis zu einer gewissen Grenze). Insbesondere in LSD-induzierten Bewußtseinszuständen finden wir derartige Identifizierungen mit Mineralien, Pflanzen und Tieren; nur ist dies nicht planbar oder im wissenschaftlichen Sinne reproduzierbar. Das Erfahrungsmaterial auf diesem Feld ist überwältigend und harrt nach wie vor seiner tiefenökologischen Auswertung; einige Hinweise in diese Richtung versuche ich im 8. Kapitel dieses Buches zu geben.

Schon die sogenannte Photosynthese ist ein erstaunlicher Vorgang. Man versteht darunter gemeinhin den Aufbau von Kohlehydraten aus Kohlendioxid und Wasser durch das Chlorophyll (den grünen Farbstoff, der in den Blättern und grünen Teilen der Pflanzen enthalten ist), und zwar mittels der Energie des Sonnenlichts. Dieser auch als Assimilation bekannte Vorgang (CO_2-Assimilation) ist im Grunde ein Mysterium, das keiner wirklich versteht.

»Die grüne Pflanzendecke der Erde steht in wunderbarer Beziehung zur Sonne. Sie nimmt ihre Strahlen auf und baut mit ihrer Hilfe im Assimilationsprozeß organische Stoffe, die Bausteine der pflanzlichen und tierischen Organismen, auf. Auf diese Weise strömt Sonnenenergie auf die Erde; sie wird in den Pflanzenstoffen als chemische Energie gespeichert, mit der alle Lebensprozesse gespeist werden. Die Pflanzenwelt liefert so nicht nur die Nährstoffe für den Aufbau unseres Organismus und die Kalorien für die Deckung unseres Energiebedarfs, sondern auch die lebenswichtigen Vitamine zur Steuerung des Stoffwechsels und viele Wirkstoffe, die als Medikamente Verwendung finden.

Die enge Verbundenheit der Pflanzenwelt mit dem menschlichen Organismus zeigt sich aber besonders eindrücklich darin, daß einzelne Vertreter Stoffe produzieren, die sogar auf den geistigen Wesenskern des Menschen einzuwirken vermögen. Die wunderbaren, unerklärlichen, ja unheimlichen Wirkungen solcher Pflanzen machen es verständlich, daß sie im religiösen Bereich früherer Kulturen eine bedeutende Rolle gespielt haben...«[41]

Was in den als magisch zu bezeichnenden Kräften der Rausch- und Giftgewächse besonders eindrucksvoll manifest wird, ist auch sonst gegeben: Pflanzen sind Zauberkünstler darin, Gefühle, Gedanken, Träume und Intuitionen im Menschen hervorzurufen. Inmitten machtvoller Pflanzen taucht der Mensch ein in eine Art Meer, das ihn vollständig umspült und durchdringt. Pflanzen »ätherisieren« das menschliche Bewußtsein, sie »verflüssigen« es; nur der völlig Abgestumpfte und Blockierte kann sich starr und fest erhalten im Pflanzen-Äther-Meer.

Alle Kulturen haben das immer gewußt und auf je eigene, verschiedene Weise »umgesetzt«. Ohne Pflanzen wird schnell alles trostlos und öde. Ein pflanzenloses Bewußtsein ist ein im buchstäblichen Sinne verwüstetes, zur unfruchtbaren Wüste gewordenes Bewußtsein. Das Pflanzen-Selbst im Menschen bedarf der ständigen Pflege; über das Pflanzen-Selbst erreicht uns die Pflanze. Am extremsten als psychoaktive Pflanze, am »mildesten« in der täglichen Nahrung. Pflanzen übertragen die offenbar im kosmischen Licht enthaltenen Formungs- und Organisationskräfte auf die ungeformte Materie. Verständlicherweise ist dies immer wieder mit ätherisch-kosmischen Energien in Verbindung gebracht worden, die durch die Pflanzen heruntergebracht (heruntertransformiert) werden aus den Weiten des Alls. Ernährung ist in diesem Verständnis dann eine tagtäglich vollzogene »Kosmisierung« des Menschen auf der organischen Ebene. Wie abgespalten oder abgeschnitten auch immer der Einzelne ist von Erde und Kosmos, als lebendiger, nahrungaufnehmender und atmender Leib steht er unverlierbar in der kosmisch-planetaren Ordnung. Daß dies so ist, weiß jeder in der Tiefe; die meisten nehmen es für selbstverständlich, was viel aussagt über unser Erdverhältnis.

In sublimer Realsymbolik zeigen uns die Pflanzen (hier primär die höheren Pflanzen), wie sich Irdisches mit dem Kosmischen verbindet. Pflanzen sind ganz irdisch, ganz erdhaft und erdnah, und doch zugleich kosmisch, dem kosmischen Licht gegenüber geöffnet. Wir wissen wenig über das Innerste oder Eigentliche des Lichts; und auch die raffinierteste Quantenoptik verstärkt nur das Staunen, vergrößert nur das Feld der ungelösten Rätsel.[42] Was immer das Licht »eigentlich« ist, es transportiert etwas von einem anderen, tieferen Licht, einem Licht hinter dem Licht; das physische Licht (das es genaugenommen so gar nicht gibt) verbirgt, oder verbirgt eben gerade nicht, das geistige oder spirituelle Licht. Das Licht enthält Formimpulse, diese werden an die Pflanze weitergegeben. Für »Formimpulse« kann man auch (nüchterner, sachlicher, »zeitgemäßer«) Information sagen. Das Licht ist offenbar ein (zwi-

schen Stoff und Geist changierendes) Vehikel oder Medium für die
allem Organischen, aber auf andere Weise auch dem Anorganischen innewohnende In-Formation.

Wenn Menschen, beim ersten Sonnenschein nach längerer
Dunkelheit oder Dämmerung, sich spontan und wie in einem kollektiven Kultgeschehen der Sonne zuwenden, dann spricht sich
hierin eine Art Erinnerung an ein sehr altes, verschüttetes Kos-
mosbewußtsein aus. Auf jeden Fall ist es auch (aber sicher nicht
ausschließlich) des Menschen Pflanzen-Selbst, das in einer ele-
mentaren, meist nur halbbewußten »Kultgeste« die Sonne sucht.
In unseren Breiten hat dies naturgemäß (oder erdgemäß) einen
anderen Charakter als in Breiten, in denen das Sonnenlicht eine
ungleich größere Intensität und Präsenz aufweist. Das Gesagte bezieht sich primär auf Menschen in den sogenannten gemäßigten
Breiten. Schon das Wort »Sonnenbaden«, so trivial es besetzt ist,
enthält noch einen Rest von kosmischem Sinn. In der Pflanze und
im Licht wirkt etwas Flüssiges, ein feinstoffliches Meer gleichsam,
ein Wallen oder Fluten. In veränderten Bewußtseinszuständen
(psychedelischen oder holotropen Bewußtseinszuständen) kann
dies unmittelbar gespürt und erfahren werden; man begreift dann,
daß hier nicht von Poesie oder Symbolik die Rede ist, sondern von
erfahrbaren Wirklichkeiten.

Im Pflanzen-Selbst sind wir der kosmisch verstandenen Erde in
ganz direkter, unmittelbarer Weise verbunden. Im Pflanzen-Selbst
stehen wir in einer (ständig anwesenden) Schicht der Geo-Logik,
der Lebenslogik des Planeten Erde. Jede Nahrungsaufnahme und
-verarbeitung hat in diesem Sinne eine geo-logische Qualität. Zugleich sind Pflanzen nicht nur geo-logisch, sondern auch, über das
einströmende Licht, elementar kosmo-logisch orientierte Wesen.
Ja sie vermitteln ein Stück Kosmo-Logik an die Geo-Logik. Und
beides ist ein Element der Öko-Logik im Sinne von Johannes Heinrichs. (Für Heinrichs repräsentieren Pflanzen »die kosmische Einheit des Lebens«. »Denn die Pflanze symbolisiert das Leben in seiner vor- und übergestaltlichen Einheit.«[43])

Ernst Jünger, sicher einer der größten Kenner und Bewunderer der Pflanzen im 20. Jahrhundert, schreibt in seinem Buch *Annä-herungen*:

»Die Pflanze, obwohl selbst kaum beweglich, zwingt das Bewegte in seinen Bann. Novalis hat es in seinen Hymnen gesehen. Ohne die Pflanze wäre kein Leben auf der Welt. Von ihr sind alle Wesen, die atmen und sich ernähren wollen, abhängig. Wie weit ihre geistige Macht reicht, kann nur geahnt werden. Nicht umsonst beruft sich das Gleichnis vor allem auf sie.

Was etwa durch den Tee, den Tabak, das Opium, doch oft schon durch den bloßen Duft von Blumen geweckt wird – diese Skala von Erheiterungen, von unbestimmten Träumen bis zur Betäubung – das ist mehr als eine Palette von Zuständen. Es muß etwas anderes, etwas Neues hinzutreten.

So wie die Pflanze Geschlechtsorgane bildet, um sich mit den Bienen zu begatten, vermählt sie sich auch mit dem Menschen – und die Berührung schenkt ihm Zugang zu Welten, in die er ohne sie nicht eindränge. Hier verbirgt sich auch das Geheimnis aller Süchte – und wer sie heilen will, muß geistiges Äquivalent geben.«[44]

Was sind Pflanzen (eigentlich, wirklich, ontologisch)? Wenn alles Werden ist aus dem Götterstaub, Werden hin zu Atman, Werden als Erinnerung, und das augenscheinlich im Angesicht und unter der Ägide »höherer Intelligenzen« – wo stehen dann die Pflanzen? Wie nah sind sie noch am Ursprung, wie scheint in ihnen das Ziel auf? Das läßt sich nur mutmaßen. Wahrscheinlich sind sie die kollektiven Träger eines kosmischen Bewußtseins, das ohne Ich oder Selbst auskommt, angesiedelt irgendwo zwischen Es, Wir und Ich, das Nicht-mehr-Mineral und das Noch-nicht-Tier. Dieses kosmische Bewußtsein ist nur im uneigentlichen Verständnis wirklich Bewußtsein, wie der Mensch es kennt; es ist Seelenausdruck ohne ichhafte Seele, ohne Schmerz und Freude *in unserem Sinne*, aber auch im Sinne der höheren Tiere.

Was die Pflanzen einfach *sind*, erd- und lichtverbunden und Träger eines kollektiven kosmischen Bewußtseins, müssen wir, in individualisierter Form, *werden*. In unserem vom Ich getragenen

Bewußtsein könnte das ichlose Wissen der (höheren) Pflanzen in anderer Gestalt erwachen; bzw. wir könnten (und müßten wohl auch) das Pflanzen-Wissen, an das wir ohnehin ständig angeschlossen sind über unser Pflanzen-Selbst, zum bewußt und ichhaft erworbenen Wissen machen, also ohne Regression. Es geht dabei nicht um naturmagische Rückverwandlung, nicht um diese Art Schamanismus (die es ja analog auch in bezug auf das Tierreich gibt), sondern um einen »Neo-Schamanismus« ganz neuer Prägung (wenn denn »Neo-Schamanismus« überhaupt das richtige Etikett ist).

Tier-Selbst und Tier-Sein

Über das Tier-Selbst sind wir angeschlossen an das Wissen der (höheren) Tiere; auch dieses Wissen ist nicht-ichhafter Art, obwohl unverkennbar in einigen höheren Tieren Vorformen menschlicher Ichhaftigkeit erkennbar werden. Die Skala dessen, was wir, wenn wir nicht völlig abgestumpft sind, an den Tieren bewundern, ist groß; schmerzlich wird uns bewußt, was wir eingebüßt haben, als wir uns zur Ichhaftigkeit entwickelten. Und nicht zufällig ziehen wir tierische Fähigkeiten zur Verdeutlichung heran, wenn wir bestimmte herausragende Eigenschaften des Menschen unterstreichen wollen; meist sind es Eigenschaften, die sich auf den sinnlich-physischen Bereich beziehen, etwa die Schnelligkeit der Körperbewegung, die Schärfe des Sehens oder Hörens, die Ausdauer, die Witterung für Gefahren, das Pirschen in unübersichtlichem Gelände, die Verbindung von äußerster Entspannung und äußerster Wachheit, die Verstellungskunst, die Sicherheit der Koordination von Körpergliedern...

Wir bewundern das Orientierungsvermögen vieler Tiere (etwa der Zugvögel oder der Brieftauben), ihre Fähigkeit, die Zukunft vorauszuwittern (Erdbeben, Vulkanausbrüche, aber auch Körper- und Seelenzustände von Menschen, die ihnen verbunden sind, z.B.), ihren Instinkt und ihre Anmut (die anmutige Bewegung einer schlichten Hauskatze läßt fast jede menschliche Bewegung plump und ungeschlacht erscheinen), ihre Gegenwärtigkeit und die Übereinstimmung von Willen und Sein. Die meisten Tiere, wenn sie artgemäß und in ihrer natürlichen Umgebung leben, sind in irgendeinem Sinne schön; es ist ein ästhetisches Vergnügen, Tiere in der sogenannten freien Natur zu beobachten.

Dieses »ästhetische Vergnügen« oder Wohlgefallen ist nicht nur das Resultat einer bürgerlich-großstädtischen Sichtweise, die sich als schon getrennt und abgeschnitten von der Natur erfährt (obwohl es diese Komponente fraglos auch gibt, die häufig mit purer Sentimentalität einhergeht). Die Schönheit der Tiere berührt noch andere, tiefere Schichten. Im letzten geht es um das Kosmisch-Lebendige, um die Widerspiegelung einer hohen und sublimen Ordnung in der lebendigen Gestalt. Menschen spüren das auf eine elementare Weise; sie spüren zugleich, wenn sie sich einen Rest von unverstellter Wahrnehmung und Instinkt erhalten haben, daß das Tier angeschlossen ist an eine Gesetzeswelt, der auch sie selbst – wenngleich auf andere Weise – unterliegen. Die Schönheit des Tieres ist zutiefst verbindlich, sie nötigt uns Ehrfurcht ab, aber auch Mitgefühl. Beides, Ehrfurcht und Mitgefühl, ist häufig eng gekoppelt an eine Form von Scheu, die mit Angst zu tun hat. Das ist essentiell wichtig. Es ist die Angst des Bewußtseinswesens Mensch, das sich als Ich erlebt und denkt, vor der reinen, ungebrochenen, unter-ichhaften Lebendigkeit.

Daß Tiere nicht im menschlichen Verständnis in der Freiheit stehen, daß sie keine Ich-Wesen sind (allenfalls Vorformen von Ichheit dürfte es bei einigen höheren Tieren geben), macht ihren Reiz aus und weckt unsere Aufmerksamkeit stets aufs neue, zugleich aber spüren wir unser Abgeschnittensein von dieser Art Lebendigsein. Aber nicht nur unsere Abgeschnittenheit, sondern auch unseren Zugewinn an Bewußtsein, an durch das Bewußtsein gegebener Seinsmöglichkeit. Tiere sind Noch-nicht-Menschen, ohne daß sie in diesem Status aufgehen oder sich darin erschöpfen. Sie sind auch »unmittelbar zu Gott«, wie die Pflanzen, wie die Mineralien, wie die Erde als Ganzes. Tiere sind ganz sie selbst. Den Men-

schen kennzeichnet es, daß er gerade nicht im Er-selbst-Sein aufgeht und aufgehen kann, ja – darf! Der Mensch ist immer mehr als
er selbst. Und Tier-Sein ist auch, per se, Gefangenschaft, Nicht-
Freiheit, Unerlöstheit; Tiere sind und leben als sie selbst, wenn wir
sie wirklich lassen, in der Großen Ordnung; sie können gar nicht
aus ihr herausfallen. Und gerade dies ist auch erschreckend. Beseligend *und* erschreckend.

Im schamanischen Bewußtseinszustand, wie er über Jahrtausende hinweg praktiziert wurde und auch heute noch, wenn die
entsprechenden Voraussetzungen erfüllt sind, hergestellt werden
kann, wird die Trennwand zwischen Tier und Mensch durchlässig; die Identifizierung mit Tieren gehört zur schamanischen
Trance. Der Schamane kontaktiert die Energie eines bestimmten
Tieres, etwa eines Adlers, und ist so vorübergehend in der Lage,
als Tier-Mensch oder Mensch-Tier zu agieren; häufig geht das mit
außerkörperlichen Erfahrungen zusammen. In psychedelischen
Bewußtseinszuständen ist diese Identifizierung mit bestimmten
Tieren auch für Nicht-Schamanen eine erfahrbare Wirklichkeit.

Das Erschrecken erklärt sich aus der »Verstricktheit« des Tieres. Diese »Verstricktheit« macht die Würde und zugleich das so
augenfällig Unerlöste des Tieres aus. Wir wissen nicht, wie Tiere
uns wahrnehmen; viele Tiere fürchten den Menschen. Sie fürchten im Menschen das höhere Wesen, seine Überlegenheit, seine
rätselhafte Macht. Können die Tiere uns wirklich wahrnehmen,
wirklich, d.h. als uns selbst? Müßten sie nicht selbst »wie wir« sein,
wenn sie dies könnten? Vielleicht wittern höhere Tiere das spezifisch Menschliche als das ihnen irgendwie Erreichbare, als eine Ent-
wicklungsmöglichkeit ihrer selbst. Im letzten wissen wir es nicht.
Aber was wir ahnen, sollte unsere Wachheit und unser Mitgefühl
stärken. Tiere sind unsere Schicksalsgefährten, und sie als »Sachen«
zu betrachten ist blanke Barbarei.

Pflanzen und Tiere, auf je andere Weise, repräsentieren einen
unter-ichhaften oder ichlosen Bewußtseinszustand (eine Art Kol-
lektivseele). Dieser Bewußtseinszustand ist mit einigem Recht als
kosmisch zu bezeichnen. Pflanzen und Tiere leben ein kosmisches

Wissen, das wir heute, dringender denn je, »brauchen«. Was Pflanzen und Tiere unbewußt leben und sind, müssen wir bewußt leben und sein. Es wohnt ein tiefes Wissen, ja eine tiefe Weisheit in diesen Wesen, die unsere Quelle sind. Dieses Wissen, diese Weisheit trägt uns. Und wir tragen sie über unser Pflanzen-Selbst und unser Tier-Selbst in uns. Beide »Selbste« machen unsere Lebendigkeit aus und ermöglichen unsere Empfindungen und Gefühle.

Das ökologische Selbst der Tiefenökologen ist ja im Kern die Verbindung vom Menschen-Selbst mit Pflanzen-Selbst und Tier-Selbst; und notwendig tritt das Erden-Selbst hinzu, das sich als Erderfahrung und Erdverbundenheit manifestiert. Dazu weiter unten mehr (im Zusammenhang mit der Geomantie).

Wir brauchen den Instinkt der Tiere, das planetare und kosmische Wissen von Pflanze und Tier. Wir brauchen es auf der Ebene der Ichhaftigkeit, nicht als regressive, das Ich zurücknehmende Erfahrung. Und gerade hier liegt der entscheidende Punkt, der noch weitgehend ungelöst ist. Auch schamanische Bewußtseinszustände, die mittels Trancetechniken oder psychoaktiven Substanzen erreicht werden (und daß das möglich ist, steht außer Frage), sind noch nicht per se tiefenökologisch. Um sie wirklich tiefenökologisch fruchtbar zu machen, bedarf es der Anstrengung des ichhaften Geistes, des Denkens (im Sinne der Teilhabe am Logos), und bedarf es der sozialökologischen Dimension. Diese aber hat mit Strukturen zu tun, mit Schichten und Ordnungen und Werten der Gemeinschaft. Der Wochenend-Workshop in schamanischer Trance mag tiefe Einsichten vermitteln und den Einzelnen bereichern, die eigentliche Arbeit beginnt erst danach! Die eigentliche Arbeit, wenn sie eine tiefenökologische sein soll, beginnt mit dem Denken, einem Denken, das das Ganze der Körper-Seele-Geist-Einheit in den Blick nimmt und in den sozialökologischen Kontext überführt.

Wird der Skandal der Massentierhaltung und der fortgesetzten Degradierung der Tiere zu Gegenständen, zu bloßen Es-heiten, nicht politisch-öffentlich, und zwar strukturell, angegangen, bleibt

die schamanische Reise von Einzelnen genauso vergeblich und
wirkungslos wie der schöngeistig verstandene Besuch klassischer
Konzerte.

In gewisser Weise stellt das Pflanzen- und Tierbewußtsein tatsächlich ein höheres Bewußtsein dar als das menschliche, aber
nur in dem Sinne, als Pflanzen und Tiere noch unmittelbar und
ungebrochen an der Großen Ordnung partizipieren, diese leben
und repräsentieren, nur – und das macht den ganzen Unterschied
aus – auf der Ebene des nicht-ichhaften oder unter-ichhaften Wissens. Es ist ein Wissen ohne Wissen gleichsam. Wir müssen wissen und zugleich um dieses Wissen, in ichhafter Form, wissen.
Darin liegt eine unermeßliche Aufgabe. Pflanzen und Tiere zeigen
uns, was es von uns zu leisten gilt. Vielleicht sind wir im traumlosen Tiefschlaf irgendwie in das pflanzliche Bewußtsein einge-
klinkt (in einigen spirituellen Traditionen wird das behauptet),
aber wir haben kein Wissen davon. Können wir die schamanische
Seelenreise mit wachem Ichbewußtsein vollziehen? Können wir die
nicht-ichhafte kosmische Weisheit der Pflanzen und Tiere kontaktieren und zugleich die Errungenschaften des ichhaften Geistes,
des am Logos teilhabenden Denkens beibehalten? Bis zur Stunde
ist noch nicht zu sehen, daß dies – außer in einigen ganz seltenen
Situationen – möglich sein könnte. Aber irgendwie muß es möglich sein, Pflanzen-Weisheit und Tier-Weisheit mit dem menschlichen Ich zu verbinden, alle drei Ebenen wirklich zu integrieren.

Wahrscheinlich ist es so, daß Tiere – zumindest einige höhere
Tiere – noch Zugang haben zu einer Art Hyperzeit, einer höheren
Ebene von Zeitlichkeit oder Zeitwahrnehmung. Der Anthropologe
Terence McKenna vermutet dies aus guten Gründen. In psychede-
lischen Zuständen, die fast immer einen schamanischen Charak-
ter aufweisen, ist es auch dem Menschen vorübergehend mög-
lich, das Gerüst der »normalen Zeit« zu überschreiten und in eine
Hyperzeit einzutauchen.[45]

Wir kommen aus dem Tierreich und wollen nicht wieder dahin
zurück; wir haben eine archaische Angst (ein archaisches Wissen
vielleicht), daß dieses Zurück im Prinzip möglich ist; der einstige

Göttersturz – die Zersplitterung der göttlichen Funken – lagert als archetypische Größe in unserem Bewußtsein. Im Buddhismus kommt etwas davon zum Ausdruck: Unermüdlich wird betont, daß Menschsein die besten Chancen biete, Erleuchtung und Befreiung zu erlangen. Das Tier ist weiter entfernt von der Buddha-Erfahrung als der Mensch, obwohl es – wie der Mensch – die Buddha-Natur in sich trägt. Im letzten will das Tier Mensch werden, will das Tier durch den Menschen und im Menschen (und damit *als Mensch*) erlöst werden. Das kollektive Verbrechen am Tierreich, das den Siegeszug des großen Leviathan Technik–Wissenschaft–Industrie–Kapital begleitet, wird sich gegen uns wenden. Wenn es so etwas gibt wie Karma (und alles spricht dafür), dann wird dies Folgen haben, die apokalyptische Ausmaße annehmen.

Von der »Geo-Logik«
der Mineralien

Pflanzen und Tiere gehören zu (je verschiedenen) Schichten der Geo-Logik, des Logos der Erde. Ihre Kollektivseelenzonen umspannen den gesamten Planeten; das menschliche Ich ist aus diesen Kollektivseelenzonen hervorgegangen und wird auch, im Grundgefüge des Lebendigen, noch immer von ihnen getragen. Eine weitere Schicht der Geo-Logik stellt das Mineralische dar, also die sogenannte anorganische Welt. Noch weniger als im Falle der Pflanzen können wir hier von Bewußtsein im menschlichen oder ichhaften Sinn sprechen. Minerale haben kein Bewußtsein, und doch sträubt sich etwas in uns dagegen, dies in einem absoluten Sinn zu behaupten. Hören wir noch einmal Giordano Bruno:

»Es mag etwas so klein und winzig sein, wie es will, so hat es doch einen Teil von geistiger Substanz in sich, die – sobald sie ein geeignetes Substrat findet – zu einer Pflanze oder zu einem Tier sich entwickelt, indem sie Glieder eines wie auch immer gearteten Körpers ausbildet, der gemeinhin ›beseelt‹ genannt wird; denn Geist ist in allem, und es gibt kein noch so winziges Körperchen,

das nicht genug davon enthielte, um lebendig zu sein.«[46] (Beiläufig
gesagt, eine erstaunliche Vorwegnahme des Gedankens der Entwicklung, der Evolution, zwei Jahrhunderte bevor dieser Gedanke
Fuß faßte im abendländischen Denken: u.a. in den frühen naturphilosophischen Schriften Schellings 1797/98. Der Bruno-Text stammt
aus dem Jahre 1584.)

Von den »subjektlosen Subjekten« im Mineralreich war bereits
die Rede. Auch Minerale haben ganz offensichtlich eine Art von
planetarer, ja kosmischer Wahrnehmung. Auch eine Wahrnehmung der aus ihrem Schoße entspringenden Sphäre des Organischen. Steine können mit uns – und wir mit ihnen – Kontakt aufnehmen. Man muß das nicht naiv animistisch denken, aber daß es
spürbare und bis ins Seelische und Mentale hineinreichende Wirkungen von Steinen auf Menschen gibt, kann nicht bezweifelt
werden. Und vollends offenkundig wird das »Bewußtseinsträch-
tige« im Mineralreich in den klassischen vier Elementen, also in
den so verschiedenartigen und tiefreichenden Wirkungen, welche
durch Erde, Wasser, Feuer und Luft ausgelöst werden. Wasser, als
Urmedium und als Archetypus des Flüssigen, ist der Grundstoff
des Lebens; ohne Wasser als Träger von Lebensprozessen wäre
die Erde das, was der Mars heute ist: ein Wüstenplanet. Wasser
ist ein Mineral, als Flüssigkeit, in der Form von Eis und als Gas
bzw. Wasserdampf. Wer in Wasser eintaucht, hat nicht das Gefühl,
in Totes einzutauchen; und doch ist Wasser in der reinen chemischen Form (H_2O), also ohne organische Beimengungen, »tot«.

Doch existiert Wasser auf diesem Planeten praktisch niemals
außerhalb lebendiger Prozesse, deren Träger es ist; insofern sagt
die »nackte chemische Formel« nichts aus über Tod und Leben.
Sicher können Gewässer »umkippen« und dann biologisch tot
sein, etwa durch extreme Schadstoffzufuhr, aber der »Normalfall«
ist dies nicht. Neben die Bedeutung von Wasser im biologischen
Sinn tritt die seelische Qualität des Wässrigen, des Flüssigen. Von
der Verbindung des Flüssigen/Wäßrigen mit dem Pflanzlichen
wurde bereits gesprochen. Tiefenpsychologisch steht das Wäß-
rige auch für das Unbewußte, das Weibliche, auch für die Weite

des Raumes. Wenn die Erde als Raumschiff bezeichnet wird, dann wird der kosmische Raum dadurch zum kosmischen Meer. Und auch in der modernen Physik ist die Vorstellung vom leeren Raum als einem »Ozean von Energie« verbreitet.

Analoges gilt für Luft und Feuer. Die Feuersymbolik aller Zeiten und Kulturen besitzt da eine sehr beredte Sprache. Und häufig werden »feurig« und »wäßrig« auch als Zustandsformen des Seelischen bezeichnet (so etwa bei dem altgriechischen Philosophen Herakleitos): »Trockene (feurige) Seele am weisesten und besten.«[47] Luft, als Atem, ist oft ein Synonym für Seele (Sanskrit: Atman = Seele). Und über den Atem – wie über die Nahrungs- und Flüssigkeitsaufnahme – ist der menschliche Leib wohl am unmittelbarsten der sinnlichen Erde verbunden.

In »vormoderner« Sichtweise gelten die vier Elemente als Grundmuster des Lebendigen; und eine vertiefte Betrachtung kann dies auch heute noch nachvollziehen und als (immer noch) wahr erweisen.

Im Mineralreich berühren wir einen (auch erkenntnistheoretisch) faszinierenden und höchst aufschlußreichen Punkt. In erster Lesart ist das Mineralische, als das Anorganische, tot: ohne Seele, ohne Leben, ohne Bewußtsein, ohne Anteil am Logos. Und doch lehrt uns schon eine nur wenig vertiefte Betrachtung, daß dies so nicht sein kann. Auch der leblose Stoff ist in den großen Logos eingebettet; jedes Naturgesetz belegt dies. Ich habe das schon anklingen lassen. Bis in die Mikrowelt hinab gehorcht die tote Materie bestimmten Gesetzen, ist durchwirkt von Feldern, deren eigentliche Wirklichkeit im dunkeln liegt. Diese Gesetze sind Geist, und insofern durchwebt der Geist den Stoff, und zwar immer und überall in diesem kosmischen System. Und dann ist ja das Gestirn als Ganzes eine Materiezusammenballung in annähernder Kugelform; und diese Materiezusammenballung als Kugel steht, über die sie tragenden und durchdringenden Felder, in enger Verbindung mit den Nachbargestirnen, in erster Linie mit dem Mond und der Sonne. Und dieses Wechselspiel, schon auf der Ebene der Gravitation, ist ein geordnetes (wenn ich von chaos-

theoretischen Einschränkungen dieser Ordnung hier einmal ab-
sehe). Diese Ordnung ist (und kann nur sein) Geist, kosmischer
Geist, kosmischer Logos. Die Erde im Weltenraum steht im Logos,
bewegt sich im Logos, ist durchdrungen vom Logos. Das relativiert
das »Tot-Sein« der anorganischen Materie. In einem absoluten
Sinne könnte tote Materie nicht im Logos stehen; es sei denn, ich
begriffe den Logos ausschließlich, wie es die abstrakten Physiker
tun, als toten Geist, als platonisch-mathematische Form.

Auch der anorganischen, der toten Materie muß eine Art kosmisches Bewußtsein zugestanden werden. Also analog dem pflanzlichen und dem tierischen kosmischen Bewußtsein. Alle drei
Reiche sind nicht herausgefallen aus der Großen Ordnung, sie
bewegen sich (noch) in ihr, sind ein integraler Teil dieser Ordnung. Und zwar deswegen, weil hier keine Freiheit waltet, keine
Ichhaftigkeit, kein Erlösungsverlangen und Erlösungsbewußtsein.
Mineralien, Pflanzen und Tiere sind unerlöst und gerade durch
diese Unerlöstheit ehern eingebunden in die Große Ordnung.
Und als Mineral, Pflanze und Tier ist dies der Mensch auch; keinen Sekundenbruchteil könnte er als lebendiger Leib existieren
ohne dieses Eingebettetsein in die Große Ordnung, ohne dieses
unfreie Eingebettetsein. Im Ich und in der mit diesem Ich gegebenen Freiheit fühlt er sich als getrennt; das Ich trennt den
Menschen von der Großen Ordnung. Erst einmal und als es selbst.
Und es gehört zu den Bewußtseinsaufgaben des Menschen, die
Große Ordnung *im Ich* zu gewinnen, in gewisser Weise *zurückzugewinnen.*

Was das Mineral, die Pflanze und das Tier, auf je verschiedenen
Ebenen, repräsentieren, also das seiner selbst unbewußte, unter-
ichhafte kosmische Bewußtsein, muß der Mensch ichbewußt und
wach und in der Freiheit seiner Entscheidung erringen. Und damit
erhält die Große Ordnung, erhält der kosmische Logos ein anderes Gesicht. Damit geschieht etwas Kosmisches. Insofern trägt der
Mensch – und nicht nur für die Erde – eine kosmische Verantwortung. Der Mensch braucht den Logos, aber der Logos braucht auch
den Menschen. Er ist erst ganz Logos durch den Menschen. (Auch

dies kann mit einigem Recht als ein anderes »anthropisches Prinzip« gewertet werden.)

Das *tat tvam asi* der Upanishaden (»Das bist auch du«, die berühmte Formel für die Einheit von Welt und Mensch) gewinnt von hier aus eine tiefenökologische Qualität. Und damit wird der Mensch, als Körper-Seele-Geist-Einheit, nicht reduziert auf einen bloßen Strang oder integralen Teil des großen Gewebes, des Ökosystems Gaia (im Sinne der flachen Version der Tiefenökologie). Der Mensch tritt vielmehr in seine Würde als das Mysterium der inkarnierten Einheit von Natur und Übernatur.

Wie kommen wir in Kontakt mit der Erde?

Die ökologische Krise ist die Ausdrucksform einer kollektiven Neurose, einer kollektiven Abspaltung von Erde und Kosmos. Alles wird davon abhängen, ob und in welchem Grade es uns gelingt, das Abgespaltene oder seelisch-geistig Abgesprengte wiederzugewinnen. Wobei es nicht einfach um »Wiedergewinnung« von etwas Verlorenem geht, sondern um eine ganz neue Stufe in der Evolution des Menschen, des menschlichen Bewußtseins. Der Mensch war nie dort, wo er nun sein muß. Das muß gegen alle »ökoromantischen« Versuche gesagt werden, die fast alle davon ausgehen, daß es menschheitsgeschichtlich Phasen, Epochen, Kulturen gab, die für uns heute Vorbildcharakter haben können.

Mag es partiell diese Momente gegeben haben, in Gänze war es niemals und nirgendwo der Fall (soweit die uns bekannte Geschichte reicht). Es gibt kein »Zurück zur Erde«, allenfalls in dem Sinne, daß es zu den unverzichtbaren Ingredienzien dieser Übergangsphase gehört, den Leib »zurückzugewinnen« und in diesem Sinne zu »erden«. Ken Wilber nennt das: »to re-own the body«, also »sich den Körper wieder aneignen«, und die mythologische Gestalt, die er hierzu heranzieht, ist der Zentaur.

Wir werden nicht weiterkommen, wenn wir die Leibvergessen-

heit, die Teil des großen Erdvernutzungsprojekts ist, nicht überwinden. Daß dies in großem Stil auch geahnt wird, zeigt die Flut
der Körpertherapien in unseren Tagen; unzählige Menschen spüren, daß gerade hier, im eigenen Leibverhältnis, verheerende Defizite vorliegen, Verbiegungen, Verknotungen, unsägliche Verwir-
rungen und unsägliches (meist stilles, dumpfes) Leiden. Das hier
Angesprochene berührt die Ernährung genauso wie die Sexualität,
berührt die sinnliche Wahrnehmung in den alltäglichsten Verrich-
tungen. Es ist ja heute so, daß vielfach gar kein Bewußtsein mehr
dafür vorliegt, was überhaupt wirkliches, authentisches Sehen,
was Tasten, was Schmecken, was Hören und was Riechen ist. Wären diese Wahrnehmungen noch »intakt«, hätte es die allenthalben zu beobachtenden Deformationen *so* gar nicht geben können.

Wir brauchen, zuerst und als Fundament, *Sinnlichkeit.* Und
diese Sinnlichkeit ist in einer Weise verschüttet worden, die alles
Über-Sinnliche von vornherein neurotisiert. Zu den großen, unverzichtbaren Impulsen in Richtung auf diese Wiedergewinnung
der Sinnlichkeit gehört der Tantrismus. Und hier geht es keineswegs ausschließlich um die Sexualität, sondern um ein wirklich
ganzheitlich verstandenes Leibverhältnis, das notwendig, und ohne
daß dies programmatisch zu verkünden wäre, in das »Über-Leib-
liche« hineinreicht. Anders gesagt: Wenn der Mensch sich wirklich
inkarniert, wirklich Erde und Fleisch wird, sich wirklich als Geborenen begreift und lebt (und nicht als Nur-halb-Geborenen), rührt
er dadurch bereits an die Pforten seiner transmentalen Bestimmung. Alles Nur-Sinnliche weist schon über sich hinaus ins Nicht-
mehr-Sinnliche oder Über-Sinnliche. Leib ist niemals Nur-Leib;
und nicht von ungefähr gehen viele spirituelle Traditionen von
verschiedenen »Körpern« aus, in die das geistig-seelische Selbst
des Menschen »eingelassen« ist. Ich habe mich dazu eingehend
geäußert.

Kontakt zur Erde gewinnen wir über die Sinne, über die Tie-
fenwahrnehmung der sinnlich-physischen Gestalten, die uns umgeben. Und je mehr wir diese Tiefenwahrnehmungen verfeinern
und intensivieren und uns derart andere, dahinter oder darin be-

findliche Bewußtseinsräume erschließen, um so deutlicher wird
die Einsicht, daß das Sinnliche und das Über-Sinnliche nur durch
eine hauchzarte Schicht voneinander getrennt sind. Wie wir in der
innigsten erotischen Verschmelzung einen »Anhauch von drüben«
verspüren (können), wenn wir denn offen und wach genug sind,
so können wir analog in jeder sinnlich-physischen Gestalt ihr
»meta-physisches« oder »feinstoffliches« (übersinnliches) Äquivalent wahrnehmen. Das gilt nicht nur für die einzelne Gestalt, etwa
einen Kristall, eine aufblühende Rose oder einen rätselhaft opa-
lisierenden Käfer, der eine Waldlichtung durcheilt, sondern auch
für Landschaften. Daß Landschaften ihre Seele haben, eine Seele,
die man nicht unbegrenzt mißachten und mit Füßen treten kann,
wird zwar durchaus gewußt, aber dieses Wissen (oder Ahnen,
Fühlen) hat einen sehr geringen Stellenwert, wenn ökonomische
»Sachzwänge« oder massive Gruppenegoismen ins Spiel kommen.
Erst wenn etwa eine reizvolle Landschaft durch hemmungslose
Überbauung so weit ruiniert ist, daß nun auch die Touristen fern-
bleiben, wird die brutale Mißachtung einer Landschaftsseele als
das erkennbar, was sie immer auch ist: ein ökologisches *und* öko-
nomisches Desaster.

Ich will den Ausdruck »Seele einer Landschaft« hier in einer gewissen Unschärfe stehenlassen; was Landschaften wirklich sind,
d.h. welche höheren, über das Sinnlich-Gestalthafte und Ökologische hinausweisenden Einheiten (Holons), wird sich nur einer
Wahrnehmung erschließen, die das Sinnliche mit dem sogenannten Über-Sinnlichen zusammenführen kann. Solcherart Fähigkeiten reklamiert Marko Pogačnik für sich, der wohl bekannteste Vertreter der Geomantie in Mitteleuropa. Geomantie wird von ihm
definiert »als ein ganzheitlicher Zugang zu den feinstofflichen, das
heißt unsichtbaren Dimensionen der Erde, der Natur und der Landschaft«. »»Geomantie‹ heißt Wahrsagung (= die Wahrheit sagen)
über die verborgenen Kräfte der Erde.«[48]

»Die Geomantie stellt jenes Wissen dar, das es dem Menschen
ermöglicht, die seinem geistigen Wesen fremd erscheinende Natur
der irdischen Welt tiefgreifend und ganzheitlich kennenzulernen

und sich auf eine mitschöpferische Beziehung zur Erde, zur Natur und zur Landschaft einzulassen. Es geht nicht in erster Linie um die richtige Plazierung von Gebäuden oder deren kraftgemäße Gestaltung und auch nicht um die energetischen Phänomene der Orte. Absolut vorrangig ist das Entwickeln und Erlernen von Methoden des Kommunizierens mit der irdischen Mitwelt, und erst an zweiter Stelle geht es um das Verständnis für die unzähligen Ausdrucksweisen ihrer Mehrdimensionalität. Die Bereiche der praktischen Anwendung dieses Wissens stehen erst an dritter Stelle.«[49]

Pogačnik, ein anthroposophisch geprägter Bildhauer, hat großflächige »Erdheilungsprojekte« initiiert und durchgeführt; gestörte Landschaften und auch sogenannte Kraftorte soll er mittels der von ihm entwickelten Kunst der »Lithopunktur« geheilt haben. Was ich beurteilen kann, klingt weitgehend seriös, obwohl eine Vielzahl unerwiesener Behauptungen und purer Spekulationen in dem von Pogačnik entwickelten System der Geomantie steckt. An geomantisch bedeutsamen Punkten werden längliche Steine gesetzt (wie Akupunkturnadeln in den Erdenleib hinein), in die an keltische Formen erinnernde Muster und Zeichen eingemeißelt sind (»Kosmogramme« und »Kinesiogramme«), die die feinstofflichen Energien ganzheitlich-heilend lenken (sollen). Ich will das nicht im einzelnen darstellen. Wichtiger für den Zusammenhang dieses Buches ist das Vier-Schichten-Modell der Erde, das Pogačnik vorstellt (die Beeinflussung durch Rudolf Steiner ist offenkundig). Er unterscheidet oberhalb des »manifestierten Raums«, der »Welt der Materie«, vier Ebenen; alle vier Ebenen werden dem »mehrdimensionalen Raum« zugeordnet.

Es gibt nach Pogačnik die strukturgebende Dimension (diese entspricht der Formebene), die vitalenergetische Dimension (Kraftebene oder ätherische Ebene), die urbildliche Dimension (Gefühlsebene oder astrale Ebene) und die geistig-seelische Dimension (Geistebene oder mentale Ebene). Diesen vier Ebenen bzw. »Raumdimensionen« entsprechen die »radiästhetischen Phänomene« (Formebene), die »geomantischen Systeme« (Kraftebene), die »Elementarwesen und Symbolzeichen« (Gefühlsebene) und die »Landschaftstempelmuster« (mentale Ebene).[50]

Den Ausdruck »strukturgebende Dimension« übernimmt Pogačnik von dem Physiker Burkhard Heim. Nach Heims sechsdimensionaler Feldtheorie (bezogen auf die Annahme eines sechsdimensionalen »Hyperraums«) folgt der bekannten vierdimensionalen Raum-Zeit (Breite, Höhe, Tiefe und die Zeit als vierte Dimension des Raums) als fünfte Dimension, die die physische Welt überschreitet, die »strukturgebende Dimension«.

Pogačnik: »Die Qualifikation ›strukturgebend‹ empfinde ich als stimmig, was die Funktion dieser Dimension angeht, nicht jedoch ihre Anbindung an die Materie.«[51] Pogačnik bestreitet die »Anbindung« der fünften Dimension (der »strukturgebenden Dimension«) an die Materie. Für ihn ist, wie für Rudolf Steiner, »der Zustand der ›harten‹ Materialisierung nur ein möglicher und vorübergehender Zustand«, »in dem sich die Wirklichkeit in der gegenwärtigen Phase ihrer Wandlungen durch die Zeit befindet«[52]. Und: »Da die materialisierte Welt, die wir um uns herum sehen, als etwas Endgültiges – und nicht als eine vorübergehende Phase – betrachtet wird, versperrt sich unsere Kultur selbst den Zugang zu den feinstofflichen Dimensionen der Wirklichkeit, von denen die Strukturgebende die äußerste ist, weshalb sie am ehesten mit der Struktur der materiellen Wirklichkeit vermischt wird. Aufgrund dieser Vermischung und Gleichsetzung sieht die Wirklichkeit so aus, als bestünde ihre ganze Realität in den stofflichen Strukturen, obwohl diese Strukturen nur deswegen möglich sind, weil die erste der feinstofflichen Dimensionen – die strukturgebende – die Voraussetzungen dafür aufrechterhält, daß die (vorübergehende) Existenz der materiellen Welt überhaupt möglich wird.«[53]

Damit wird die physisch-sinnliche Welt in signifikanter Weise relativiert, und zwar ontologisch (ihrem Sein, ihrem Wesen nach) und evolutiv (sie ist nur eine vorübergehende, eingebettet in ein eher flüssiges, feinstoffliches Davor und Danach).

Zu Burkhard Heim möchte ich ergänzend kommentieren, daß ich schon die in der heutigen Physik übliche Qualifizierung der

Zeit als vierte Dimension des Raumes für rein fiktiv halte (man sollte sich hüten, bloße Rechengrößen zur »objektiven Wirklichkeit« zu machen – leider geschieht dies ständig).

Marko Pogačnik nimmt nun wahrhaft staunenswerte Fähigkeiten für sich in Anspruch; sein umfangreiches Grundlagenbuch zur Geomantie *(Schule der Geomantie)* setzt sich auch mit den erkenntnistheoretischen Fragen auseinander, die diese Fähigkeiten aufwerfen. Doch auch er kann den Verdacht nicht ausräumen, daß viele dieser Wahrnehmungen feinstofflicher Wirklichkeitsebenen »gefiltert« im Bewußtsein ankommen; Bewußtseinsphänomene und deren Interpretation gehen bei Pogačnik eine so enge Verbindung ein, daß man Mühe hat, das Wahrgenommene von seiner einordnenden Deutung zu unterscheiden. Natürlich gilt dies bei fast allen Wissensbehauptungen jenseits der physisch-sinnlichen Welt. Und sicher ist es eine große und bis dato ungelöste Aufgabe der Bewußtseinsforschung, Phänomen und Deutung so weit irgend möglich zu differenzieren. Pogačnik ist da eher ein Beispiel für ihre Vermischung. Das mindert nicht, um das klar zu sagen, die Bedeutung seiner geomantischen Forschungen und Ansätze; deren tiefenökologischer Wert ist völlig unbestreitbar. Und gerade weil Pogačnik in der New-Age-Szene (in einem weitgefaßten Sinn) sehr populär ist, erscheint es sinnvoll, noch ein wenig bei ihm zu verweilen, zumal er wirklich Antworten bereitstellt auf die Frage, wie wir mit der Erde sinnlich-übersinnlich kommunizieren, wie wir mit der Erde Kontakt aufnehmen können.

Zur Formebene (strukturgebende Dimension) gehören nach Pogačnik die mittels der Radiästhesie registrierten Schwingungsphänomene. (Radiästhesie gilt »als die Fähigkeit, Strahlung zu erspüren und zu unterscheiden«[54].) Die eigentliche Geomantie findet auf der Kraftebene (der vitalenergetischen Dimension) statt. Pogačnik schreibt:»Ich werde den Ausdruck ›ätherische Ebene‹ als Alternative für die vitalenergetische Dimension meiden, weil ich die Kräfte, die nach der abendländischen Tradition als ›ätherische Kräfte‹ bezeichnet werden, der Aufteilung in die vitalenergetische und die strukturgebende Dimension als übergeordnet begreife. (…)

Der Wirkungsbereich der Lebenskräfte ist jedoch sowohl in die vitalenergetische als auch in die strukturgebende Dimension hinein ausgedehnt.«[55] Analog dem »Lebenskörper« in der menschlichen Wesensschichtung (dem Pflanzen-Selbst) gäbe es, wenn die Prämisse zutrifft, einen »Lebenskörper« der Erde, der sich als Form und als »Kraft« (»Vitalenergie« = Lebensenergie) auswirkt.

Pogačnik: »Werden die vitalenergetischen Organe der Landschaft durch menschliche Mißachtung beschädigt, so ist ein Absinken der Vitalität in dem betreffenden Landstrich die unausweichliche Folge. Einige dieser ›Organe‹ gehören unmittelbar zu den planetarischen vitalenergetischen Systemen, andere haben lokalen Charakter, jedes von ihnen ist für das Leben der Erde unentbehrlich:

– das System der planetaren Kraft-Leylinien, die in verschiedenen Richtungen verlaufend den Erdkörper in der Form eines Netzes umspannen;
– das System der Verbindungs-Leylinien, die sternförmig von Ortszentren ausgehen und verwandte Orte miteinander verknüpfen;
– das System der Kraftlinien und Kraftquellen, die als Ergebnis der vitalenergetischen Tätigkeit der Berge und Gebirgsketten entstehen;
– das Gleichgewichtssystem, das die Erde samt ihren feinstofflichen Systemen in Balance hält;
– das Yin-/Yang-System der Landschaft;
– das Atmungssystem der Landschaft;
– Systeme der Einbindung von Orten und Landschaften in größere Zusammenhänge (...);
– vitalenergetische Systeme der Elementarwesen.«[56]

Der Kraftebene folgt die Gefühlsebene oder astrale Ebene, die Pogačnik mit der urbildlichen Dimension gleichsetzt. Er schreibt: »Die lenkenden und gestaltenden Bewußtseinsimpulse, die von der urbildlichen Raumdimension ausgehen, werden von einer gefühlsmäßigen Kraft getragen, die sich in Form von psychischen Kräften, wie Trieben, Leidenschaften, Gefühlen, Gedanken oder Intuitionen, äußert. Diese Kräfte steigen entweder aus der instinktiven und vorbewußten Verbindung eines Wesens mit der Ganzheit des Kosmos, der Erde und der Natur auf, oder sie manifestieren sich durch den bewußten Einsatz von Gefühlen und Gedanken. (...) Die urbildliche Dimension stellt auch die Ebene dar, auf der das Bewußtsein der Erde, der Natur und der Landschaft beheimatet ist. Es handelt sich um unzählige Arten von ›Intelligenzzellen‹, die überall ausgebreitet sind, wo planetares Leben existiert.«[57] Und schließlich: »Die geistig-seelische Dimension ist ... diejenige Ausdehnung des mehrdimensionalen Raumes, durch die sich das Göttliche in der Landschaft offenbart.«[58]

Wer diese Zuordnungen und Schemata liest, der könnte die Frage aufwerfen, ob die konkrete geomantische Arbeit in der Lage ist, hier wirklich die notwendigen Differenzierungen vorzunehmen. Pogačnik bedient die von ihm vorgestellte Klaviatur mit erstaunlicher Virtuosität, letztlich auf eine künstlerische, eine experimentell-spielerische Weise, deren Wirklichkeits- und Wahrheitsgehalt im einzelnen oft schwer auszumachen ist.

Anderes läßt aufmerken. Die »sensitiven« Fähigkeiten Pogačniks sind unbestreitbar, doch es ist sehr schwer einzuschätzen, wie weit oder tief sie wirklich reichen.

Zur Geomantie der Berge

Ich will ein Beispiel herausgreifen: das System der Berge und die ihm zugeschriebene geomantische Bedeutung. Das Beispiel ist nicht beliebig gewählt, sondern hängt mit meiner eigenen Biographie zusammen. Von Kindheit an hatte ich eine sehr starke emotionale Beziehung zur Bergwelt. Die archetypische, grenzüberschreitende Dimension des Hochgebirges hat mich über viele Jahre hinweg beschäftigt. Daß Bergwandern auch eine spirituelle, eine geomantische Bedeutung hat, habe ich seit Mitte der 6oer Jahre immer wieder erfahren: in den Dolomiten, im Oberengadin, im Berner Oberland, am Mont Blanc, im Himalaya. Wenn eine Tä-

tigkeit den Ausdruck »ganzheitlich« verdient, dann ist es das Bergwandern; selten kann sich der Geist so frei entfalten wie im ruhigen Rhythmus des Wanderns. Unter den Philosophen war es
Nietzsche, der dies unermüdlich betont hat; viele seiner Gedanken
sind »erwanderte« und nicht »ersessene« Gedanken. Und das spürt
man bis in die Feinstruktur, den Rhythmus der Sprache hinein.

Daß Berge »heilig« sind oder sein können, habe ich *erfahren*;
und die »Heiligen Berge« vieler Kulturen sind keine Projektionen,
sondern Erfahrungen, die auch heute noch möglich sind, eine gewisse Offenheit und Unverkrampftheit vorausgesetzt. Man kann
sich meditativ auf die Berge einstimmen, leiblich, seelisch, mental,
spirituell. Und dann spürt man, daß bestimmte Berge eine starke
Strahlung aussenden, der man sich nicht entziehen kann. Wir spüren eine Form der Annäherung, die eine bestimmte Grenze nicht
überschreiten darf, ohne ins Dämonische überzugehen. Die allzu
große Nähe zur Flamme bedroht unsere Existenz.

Wir alle haben ein gestörtes Verhältnis zum Heiligen, und das
aus guten Gründen. Aber es wird nicht möglich sein, die Erde zum
Oikos, zum wirklich bewohnbaren Ort, zu machen, wenn es uns
nicht gelingt, eine authentische und lebendige Verbindung herzustellen zum Heiligen in der Natur. Terence McKenna meint,
daß diese authentische und lebendige Verbindung nur über psychoaktive Pflanzen möglich sei, also über die psychedelische
Erfahrung.

Was ist denn das Heilige? Wenn von Heiligen Bergen gesprochen wird, dann wird davon ausgegangen, daß dieses Heilige in
den betreffenden Bergen »buchstäblich« und tatsächlich auch anzutreffen ist, gleichgültig, ob es Menschen gibt, die dies wahrnehmen. Gibt es das Heilige, oder schaffen wir es? Wahrscheinlich gilt
auf eine paradoxe Weise beides: Wir geben, wir weisen zu, wir
projizieren, und zugleich entbirgt sich das Heilige in eigenster
Substanz. Das Heilige manifestiert sich, indem es sich verbirgt, es
enthüllt sich, indem es sich zurückzieht, es zieht an, und es stößt
ab. So reißt sein Zauber nie ab. Sakralität ist auch Todesnähe; das
Heilige überschreitet die Grenzen des inkarnierten Seins; es kann

uns »zerstrahlen«, wenn wir ihm kein Widerpart sein können, wenn es zu groß ist für unsere Kleinheit.

Das Heilige hat auch mit dem Erhabenen zu tun. Von der Erhabenheit der Bergwelt wird gern im schwärmerischen und damit unverbindlichen Ton gesprochen, aber es gibt sie. Das Erhabene, wie das Heilige, ist das Sehr-Ferne und Sehr-Alte und zugleich das Nahe und das Immer-Neue, das Nie-Ausschöpfbare.

»Offene Weite, nichts von heilig.« Die berühmte Zen-Formel gilt auch für das Heilige der Berge. In diesem Widerspruch manifestiert sich das Heilige der Berge; es ist eine weite und offene, eine »unheilige Heiligkeit«. Die Erde überhaupt will in dieser »offenen Weite« angeschaut werden, *als* diese »offene Weite«. Und gerade daran mangelt es in den meisten zeitgenössischen Ansätzen der Geomantie; auch Pogačnik preßt ein weltanschauliches System auf die lebendige Wirklichkeitsstrahlung der Erde. Das gibt vielen seiner Aussagen ihren ambivalenten Charakter. Dennoch wird etwas wahrgenommen, und zwar wirklich wahrgenommen; daran kann kein Zweifel bestehen. Nur ist der projektive Anteil immer mitgegeben und im einzelnen kaum trennscharf herauszufiltern.

Eines meiner Schlüsselerlebnisse zum Verständnis der Geomantie der Berge (speziell des Hochgebirges) fällt in den Herbst 1984. An einem sehr kalten und klaren Morgen war ich von Cour Majeur aus zu einer längeren Wanderung aufgebrochen; bei einer Biegung des Wanderweges ergab sich, für mich völlig überraschend, der freie Blick auf das gewaltige Massiv des Mont Blanc. Was dann geschah, läßt sich nur schwer in Worte kleiden; es war, wenn man es so nennen will, eine psychedelische Erfahrung ohne Psychedelika (ich stand also nicht unter dem Einfluß einer psychoaktiven Substanz). Als ich des Mont Blanc ansichtig wurde, veränderte sich mein Bewußtseinszustand auf dramatische Weise. Ich sah den Berg nicht nur, ich »schaute« ihn, ich »hörte« ihn, ich nahm ihn in seiner eigensten, seiner physisch-metaphysischen Substanz wahr. Die gleißende Schönheit des »Weißen Berges« in der Morgensonne war erfüllt von einer archaischen »Musik«, einer rätselhaften Klangwelt, in der sich mächtige Orgelakkorde und so etwas wie der Obertongesang tibetischer Mönche zu verbinden schienen mit harmonikalen Klangmustern auf dem Grunde der Materie. So entstand ein rätselhafter, aber ungeheuer mächtiger Mischklang, der mein Bewußtsein durchpulste. Zugleich geriet ich in eine sehr hohe, feine Ekstase hinein. In diesem dramatisch veränderten Bewußtseinszustand glaubte ich, in der Einheit von Gestalt und archetypischem Klang eine Verbindung des Mont Blanc zur kosmischen Umwelt wahrzunehmen. Einige Monate später konnte ich diese Wahrnehmung konkretisieren; eine nächtliche Vision wies mich auf das Siebengestirn, die Plejaden, als jene kosmische Zone, von der der Berg in besonderem Grade »bestrahlt« wird.

Merkwürdig bleibt, daß ich erst viel später erfuhr, daß der Mont Blanc tatsächlich in verschiedenen Überlieferungen als Heiliger Berg gilt und auch von manchen Exiltibetern, die in Europa leben, so betrachtet wird; zuweilen wird hier eine Verbindung hergestellt zwischen dem Mont Blanc und den Heiligen Bergen des Himalaya und Transhimalaya.[59] Diese Verbindung ist mir selbst erst im Sommer 1986 aufgegangen, als ich zum erstenmal im Himalaya war. Ausgangspunkt – und Anknüpfung zugleich – war die auffallende Ähnlichkeit zwischen dem Matterhorn und dem als heilig geltenden Berg Machhapuchhare (dem »Hausberg« von Pokhara, einem Ort in Nepal). Aufgrund dieser Ähnlichkeit wird der Machhapuchhare (der wie der Heilige Berg Kailash nie bestiegen wurde) auch als »Matterhorn des Himalaya« bezeichnet. Diese Ähnlichkeit weist auf einen tieferen Zusammenhang; wahrscheinlich stehen alle bedeutsamen und auch die Heiligen Berge dieses Planeten in einer energetischen/feinstofflichen Verbindung miteinander.

Was die Plejaden anlangt, so geschah die Vision lange bevor jene Welle innerhalb der New-Age-Bewegung und in Ufo- und Channel-Kreisen einsetzte, die die Plejaden ins Zentrum der kosmischen Aufmerksamkeit rückte (neben dem Sirius, dem Aldebaran und anderen Gestirnen der Galaxie, etwa dem Beteigeuze). Ich will das mit den Plejaden nicht überbewerten; die Vision war machtvoll, aber was wirklich »dahinterstedkte«, entzieht sich meiner Wahrnehmung und vertieften Erkenntnis.

Ich erlaube mir, hier einen Text zu bringen, den ich einige Wochen nach dem Mont-Blanc-Erlebnis schrieb und der einen Eindruck vermittelt, wie sehr mich dieses Erlebnis beschäftigte. Es kommen darin Facetten zum Ausdruck, die die im engeren Sinn geomantische Dimension überschreiten.

Vom Weißen Berg

Jedes Erkennen ist Wiedererkennen. Ist Wiederbewußtwerdung des Vergessenen und Abgesunkenen im eigenen Innern. Ich glaubte, den Weißen Berg *wieder*erkannt zu haben. Mit einem derartigen Erlebnis war in keiner Weise zu rechnen gewesen, hatte ich doch im Laufe von drei Jahrzehnten viel gesehen und in mich aufgenommen an »Substanz« der Berge: die taoistische Klarheit und Heiterkeit des Oberengadins etwa oder das breit hingelagerte Massiv des Idagebirges, wie man es von der Südküste Kretas aus wahrnimmt. Doch das Erkennen des Weißen Berges war anders, gänzlich unvorhergesehen, überraschend, ein jähes Erstaunen, ja Erschrecken, als wäre einst Vertrautes, dem eigenen Wesen innig Verbundenes erneut heraufgespült, erneut aufgebrochen, geradezu schmerzhaft aufgerissen. Eine Wunde, die man geheilt glaubte bzw. deren Existenz in einem versteckten Winkel des Bewußtseins verharrte, die tief an das eigene Sein rührt, schien unversehens aus der Verborgenheit befreit zu sein.

Der Weiße Berg erheischt Liebe, Zuwendung, Ergebenheit. Er verlangt den Kultus, aller Entweihungen durch jene Menschen ungeachtet, die ihn zur bloßen Touristenattraktion verkommen ließen, ihn untertunnelten und mit Seilbahnen überzogen. Er fordert seine Opfer. Und er erhält sie. Jedes Jahr.

Der Weiße Berg ist der Berg schlechthin, der Archetypus des Berges und nicht zufällig zugleich der höchste Berg Europas. »Modernem« Empfinden mag meine Ekstase unverständlich, ja, lächerlich oder anachronistisch erscheinen, und mein Wiedererkennen wird kaum sinnvoll zu vermitteln sein. Wozu auch? Der Weiße Berg verkörpert eine Möglichkeit des Geistes, eine bestimmte Haltung, die mit allen Bestrebungen der Jetztzeit wenig gemein hat. Der Boden der Seele wird gleichsam aufgelockert, umgeschichtet, umgruppiert zu neu-alten Formationen, die auch etwas zu tun haben mit Musik – Musik von kristallener Gestalt, abweisend und schimmernd in ihrer Vollkommenheit und sublimen Durchsichtigkeit ...

Alle vier Ebenen bzw. Dimensionen im Sinne der Kategorisierung von Pogačnik waren an dem Mont-Blanc-Erlebnis beteiligt. In abgeschwächter, aber durchaus analoger Form habe ich derartige Wahrnehmungen von einzelnen Bergen oder Berggruppen immer wieder gehabt, und zwar sowohl in den europäischen Alpen als auch im Himalaya und Transhimalaya. Die Verbindung mit Klängen, oft auch in Form gestalteter Musik oder Erinnerungen an existierende große Musik, war häufig gegeben.

Der Fuji (Fujiyama) ist Japans Heiliger Berg (zugleich der höchste Berg des Landes); wie kein anderer vielleicht in unserer Zeit hat der Fotograf Yukio Ohyama diesen Berg »besungen«, und zwar sowohl in seinen Fotos als auch in seinen Texten. Ich möchte einige seiner Texte hier zitieren, weil sie auf sehr eindrucksvolle Weise zeigen, wie auch »moderne Menschen« in der Tiefe angerührt werden können durch die sinnlich-übersinnliche und geomantische Präsenz bestimmter Berge. Viele meiner eigenen Texte über Berge, die mich in der Tiefe getroffen haben, weisen einen ähnlichen Grundcharakter auf. Ein Symptom der kollektiven Neurose, die die ökologische Krise darstellt, also der Abspaltung von Kosmos und Erde, ist der Umstand, daß der Fuji, das Matterhorn, der Mont Blanc und viele andere Berge der europäischen Alpen und des Himalaya inzwischen zu gigantischen Müllkippen geworden sind. Der Fuji wird jedes Jahr von ca. einer halben Million Menschen bestiegen.

Yukio Ohyama schreibt: »Mein Fuji – nur ein Berg? Mein Fuji ist eine anmutige, schöne Frau, die mich entführt in eine andere

Welt. Tief im Zauberwald zeigt sie mir ein Paradies, das ich schon einmal gesehen habe, damals im Traum...«

»Wenn ich sie sehe, fühle ich mich großartig, fast erhaben. Wie in Trance taste ich nach dem Auslöser, drücke ab, ohne nachzudenken...«

»Fuji ist wahrhaft eine schöne Frau, eine wunderschöne Frau. Wieder und wieder möchte ich ihr begegnen und lauschen, wie sie mich lockt...«

»Wen kann es wundern, daß es mich zu diesem Berg hinzieht? Fuji ist nicht nur eine faszinierende Frau, Fuji ist mir wie eine Göttin. Bei ihrem Anblick durchströmt mich tiefe Dankbarkeit, daß ich lebe...«

»In der aufgehenden Sonne fällt Fujis Schatten über die Erde. In diesem Moment werde ich – ein winziger Punkt nur – eins mit dem Universum, dem Gras, den Steinen um mich herum. Und ich spüre meine Tränen...«[60]

Allzu billig wäre es, diese und analoge Aussagen als die poetisch-sentimentalen Entgleisungen eines Fotografen abzutun oder gar als »Männerphantasien« (Gleichsetzung von Berg und Frau). In geomantischer Perspektive wird hier eine Wechselwirkung deutlich, die dem entspricht, was ich über das Heilige gesagt habe: Der Berg strahlt etwas aus (und diese Strahlung *ist wirklich*, sie ist keine Projektion), und der diese Strahlung empfangende Mensch in seiner körperlich-seelisch-geistigen Ganzheit macht den Berg »bewußtseinsfähig«. D. h. nur im Menschen und durch den Menschen kommt der Berg zu sich selbst; der Berg *braucht* den betrachtenden, ihn verehrenden Menschen. Der »Berg für sich« bliebe stumm und eingeschlossen in seine Unbewußtheit. Das ist essentiell für jede geomantische Arbeit, für jede Kommunikation (oder gar Kommunion) mit der Erde und ihren Manifestationen. Die Seele einer Landschaft existiert auch ohne den Menschen (nur entzieht sich diese Eigenexistenz jeder menschlichen Kategorie), aber erst im Wechselspiel von menschlicher Kultur und Landschaftsseele kommt die Landschaft zu ihrer geomantischen Bestimmung und Erfüllung. Und dem feineren Gespür kann nicht verborgen bleiben, wo die Bebauung einer Landschaft mit ihrer Seele, ihren feinstofflichen/geomantischen Gegebenheiten harmoniert und wo eben nicht. Und das ist keineswegs in erster Linie eine Frage der Ästhetik.

Wenn man geomantisch bedeutsame Plätze oder Orte in völliger Verkennung ihrer tieferen Funktion einfach zubetoniert, schnürt man an dieser Stelle den Energiefluß einer Landschaft genauso ab, wie dies beim Menschen geschieht, wenn die Bioenergie im Körper nicht frei fließen kann. Was wir brauchen, ist nichts Geringeres als eine planetare Bioenergetik (Pogačniks vitalenergetische Dimension), die zunächst regional, d.h. auf den einzelnen Ort, die einzelne Landschaft bezogen ansetzt. Aber es bedarf auch der höheren, der über den Bios hinausweisenden Ebenen, wobei ich glaube, daß diese Ebenen auf eine sehr subtile und fluktuierende Weise ständig ineinandergreifen; wird dies nicht hinreichend wahrgenommen, wird auch die von besten Absichten getragene geomantische Arbeit linear und mechanistisch.

In magisch-mythischen Kulturen war so etwas wie eine sakrale Topographie oder Geographie Allgemeingut; es gibt kein Zurück zu dieser Bewußtseinsformation, aber wir können auch das Magisch-Mythische auf höherer, transmentaler Stufe integrieren. Und darum geht es, auch in der Geomantie, auch in all unseren Versuchen, mit der Erde zu kommunizieren.

Es gibt nicht nur Heilige Berge, sondern auch Heilige Hügel oder einfach Erhebungen in der Landschaft, die energetisch aufgeladen sind und auf verschiedenen Ebenen Strahlung aussenden. Häufig erschließt sich selbst der abgeflachten Touristenwahrnehmung noch ein letzter Rest dieser Strahlung, und manche Reise ist (unbewußt) eine Art Pilgerfahrt zu einer heiligen Stätte. Der Magnetismus mancher Landschaften, die Jahr für Jahr Touristen anziehen, hat hier seine Wurzel. Touristen sind häufiger »Geomanten«, als sie glauben; begriffen sie es auch nur im Ansatz, hätte dies weitreichende Folgen.

Ihnen wäre dann ein ganz anderes Verhalten abverlangt. In der New-Age- und Esoterik-Szene gibt es schon seit langem, und zunehmend stärker, einen »sakralen Tourismus«, wobei sich diese (oft gierige) Suche nach »Kraftplätzen« meist mit den üblichen Tourismusformen und -folgen verbindet und insofern gleichfalls die zarten Energiesysteme der Erde schädigt. Also auch das »Wissen« um die geomantische Bedeutung mancher Orte oder Landschaften allein reicht nicht aus. Und sicher wird auch mancher, der den Fuji als ein Verehrender besteigt, dort seinen Müll hinterlassen.

Heilige Hügel:
Zur Geomantie von
Salzburg, Lhasa, Athen

Daß Gebäude und Ansiedlungen der geomantisch-feinstofflichen Struktur einer Landschaft zuweilen auf beglückende Weise entsprechen, möchte ich an drei Beispielen zeigen. Das eine Beispiel ist Salzburg, das auch Pogačnik aus gutem Grund heranzieht (in seiner *Schule der Geomantie* gibt er ein Schema, das das »Yin-Yang-System der Stadtlandschaft von Salzburg« beschreibt, also die Zuordnung und Verteilung von weiblichen und männlichen Energien; ich finde das Schema nicht in Gänze überzeugend).[61]

Die Festung Hohensalzburg, die sich 118 Meter über die Stadt erhebt, liegt auf dem Mönchsberg; ihr gegenüber, auf der anderen Seite der Salzach, liegt der Kapuzinerberg, der eine Art Gegenpol darstellt. Das spürt man auch, wenn man seine Wahrnehmung öffnet. Die Stadt wird bestimmt durch diese bipolare Struktur der Landschaft. Die Festung wirkt wie die Vollendung oder »Krönung« des Mönchsbergs, jedenfalls von der Vorderseite, vom Stadtzentrum aus. Und die stets gegenwärtige Kulisse der Festung, die ständig ihren »Geistergruß« herabsendet (wie Franz Schubert einmal in einem Brief schreibt), gibt dem Gassensystem der Stadt und dem zentralen Domplatz ein zu Recht immer wieder bewundertes, singuläres Gepräge, das nun auch als Touristenattraktion – so weit irgend möglich – erhalten wird. Wer nachliest, was Max

Reinhardt und Hugo von Hofmannsthal im Ursprung mit der Festspielidee verbanden, dem wird nicht entgehen, daß beide ein sehr
feines Gespür für die geomantische Beschaffenheit dieser Stadtlandschaft hatten. Dieser wollten sie im Mysterienspiel und in der
Musik begegnen. Salzburg sollte ein europäisches (friedenstiften-
des, völkerverbindendes) Zentrum werden. Es muß uns an dieser
Stelle nicht bekümmern, was realiter aus der Festspielidee geworden ist; doch, aller Entgleisungen ungeachtet, auch die heutigen
Festspiele atmen noch einen Rest der Ursprungsidee und der genannten geomantischen Entsprechung.

Der Bipolarität der Salzburger Stadtlandschaft selbst entspricht
eine andere, analoge, aber weitere Räume umspannende. Ich meine
die Bipolarität von Salzburg (mit der Festung Hohensalzburg) und
der Gegend um den Obersalzberg, wo das Hitler-Domizil Berghof
stand. Daß Hitler hier seine (nach Berlin) zweitwichtigste Machtzentrale hatte, kann kein Zufall sein. Das heißt nicht, daß nun die
Landschaft um Berchtesgaden und den Königssee selbst, geomantisch gesehen, »negativ aufgeladen« ist, aber es muß eine gewisse
Disposition geben oder gegeben haben, die den Obersalzberg als
Hitler-Wohnsitz ermöglichte. Ich möchte dies mit aller Behutsam-
keit sagen, weil es im letzten eine Frage berührt, die geomantisch
zu den schwierigsten gehört: Atmen bestimmte Orte einen Geist
oder Ungeist, der Unheil anzieht, sind sie selbst also, über kurze
oder längere Zeiträume hinweg, »Unheilsträger« oder die Ermöglicher von Unheil? Lassen sich derart gestimmte oder besser: ver-
stimmte Orte reinigen? (Mit Pogačnik bin ich der Überzeugung,
daß dies möglich ist.) Extrem gilt dies ja für Orte, die Schlachtfel-
der waren oder auf denen Konzentrationslager standen.

Im Nietzsche-Haus in Sils-Maria im Oberengadin findet sich ein
Text von Theodor W. Adorno, in dem die Berglandschaft dort als
faschistisch bezeichnet wird! Die Berge selbst also als faschistisch: eine aufschlußreiche und sowohl verblüffende als auch
absurde Aussage des großen Sozialphilosophen. Am Königssee
hörte ich, mit Bezug auf den Obersalzberg und das Hitler-Haus an
dieser Stelle, von einer Frau den (halb ironisch-satirisch, aber

doch auch halb ernst gemeinten) Satz: »Hier ist jeder Grashalm faschistisch.«

In dem *Jedermann*-Programmheft von 1988 (zu den Salzburger Festspielen) schreibt Friedrich Heer eindrucksvoll, mit Rückblick auf die Festspiele von 1938: »Ich sehe, spätsommerlich, den ›Jedermann‹ in Salzburg, in seinem letzten Jahr, bevor der immer länger werdende Schatten, von Berchtesgaden herüber, vom Berghof herüber, die Stadt verschattete. Und sie einbezog in die Barbarei, die bis heute nicht gestorben ist.«

Ich sprach von drei Beispielen und möchte nun, nach Salzburg, die beiden anderen verdeutlichen. Das zweite Beispiel ist Lhasa, die Hauptstadt Tibets. Auch die Stadtlandschaft von Lhasa hat eine bipolare Struktur, die auffallend an Salzburg erinnert. Der Hügel, auf dem der Potala steht (bis 1959 Herrschaftssitz der Dalai Lamas), ist der eine Pol, der sogenannte Eisenberg (auf dem bis zur Zerstörung durch die Chinesen die Medizinschule stand) der andere. Heute befindet sich auf dem Eisenberg, unterhalb der Trümmer der einstigen Medizinschule, ein Verwaltungsgebäude der Chinesen. Der Potala ist ein Bauwerk, für das es auf diesem Planeten kaum ein Äquivalent gibt; kein einzelnes Gebäude hat mich jemals so tief beeindruckt wie der Potala. Die Stellung des imposanten Bauwerks innerhalb der Stadtlandschaft von Lhasa entspricht der Stellung der Festung Hohensalzburg in der Stadtlandschaft von Salzburg. Nicht nur, daß beide Gebäude ähnlich hoch über der jeweiligen Stadt thronen (den 118 Metern der Hohensalzburg entsprechen die 117 Meter des Potala), auch der Gesamteindruck weist eine verblüffende Parallelität auf, und zwar innerhalb und, mehr noch, außerhalb von Lhasa bzw. Salzburg. Von einer gewissen Entfernung aus, wenn die Häuser nur undeutlich wahrgenommen werden, ragt der Potala – und ragt auch die Hohensalzburg – wie eine Götterburg, wie ein archetypisch-monumentales »Geisterschloß« in die Luft. Die Teilnehmerin eines Ausflugs von Lhasa aus zu einem der benachbarten großen Klöster sagte im Rückblick auf den Potala, und schon weit entfernt von Lhasa, dieser wirke »wie eine Gralsburg«. Dies war aus einer tiefen

Betroffenheit, einem tiefen Angerührtsein heraus so geäußert worden. Bei der Hohensalzburg können sich ähnliche Eindrücke herstellen.

Nun ist der Potala als architektonisches Kunstwerk der Hohensalzburg weit überlegen; er ist ein schieres Wunder, und man kann nicht genug darüber staunen, wie so etwas möglich war. Der Potala wächst gleichsam aus dem Hügel, auf dem er steht, heraus, er ist dessen Vollendung oder »Krönung« (und das habe ich auch über die Hohensalzburg und den Mönchsberg gesagt). Man spürt sofort, daß hier ein geomantisches Geflecht vorliegt, das einen hohen Grad an innerer und äußerer Stimmigkeit aufweist. Der Potala und die Hohensalzburg sind geomantisch »richtig plaziert«. In beiden Fällen also erfüllt ein menschliches Bauwerk eine natürliche Erhebung (wie dies, auch in weniger imposanter Form, häufig zu beobachten ist). Kultur ist, wenn sie geomantisch »richtig orientiert« und geprägt ist, die Erfüllung der Natur. Kultur und Natur bilden dann eine gemeinschaftliche Seele, einen beide umschließenden und durchdringenden inneren Raum.

Was die Erde will, das ist nicht einfach: belassen zu werden, wie sie ist, sondern – sich in der menschlichen Kultur und durch die menschliche Kultur, durch die Seele und den Geist des Menschen zu höherer Gestalt, zur ERDE (zu Demeter) zu entwickeln. Was nicht ausschließt, daß es nicht auch »naturbelassene« Erdenräume geben darf oder geben soll. Auch geht es ja keineswegs nur um herausragende und imposant-mächtige Bauwerke. Jeder Eingriff in Landschaft und Landschaftsseele, ob in Form der Kultivierung des Bodens zum Garten oder in Form städtischer oder dörflicher Bebauung, läßt sich geomantisch begreifen: als »zuträglich«, förderlich oder im besonderen Maße »krönend«, oder aber als desaströs, als schädlich, als (buchstäblich) verwüstend.

Interessant ist im übrigen, daß die Gesamtanlage der Stadt Lhasa nach Kriterien einer sakralen Topographie gestaltet ist, die auf die zentral wichtige Figur des Mandala zurückgeht. Hören wir hierzu einen der besten Tibet-Kenner (Helmut Uhlig):

»Verglichen mit den anderen Städten dieser Erde, ist Lhasa in erster Linie nicht menschliche Siedlung, sondern weltliches und geistliches Zentrum eines Territoriums, dessen Ausdehnung und geographische Besonderheit es immer in einer Sphäre des Außergewöhnlichen gehoben haben. Diese Sonderstellung hat sich auch im Grundriß der Stadt niedergeschlagen. Dieser zeigt die Form eines Mandala – das ist der heilige, kosmische Kreis des tantrischen Buddhismus, dem man auch als Grundriß aller buddhistischen Reliquienschreine – der Stupas, die im Tibetischen Chorten heißen – sowie in äußerst fein ausgeführten Wandmalereien und Rollbildern begegnet.

Lhasa als mandalaförmig gebaute Stadt im Südosten Tibets hat seine Entsprechung im Mandala des Heiligen Berges Kailash, der sich im Südwesten des Landes in den Wassern des Manasarovar-Sees spiegelt.

Kailash und Lhasa liegen beide auf dem gleichen Breitengrad, wobei der Kailash als das himmlische und Lhasa als das irdische Zentrum Tibets gelten. (...) Das Verhältnis zwischen der inneren Stadt mit ihrem Mittelpunkt – dem Jokhang-Tempel – und dem westlich davon liegenden Potala entspricht, wenn auch in anderen Dimensionen, dem zwischen Lhasa und dem Kailash. Auch der Potala-Berg ist nicht nur räumlich zu sehen, sondern hat zugleich kosmische Bedeutung.«[62]

Der Vergleich des Potala mit der Gralsburg hat sich westlichen Besuchern immer wieder aufgedrängt. So schreibt Ernst Schäfer in seinem Buch *Fest der Schleier* im Zusammenhang mit seinen Schilderungen des Monlam, des tibetischen Neujahrsfestes, das er in den 30er Jahren in Lhasa miterlebte: »Über allem funkelt, wie eine Gralsburg in den Himmel stoßend, der Potala.«[63]

Das dritte Beispiel, das nun – etwas verspätet – als das geglückte geomantische Zusammenspiel von menschlicher Bebauung und Landschaft angeführt werden soll, ist die Stadt Athen. Damit meine ich nicht die Stadt, wie sie sich heute darstellt, als eine der lautesten und ökologisch belastetsten Metropolen Europas, sondern das antike Athen. Die Grundlage der antiken Stadt ist auch im Häusermeer von heute noch erkennbar. Wie Salzburg und

Lhasa, so weist auch Athen eine bipolare Struktur auf. Der Akropolishügel entspricht dem einen und der Lykabettos dem anderen Pol. Was wir ahnen können von dem, was die Akropolis in der klassischen Zeit war, und davon sind letzte Ausläufer noch spürbar, läßt erkennen, daß die achtunggebietende Tempelanlage, die die antike Stadt überragte, die geomantische und spirituelle Entsprechung war zu dem Hügel, auf dem sie stand (und in Restbeständen auch heute noch steht). Erst die Akropolis »erfüllte« den breit hingelagerten Hügel.

Als ich im Januar 1971 zum erstenmal in Athen war, war ich tief beeindruckt von der Aura und Strahlkraft der Akropolis; ich hatte damit *so* in keiner Weise gerechnet; der Massentourismus hatte offenbar – und genau das war das Überraschende – die Substanz des Ortes und des Bauwerks nicht in Gänze ausgelöscht. Ich wußte damals nichts von Geomantie. Von heute aus gesehen, würde ich sagen, daß ich etwas erahnte von der geomantischen Qualität der Akropolis. Ich umrundete den Akropolishügel wie einen Heiligen Berg und fühlte mich, wie später am Fuße des Potala und schon früher am Fuße der Hohensalzburg, »in der Nähe der Gralsburg« (oder vielleicht: *einer* Gralsburg). Eine bestimmte, sehr schwer zu vermittelnde Ekstase, die nichts von Trance oder Trip hatte, stellte sich ein. Ich kannte – und kenne – diese Zustände einer sehr hohen, feinen Vibrationsstufe meist nur über das Medium der Musik. Geomantische Qualitäten von Orten oder Gebäuden lösen sehr unterschiedliche Vibrationen und Ekstasegrade aus. Was die Akropolis auslöste an »musikalischer Ekstase«, habe ich außerhalb sinnlich-manifester Musik nur an wenigen Orten empfunden: in Salzburg, auf dem Monte Verità in Ascona am Lago Maggiore, in Sils-Maria im Oberengadin, in Wengen im Berner Oberland, in Lhasa am Fuße des Potala, in Südkreta in der Nähe des minoischen Festós.

Ich vermute, daß alle diese Orte etwas miteinander zu tun haben, also auch jenseits meiner ganz individuellen Geschichte. Es muß ein weitverzweigtes geomantisches Kraftnetz/Kraftsystem geben, das Orte gleicher oder ähnlicher Frequenz miteinander verbindet.

Hier ist noch beinahe alles zu entdecken. Die bisherige Geomantie hat einen noch sehr vorläufigen Charakter, aber das Thema ist erkannt worden, und die Grundlinien, entlang deren sich geomantische Arbeit zu bewegen hat oder hätte, liegen vor. Das zeigen die »Erdheilungsprojekte« von Marko Pogačnik auf eindrucksvolle Weise, und zwar ungeachtet der vielen Schwächen und Unzulänglichkeiten, die das Gesamtbild beeinträchtigen.

Ein Wort noch zum »Gegenhügel« der Akropolis, dem Lykabettos. Der spitz zulaufende Hügel, der in der Antike eine Hinrichtungsstätte war (zum Tode Verurteilte wurden in die Tiefe gestoßen), wird heute von einer griechisch-orthodoxen Kirche »gekrönt«. Die Form des Hügels erinnert an den Eisenberg in Lhasa. Das geomantische Verhältnis von Potala und Eisenberg entspricht dem von Akropolis und Lykabettos (und dem von Mönchsberg und Kapuzinerberg in Salzburg).

Wenn hier von geomantisch induzierten Schwingungen die Rede ist, dann tut sich die – naheliegende – Frage auf, welcher Art diese Schwingungen oder Felder sind. Sind diese in irgendeinem Sinne *im letzten* physikalische Felder, etwa elektromagnetische, oder sind es, was ich für wahrscheinlicher halte, metaphysikalische oder »höhere« Felder (Feldebenen)? Diese Frage stellt sich analog auch für die morphischen und morphogenetischen Felder, die Rupert Sheldrake in die öffentliche Diskussion eingeführt hat. Zur Frage der Felder und ihrer physikalischen, metaphysikalischen und kosmologischen Qualität will ich in einem eigenen Buch – und in einem ganz anderen Kontext – Stellung nehmen. Auch Pogačnik äußert sich zu dieser Frage; ich will eine Passage aus seiner *Schule der Geomantie* zitieren, die darauf, ausgehend vom »Kraftsystem der Berge«, Bezug nimmt. Der »Erdheilungsengel«, von dem in dem Zitat die Rede ist, wird von einer Pogačnik-Tochter medial kontaktiert; im New-Age-Jargon ausgedrückt: Der Engel wird »gechannelt«. Daß sich gegen diesen Übermittlungsweg Bedenken anmelden lassen, liegt nahe, soll aber hier unerörtert bleiben.

In dem Abschnitt »Wie das Kraftsystem der Berge wirkt« heißt es: »Nach den Aussagen des Erdheilungsengels handelt es sich bei dem System der Berge um ein System, das die ganze Erdkugel umspannt und das er als Atmungssystem beschreibt, bei dem es in erster Linie um den Austausch zwischen der Erde und ihrer kosmischen Umgebung geht. Ähnlich wie bei einer Einatmung treten die aus dem Kosmos stammenden Energien durch die Bergspitzen in das Erdinnere ein, werden im Berginnern verarbeitet und dann unterirdisch durch das Land verteilt, wobei sie an verschiedenen Stellen quellenartig ausgeatmet werden.

Wie schon erwähnt, ist das Kraftsystem der Berge auf verschiedenen Potenzebenen ineinander verschachtelt, und zwar sowohl was die Ein- wie die Ausatmungsfunktion betrifft. Als Haupteinatmungspunkt des Systems für die Erde gilt meiner Intuition nach der Kontinent der Antarktis (erste Potenzebene). Von dort werden die Heiligen Berge des Planeten (zweite Potenzebene) gespeist, zu denen der erwähnte Großglockner, der Mt. Blanc, Mt. Everest, Fujiyama, Mt. Shasta usw. gehören. Zur dritten Potenzebene zählen die Heiligen Berge einzelner Regionen. Was Mitteleuropa betrifft, so zähle ich dazu unter anderem den Monte Amiata in den Apenninen, den Olymp, Triglav, Traunstein im österreichischen Waldviertel oder die Schneekoppe im Riesengebirge. Auf der vierten Potenzebene würde ich die lokalen Heiligen Berge ansiedeln.«[64]

Ich möchte dies unkommentiert stehenlassen. Eine letzte Bemerkung zur Geomantie: Daß wir eine »Ökologie des Unsichtbaren« brauchen, wie Pogačnik meint, ist völlig unbestreitbar; und es ist im Grunde ein Skandal, »daß die feinstofflichen Aspekte von Orten und Landschaften, die gesetzlich geschützt werden sollten, öffentlich überhaupt nicht als existent anerkannt werden und folglich auch nicht geschützt werden können«[65]. Eine öffentliche Anerkennung der geomantischen Aspekte, ähnlich wie die Anerkennung einer Ökologie des Bewußtseins, gliche einer kulturrevolutionären Wandlung, und diese ist vorderhand nicht in Sicht.

DIE ERDE IM KOSMOS – ODER: WAS BEDEUTET ES AUS KOSMISCHER SICHT, WENN DIE ERDE STIRBT?

»Wir befinden uns buchstäblich auf einem Kollisionskurs mit einem Objekt, das wir nicht genau erkennen können und das knapp unter dem Ereignishorizont des rational Faßbaren liegt – gleichwohl ist unser kultureller Osten von Morgenröte überzogen.«
(Terence McKenna)[1]

»Die Frage ist doch, ob wir über das Schicksal des Menschen auf Erden reden oder über das Schicksal der Erde oder über das Schicksal des Sonnensystems. Oder geht es um den gesamten Kosmos, um unzählige Trillionen von Galaxien und Sternen? Ich kann einfach nicht glauben, daß die Art von Umwandlung, von der du sprichst [gemeint ist Terence McKenna], ja, selbst die Implosion des gesamten Sonnensystems mehr als ein paar ganz winzige Schockwellen auch nur in unserer eigenen Galaxis auslösen wird.«
(Rupert Sheldrake)[2]

Wer bedroht die Erde?

Was denn die Erde sei im kosmischen Kontext, wie denn das Holon Erde sich einfüge in die höheren (tieferen/weiteren) Holons, diese Frage hat die Menschen seit je beschäftigt. Worum es hierbei geht, ist im Kern das Problem der Stellung des Erdenmenschen im Kosmos überhaupt. Daß die Vorstellung des schlichten Teil-Seins (der Mensch als »Teil der Natur« u.ä.) nicht weit trägt, wurde bereits verdeutlicht. Und das gilt auch für die Erde. Die Erde, als materiell-physischen Körper, in Beziehung zu setzen zu den gewaltigen Dimensionen der Galaxis, von größeren Einheiten zu schweigen, führt notwendig dazu, den Planeten als Staubkorn oder Quasi-Nichts zu betrachten. Erstaunlich ist dann zwar und wahrlich erklärungsbedürftig, wieso gerade dieser kosmische Winzling das (vielleicht zweifelhafte) Privileg genießt, intelligentes Leben hervorzubringen. Aus der Sicht der Kosmologie Giordano Brunos (die ich für unwiderlegt halte und noch immer für »aktuell«) gibt es keine »Privilegien« dieser Art: Intelligentes Leben, in den vielfältigsten Formen und auf den verschiedensten Ebenen, ist der »kosmische Normalfall«; es existiert überall, wo die entsprechenden Bedingungen gegeben sind. In der Sicht der heute dominierenden Kosmologie dagegen ist Leben, wenn nicht singulär auf dieser Erde, so doch oasenhaft-selten. Der überwältigende Teil des Universums gilt als ökologische Wüstenlandschaft, letztlich als tot.

Die Erde als Staubkorn macht natürlich auch die sie bewohnenden Wesen zu völlig belanglosen, an ihrer eigenen kosmischen Bedeutungslosigkeit erstickenden Existenzen. Vom intellektuellen Taschenspielertrick des anthropischen Prinzips (in der bekannten Version) habe ich schon gesprochen. Diese Belanglosigkeit hat das Selbstwertgefühl des Menschen gründlich ruiniert; die vielen Ausdrücke von Größenwahn und Egoseligkeit, die in den letzten Jahren immer schrillere Formen angenommen haben, verdecken nur mühsam das seelisch-spirituelle Vakuum im Keller der Psyche. Das Gefühl der kosmischen Entwurzelung schlägt auch auf die Deutung der ökologischen Krise durch. Wenn wir ohnehin

kein kosmisches Gewicht haben und die Erde galaktisch und über-
galaktisch nichts bedeutet, dann spielt es im Grunde keine kosmische Rolle, was hier geschieht, ob und wie nachhaltig wir die
Biosphäre des Planeten schädigen. Aus seinem Gattungsegoismus
heraus möchte der Mensch weiterleben, die Menschheit möchte
dieses Gestirn als Plattform auch weiterhin erhalten wissen, aber
kosmisch gesehen ist es ohne Bedeutung, ob dies gelingt oder
scheitert. Diese Überzeugung ist enorm verbreitet.

Man erringt immer schnell Zustimmung und Beifall, wenn man
den Menschen auf zynische Weise zum Schädling des Gestirns erklärt, der besser heute als morgen verschwände. Ein in der Öko-
Szene verbreiteter Witz lautet (ungefähr) so: Zwei Planeten, der
eine davon ist die Erde, treffen sich, wobei die Erde darüber klagt,
daß es ihr nicht gutgehe, denn, so sagt sie: »Ich habe Homo sapiens.« Worauf der andere Planet beruhigend erwidert: »Mach dir
nichts draus, das dauert nicht mehr lange.« Also mit dieser Krankheit mit dem Namen Homo sapiens wird es bald sein Bewenden haben und die Erde wieder befreit und geheilt aufatmen können. – Warum lachen die meisten, wenn sie diesen Witz zum erstenmal hören? Eigentlich sollte oder könnte einem dieses Lachen
im Halse steckenbleiben. Aber ein fröhlicher Zynismus findet es
völlig in Ordnung, daß und wenn der Mensch sich von diesem
Planeten verabschiedet.

Daß ein Gran Wahrheit auch hierin liegt, ist unverkennbar, nur
hängt alles an der Frage, wie ich den Menschen begreife oder von
welcher Ebene aus ich die Substanz des Menschlichen bestimme.
Und offenbar gibt es Formen der Regression des Menschen auf seinem schwierigen Weg vom Nicht-mehr-Tier-Sein zum »Gott-Sein«
oder Atman-Bewußtsein, die irgendwann das eigentlich Menschliche oder das »mit dem Menschen Gemeinte« fundamental schädigen oder unterminieren, ja, ganz auslöschen. Alle spirituellen
Traditionen wissen von dieser »Absturzmöglichkeit«. Und dieser
Absturz kann durchaus mit dem Gefühl der eigenen »Gottähnlich-
keit« zusammengehen. Daß so etwas wie die Atombombe oder
Auschwitz oder der Archipel Gulag möglich war, ist ein Indiz da-

für, daß die »Titanen« längst einen Teil der Regie übernommen haben. Und in diesem Sinne ist es verständlich, wenn nun der Hoffnung Ausdruck verliehen wird, der »Mensch« auf dieser Erde täte besser daran, sich zu verabschieden, oder die Erde wäre gut beraten, diesen Schädling abzuwerfen und ihm die »Himmelfahrt ins Nichts« zu eröffnen. Und vielleicht hat das dann etwas zu tun mit dem Sternenmythos vom »Titanensturz« und den Blitzen des Zeus im Dionysos-Zagreus-Mythos.

Der Mensch »als solcher« oder der, der er »eigentlich« ist oder sein soll im Angesicht von Atman, kann kein Feind der Erde sein. Dieser Mensch ist der Freund der Erde, er *erfüllt* die Erde, er transformiert die Erde zur ERDE, er »erlöst« die Erde. Aber er kann dies nur, wenn die zu »Titanen« Mutierten hier nicht gänzlich die Regie übernehmen. Geschieht dies, dann kommt der Sternenweg zu Atman in dieser kosmischen Zone zum Stillstand, er wird rabiat unterbrochen, und es muß offen bleiben, was dann geschieht, also wenn es nicht gelingt, die Zerstörung der Biosphäre abzuwehren. Der ökologische Holocaust reißt *alle* mit hinab, und wir wissen nicht, wie es dann »drüben« weitergeht. Aber wir wissen genausowenig, was dieses Geschehen *kosmisch* wirklich bedeutet.

Aber gerade diese kosmische Bedeutung beschäftigt zunehmend mehr Menschen. Ich will dafür ein Beispiel geben, das einen repräsentativen Charakter hat. Im Wintersemester 1996/97 hielt ich an der Humboldt-Universität in Berlin eine Vorlesungsreihe über »Wege aus der Grundlagenkrise der Naturwissenschaft« (als Teil einer mehrsemestrigen Reihe mit dem Titel »Natur neu denken«); die vorletzte Vorlesung war dem Thema gewidmet »Der Mensch als Schlüssel: Die Wiederentdeckung des Subjekts in der Naturerkenntnis«. Hierin hatte ich u.a. davon gesprochen, daß der Mensch zwar die Biosphäre der Erde irreversibel schädigen könne, wir aber nicht wüßten, was dies *kosmisch* bedeute.

Eine Hörerin schrieb mir nach der Vorlesung: »Sie sagten, der Mensch kann nicht die *Welt* (= den Kosmos; J.K.) zerstören, dafür reiche seine Destruktionsfähigkeit nun doch nicht aus. *Ich habe die Vorstellung, daß, wenn wir den Menschen auslöschen* (bzw. das Leben überhaupt, und dazu sind wir in der Lage, denke ich), wir eine *endgültige* Zerstörung einer *ein*maligen, den Sinn der Schöpfung ausmachenden Entwicklung vornehmen (und damit eine Zerstörung der *gesamten* Schöpfung, des gesamten Universums?). (In diesem Sinne ist der Mensch auch der Schlüssel.)«

Der Mensch ist fraglos ein Schlüsselwesen der kosmischen Evolution, hier und überall im Kosmos (wenn ich den Begriff »Mensch« nicht beschränke auf den Erdenmenschen). Sein Versagen *könnte* Folgen haben in der näheren und weiteren kosmischen Mitwelt. Selbst im Rahmen moderner quantentheoretischer Überlegungen wird ja der Gedanke erwogen, daß alles, was auf der Erde geschieht, auch in die Weiten des Universums hinein Auswirkungen zeitigt (also analog der Feststellung der Nicht-Getrenntheit z.B. von Photonen, die in verschiedene Richtungen ausgesendet werden). Warum soll dies nicht auch auf einer kosmisch-existentiellen Ebene gelten? Das muß nicht die »gesamte Schöpfung« betreffen, sehr wohl aber das Sonnensystem, eine größere Region der Milchstraße oder gar diese als Ganzes. Wenn der Schlag eines Schmetterlingsflügels globale Wettervorgänge beeinflussen kann oder sich gar in die Galaxis hinein auswirkt, wie Forscher gelegentlich blumig und vollmundig verkünden, warum dann nicht ein bösartiger Gedanke? Wir wissen nicht, welche Wesen wir mitschädigen, wenn wir eine Tierart hier auf Erden ausrotten. Auch Wesen, die auf einer anderen Seinsebene existieren (und dafür muß man keine quantentheoretischen »Parallelwelten« bemühen).

Das Werbeposter zu dem Science-fiction-Film *Men in Black* zeigt zwei schwerbewaffnete, schwarz gekleidete Männer mit schwarzen Sonnenbrillen, über denen der folgende Satz steht: »Sie schützen die Erde vor dem Abschaum des Universums.« Der Satz hat eine archetypische Dimension und strahlt eine genau kalkulierte Wirkung aus. *Daß* diese Wirkung möglich ist, läßt tiefe Rückschlüsse zu auf die Tiefenstruktur des Mensch-Kosmos-Verhältnisses in der kollektiven Psyche. Längst ist das, was früher ein Kosmos war (oder als ein solcher gesehen wurde), zum undurchschaubaren und unheimlichen Dschungel geworden, in dem rätselhafte Monster ihr Unwesen treiben, die uns bedrohen und vor denen wir geschützt werden müssen. Alles, was wir sind, projizieren wir in die Weiten des kosmischen Raums. Und warum ist nicht auch der umgekehrte Satz denkbar: »Sie (wer immer das ist) schützen das Universum vor dem Abschaum der Erde«? Der große Satiriker und Sprachkünstler Karl Kraus sprach vom »Krieg des Kosmos gegen den hundstollen Planeten Erde«! Und das geht eindeutig in diese Richtung. Wer hier also wen bedroht, ist noch nicht letztgültig entschieden. Aber es wird sich entscheiden, und zwar in Bälde.

Es sei mir gestattet, einen zweiten Witz anzuführen, der tiefe Rückschlüsse erlaubt auf das Mensch-Kosmos-Verhältnis (ich erinnere an den ersten Witz, in dem es um die Klage der Erde ging, sie habe Homo sapiens); ich las den (Bild-)Witz vor Jahren in der *taz*: Außerirdische auf der Suche nach intelligentem Leben außerhalb ihres eigenen Gestirns beobachten die Erde, als gerade ein Krieg ausbricht, in dem Atomraketen eingesetzt werden; resigniert drehen sie ab und äußern (sinngemäß): »Auch hier also kein Gestirn mit intelligentem Leben.« Warum finden wir das witzig? Das Lachen ist ja im Kern das Lachen über uns selbst, und zwar ein zynisches, auch hilfloses, aber kein befreiendes Lachen. Die Botschaft ist deutlich: Eine Menschheit, die sich selbst zerstört (ob nun mit Raketen oder indem sie ihre eigenen Lebensgrundlagen verwüstet), kann nicht intelligent sein! Insofern möchte ich den Vorschlag machen, dem berühmten SETI-Projekt (= Search for extraterrestrial intelligence / Suche nach außerirdischer Intelligenz) das STI-Projekt (Search for terrestrial intelligence) an die Seite zu stellen, dessen einzige Aufgabe es sein soll, irdische Intelligenz zu orten. Aber das ist beinahe selbst zynisch.

Wer also sind die wahren und eigentlichen Extraterrestrischen – die anderen »da draußen«, die wir fürchten und zugleich ersehnen, oder – wir selbst?

»Welch Schauspiel, aber ach, ein Schauspiel nur!«[3] Warum der Astronautenblick auf die Erde möglicherweise in die Irre führt

Das Bild des blauen Planeten »von draußen«, aus der Sicht der Astronauten, hat sich tief in die Seele des modernen Menschen eingesenkt; längst hat es den Status einer »Ikone unseres Zeitalters«[4]. Bekanntlich sind Ikonen Kultbilder, und zwar der griechisch-orthodoxen Kirche; aber auch in anderen religiösen Zusammenhängen finden wir Ikonen, etwa im tibetischen Buddhismus. Das Astronautenfoto der Erde ist zum Heiligenbild geworden, zum Objekt »postmoderner Volksfrömmigkeit«[5].

In New-Age-Buchläden werden Fotos des Dalai Lama ähnlich häufig verkauft wie Fotos der Erde (und auch anderer Planeten); »irgendwie« haben sie den gleichen Rang, erfüllen ein ähnliches Bedürfnis. Wer den pfleglichen und achtsamen Umgang mit der Erde an dem Grad der Verbreitung der Astronautenfotos messen möchte, sieht sich schnell auf den traurigen Sachverhalt verwiesen, daß das eine mit dem anderen so gut wie gar nichts zu tun hat. Und daran ändern auch die bekannten Äußerungen der Astronauten nichts, die bei vielen, die die blaue Ikone betrachten, bewußt oder unbewußt mitschwingen. Das Bild des Planeten inmitten der Finsternis des kosmischen Raumes, das so eindrucksvoll beschrieben wurde von denen, die wirklich »da draußen« waren, es hat nicht jene kulturrevolutionäre, jene grundstürzende Wandlung im öffentlichen Bewußtsein bewirkt, die ihm zunächst zugeordnet wurde und die viele erwartet hatten. Die Erde: so klein, so zart, so zerbrechlich, und was machen wir? Wir zerstören sie. Dabei könnten und müßten wir begreifen, daß wir alle Teil dieses Raumschiffs sind und daß wir kein anderes haben. So oder ähnlich lautete die Botschaft, die *so* mittlerweile ausgedünnt und entleert ist, an die, wie es scheint, keiner mehr richtig glaubt. Warum nicht?

Daß die erhoffte ökologische, ganzheitliche, ja kosmische Verwandlung des kollektiven Bewußtseins durch die Verbreitung des Gaia-Porträts ausgeblieben ist, hat sicher auch, aber nicht in erster Linie, mit der Beliebigkeit zu tun, die schon seit langem eingekehrt ist: Praktisch in *jedem* Zusammenhang läßt sich die blaue Ikone verwenden, zu ökologischen Zwecken genauso wie zur Werbung für Autos oder Waschmaschinen. Überhaupt hat der moderne Medienmensch ständig den Blick »aufs Ganze«; jede Wetterkarte hebt ihn über die eigene Winkelperspektive hinaus. Sein Blick ist immer irgendwie der von außerhalb; fast könnte man den Verdacht hegen, der moderne/postmoderne Mensch habe sich *innerlich* längst von seinem Heimatplaneten verabschiedet, d.h. er wohne eigentlich bereits auf einer Raumstation »draußen im All«. Das technische Bewußtsein ist eigentlich schon »im Orbit«, »hier unten« nur noch in Restbeständen.

Die Beliebigkeit der Ikone Erde ist unverkennbar; die genannte »postmoderne Frömmigkeit« ist damit zugleich ohne tiefere, ohne existentielle Verbindlichkeit. Die Ikone ist längst vernutzt. Und sie trug diese Vernutzung von Anfang an in sich. Die Erde als Bild in dieser Form ist gerade die Vernutzung selbst, ist selbst die Fortsetzung der technischen Erderoberung bzw. ein Ausdruck derselben. Und just aus diesem Grund hat das Bild auch keine Tiefenverwandlung im Denken ausgelöst; es konnte sie nicht auslösen. Es war gleichsam das falsche Bild! Genauer: Ein Bild, als Abbild von außen, suggeriert notwendig die Vorstellung, das Abgebildete, das nun als ein Ganzes überblickt wird, sei ein Ding, ein Gegenstand, eine Sache. Und das millionenfach verbreitete Gaia-Foto hat die Erde vollends zum Ding, zu einem Etwas der »objektiven Realität« jenseits des menschlichen Subjekts, jenseits des menschlichen Innenraums gemacht.

Die berühmte und oft kritisierte Verdinglichung der Natur durch die technische Naturwissenschaft wird in dem Astronautenfoto der Erde auf die Spitze getrieben. Nun »sieht man es doch«, daß die Erde ein »objektives Ding« ist. Und es ist zuhöchst aufschlußreich, was an seelischer Energie durch das Bild ausgelöst wird, jedenfalls zu einem erheblichen Teil und bei einer beachtlichen

Anzahl von Menschen. Es sind zwei Komponenten: eine technokratische und eine sentimentale (sehr schön hat dies Wolfgang Sachs gezeigt in seinem Aufsatz »Der blaue Planet. Zur Zweideutigkeit einer modernen Ikone«).[6]

Dafür jeweils ein signifikantes Beispiel: Ein Sonderheft des US-Magazins *Time* vom November 1997 mit dem Thema »Our Precious Planet« (»Unser kostbarer Planet«) ziert, als Coverbild, eine Miniaturausgabe der Erdkugel inmitten einer Muschel, die wiederum einem blauen Untergrund aufliegt. Diese winzige Erdkugel zeigt den Planeten als kostbare Perle. Natürlich soll hiermit angespielt werden auf eine der berühmtesten Aussagen über die Erde vom Mond aus, die des Apollo-14-Astronauten Edgar Mitchell:

»Plötzlich taucht hinter dem Rande des Mondes in langen, zeitlupenartigen Momenten von grenzenloser Majestät ein funkelndes blauweißes Juwel auf, eine helle, zarte, himmelblaue Kugel... Allmählich steigt sie wie eine kleine Perle aus einem tiefen Meer empor, unergründlich und geheimnisvoll. Du brauchst eine kleine Weile, um ganz zu begreifen, daß es die Erde ist ... unsere Heimat.«[7]

Der Text ist beeindruckend, auch die bekannten Fotos der »aufgehenden« Erde vom Mond aus sind es, und man kann auch heute noch etwas von dieser Beeindruckung wachrufen, aller Vernutzungen ungeachtet, die inzwischen eingetreten sind. Aber darum geht es an dieser Stelle nicht.

Das zweite Beispiel, auf dem Umschlag eines naturphilosophischen und in der Ökologie- und New-Age-Szene hochgeschätzten Buches, zeigt gleichfalls eine kleine Erdkugel, die eine vergleichsweise riesige Computerhand zwischen Zeigefinger und Daumen (wie es scheint behutsam und sanft) hält.[8] Das wirkt durchaus wie eine schützende, ja, liebevolle Geste. Nur: Die Hand ist ein technisches Konstrukt, und man kann den Verdacht nicht »von der Hand weisen« (in diesem Fall: buchstäblich), daß ein erhöhter Druck zwischen Zeigefinger und Daumen die offenbar zerbrechliche Kugel auch zerstören kann. Natürlich ist das nicht gemeint; eher ist es ja mitsinnig-ökologisch gemeint. Aber die technokratische

Komponente ist gleichwohl spürbar. Im Falle des *Time*-Titels dominiert die sentimentale Komponente. Beide Komponenten fließen vielfältig ineinander, sind aber erst einmal als verschiedene
auszumachen und auch zu werten.

Auf eine merkwürdige Weise wird mit derartigen Bildern, die
eine starke Suggestivität ausstrahlen, die Erde »verniedlicht«. Als
»niedliche« und »kleingemachte« wird sie gefühlvoll verhätschelt,
ja verkitscht zu einer Art kosmischem Teddybär, auf der anderen
Seite legt sich über sie die gewaltige technische Hand, die sie
schützen soll, aber im Grunde bedroht. Und der Homo technicus
fühlt sich schon seit langem aufgerufen, mit Berufung auf die
»zarte Perle Gaia«, die Erde ökologisch-technisch zu »managen«:
»Diese neue Wirklichkeit, der man nicht entfliehen kann, ruft nach
Anerkennung und nach – Management.« So heißt es in einem
Bericht, den die »Weltkommission für Umwelt und Entwicklung«
1987 unter dem Titel *Our Common Future* (»Unsere gemeinsame
Zukunft«) vorgelegt hat.[9] Fast alle berufen sich heute auf das »fun-
kelnde, blauweiße Juwel«. Jeder Tag ein globaler Kirchentag für
Gaia, aber was passiert wirklich?

Etwas Essentielles ist nicht transportiert worden mit der
globalen Verbreitung der Planeten-Ikone. Ich würde sagen, das
Wesentliche fehlt. Und das ist, wie ich immer wieder und mit
einer gewissen Hartnäckigkeit betone, die Innenseite, das Bewußtsein, das eigentlich Kosmische, um das es nur gehen kann, wenn
sich etwas in der Tiefe verändern soll. Und ohne Tiefenverände-
rung bleiben wir im Teufelskreis von technischem Öko-Management und unverbindlicher, weitgehend wirkungsloser Gaia-Senti-
mentalität.

Ökologie und Apokalypse –
von der Transformation
der Erde

»Wer kann die Apokalypse aufhalten?« fragte Rudolf Bahro im
Untertitel seiner *Logik der Rettung.* Das war 1987. Im ökologischen Kontext werden Fragen dieser Art heute seltener gestellt
als noch in den 8oer Jahren; die ökologischen Mahner, so scheint
es, sind es müde, immer wieder die Globalkatastrophe an die
Wand zu malen, zumal die allgemeine Aufmerksamkeit durch andere, näherliegende Themen gefesselt wird (etwa die hohe Ar-
beitslosigkeit) und die »apokalyptischen Reiter« allzu häufig her-
aufbeschworen wurden. Was die Menschen tatsächlich erleben,
deutet nicht unmittelbar und zwingend auf eine planetare Katastrophe.

Nun ist es keineswegs so, daß die Menschen »apokalypsemüde«
geworden wären, im Gegenteil! Jede Art von kosmischen Katastro-
phenszenarien, etwa die Zerstörung der Erde durch einen hier ein-
schlagenden Asteroiden, hat nach wie vor hohe Konjunktur; die
Apokalypse ist populärer denn je, nur – und das ist das Entscheidende – die »hausgemachte«, die ökologisch inszenierte Apokalypse hat abgedankt. Der Mensch hat sich in gewisser Weise selber
die Absolution erteilt; er kann und will nicht stoppen in seinem
technischen Imperialismus. Und von Jahr zu Jahr mehr wird die
ökologische Argumentation von einst auf den Kopf gestellt; jetzt
wird die technische Front zur (einzig legitimen) ökologischen
Front; jede technische Innovation wird der Öffentlichkeit auch mit
ökologischen Argumenten schmackhaft gemacht, und das gilt sogar für die Gen-Technik. Kurz: Die Megamaschine hat den grünen
Argumenten die Spitze abgebrochen, indem sie diese Argumente
zu den eigenen gemacht hat. Motto: Gute Technik nützt der Umwelt, nur schlechte Technik schadet ihr.

Die Jahrtausendwende beflügelt das ohnehin in den Tiefen der
abendländischen Seele verankerte Endzeitbewußtsein. Die Trance-
Durchgaben und »gechannelten« Prophezeiungen, und zwar aus

den unterschiedlichsten Lagern, deuten fast alle auf eine dramatische globale Veränderung. Es ist naheliegend, daß Sektierer aller
Couleur hiervon zehren bzw. versuchen, ihre Deutung der tatsächlichen oder erwarteten Geschehnisse in die Öffentlichkeit zu
bringen. Eschatologie ist die Lehre von den letzten Dingen, auch
vom Ende der Geschichte. Und alle heute verbreiteten Eschatologien, soweit sie nicht traditionell-religiös geprägt sind, sind (durchaus »zeitgeistgemäß«) von der Vorstellung durchdrungen, daß sich
die planetare Transformation mit einem kosmischen Einbruch,
einer kosmischen Einwirkung verbindet, sei es in Form eines Kometen- oder Asteroiden-Impakts, einer Invasion von Außerirdischen (die auch eine Unterwanderung der Erdbewohner sein kann,
dann wirken die hier Hineingeborenen zunächst wie Erdlinge und
entpuppen sich erst allmählich als Fremdlinge mit Erdenmission)
oder der kosmisch-paranormal induzierten Anhebung der Schwingungsebene des Planeten. Im letzteren Fall tritt der Planet in eine
andere, höhere Dimension ein, wobei es unterschiedliche Vorstellungen darüber gibt, was dann mit der physischen Ebene passiert;
auf jeden Fall tritt sie in einen anderen Kontext.

Der Naturphilosoph und Biologe Rupert Sheldrake, der Ethnologe Terence McKenna und der Mathematiker Ralph Abraham
haben ihre sich über Jahre erstreckenden Gespräche (= Trialoge)
in zwei Büchern festgehalten; in dem neuesten *(Cyber-Talk)* setzen sie sich auch mit der Frage der Erd-Transformation, überhaupt
der Eschatologie und der Apokalypse auseinander. Die als Motto
diesem Kapitel vorangestellten Zitate stammen aus dem Buch
Cyber-Talk.

Terence McKenna, der den Gebrauch psychoaktiver Pflanzen
propagiert als Mittel zur Kommunikation und Kommunion mit der
Erde, sieht die Erde – und die Menschheit auf ihr – auf einem »Kollisionskurs« mit einem transzendenten »Objekt«, einem Objekt
jedenfalls, das, wenn der Zusammenstoß erfolgt ist, buchstäblich
alles bis dato Gültige aus den Angeln hebt, auch und vielleicht primär die große Weltenkoordinate, die da heißt »Zeit«. Im Anschluß
an das gebrachte Zitat heißt es:

»Dies deutet, wie ich glaube, auf ein Ende unseres Sündenfalls hin, unseres Aufenthalts in der Materie und unserer Vereinzelung. Es ist uns so nahe, weil wir unsere Optionen im dreidimensionalen Raum so weitgehend erschöpft haben, daß man nur die Augen schließen, einen Traum haben, ein schamanisches Halluzinogen nehmen, Yoga praktizieren muß. Dann wird man es sehen. (...) Ich behaupte, daß dies in Wirklichkeit ein universaler Attraktor ist und daß wir eine komplexe Konkretisierung darstellen, die wahrhaft transzendental ist. Ich glaube, daß wir sonst einem gewaltigen Pessimismus anheimfallen, der sich aus dem Bankrott der Wissenschaft, des Positivismus und der alltäglichen Politik ergibt. Die Fahrt ans Ende der Geschichte wird ein anstrengendes Erlebnis werden. Ich biete diese Metapher in der Hoffnung an, daß sie die Reise zum transzendentalen Objekt, das am Ende der Zeit glitzert, leichter machen könnte.«[10]

Die ökologische Krise – und alle anderen Momente einer menschheitlichen Katastrophe – deutet McKenna als Symptome eines planetaren Geburtsprozesses (»... daß wir Zeugen von so etwas wie einer Geburt sind«).[11] An anderer Stelle und im Zusammenhang mit der Genesis des mentalen Selbst habe ich vom »imperialen Wahn der Nur-halb-Geborenen« gesprochen (bezogen auf das Ichbewußtsein »als solches« und bezogen auf den Einzelnen).

Mir erscheint es durchaus plausibel, und sei es auch nur metaphorisch, von einer kosmischen Geburt von Erde und Erdenmenschheit zu reden. Vielleicht bedarf es einer kosmischen Geburt, damit die Erde zur ERDE transmutiert, die sie andererseits schon immer war. Die Erde muß das *werden*, was sie *ist*, und zwar unter Mithilfe des Menschen. Ich kann den Gedankengängen von Terence McKenna nicht in allen Nuancen zustimmen, finde sie aber ungemein anregend und produktiv.

Die Denkfigur im übrigen, daß die Entwicklung, das Werden nur das enthüllt, was immer schon da ist, findet sich in vielen spirituellen Ansätzen. Im Mahayana-Buddhismus wird davon ausgegangen, daß der Mensch immer schon Buddha *ist*, dies aber vergessen hat; das Erkenntnisstreben dient der Erinnerung. So meine ich das mit der Erde, obwohl es sicher nicht das Ganze trifft oder beschreibt; das Bild von der kosmischen Geburt enthält noch andere Facetten. Die wohl wichtigste ist die Entstehung des ganz und gar Neuen, des Noch-nie-Dagewesenen. Insofern sind wir Zeugen der Geburt einer Neuen Erde und einer Neuen Erdenmenschheit.

Und: Wenn es wirklich Neues ist, das sich gebären will, dann kann es auch nicht als es selbst vorweggenommen werden, sei es imaginativ, gedanklich oder sonstwie konzeptionell. Was uns dann abverlangt wird, ist allein Offenheit, die Bereitschaft, sich dem wirklich zu öffnen, was sich gestalten, was – gebärend – zu sich selbst kommen will. Das heißt nicht, passiv zu sein und einfach abzuwarten, »bis der Messias kommt« (um es in jüdischer Terminologie auszudrücken), sondern in der »transpersonalen Morgendämmerung« (Ken Wilber), die vielleicht die Gegenwart ist, dem eigenen Bewußtsein den höchsten Grad an Wachheit und Achtsamkeit zu geben, der uns zu Gebote steht.

Am Schluß seines Buches *Eros, Kosmos, Logos* schreibt Ken Wilber: »Da also stehen wir jetzt, im Raum der Rationalität und auf der Schwelle zu transrationaler Wahrnehmung, zu einer Scientia visionis, die Menschen aller Art und überall immer wieder mal und mit wachsender Klarheit Ahnungen vom wahren Abstieg der alles durchdringenden Welt-Seele zuträgt.«[12]

Dieser »Abstieg der ... Welt-Seele« ist bei Wilber eine Metapher für die Emergenz dessen, was man vielleicht in Abwandlung eines berühmten Begriffes von C.G. Jung als das »kollektive Überbewußte« bezeichnen könnte. Wobei »kollektiv« hier nicht, wie bei Jung, vorrational oder vormental meint, sondern überrational oder übermental. Das schließt das Personale, das Ichhafte des Einzelnen mit ein, negiert es nur als Vereinzelung, nicht aber in seiner eigentlichen Qualität. Will sagen: Die höhere Stufe, die die rationale Stufe, das mentale Fenster überschreitet, ist niemals von der Art, daß man sagen könnte: »Du – als Einzelner – bist nichts, das Höhere oder das Ganze ist alles.« Es geht nicht um einen spirituellen Kollektivismus! Das Ich ist und bleibt eine hohe, kostbare

Stufe der Bewußtseinsentwicklung, die nicht unterschritten werden kann – und darf. Ihre Überschreitung im Raum des Überbewußten, und das meint der Begriff Welt-Seele, erfüllt nur das, was im Ich ohnehin angelegt ist (durch seine Teilhabe am kosmischen Logos).

Nun muß dieses Ereignis, wenn es denn eintritt, nicht identisch sein mit einer so radikalen Transformation der Erde, wie sie Terence McKenna annimmt. Aber es könnte einen Zusammenhang geben. Diesen genauer und differenzierter zu benennen, hieße fast schon, die genannte Zurückhaltung aufzugeben und eben doch eine Art Vorwegnahme zu vollziehen. Wir berühren hier einen äußerst sensiblen Punkt. Aus der Sicht des mentalen Fensters sind höhere Bewußtseinszustände nicht wirklich vorhanden; es gibt sie nicht, weil sie nicht geben darf. So ist man fast gezwungen, wenn sie in irgendeiner Form auftreten, sie »wegzuerklären«, indem man sie zu etwas anderem macht, d.h. sie zurückführt auf etwas, das man für möglich und wirklich hält. Die berühmte »Nichts-als«-Formel kommt dann ins Spiel. Beispiel: Sogenannte mystische Erfahrungen sind nichts als pathologische Symptome einer nicht gelebten Sexualität. Oder: Sogenannte transpersonale Erfahrungen sind nichts als endogene Halluzinationen analog den Träumen, sie haben keinerlei eigene Wahrheit oder Wirklichkeit usw.

Wenn man sich dann doch durchringt, diesen Bewußtseinszuständen eine eigene Seinswirklichkeit zuzugestehen, wird häufig gesagt: Es gibt diese Zustände, aber sie sind nicht objektivierbar, nicht im wissenschaftlichen Sinne reproduzierbar; sie können nicht adäquat vermittelt und bewiesen werden. Also bleiben sie (auch wenn es sie gibt) subjektiv, sie bleiben irgendwie unverbindlich. Ich kann an sie glauben oder eben nicht.

Mit einem wie immer gearteten »Geburtsprozeß« der Erdenmenschheit, einer Transformation der Erde ist es ähnlich (und doch anders, als es hier um Zukünftiges geht, das sich der direkten Erfahrung entzieht). Ist es seriös, derartige Transformationen (der Erde, der Menschheit) anzunehmen und sie ins eigene Kalkül einzubeziehen? Ich meine ja; es ist nicht nur seriös, sondern auch – vernünftig. Daß die ökologische Krise (was immer sie sonst ist) auch einen großen Umbauprozeß begleitet, der *vielleicht* einen planetaren, ja kosmischen Charakter hat, ist kein abwegiger Gedanke. Er drängt sich geradezu auf. Er ist genauso vernünftig und seriös wie der messianische Gedanke, der eschatologische Gedanke. Und der ist ja tief eingelassen in die abendländisch-christliche Kultur, ja, diese ist ohne ihn gar nicht denkbar, auch wenn viele heute davon nichts mehr wissen oder wissen wollen bzw. die »Neue Erde« nur noch technisch denken können. Die Polemik etwa der christlichen Kirchen gegen sogenannte Sektierer, die den »Neue-Erde«-Impuls so nehmen, wie er jüdisch-christlich einst gemeint war, ist unredlich, weil auf diese Weise die eigenen (durch und durch eschatologischen/messianischen) Wurzeln geleugnet werden.

Wenn die messianische »Neue Erde« unmöglich ist, radikal und ohne Einschränkung eine pure Illusion oder Phantasie, wäre auch der abendländischen Kultur, wie sie (geworden) ist, der Boden entzogen. Der Mythos des Fortschritts zehrt von diesem messianischen Erbe; und dieser Mythos geht zwar schwer angeschlagen ins neue Jahrhundert/Jahrtausend, aber er ist nicht in Gänze tot. Das berühmte »Ende der Ideologien« ist selbst eine Ideologie, und zwar die oberflächlichste und dümmste.

Noch immer ist der Messianismus das, was dicht unter der Oberfläche liegt und schnell abgerufen werden kann; und er wird auch ständig abgerufen, er wird ständig kontaktiert, zumeist auf der technischen Ebene. Und auf ihre Weise sind auch die abstrakten Naturwissenschaftler Hohepriester des Messianismus. Vielleicht gilt es überhaupt erst zu verstehen, was der Messianismus in der Tiefe ist, was er wirklich ist. Es gibt ihn übrigens auch in nichtabendländischen Kulturen, ob in der Figur des Kalki-Avatar im Hinduismus, im Buddha-Maitreya des Buddhismus oder im Shambhala-Mythos.

Der Messianismus ist einer der machtvollsten Archetypen der Menschheitspsyche, und er kann ihr nicht entrissen werden,

ohne sie in ihrer Substanz zu schädigen. Im Grunde haben wir
wenig Veranlassung, uns über das erheben zu wollen, was in der
New-Age-Bewegung gehandelt wird. Die ganze abendländische
Geschichte bis hin zum Marxismus und Nationalsozialismus
ist eine einzige große New-Age-Bewegung bzw. eine Abfolge von
immer wieder neuen Versuchen, das wahre und eigentliche New
Age, das Neue Zeitalter, herzustellen. Nicht zufällig wird die Zeit
nach dem Ende des Mittelalters als »Neuzeit« bezeichnet; und
auch die sogenannte Moderne zielt im Kern auf ein Neues Zeitalter, von der Aufklärung bis zur Technikeuphorie des 20. Jahrhunderts. Immer war da, zuletzt in der Technik, Verheißung und
Versprechen.

»*Morgen* kommt der Messias.« *Morgen* erfüllen und vollenden
wir die Geschichte. Morgen und immer wieder morgen. Das bringt
eine nie zur Ruhe kommende Spannung in die Seelen, eine »Heils-
spannung«. Und aller Katzenjammer, der sich immer wieder einstellt, wenn die Verheißung des Morgen und aller Morgenröten
trügerisch erscheint, ist ja nur der Katzenjammer auf der Folie des
kollektiven Messianismus.

Der Untergang der Titanic ist ein klassisches Beispiel. Der technische Messianismus wurde nicht wirklich destruiert, er saugt
sogar in gewisser Weise Balsam aus dieser legendären Katastrophe; die Möglichkeit des Scheiterns gehört integral zu jedem Messianismus, es bringt ein zusätzliches Element von Spannung in das
ganze Geschehen. Der (in diesem Fall technische) Messias kommt
morgen, aber vielleicht, vielleicht kommt er – zu spät, oder gar
nicht, oder er kommt »wie ein Dieb in der Nacht« und nimmt uns
womöglich, was uns lieb und teuer ist. Die Unwissenheit über all
das macht die messianische Spannung aus, die Dauervibration im
Boden der westlichen Kultur.

Und wenn der Messianismus unmöglich ist oder sein sollte,
dann, ja dann stellt sich das große Trotzdem ein, der Wille zum
Unmöglichen. »Den lieb ich, der Unmögliches begehrt«, sagt Manto
zu Faust (im zweiten Teil). Der messianisch Beflügelte glaubt immer irgendwie an das Unmögliche; und sein Zweifel – wie seine

Verzweiflung – ist ein Stimulans mehr, eben dieses Unmögliche zu wagen, und zwar immer wieder und ohne Unterlaß. Was messianische Hoffnung und messianische Endzeitspannung ist, kann man nicht nur von den (orthodoxen) Juden lernen.

Kehren wir noch einmal zum *Cyber-Talk* von Sheldrake, Abraham und McKenna zurück, die sich alle drei natürlich auch dieser Frage stellen (wie sich ihr jeder stellt, der eine gewisse Tiefenstufe des Nachdenkens erreicht). Terence McKenna sagt in dem Kapitel »Utopismus und Chiliasmus«:

»Die Zeit bewegt sich schneller, und wir pressen immer mehr Aktivitäten und Ereignisse in sie hinein. Ich möchte dies sehr ernst genommen wissen. Die Zeit beschleunigt sich wirklich. Nicht die menschliche Zeit, sondern die physikalische Zeit. Wir können uns vorstellen, wie wir mit einem Asteroiden kollidieren oder von Erdbeben oder sonst etwas zerschmettert werden, aber wir können nicht begreifen, daß wir uns auf einem Kollisionskurs mit irgendeinem hyperdimensionalen Raum befinden.«[13]

Wichtig für unseren Kontext und auch den des Dreiergesprächs, aus dem hier zitiert wird, ist der Umstand, daß alle drei, auf jeweils andere Weise, Zweifel äußern an zentralen Dogmen der modernen Kosmologie. Ralph Abraham spricht abfällig von der »Urknall-Phantasie« der Wissenschaft.[14] Zweifel am Urknall bekundet auch Terence McKenna, obwohl er andererseits das ganz und gar Unwahrscheinliche, ja, Aberwitzige dieser Fiktion im gegenteiligen Sinn deutet: als »Beweis« für das Unmögliche und Irrationale, das in der Existenz überhaupt liegt. Er sagt:

»Wenn wir allerdings die wissenschaftliche Erklärung – nämlich daß das Universum in einem einzigen Augenblick dem Nichts entsprungen sei – für richtig halten, dann ist dies der Grenzfall der Leichtgläubigkeit. Wenn man das glauben kann, ja, zum Teufel, dann kann man alles glauben! (...) Unsere kleine Diskussion über die Geburt des Universums sollte dich davon überzeugen, daß *alles* irrational ist. Die Irrationalität wirft dich ja nicht aus dem Spiel raus. Sie ist der Name des Spiels.«[15]

Und Rupert Sheldrake bezweifelt die herrschende Vorstellung

der Naturgesetze; für ihn sind sie eher »Gewohnheiten« des Universums.

Was bedeutet die ökologische Krise *kosmisch,* d. h. welche Auswirkungen hätte es im näheren oder weiteren kosmischen Umfeld, wenn das Gestirn Erde stirbt (bzw. wenn die Biosphäre derart zerstört ist, daß menschliches Leben nicht weiterbestehen kann, womit eine Erde verbliebe, die uns »nichts mehr angeht« oder die wir nicht als Erde in unserem Sinne ansprechen könnten)? Die Klammerbemerkung ist essentiell; alle drei setzen den Tod der Erdenmenschheit mit dem Tod des Planeten gleich, ohne daß dies direkt und in seiner erkenntnistheoretischen/kosmologischen Bedeutung ausgelotet würde. Ich stimme dieser Gleichsetzung zu; das wird aus dem bisher Gesagten schon deutlich.

Die Erde ist nur Erde (und dann ERDE) durch und über die sie bewohnende – und erfüllende – Menschheit. Es ist völlig müßig, eine menschenlose Erde zu imaginieren, schon weil jede Imagination ja eine menschliche ist und wir uns schlechterdings nicht rausnehmen können aus diesem Zirkel. Was die Erde ist ohne ein menschliches Bewußtsein, das sie betrachtet, ist aus menschlicher Perspektive nicht zu entscheiden. Es gibt kein Objekt ohne Subjekt; was Schopenhauer dazu geäußert hat, ist nie widerlegt worden. Also: Wenn das kosmische Großexperiment Erdenmenschheit scheitert, senkt sich Finsternis über diese kosmische Zone oder Provinz. Es gibt kein Licht ohne Bewußtseinslicht. – Aber wie »wichtig« ist diese Zone oder Provinz?

Für McKenna ist die Erden-Menschheits-Geschichte von kosmischem Belang, der weit über das Planetare hinausreicht. Allerdings ist er sich unsicher, wie weit oder tief diese Bedeutung nun konkret und präzise geht. Und hier spürt man (wie denn auch anders?) eine gewisse Hilflosigkeit, die eigene Eschatologie der genannten metaphysischen Kollision mit der herrschenden Kosmologie in Einklang zu bringen. Denn in dieser radikalen, unvorstellbaren Transformation wird nach McKenna auch die Zeit transformiert; nur die Erdenzeit oder die »Zeit an sich«, also auch außerhalb des Planeten? McKenna neigt der zweiten Annahme zu, weiß aber gleichzeitig, daß dies eigentlich absurd ist. So nimmt er seine Zuflucht zu dem anthropischen Prinzip (siehe meine Ausführungen dazu im 4. Kapitel): »Das anthropische Prinzip, das Astronomen inzwischen bei ihren Überlegungen zulassen, legt ja nahe..., daß in irgendeiner Weise Ereignisse auf der Erde eine Art kosmischer Bedeutung haben könnten.«[16]

Dann wieder sagt er, in Zurückweisung des Einwandes, den Rupert Sheldrake bringt (von mir im Motto zu diesem Kapitel zitiert):

»Dieser Einwand impliziert, daß du wirklich glaubst, es gäbe Millionen von Lichtjahren Raum und Zeit, die mit spiralförmigen Galaxien angefüllt sind. All das könnte nichts weiter als ein zarter Schleier sein. Die wahre Größe der kosmischen Bühne ist ein heiß umstrittenes Thema, selbst unter Fachleuten. Wenn du sagst, daß es nur ein lokal beschränkter Vorgang ist, stellst du die Position der Universalisten in Frage...«[17]

Die Argumentation ist konsequent; irgendwie wird ja damit die ontologische Wirklichkeit der Galaxien und des kosmischen Raumes im üblichen Verständnis geleugnet. Und das ist bei Licht gesehen der Sprung in den Geozentrismus (Mittelpunktstellung der Erde im Universum), jedenfalls indirekt.

Das Dilemma der ökologischen Krise im Rahmen der herrschenden Kosmologie wird damit einmal mehr und nun in einem ganz anderen Zusammenhang manifest. Denn dem Gedanken der völligen Belanglosigkeit der Erdzerstörung für den Rest des Universums, ja, schon für das Sonnensystem, ist nicht auszuweichen, wenn der Kosmos so aussieht, wie die (selbstgekrönten) »Kosmologen« meinen. Dann kann man die Ökologie im Grunde nur abkoppeln von der Kosmologie; dann macht eigentlich nur eine geozentrische Ökologie wirklich Sinn. Denn es ist dann egal, ob wir im Mittelpunkt des Universums sind oder die Singularität einer extrem unwahrscheinlichen Oase genießen dürfen. Den Kosmos kann es nicht ernsthaft beunruhigen, wenn das von Leben erfüllte Unikum oder Kuriosum Erde dahinschwindet. Sind wir aber, was ich mit Giordano Bruno vermute, von tosendem Leben umgeben (man könnte auch sagen: umstellt), dann löst das Versagen der Erdlinge sehr wohl eine kosmische Beunruhigung aus. Daß übrigens viele Menschen diese »kosmische Beunruhigung« spüren, scheint mir evident zu sein. Sie spüren, daß sie etwas »anrichten«, ganz tief innen spüren sie, daß es ein Forum gibt im Kosmos, vor dem sie sich nicht verbergen können. Und das löst Angst aus. Wer schützt die Erde vor der Bedrohung aus dem All? Diese Frage ist ein Leitmotiv vieler Science-fiction-Romane und -Filme, zugleich zahlreicher Überlegungen zum Thema Ufos.

Was übrigens die Abkoppelung der ökologischen Frage von der Kosmologie anlangt, die sehr verbreitet ist, so wird diese gelegentlich auch ganz direkt und offensiv vorgetragen. Dafür zwei Beispiele: 1991 erschien ein Buch des Schweizer Psychiaters Hanspeter Padrutt mit dem programmatischen Titel *Und sie bewegt sich doch nicht. Parmenides im epochalen Winter.*

Galileis berühmtes Wort über die Erde – »Und sie bewegt sich doch« – wird hier ganz bewußt aufgegriffen und ins Gegenteil verkehrt. Padrutt bringt die »Mobilmachung« des neuzeitlichen Geistes in Verbindung mit dem Kopernikanismus, der die Erde aus ihrer Verankerung riß und uns den Boden unter den Füßen wegzog. Wir brauchen, so meint Padrutt (auch in Anlehnung an Martin Heidegger), eine neue Rückbesinnung auf die uns tragende und in diesem Sinne immer noch ruhende Erde und damit gleichsam eine »antikopernikanische Revolution«. Als wichtiger Gewährsmann für diese neue Zuwendung zur Erde wird der vorsokratische Philosoph Parmenides herausgestellt, was überraschend ist, weil es den meisten Parmenides-Interpretationen (übrigens auch meiner) völlig widerspricht. Der »epochale Winter« bezieht sich auf die Signatur der Epoche, deren Nihilismus Padrutt in einem früheren Buch entlang der *Winterreise* Franz Schuberts sinnfällig gemacht hat (die *Winterreise* als Weg des Menschen in der ökologischen Krise).

»Seit Kopernikus rollt der Mensch aus dem Zentrum ins X«, sagt Nietzsche. Um die jagende Fahrt ins große Nihil und die Erdverwüstung zu stoppen, müssen wir die kopernikanische Revolution

zurücknehmen; wir brauchen einen neuen, auch ökologisch mo-
tivierten Geozentrismus; die Erde muß wieder in den Weltenmittelpunkt hineingestellt werden. So die These von Padrutt, die
er mit einer sehr kenntnisreichen Auseinandersetzung mit Grund-
positionen der modernen Kosmologie verbindet. Padrutt zitiert
eine Aufzeichnung des Philosophen Edmund Husserl aus dem
Jahre 1934, die staunenswert ist: »Umsturz der kopernikanischen
Lehre: Die Erde als Ur-Arche bewegt sich nicht.«[18] (Ur-Arche heißt
hier soviel wie Ur-Anfang.)

Das zweite Beispiel: In einer Podiumsdiskussion an der Berliner
Humboldt-Universität im Frühjahr 1993 zwischen Rudolf Bahro,
Michael Succow und mir, in der es um das menschliche Naturverhältnis ging, vertrat Succow unmißverständlich und offen die
Position eines ökologischen Geozentrismus in Frontstellung gegen die »kopernikanische Mobilmachung« und die moderne Kosmologie.

Michael Succow (Biologe und mittlerweile Träger des Alterna-
tiven Nobelpreises) meinte, ökologisch gesehen sei der Kopernikanismus samt seinen Folgeerscheinungen eher verhängnisvoll;
für die Bewahrung der irdischen Biosphäre sei es sinnvoller und
fruchtbarer, von einer im Mittelpunkt des Kosmos ruhenden Erde
auszugehen. Es war mein Part an dieser Stelle der Podiumsdiskussion, gleichsam die Würde des Kopernikanismus zu »retten« und
sie sowohl gegen die monströsen Ausuferungen der herrschenden
Kosmologie als auch gegen die geozentrisch orientierte Ökologie
zu verteidigen.

Michael Succow und Hanspeter Padrutt haben gute Gründe für
ihre Position; diese Position ist nicht nur ehrenwert (das wäre zu
wenig), sondern auch in sich stimmig und überzeugend. Es ist völlig verständlich, wenn Menschen sich anheischig machen, den
Vorhang zum Universum zuzuziehen und sich ganz auf die irdische Heimstatt zu konzentrieren. Was sollen sie mit einem Universum anfangen, wenn es so monströs erscheint wie das von der
herrschenden Kosmologie offerierte? Und es bleibt praktisch nur
die Alternative zwischen »Vorhang zu« und »*anderer* Kosmologie«,

wenn wir uns wirklich der Erde verbunden fühlen und zugleich ein tiefes Mißtrauen hegen gegen alle technisch-projektiven Bilder vom All und den Gestirnen. Insofern berührt der ökologisch motivierte Rückzug auf die Erde als Sinnmitte und Weltenmitte die Nahtstelle der kollektiven Neurose; er ist ein legitimer Versuch, die Neurose zu überwinden, obwohl ich nicht glaube, daß er langfristig trägt oder erfolgreich sein kann. Nur wenn wir den Menschen existentiell »verankern« am Boden (Erde) *und* im lebendigen Kosmos »da oben«, wird es eine Möglichkeit geben, so etwas wie Heilung zu realisieren, d.h. eine echte Integration und Reintegration der menschlichen Wesenheit in die Große Ordnung, aus der sie ausgeschert ist. Ein wirklicher und authentischer und lebendiger Blick auf die Erde im übrigen, auf Pflanze und Tier etwa, erschließt mehr an Kosmos, im eigentlichen Wortsinn, als der Blick durch gewaltige Teleskope und als die theoretischen Konstrukte der modernen Kosmologie. Im letzten gilt unverrückbar: Der Kosmos ist *hier*, nicht »da draußen«. Wer den Kosmos im Draußen sucht, hat ihn schon verloren, ist schon abgespalten von ihm, ist schon halb »im Orbit«.

Daß der Kosmos »hier«, also hier auf der Erde, *und in uns* ist, heißt nicht, daß es einfach unsinnig wäre, auch andere belebte Gestirne einzubeziehen, im Gegenteil, erst aus unserem Lebendigsein auf Erden begreifen wir Lebendigsein überhaupt; anders können wir es gar nicht begreifen. Erst die lebendige Erde ist die Gewähr für den lebendigen Kosmos, der uns trägt und durchdringt, wie er auch unzählige andere analoge Gestirne und deren Bewohner trägt und durchdringt. Nur käme das Sich-Verlieren in die unabsehbaren Weiten der Sternenwelt, in den Abgrund der puren unendlichen Ausdehnung der »schlechten Unendlichkeit« gleich, von der Hegel spricht. Die Suche nach der »Unendlichkeit außen« blockiert die Suche nach der »Unendlichkeit innen«.

Unendlichkeit, die wir zugleich ersehnen und fürchten, ist nicht bloße endlose Erstreckung (diese Erstreckung verschluckt jedes Denken, jedes menschliche Sein), sondern der absolute Grund von Existenz überhaupt, das Immer-schon-Angekommensein, das

»hinter« allem Suchen und allen Fluchten steht. Der Mensch, sagt
Novalis, sei »eine Analogienquelle für das Weltall«[19]. Das gilt auch
für die Erde. Und noch einmal sei der Physiker Amit Goswami
zitiert: »Das Universum ist nicht tot, weil wir nicht tot sind.«[20] Weil
die Erde Leben ermöglicht hat, wird es im Prinzip überall, wenn
die entsprechenden Bedingungen vorhanden sind, intelligentes
Leben geben.

Weil allein in unserer Galaxis mit Sicherheit eine überwältigend
große Zahl an Gestirnen existiert, die intelligentes Leben tragen
(getragen haben oder tragen werden), und wir annehmen dürfen, daß alle diese Lebensformen, so verschieden sie sich gestaltet haben, einen geistig-seelischen Zusammenhang haben (auch
wenn es rein äußerlich offenbar Quarantänebestimmungen gibt),
so hat das, was hier geschieht, auch geistig-seelische Auswirkungen. Und umgekehrt: Das, was »woanders« geschieht, spiegelt sich
auch bei uns. Das wäre echte und wirkliche Astrologie! Die Isolierung, in der wir zu sein glauben, ist ein schlichter Wahn. Aber
es könnte sein, daß die kosmischen Quarantänebestimmungen im
Fall der Erde besonders rigide gehandhabt werden. Noch einmal,
nun etwas anders formuliert: Wer schützt das Milchstraßensystem
vor dem »Abschaum der Erde«? Und letztlich interessiert uns die
Frage, wie der »Krieg des Kosmos gegen den hundstollen Planeten« (Karl Kraus) ausgehen wird.

Was hier geschieht, mag von den galaktischen oder gar intergalaktischen Weiten aus provinziell sein, aber ein globales ökologisches Desaster hier löst vielleicht doch mehr aus »als ein paar
ganz winzige Schockwellen« (Sheldrake). Wir wissen nicht, wie
weit genau unser »Einfluß« reicht, aber es gibt ihn.

Ein weiteres Mal Sheldrake in dem *Cyber-Talk* (gerichtet gegen
Terence McKenna):

»Selbst wenn wir an dieser Wand der Geschichte hier auf Erden zerschellen sollten, halte ich es doch für ganz ausgeschlossen,
daß das übrige Sonnensystem einfach den Laden dichtmacht und
aussteigt, ganz zu schweigen von der Galaxis, den Galaxienhaufen. (...) Die Sonne könnte eine gewaltige Umwandlung erleben.

Ich gestehe dir auch noch das gesamte Sonnensystem zu. Aber es bleibt ja noch immer eine ganze Menge übrig – der Rest der Galaxis etwa.«[21]

Erstaunlich übrigens, daß Sheldrake einer möglichen Öko-Katastrophe auf der Erde immerhin Auswirkungen unterstellt, die das Sonnensystem als Ganzes betreffen. Schon das fällt aus dem herkömmlichen Diskurs völlig heraus. Offenbar berührt das, was wir bisher über das Sonnensystem herausbekommen haben, nur die Oberfläche; ich glaube, daß da noch heftige Überraschungen zu erwarten sind, auch was das Zentralgestirn – die Sonne selbst – betrifft. Und das meine ich nicht astrologisch (im Sinne der herkömmlichen Astrologie), sondern kosmologisch.

Terence McKenna glaubt, daß die große Transformation der Erde und der Erdenmenschheit, die er erwartet, sich irgendwann zwischen den Jahren 2002 und 2012 ereignen werde.[22] (Das Jahr 2012 wird auch im Kontext mit dem Maya-Kalender oft genannt.)

Rupert Sheldrake setzt dem entgegen: »Ich neige, wie Ralph, eher zum traditionellen Chiliasmus, also zu einer Übergangszeit, der das Königreich des Himmels auf Erden folgt. Ich glaube, damit könnte folgendes verbunden sein: erstens der allgemeine Einsatz von Psychedelika, zweitens die Wiederbelebung des Animismus, drittens mathematische Objekte, die für alle durch den Computer sichtbar sind, und viertens die Kommunikation mit den Sternen. Durch bewußte Kommunikation wird sich das Netz des Bewußtseins weit über die Erde hinaus zu anderen Sternen, anderen Galaxien knüpfen lassen. Es wird ein Jahrtausend dauern, bis diese Vernetzung des Bewußtseins durch den gesamten Kosmos vollzogen ist, und dann könnte am Ende das wahre und absolute Eschaton möglich sein. Derzeit wäre es auf die Erde oder allenfalls auf das Sonnensystem beschränkt.«[23]

Welch eine Perspektive! Immerhin Sätze eines Mannes, der zu den führenden Denkern der Neuen Naturphilosophie gehört und dessen Thesen zu den spannendsten und einflußreichsten auf diesem Felde zählen. Es wäre reizvoll, das nun Punkt für Punkt ausführlich zu kommentieren; ich will an dieser Stelle darauf verzichten, zumal das vorliegende Buch als Ganzes im Grunde dieser Kommentar ist.

Abschließend zur Transformation der Erde im *Cyber-Talk* sei Ralph Abraham, dem Mathematiker, das Wort erteilt:

»Die Geschichte ist durchaus vereinbar mit der Vorstellung von einer bevorstehenden, erstaunlichen, schwierigen und kreativen sozialen Umwandlung in unmittelbarer Zukunft. Die Umwandlung wird ein chaotischer Übergang von einem Attraktor zu einem anderen sein, eine Zeit der Destabilisierung, wenn jeder historische Zwang aufgehoben ist, das Neue die Kraft hat, tatsächlich etwas zu bewirken, statt ständig nur frustriert zu sein, und dann werden wir eines Morgens aufwachen und in der Zeitung lesen, daß die Sonne auf eine andere Weise aufgeht...«[24]

Ohne die Hoffnung auf eine »Umwandlung in unmittelbarer Zukunft« wäre es müßig, sich überhaupt auf diese grundsätzliche Art, wie ich es versuche, mit der globalen Krise auseinanderzusetzen. Diese Hoffnung ist eine messianische Hoffnung. Und da alles vorerst dagegen zu sprechen scheint, soweit das vordergründig Mögliche berührt ist, ist die Hoffnung die auf das Unmögliche. Jede messianische Hoffnung ist die Hoffnung auf das Unmögliche! Denn wenn es möglich wäre, wäre es geschehen; da es nicht geschehen ist, war es – bisher – nicht möglich. Erst ein bestimmter, wahrscheinlich kosmischer Kairos (= der richtige Zeitpunkt) wird das Unmögliche in den Bereich des Möglichen rücken. Wann genau dieser Kairos sein wird, liegt bislang im verborgenen. Läßt sich das »vorauswissen«? Gibt es »Prophezeiungen«, die mehr sind als die Bebilderung individueller und kollektiver Phantasien, mehr als Spekulationen, mehr als – häufig esoterisch unterlegte – Mutmaßungen? Daß sich etwas gebären will, spüren Unzählige, aber was genau ist es, wie wird es sich vollziehen, und wann?

Und sicher trifft zu, was Ernst Jünger schon in den späten 50er Jahren geschrieben hat:

»Würden die Veränderungen als Einleitung einer kosmischen Katastrophe aufzufassen sein, so würden sie einem Abschnitt zuführen, in dem mehr zu bedenken wäre als das Wohl und Wehe der empirischen Person. (…) Indessen, auch wenn der Einschnitt nicht absolut ist, bleibt die Vermutung, daß er mehr trennt als das, was wir als ›weltgeschichtliche Epochen‹ bezeichnen, selbst unter Einbeziehung der Vor- und Urgeschichte, also des Auftretens des Menschen auf dem Planeten überhaupt. Es bleibt die Vermutung, daß andere Größen einspielen, etwa astronomische. (…) Die nunmehr zu stellende Frage ist die, ob der Einschnitt zwei geologische Abschnitte trennt und ob eine in diesem Sinne neue Epoche mit ihren Mustern auf uns übergreift.«[25]

Wenn das Adjektiv »geologisch« in dem Jünger-Zitat sich auf den Logos der Erde, also auf die »Geo-Logik« bezieht, dann ist die Frage, die Jünger stellt, unbedingt zu bejahen. Ein in diesem Sinne geo-logischer Umbruch oder Übergang ist nicht denkbar ohne die kosmische Dimension, ohne den kosmischen Kairos. Und alles wird davon abhängen, wer wir dann sind.

Was immer die Erde wirklich ist innerhalb des Kosmos, wenn das Bewußtseinslicht hier ausgeschaltet wird (um von einem möglichen unkörperlichen Bewußtsein abzusehen), wird es ein Stück weit dunkler sein in unserer Galaxis.

SPIRITUALITÄT, TIEFENÖKOLOGIE UND BEWUSSTSEINS-FORSCHUNG – DIE HERAUSFORDERUNG TRANSPERSONALER ERFAHRUNGEN

»Gleich der Giraffe und dem Schnabeltier sind die Wesen, die die entlegenen Zonen der Psyche bewohnen, äußerst unvorstellbar. Dennoch gibt es sie, sie sind wahrnehmbare Realitäten, und als solche sollten sie von niemandem unbeachtet gelassen werden, der ehrlich versucht, die Welt, in der wir leben, zu verstehen.«
(Aldous Huxley)[1]

Die psychedelische
Revolution

Niemals vielleicht, so schien es allen Beteiligten, saß die abendländische Bewußtseinsverfassung, saß das mentale Selbst fester im Sattel als in den 50er und frühen 60er Jahren des 20. Jahrhunderts. Der sieggewohnte Riese, der in einem Kreuzzug ohnegleichen einen anderen Riesen (den Nationalsozialismus) bezwungen hatte, der ihm die Vorherrschaft streitig gemacht hatte, schickte sich nun an, den Planeten endgültig zu unterwerfen. Der Dualismus von Sowjet-Imperium und US-Imperium war ein willkommener Stachel, nun das Äußerste zu mobilisieren. Wie einst die Atombombe gegen Hitler gebaut wurde und nur deshalb über Japan fiel, weil der Krieg mit Deutschland wider Erwarten schon zu Ende war, so wurde die Megamaschine jetzt im »Wettlauf der Systeme« angeheizt, und sie lief auf Hochtouren. Wobei es fast belanglos war, daß in der westlichen Welt genauso wie im »Ostblock« hinter der Fassade der Rationalität jede Menge mythischer Irrationalismen ihr Unwesen trieben, im Sowjet-Imperium stärker als im Westen. Eine naive und nachgerade groteske Fortschrittsgläubigkeit war beiden Lagern zu eigen.

In diese mit Raketen bestückte Siegesfeier des rationalen Ichs brachen nun zwei gänzlich unvorhersehbare Schockwellen hinein, und zwar merkwürdig synchron, die seitdem zwar vorübergehend verdrängt, aber nicht mehr in Gänze ungeschehen gemacht werden konnten: Ich meine die kollektive Wahrnehmung der Zerstörung unserer Lebensgrundlagen, den Beginn der »Umweltbewegung« oder »Ökologiebewegung« mit Rachel Carsons *Silent Spring* von 1962 (siehe S. 32 ff.), und ich meine das, was gelegentlich als »psychedelische Revolution« bezeichnet wurde. Von dieser psychedelischen Revolution seit den frühen 60er Jahren und ihren kaum zu überschätzenden Auswirkungen soll nachstehend die Rede sein.

Grundstürzend für die herrschende Bewußtseinsverfassung waren beide Revolutionen, die psychedelische und die ökologische;

und obwohl es immer wieder Gegenrevolutionen gegeben hat, Versuche, das Geschehene gleichsam ungeschehen zu machen oder herunterzuspielen, so besteht doch die Herausforderung »wie am ersten Tag«.

Ungefähr zeitgleich wurde deutlich, daß die rabiate Fortschreibung des technisch-mentalen Imperialismus die Erde unter unseren Füßen tötet *und* »die Wesen, die die entlegenen Zonen der Psyche bewohnen« (Huxley).

Andere, tiefere, weitere, ins Kosmische hineinreichende Bewußtseinsdimensionen wurden in der psychedelischen Bewegung erschlossen; viele Menschen, oft überwältigt und hilflos und ohne Landkarten, begaben sich auf Erkundungsreise in gänzlich unbekannte Länder der eigenen Seele. Spirituelle Tiefen, wenn auch verzerrt und durchsetzt mit Projektionen und Wahnelementen, wurden erstmalig in großem Maßstab zugänglich.

»Psychedelisch« ist ein Kunstwort und heißt soviel wie »die Seele aufdeckend«; auch andere Begriffe waren im Gespräch für die neuen Erfahrungsdimensionen, aber dieser hat sich durchgesetzt, aus welchen Gründen auch immer. Auslöser der psychedelischen Revolution war die Verbreitung von LSD, jenes halbsynthetischen Mutterkornderivats, das der Schweizer Chemiker Albert Hofmann entdeckt und im April 1943 in einem (zunächst ungewollten) Selbstversuch an sich ausprobiert hatte. (Über Entdeckung und Geschichte des LSD berichtet Hofmann in seinem Buch *LSD – mein Sorgenkind* von 1979.)[2]

Die Bewußtseinsveränderungen, die LSD schon in geringer Dosierung auslöst, sind einschneidend; die »normalen« Raum-Zeit-Ich-Koordinaten werden auf radikale Weise verschoben, und zwar geschieht dies in rasanter Geschwindigkeit und in Graden der Differenziertheit, die jede sprachliche Erfassung und Einfriedung sprengen.

Das unvorbereitete Bewußtsein wird hineingeschockt in eine Flut von Bildern und jagenden Assoziationen, von Farb- und Lichtstürzen, von archetypischen Figurationen, von Erinnerungen aus den fernsten Winkeln der eigenen und der kollektiven Psyche, von übermächtigen Emotionen, von fremdartigen Identifizierungen bzw. Verschiebungen der eigenen Identität. Unvereinbares geschieht gleichzeitig, Gegensätzliches, ja, sich Ausschließendes durchdringt sich; man ist zugleich im Hier und im Dort, im Gestern und im Heute, an der Schwelle der Geburt und der Schwelle des Todes, zugleich im Ich, im Wir und im Es, im Sein und im Nichtsein, im Raum und jenseits des Raumes. Beseligt, erschüttert und zugleich entsetzt erfährt man sich hineingestoßen in buchstäblich und wirklich andere Dimensionen, von denen man im Moment des Erlebens weiß, daß man sie immer gekannt hat, daß man immer schon dort war. Man war nie dort, aber man erinnert sich an alles. Man erkennt, und man wird erkannt, man erfährt Kommunikation und Kommunion jenseits der Ich-Schranke. Das mentale Fenster, das alles Oben und alles Unten in die Nicht-Existenz verbannte, wird aufgesprengt, in beide Richtungen geöffnet. Das Ich erfährt eine Relativierung aus der Tiefe (aus dem Prä) und aus der Höhe (aus dem Trans).

Es war ein weiter Weg von der ersten LSD-Erfahrung Albert Hofmanns über die klinisch-therapeutische Arbeit mit LSD (ohne größere Resonanz in der Öffentlichkeit) bis zur wortgewaltigen Propagierung des LSD als Mittel der Seelenerforschung durch den legendären Timothy Leary (aber auch durch Ralph Metzner, Richard Alpert alias Ram Dass u.a. seit den frühen 6oer Jahren), bis zum ungehemmten Massenkonsum, der schließlich konsequent zum Verbot führte. Auf so etwas wie LSD war die abendländische Welt nicht vorbereitet. Daß es möglich ist, mittels einer einfachen chemischen Substanz in einen Bewußtseinszustand hineinzugeraten, der in die Nähe mystischer oder spiritueller Erfahrungen führt, war eine schlichte Ungeheuerlichkeit. Es war naheliegend, daß sich die Meinungen über die neue »Wunderdroge« schnell polarisierten. Während sie die einen verteufelten (meist die, die niemals eigene Erfahrungen damit gemacht hatten), wurde sie von anderen zum Heilsmedium und zur Eingangspforte in die »Anderswelt« erklärt.

Die Vertreter der Religionen und der spirituellen Gruppen lehnten LSD fast einhellig ab; man bestritt die Echtheit und Authentizität dieser Art von Erfahrungen, außerdem fürchtete man, und durchaus zu Recht, den anarchischen Charakter dieser Substanz, der es unmöglich machte, sie zu »vereinnahmen«. Von seiten der offiziellen Medizin und Psychologie wurden LSD-Erfahrungen, wie Drogenerfahrungen überhaupt, pathologisiert. Es ist unbestreitbar, daß es von einem bestimmten Punkt an unvermeidlich und auch sinnvoll war, LSD zu verbieten, jedenfalls was den unkontrollierten Zugang zu dieser hochwirksamen Substanz anlangt. Osho (Bhagwan Shree Rajneesh) traf sicher einen zentralen Schwachpunkt in dem allgemeinen Umgang mit LSD, als er darauf hinwies, daß die Einnahme der Droge nur Sinn mache und zu verantworten sei, wenn ihr eine jahrelange Bewußtseinsschulung in Form der Meditation vorausgegangen sei (Osho sprach von zehn Jahren als Minimum!).

Faktisch aber hatten die meisten, die die Droge einnahmen, keinerlei Meditationserfahrung, keinerlei spirituelle Schulung, ja, im Grunde gar keine echten Kriterien, um das Erlebte adäquat zu verstehen und einzuordnen. Sie wurden sozusagen kalt erwischt, völlig überrumpelt, und so stolperten sie in eine Bewußtseinswelt hinein, die erst einmal alles radikal in Frage stellte, was bis dahin als Wirklichkeit galt. Viele verstanden plötzlich, was sie vielleicht geahnt hatten, daß nämlich das mentale Fenster, die allseits für »normal« befundene Form von Bewußtsein und Wirklichkeit, nur einen kleinen Ausschnitt darstellt innerhalb des uns *eigentlich* zu Gebote stehenden Bewußtseinsspektrums, daß die raum-zeitlich und kausal verknüpfte empirische Welt keinen Absolutheitswert hat, daß es »darin« oder »dahinter« eine andere, eine höherdimensionierte und in gewisser Weise »wirklichere Wirklichkeit« gibt. Und genau dies haben ja ausnahmslos alle spirituellen Strömungen und Schulen immer wieder behauptet! Jetzt war es gleichsam verifizierbar.

Die LSD-Erfahrung war für etliche Menschen die erste als wahrhaftig und echt empfundene mystische oder spirituelle Erfahrung überhaupt, die erste Berührung mit der als wirklich empfundenen sakralen Schicht der Existenz. Hier war – erstmalig – nichts Angelesenes, Ergrübeltes, Geglaubtes, für wahr Gehaltenes, sondern schlicht das, was Menschen ohnehin als einziges wirklich überzeugt, nämlich Erfahrung. Einhellige Äußerungen in dieser Richtung finden wir, um drei Beispiele zu geben, bei dem Anthropologen Gregory Bateson, dem Mathematiker Ralph Abraham, dem Arzt und Psychiater Stanislav Grof. Außerdem bei vielen, die heute Repräsentanten des tibetischen Buddhismus im Westen sind und die erst durch den Öffner LSD zur Spiritualität kamen (was nicht ausschließt, daß parallel dazu auch andere psychoaktive Substanzen, etwa Cannabis, eine gewisse Rolle spielten), so etwa Hans-Hinrich Taeger, der in seinem Buch *Spiritualität und Drogen* auf eindrucksvolle Weise darüber berichtet.

Auch Taeger benennt das zentrale »Handicap« der frühen LSD-Konsumenten: das Fehlen »denkerischer und geistiger Bezugssysteme«, »die es ermöglicht hätten, drogeninduzierte Erlebnisse weiträumiger, differenzierter, bewußter und vor allem gewichtiger zu interpretieren«. »Weil letzteres häufig nicht eingetreten ist, ging vielen Individuen die Brisanz und seltene Möglichkeit ihrer Entdeckungen durch mangelnde Eigenverarbeitung, fehlende Unterstützung sowie den niedrig entwickelten Bewußtseinsstand des Zeitgeistes nicht auf.«[3]

Die zunächst fehlenden »denkerischen und geistigen Bezugssysteme« wurden dann im Laufe der 60er Jahre gefunden, meist in Asien, wobei der tibetische oder tantrische Buddhismus eine Schlüsselstellung einnahm. Ein frühes Zeugnis hierfür ist das berühmte Buch von Leary, Metzner und Alpert: *Psychedelische Erfahrungen. Ein Handbuch nach Weisungen des Tibetanischen Totenbuches* von 1964.[4] Die meisten derjenigen, die durch LSD-Erfahrungen zur Spiritualität kamen, haben dann irgendwann aufgehört, diese Droge zu nehmen, oder den LSD-Gebrauch eingeschränkt auf sehr seltene, rituell oder therapeutisch geprägte Situationen. Zunehmend wurde gelernt, veränderte Bewußtseinszustände und Erfahrungen im spirituellen Raum auch ohne psychoaktive Substanzen zu erreichen.

Hierbei ist es zentral wichtig, zu begreifen, daß eine einmal wirklich und authentisch erfolgte »Öffnung nach drüben«, wie immer diese induziert wurde, nicht mehr zurückzunehmen ist; die Tür, die sich geöffnet hat, kann sich nie wieder endgültig schließen. Auch die durch LSD erfolgte Öffnung im kollektiven Bewußtsein, im Bewußtsein der Epoche, ist nicht mehr zu schließen oder zurückzunehmen. Genausowenig wie die kollektive und epochale Wahrnehmung der fortschreitenden Zerstörung der Erde. Beides ist in der Tiefe miteinander verbunden. Beides ist in gewisser Form »subversiv«, beides könnte eine »Palastrevolution« einleiten gegen den mittlerweile gänzlich nackten Kaiser: das technisch-rationale, imperiale Ego, das sich noch immer auf der Siegerseite wähnt, obwohl es substantiell längst verloren hat bzw. an seinen eigenen Pyrrhussiegen verblutet.

Die psychedelische Revolution, in deren Mittelpunkt die »Wunderdroge« LSD stand, ist *als sie selbst* gescheitert, ähnlich wie die 68er-Revolution, die 89er-Revolution (auch wenn diese zum Mauerfall geführt hat) oder die ökologische, dann tiefenökologische Revolution. Die psychedelische Revolution mündete schließlich in ein wirres Spektakel ohne jeden spirituellen oder denkerischen Wert; und der psychedelische Clown Timothy Leary ist ein eher abschreckendes Beispiel für die allgemeine Unfähigkeit, der durch LSD hervorgerufenen Öffnung angemessen zu begegnen, sie verstehend-meditativ zu integrieren. (Um einem Mißverständnis vorzubeugen, das hier aufkommen könnte: Wenn ich Leary als »psychedelischen Clown« bezeichne, dann bezieht sich dies auf die schrillen, die unverkennbar pathologischen Elemente seiner Person; damit ist nicht der ganze Mensch Leary gemeint, dessen kulturelle Bedeutung und dessen Verdienste völlig unbestreitbar sind.)

Was auf der Ebene der Megamaschine zunächst einmal blieb von der LSD-Revolution, war eine bestimmte Ästhetik, die bis in die Werbung hinein nachzuweisen ist. Aber das ist eine andere, eine eigene Geschichte. Wenn es ein Erbe gab, das den psychedelischen Aufbruch der 6oer Jahre mehr sein ließ als eine kulturhistorische Kuriosität, dann war es zweierlei: ein authentischer spiritueller Aufbruch, eine authentische spirituelle Öffnung im Geist der Epoche, der ohne LSD wohl *so* nicht erfolgt wäre, und die seitdem nicht mehr nachlassende Bemühung, die Rätsel des Bewußtseins, auch und gerade in seinen Grenzbereichen, zu erkunden und auszuloten (Stichwort: Bewußtseinsforschung und transpersonale Psychologie). Also spirituelle Öffnung und Bewußtseinsforschung: Das blieb, das hat sich als fruchtbar und zukunftsträchtig erwiesen, und beides ist längst abgekoppelt worden von dem einstigen »trigger« LSD, der nur noch gelegentlich ins Spiel kommt.

In dem mehrfach herangezogenen Trialog von Rupert Sheldrake, Terence McKenna und Ralph Abraham wird mehrfach auf die Frage Bezug genommen, wie eine erneute Einbindung psychoaktiver Substanzen in den geistigen und kulturellen Prozeß der Gegenwart und der näheren Zukunft aussehen könnte. Daß sie notwendig ist, darüber sind sich alle drei einig. Einigkeit herrscht auch darüber, daß dies bisher nicht gelungen ist.

In dem ersten Gesprächsbuch *(Denken am Rande des Undenkbaren)* sagt Sheldrake:

»Eine Möglichkeit wäre die Legalisierung von psychedelischen Drogen ab bestimmten Lebensaltern, wie es beim Alkohol ja schon gehandhabt wird. Vor dem achtzehnten Lebensjahr ist es in Großbritannien illegal, Alkohol zu kaufen und zu trinken. Mit achtzehn ist es okay. (…) Wie wäre es mit der folgenden Gesetzgebung? Vor dem dreißigsten Lebensjahr ist es illegal, psychedelische Pilze zu essen. Mit dreißig ist es okay. Vor dem vierzigsten Lebensjahr ist es illegal, sagen wir, LSD zu kaufen und zu schlucken. Mit vierzig ist es okay. Mit fünfzig DMT und so weiter. (DMT gilt als das stärkste Halluzinogen; J. K.) Es gibt nach Lebensaltern gestaffelte Legalisierungen mit Initiationscharakter. Ob du nach Erreichen des vorgeschriebenen Alters den Stoff legal kaufen darfst, hängt davon ab, ob du darin eingeweiht wurdest. Du mußt ein Initiationsritual mitmachen, das an Wochenenden an Orten wie etwa Esalen oder der Hollyhock Farm in British Columbia abgehalten wird. Durch die altersabhängigen Initiationen werden dir stufenweise andere Erfahrungsbereiche erschlossen.«[5]

Ist das naiv oder absurd? Ich glaube nicht, wenn es auch zur Stunde nicht danach aussieht, als ob dies in einer überschaubaren Zeit Wirklichkeit werden könnte, da die kulturellen Rahmenbedingungen dafür nicht gegeben sind. Dafür gibt es Gründe, die tiefer liegen als nur die allgemeine Drogenhysterie, als der massenhafte Mißbrauch von suchterzeugenden Substanzen. Es hängt primär damit zusammen, daß die genannte Öffnung prinzipiell und als solche verhindert werden soll; denn an nichts hat der (nackte) Kaiser weniger Interesse als an denen, die seine Erbärmlichkeit und Nacktheit durchschauen und die ihn derart unterminieren könnten.

Sheldrakes halb ironisch, halb ernst vorgetragener Vorschlag zielt im Kern darauf, das Einweihungsgeschehen alter Mysterienkulte auf zeitgemäße Weise wiederzubeleben und kulturell zu verankern. Und ohne eine derartige rituelle und kultische Einbindung kann jeder Umgang mit psychoaktiven Substanzen, auch mit den nicht suchterzeugenden wie LSD oder Cannabis, leicht »umkippen«, denn (so Sloterdijk) Drogen, als »heilige Drogen«, fungierten in alten Kulturen »überwiegend als Vehikel eines ritualisierten metaphysischen Grenzverkehrs«. »Die psychotropen Stoffe dienen also nicht der privaten Berauschung, sondern fungieren als Reagenzien des Heiligen, als Türöffner der Götter.«[6]

Die Grenzerfahrungen
und das Heilige

Von dem Heiligen war bereits im Zusammenhang mit den Heiligen Bergen und ihrer geomantischen Bedeutung die Rede. Und zweifellos ist die Frage einer möglichen Resakralisierung (= Wiederheiligung) der Erde für eine tiefenökologische Perspektive von zentraler Wichtigkeit. Ohne einen gewissen Grad an Resakralisierung wird es nicht möglich sein, Landschaften, Tiere, Pflan-

zen, von mir aus auch »Ökosysteme«, vor dem brutalen Zugriff der
Megamaschine zu bewahren. Es geht umfassend um Kommunikation und (ja, auch das) um Kommunion mit der Erde, die damit
zur ERDE, zu Demeter wird. Und das Kardinalproblem besteht
heute und in der näheren Zukunft darin, wie sich echte Verbindlichkeit in der Verbindung mit der Erde herstellen läßt. Daß sie
nicht »verordnet« werden kann, ist evident; das Heilige in der
Natur wird wahrgenommen oder eben nicht wahrgenommen, es
hat eine kulturell gewachsene Präsenz oder eben nicht. Verbindlichkeit kann sich nur durch Erfahrung herstellen, und da helfen
zum Beispiel Rituale, geomantische, an alte spirituelle Traditionen
anknüpfende, diese aber zugleich überschreitende Gemeinschafts-
übungen.

Ralph Abraham sagt (und dem möchte ich in der Grundrichtung
zustimmen):

»Ich glaube, das Wichtigste, was wir tun müssen, um die Welt
zu retten, oder wenigstens um Hoffnung in dieser Richtung haben
zu können, ist die Neuanknüpfung an das Heilige; der fallen-
gelassene Faden dieser Verbindung muß für einen größeren Teil
der Menschheit wiederaufgenommen werden. Dieses Programm
nenne ich ›die Wiederheiligung der Erde‹.

Soweit ich weiß, gibt es nur wenige Vorschläge zu direktem
Handeln in dieser Richtung. (...) Der Kernpunkt ist eine *tatsäch-
liche* Verbindung mit dem Heiligen. Ich glaube nicht, daß wir eine
archaische Erneuerung bekommen, indem wir einfach zurückgehen. Wir müssen unsere Archäologie des Wissens zu dem Punkt
treiben, wo wir das Wesen dessen begreifen, was damals geschah,
und es dann in moderne Formen umsetzen.«[7]

Wir müssen (um die Formel von Sloterdijk aufzugreifen) einen
»ritualisierten Grenzverkehr« mit der Erde ins Werk setzen, einen
Grenzverkehr, der ja ein sinnlicher (physischer) und ein übersinn-
licher (metaphysischer) *zugleich* ist; ohne Gaia bleibt auch Demeter stumm oder unsichtbar. Wir brauchen so etwas wie einen
neuen Demeterkult! Und der ist nicht im Handstreichverfahren zu
gewinnen, und es ist schon schwierig, auch nur in die Nähe dieser

Möglichkeit zu gelangen; zu schwer lastet noch immer auf uns allen, was Gottfried Benn als zentrales Verhängnis bezeichnet hat, »die Trennung zwischen Ich und Welt, die schizoide Katastrophe, die abendländische Schicksalsneurose« und damit das fortgesetzte Ringen um den Begriff der Wirklichkeit, einer Wirklichkeit, die sich eben nicht mehr »von selbst versteht«, die abhanden gekommen ist; oder in der wir Fremde geworden sind, »outcasts«, heimatlose Zigeuner, »Winterreisende«.

Die ökologische Krise ist ein überwältigender Ausdruck von Wirklichkeitsverlust. Im »epochalen Winter« (Padrutt) kann man nicht »einfach so« einen alten, längst erloschenen Kult in neuer Form und auf neuer Ebene wiederbeleben, auch nicht mit Psychedelika (wie Terence McKenna meint). Gleichwohl gibt es hier einen machtvollen Impuls, der nur noch keine kulturell verbindliche und überzeugende Gestalt gefunden hat; ohne Eleusis, ohne den Eleusinischen Demeterkult, und zwar *in seiner Substanz*, jenseits der konkreten Form im antiken Griechenland, wird es nicht möglich sein, die integrale Tiefenökologie *sozial* zu verankern, ihr eine soziale Form zu verleihen. Und das war Eleusis in der Antike: eine sozial verbindliche Gestalt für die Einweihung in das Mysterium der ERDE.

Psychoaktive Substanzen als »Reagenzien des Heiligen« (Sloterdijk) – das bedarf der näheren Bestimmung. Es ist schwierig, in einer weitgehend hysterisierten Öffentlichkeit der schlichten Tatsache Ausdruck zu verleihen, daß bestimmte psychoaktive Substanzen oder Psychedelika auch heute noch in der Lage sind, Bewußtseinszustände zu induzieren, die eine echte Erfahrung des Sakralen ermöglichen. Daß dies ernsthaft möglich ist, wird von vielen Seiten bestritten, am vehementesten von denen, die sich selbst für Sachwalter oder Interpreten des Heiligen halten, also allen etablierten religiösen Strömungen und Schulen. Hauptargument: Was in psychedelischen Zuständen erlebt und erfahren wird, sei keine authentische Spiritualität; es werde nicht eine wie immer beschaffene Anderswelt oder metaphysische Wirklichkeit erschlossen; was erschlossen werde und in den Lichtkegel der Erfahrung gerate, seien Verzerrungen, pathologische, ja dämonische Vorgaukelungen höherer Welten.

Großzügig wird gelegentlich zugestanden, daß zumindest bei einigen dieser grenzüberschreitenden Erfahrungen mittels Psychedelika auch Elemente echter Erfahrungen des Heiligen, echter »Schauungen«, ins Spiel kämen. Nur würden diese echten Elemente nicht zureichend integriert, es fehle die spirituelle und gedankliche Vorbereitung *und* Nachbereitung (also die adäquate Verarbeitung); außerdem kämen diese Elemente nicht »rein« zum Tragen, sie seien eingebettet in ein System des Wahns; auch sei es illegitim, überhaupt den Versuch zu unternehmen, das Heilige auf diesem Wege herbeizurufen, es mittels einer Droge zu kontaktieren. Usw.

Niemand wird bestreiten, daß alle psychedelischen Erfahrungen, auch die ohne Psychedelika erschlossenen veränderten Bewußtseinsräume (also etwa mittels Meditation, Atemtechniken oder Fasten), »gemischte« Erfahrungen sind, Erfahrungen, in denen das Sakrale, das Numinose oder Göttliche (Quasi-Göttliche) selten ganz rein und nur als es selbst in die Wahrnehmung tritt. Nur dürfte das generell gelten, und zwar in allen Zeiten und Kulturen; und sicher war es immer oder sehr häufig nur eine dünne Wand, die das »Licht von drüben« von der pathologischen Aushebelung des Verstandes trennt. Viele Schamanen waren in einem gewissen Sinne zugleich auch »Wahnsinnige«. Und für den psychedelischen Neo-Schamanismus unserer Tage gilt natürlich in verstärktem Maße, daß zunächst einmal das mentale Fenster transzendiert, ja, aufgebrochen, aufgesprengt werden muß, um eine Ahnung von »eleusinischem Licht« zu erhalten.

Zu fest sitzt der moderne/postmoderne Abendländer im Gehäuse seiner Rationalität; das mentale Selbst spielt sich ohne Unterlaß als Inquisitor und Richter auf, oft aus purer Angst, weil es *weiß*, daß der eigene existentielle Boden brüchig oder schwankend ist. Es gibt eine Ur-Angst auf dem Grunde des rationalen Ich vor dem Kontrollverlust; und die Angst ist nicht einfach unsinnig oder unbegründet. Vom mentalen Fenster aus ist zunächst gar nicht zu unterscheiden, was unterhalb und was oberhalb der rationalen Schwelle liegt. Zu dieser Unterscheidung allein bedarf es einer vertiefteren Wahrnehmung, die erst in einem langjährigen Erkenntnisprozeß gewonnen werden kann. Für viele gibt es da gar keinen Unterschied.

Transpersonale Erfahrungen also, ob mit oder ohne Psychedelika, sind selten »rein«; auch dürfte es äußerst schwierig sein, Reinheit oder Unverfälschtheit in Sachen Spiritualität zweifelsfrei zu definieren. Wir leben in einer »gemischten« Welt, und wir sind nicht nur subtil geschichtete, sondern eben auch »gemischte« Wesen. Man sollte also auch an dieser Stelle keinem Reinheitswahn verfallen; wahrscheinlich ist das Reine gar nicht zu haben ohne sein Gegenteil, das sogenannte Unreine. Die rabiate Abspaltung des Unreinen kann nur pathologisch werden.

Terence McKenna: »Es muß dabei klar sein, daß Psychedelika ein Weg zum Geist von Gaia sind. Sie sind nicht Metaphern für Sakramente, sie sind *echte* Sakramente, und ihre Heilswirkung kann politische Folgen haben. Grüne, die ich in Deutschland kennenlernte, redeten einen Jargon aus moderner Soziologie und Marxismus, und das fand ich ziemlich langweilig.«[8]

McKenna gilt heute als der führende Repräsentant eines psychedelischen Neo-Schamanismus; und schon deswegen löst er bei vielen eher Mißtrauen aus. Aber ich glaube, daß er im Prinzip recht hat, auch wenn etliche seiner Schlußfolgerungen naiv wirken und einer vertieften Betrachtung nicht standhalten, so seine Zentralthese von den pflanzlichen Psychedelika als Königsweg zur Erde und als Ausweg (als einzig erfolgversprechender Weg) aus der ökologischen Krise.

In seinem Buch *Speisen der Götter* schreibt McKenna (und hier mischen sich in meiner Sicht Wahrheit und Wahn):

»Die letzte und beste Hoffnung auf eine Auflösung der steilen Mauern kultureller Starre, die uns geradewegs in den völligen Ruin zu lenken scheinen, ist ein wiederbelebter Schamanismus. Indem wir durch den Genuß halluzinogener Pflanzen direkte Kommunikationskanäle mit dem Anderen, der Intelligenz hinter der Natur, wiederherstellen, steht uns ein neuer Satz optischer Linsen zur Verfügung, mit denen wir unseren Weg in der Welt erkennen können.«

Und: »Energisch leugnet der Monotheismus die Notwendigkeit einer Rückkehr zu einem Kulturstil, der das Ego und dessen Wertvorstellungen regelmäßig in die richtige Perspektive rückt, und zwar durch den Kontakt mit einem Grenzen auflösenden Eintauchen in das archaische Mysterium einer von Pflanzen hervorgerufenen und daher mit der Mutter verbundenen psychedelischen Ekstase und Ganzheit...«[9]

Ist hier von der Großen Mutter oder von der Großen Göttin die Rede (im Sinne der an anderer Stelle und mit Ken Wilber gebrachten Differenzierung)? Für McKenna gibt es diesen Unterschied gar nicht, aber für die von mir vorgestellte integrale Tiefenökologie ist er bedeutsam. Hier hängt alles an einer sehr subtilen, differenzierten und auch philosophisch/spirituell tragfähigen Form der Betrachtung. Auch ekstatische Zustände, die das Ich auf radikale Weise relativieren, ob diese nun durch LSD, psychoaktive Pflanzen oder durch bestimmte Psychotechniken ausgelöst wurden, enden einmal; irgendwann landet jeder ekstatische Höhen- oder Tiefenflug wieder dort, wo sich der Einzelne existentiell und bewußtseinsmäßig befindet. Jede psychedelische Reise, auch wenn der Himmel dabei aufreißt und sich die Erde auftut, muß danach interpretiert, muß integriert und verarbeitet werden. Hier bekommt man nichts geschenkt. Fehlt die zureichende Bewußtseinsarbeit mit den veränderten Seelenzuständen, fehlt die Integration in die eigene Biographie, fehlt die »Umsetzung« des Erfahrenen, bleibt auch die aufwühlendste Erfahrung bloße »Sensation«, eine Art Kick oder Seelenkino.

In allen Kulturen, die psychoaktive Substanzen zu spirituellen Zwecken verwendet haben, mußten sich die Initianden, die Einzuweihenden, einer langwährenden Vorbereitung und Reinigung unterziehen. In Eleusis konnte im Prinzip jeder eingeweiht werden, es gab keine gesellschaftlichen Schranken, aber die strengen Exerzitien, die den seelisch-geistigen Boden bereiteten, damit die entgrenzende Schau überhaupt zureichend aufgenommen werden konnte, blieben niemandem erspart. Sheldrake verweist auf diesen Punkt, und er sollte nie aus den Augen verloren werden.

Das Scheitern der psychedelischen Revolution hat sicher mehrere Gründe, einer dürfte auf jeden Fall die völlig unzureichende rituelle Vorbereitung und das häufige Fehlen der bewußtseinsmäßigen Nachbereitung und Integration gewesen sein. Gerade die durch LSD ausgelösten Erlebnisse waren derart grundstürzend, ja, ungeheuerlich, daß nicht nur alle abendländischen Weltbildkategorien zersprengt, sondern auch alle bis dahin gültigen sozialen Normen aus den Angeln gehoben wurden. Daß viele »durchknallten«, ist völlig verständlich. Wie hätte es anders sein können? Die Überrumpelung war eine totale. Wie konnte ein demokratisiertes Eleusis ernsthaft verkraftet werden? Und sicher ist der Einzelne in gewisser Weise ein anderer, wenn er von einer wirklich großen LSD-Reise zurückkommt; eine gewisse Transformation hat zweifellos stattgefunden, etwas Irreversibles ist geschehen, das nachhaltige Schwingungen in der Psyche auslöst, die Monate und Jahre weiterwirken können.

Nur: Die LSD-induzierte »Erleuchtung« (und viele hielten sich für »erleuchtet«) trifft den Einzelnen auf einer bestimmten Stufe seiner Bewußtseinsentwicklung, und diese Stufe wird nicht einfach aufgehoben durch die psychedelische Reise, man landet wieder auf ihr, und man schreitet auf ihr weiter voran, auch mit der LSD-»Erleuchtung« im Bewußtsein.

Um eine höhere, bewußtere Stufe zu erreichen, muß der Einzelne, jeder Einzelne, ganz bestimmte Schritte vollziehen, und selten gelingt es, Stufen zu überspringen. Erst wenn das Bewußtsein einen gewissen Grad der Ausdifferenzierung und Reife aufweist, können psychedelische Erfahrungen wirklich Erkenntnisse vermitteln. Jede Erfahrung, auch die höchste, muß gedanklich-sprachlich gedeutet und integriert werden; und es ist wichtig, *wie* wir das Erfahrene deuten. Ken Wilber hat gute Gründe, immer wieder auf diesen Punkt zu verweisen. Es gibt gute (differenzierte, intelligente) Interpretationen, und es gibt schlechte (flache, eindimensionale, narzißtische, regressive). Schlechte Interpretationen machen es den Gegnern von psychedelischen Erfahrungen leicht, das Ganze abzuwehren oder »kleinzureden«.

Die tiefenökologische Bedeutung psychedelischer Erfahrungen liegt in der erlebten Aufhebung der Trennung von Ich und Welt; das ist der Kernpunkt: Der Einzelne erlebt sich als verbunden, er begreift, daß er nicht getrennt ist vom »Rest der Welt«, ja, niemals getrennt war. Er erfährt einen Hauch jener Allverbundenheit, von der spirituelle Traditionen berichten. Und häufig mehr als nur einen Hauch; er erfährt wirklich und wahrhaftig den Wahn der Isolation, der Getrenntheit, der das moderne Ich bestimmt. Und ohne die lebendige Erfahrung der Nichtgetrenntheit, die durch diese Erfahrung ja erst mehr wird als ein ökologisch-moralisches Postulat, kann es keine Tiefenökologie geben, die diesen Namen verdient. Es ist sogar versucht worden, aus den grenzüberschreitenden Erfahrungen (auch denen ohne Psychedelika), insbesondere den Nah-Todeserfahrungen, eine Ethik der Verbundenheit und des Einsseins abzuleiten.[10] Ich halte das für zukunftsträchtig. Alle auf authentische Weise grenzüberschreitenden Erfahrungen, die psychedelischen genauso wie die Nah-Todeserfahrungen, sind Teil der planetaren Transformation, die sich durchzudrücken beginnt im kollektiven Bewußtsein (Wilbers »descent of the world-soul« / »Abstieg der Welt-Seele«).

In den 6oer Jahren hat der Theologe Walter Pahnke an der Harvard-Universität in großangelegten Versuchsreihen mit Studenten die mystischen Dimensionen der LSD-Erfahrung zu erforschen versucht. Ausgangspunkt war die Frage: Sind die LSD-Reisen irgendwie vergleichbar mit mystischen Zuständen, ja, sind sie gar, wenn sie eine bestimmte Schwelle erreichen, in sich selbst mystisch oder spirituell? Pahnke ging von der Prämisse aus, daß authentische mystische Erfahrungen neun Merkmale aufweisen, die er wie folgt beschreibt:

>1: *Einheit:* das Gefühl der kosmischen Einheit bedingt durch positive Ich-Transzendenz (>Alles ist Eins<)

2: *Transzendenz von Raum und Zeit:* das Verschmelzen von Vergangenheit, Gegenwart und Zukunft *(Akasha)*

3: Tiefe *positive Stimmung:* Gefühle von Glückseligkeit, Gnade, Friede und Liebe

4: Das *Gefühl von Heiligkeit:* Vergöttlichung von Ich und Du

5: *Höchste Wirklichkeitsqualität*

6: *Paradoxie:* die Auflösung von Gegensätzen

7: *Unaussprechlichkeit:* die linguistische Unausdrückbarkeit

8: *Vergänglichkeit des Gipfelerlebnisses bei einer andauernden Nachwirkung*

9: *Bleibende positive Änderungen* in Anschauungen und Verhalten, sich selbst und anderen gegenüber.«[11]

Pahnke, obwohl Theologe, kam zu dem Ergebnis, daß diese Merkmale mystischer Erlebnisse in LSD-Erfahrungen sehr häufig auftreten; er ging sogar so weit, zu sagen, er sehe keinen substantiellen Unterschied zwischen sogenannten echten mystischen Erfahrungen, bei denen keine Drogen im Spiel sind, und den LSD-induzierten Erfahrungen. Das ist bemerkenswert und sollte wahrlich zu denken geben. Pahnke ist keine Ausnahme; vehement bestritten wurde und wird diese Gleichsetzung (abgeschwächter: Analogie) vor allem von Menschen, denen jede Eigenerfahrung fehlt, sowohl die mystische Erfahrung ohne psychotrope »Reagenzien des Heiligen« als auch diejenige mit Hilfe magischer Stoffe.

In deutscher Sprache war »die erste positive Darstellung ... von psychedelischen Drogen inklusive LSD« das Buch *Bewußtseins-erweiternde Drogen* von Ronald Steckel (1969).[12]

Das bis heute wohl tiefste, intelligenteste und auch sprachlich meisterhafte Werk über Erfahrungen mit magischen Stoffen stammt von Ernst Jünger; sein Buch *Annäherungen. Drogen und Rausch* von 1970 sei jedem ans Herz gelegt, dem es um eine vertiefte Betrachtung des Themas zu tun ist. Jüngers Kernthese wird schon in dem Buchtitel deutlich: Für ihn sind die durch psychotrope Substanzen ausgelösten Grenzerfahrungen Annäherungen, und zwar Annäherungen an jene (platonistisch verstandene) geistige Welt »hinter« oder in der physisch-manifesten Welt.

Im letzten Abschnitt des Buches heißt es:

»Wenn ich auf dieser oder jener Kugelschale des Psychokosmos lande, mich mit Göttern unterhalte, die dort wohnen, mit Thor und Freia, mit Brunhild und Judith, mit dem ruhenden Panther und dem Skarabäus – so zweifle ich nicht an ihrer Kraft und Weisung; ich ließ den Schatten fallen, wir stehen im unberührten Licht.

Doch bei der Rückkehr lege ich den Schatten wieder an. Das war nicht Minderung, es war Erweiterung des Bewußtseins – ein objektiver und auszudeutender Befund. Ich kann berichten, kann auch verschweigen, was ich erfahren habe – sei es aus Vorsicht, sei es aus gebotener Scheu. Ich habe nicht nur begriffen, was die Sehr-Alten und die Sehr-Fernen bewegt hat – ich habe es in ihrem Raum und mit ihren Augen geschaut. (...) Annäherung wird durch Eintretendes bestätigt, Anwesendes durch Abwesendes ergänzt. Sie treffen sich im Spiegel, der Zeit und Unbehagen löscht. Nie war der Spiegel so leer, so ohne Staub und bildlos – dafür haben zwei Jahrhunderte gesorgt. Dazu das Klopfen in der Werkstatt – der Vorhang wird durchsichtig; die Bühne ist frei.«[13]

Hans-Hinrich Taeger schreibt in seinem Buch *Spiritualität und Drogen*:

»Die moderne LSD-Forschung hat die Differenzierung zwischen der meist abwertend gemeinten Halluzination und der sog. echten Vision weitgehend aufgehoben. Psychedelisch-visionäres Erleben ist in vielen Fällen vergleichbar mit den religiös-mystischen Offenbarungen bekannter Heiliger, Gurus oder Asketen. Zum ersten ist die Beschaffenheit der Erfahrungsebenen weitgehend identisch mit den sog. echten mystischen Erlebnissen traditioneller Überlieferung (z.B. Visionen von Mandala-, Gott-Archetypen, Schwerelosigkeit, Lichterscheinungen etc.) – und zum zweiten weiß man, daß mystisches Erleben, das durch die konventionellen Methoden wie Askese, Schlafentzug etc. hervorgerufen werden kann, davon begleitet ist, daß der Körper chemische Stoffe produziert, die den psychedelischen Substanzen wie LSD und Meskalin sehr ähnlich sind.«[14]

Auf diesen Punkt hat Albert Hofmann, der Entdecker von LSD,

als erster aufmerksam gemacht.[15] Hofmann war es auch, der die Feststellung machte, »daß LSD, anfangs als ein Produkt der synthetischen Chemie betrachtet, nicht nur was die psychischen Wirkungen, sondern auch was die chemische Struktur betrifft, zur Gruppe der sakralen mexikanischen Drogen gehört«[16].

Zur Frage der möglichen Gleichsetzung von mystischen mit LSD-induzierten Erfahrungen äußert sich Hofmann etwas zurückhaltender als etwa Taeger, Pahnke oder Steckel:

»Im LSD-Rausch verschwinden die Grenzen zwischen dem erlebenden Ich und der Außenwelt mehr oder weniger, je nach Tiefe des Rausches. (…) Ein Teil des Ich geht in die Außenwelt, in die Dinge über; sie beginnen zu leben, bekommen einen anderen, tieferen Sinn. Das kann als beglückende oder aber als dämonische, mit einem Verlust des vertrauten Ich einhergehende, Entsetzen einflößende Wandlung empfunden werden. Im beglückenden Fall fühlt sich das neue Ich selig verbunden mit den Dingen der Außenwelt und somit auch mit den Mitmenschen. Diese Erfahrung kann sich bis zum Gefühl steigern, daß Ich und Schöpfung eins sind. Dieser Bewußtseinszustand, der unter günstigen Bedingungen durch LSD oder durch ein anderes Halluzinogen aus der Gruppe der mexikanischen sakralen Drogen hervorgerufen werden kann, ist verwandt mit der spontanen religiösen Erleuchtung, mit der unio mystica. (…) Daß aber mystische Erleuchtung und durch Drogen induzierte visionäre Erlebnisse nicht unbedenklich gleichgesetzt werden dürfen, hat R. C. Zaehner in seinem Buch ›Mystik – religiös und profan‹ (Stuttgart 1957) in aller Schärfe herausgearbeitet.«[17]

Das Ganze ist im Kern eine erkenntnistheoretische Frage, die sich wohl letztgültig nicht klären läßt. Aber das ist auch unerheblich, vielleicht gar müßig. Man kommt hierbei in die subtilsten Fragen nach dem Zusammenhang von Geist und Stoff hinein, Fragen, deren zureichende Beantwortung nicht einmal in ersten, zaghaftesten Ansätzen gelungen ist. Auch werfen die durch psychotrope Substanzen ausgelösten Erfahrungen die Frage auf, wo diese Erfahrungen »anzusiedeln« sind auf der Skala der Bewußtseins-

ebenen (auch im Sinne des im 5. Kapitel Gebrachten). Hinzu
kommt der unbezweifelbare Umstand, daß grenzüberschreitende
Bewußtseinsphänomene auch von Wahnelementen begleitet sein
können, ja, wohl meistens sind! Ich habe dies schon angedeutet.

Zu den *Annäherungen* im Sinne Ernst Jüngers gehört ein Preis,
der gezahlt werden muß, gleichsam ein Tribut an die Unterwelt.
Risikolos und gefahrenlos, also »einfach so« als transzendente Ge-
schenke, sind Grenzüberschreitungen nicht zu haben; und man
kann nicht oft genug darauf hinweisen, daß die seelische, gedankliche und rituelle Vorbereitung – und Nachbereitung – sowie
ein hohes Maß an menschlicher, bewußtseinsmäßiger Reife zu
den Grundvoraussetzungen gehören. Sind diese Voraussetzungen
nicht gegeben, *kann* die erforderliche Integration schlechterdings
nicht erfolgen.

Zur Ethik des Einsseins

Mancher Leser mag irritiert sein, daß diesem Thema überhaupt
ein so breiter Raum zugestanden wird in einem Buch über Tiefenökologie, das doch etwas »ganz anderes« sei. Dies anzunehmen,
wäre ein Mißverständnis. Zu meinem integral-tiefenökologischen
Ansatz gehört, gleichsam als Alpha und Omega, das Bewußtsein;
dies ist ein Buch über die Ökologie des Bewußtseins. Tiefenökologie, richtig verstanden, kann nur Bewußtseinsökologie sein; was
sonst als Bewußtsein ist die Tiefe oder Innenseite der Welt? Und
»integral« im Sinne von ganz, vollständig, integrierend u.ä. umschließt notwendig auch jene Bewußtseinsdimensionen, die das
herkömmliche und sogenannte normale Bewußtsein übersteigen,
ob nun in Richtung präpersonal, in Richtung transpersonal oder in
Richtung auf »gemischte« Zustände, die es nicht immer erlauben,
hier trennscharf zu unterscheiden zwischen »oben« und »unten«.
Und wenn es wahr ist, was als These im Mittelpunkt dieses Buches
steht, daß nämlich die ökologische Krise eine kollektive Neurose
anzeigt, eine kollektive Abspaltung des modernen/postmodernen

Bewußtseins von der Erde und vom Kosmos, dann kann es – »therapeutisch« – nur darum gehen, das abgespaltene und fragmentierte mentale Fenster zu öffnen für den höheren/tieferen/umfassenderen Zusammenhang, von dem es sich abgesprengt hat, als isolierte Wahninsel mit imperialem Anspruch.

Auch Albert Hofmann sieht in der Erschließung grenzüberschreitender Bewußtseinsphänomene eine tiefenökologische Herausforderung, und es ist hierbei eher sekundär, daß Hofmann keine Mühe aufwendet, scharf zu trennen zwischen Überschreitung und Unterschreitung des mentalen Selbst. In seinem Buch *LSD – mein Sorgenkind* schreibt er, bezogen auf die ökologische Krise:

»Wenn heute versucht wird, durch umweltschützerische Maßnahmen die Schäden wiedergutzumachen, so bleiben alle diese Bemühungen nur oberflächliches, hoffnungsloses Flickwerk, wenn keine Heilung von der – mit Benn zu sprechen – ›abendländischen Schicksalsneurose‹ erfolgt. Heilung würde heißen: existentielles Erleben einer das Ich einschließenden tieferen Wirklichkeit. (...) Was heute nottut, ist ein elementares Wiedererleben der Einheit alles Lebendigen, ein umfassendes Wirklichkeitsbewußtsein, das sich spontan immer seltener entfaltet, je mehr die ursprüngliche Flora und Fauna der Erde einer toten technischen Umwelt weichen muß.«[18]

Genau in diesem Sinne ist die Erforschung veränderter/grenzüberschreitender Bewußtseinszustände essentiell für das Verständnis und die mögliche Überwindung der ökologischen Krise. Neben einem theoretischen, gedanklich-philosophischen Verstehen der kollektiven Neurose (und das setzt einen gewissen Grad an Heilung und Heil-Sein/Ganz-Sein voraus) brauchen wir nichts dringlicher als ein »existentielles Erleben einer das Ich umschließenden tieferen Wirklichkeit«, und zwar in großem Stil, also auch sozial und kulturell verbindlich. So gesehen, ist Tiefenökologie immer auch Sozialökologie.

Es müssen Räume geschaffen oder bereitgestellt werden, in denen Menschen wirkliche und authentische/existentielle Tiefenerfahrungen machen können. In kollektivem Maßstab mangelt es

sowohl an gedanklicher Durchdringung (an die glauben nur noch
die wenigsten) und an echter Erfahrung dessen, was Ganzheit,
was integrales/grenzüberschreitendes Bewußtsein überhaupt ist,
wie »es sich anfühlt«, *nicht* getrennt zu sein. Da fast alle gesell-
schaftlichen/politischen Institutionen das mental verengte Selbst
stützen, bleiben vorderhand nur Nischen für Einzelne und für
kleine Gruppen. Und wahrscheinlich kann nur eine Art Kulturrevolution die erforderlichen, auch strukturellen Rahmenbedingungen schaffen, damit sich das Transmentale wirklich entfalten
kann.

Aber keine Bewußtseinsformation hat bisher kampflos das Feld
geräumt; um die mythische Gruppenzugehörigkeit durch das mentale Selbst, die mentale Ichhaftigkeit zu ersetzen, bedurfte es eines
langwierigen, partiell auch sehr blutigen Ringens. Jetzt dringt allenthalben und zunehmend machtvoller eine höhere Bewußtseinsstufe als die mentale/rationale durch, und nichts spricht dafür, daß
die herrschende Bewußtseinsformation sich in einer überschaubaren Zeit geschlagen geben wird. Sie wird alles versuchen, die neue
Stufe zu verhindern; Freiräume und Nischen werden der neuen
Stufe nur eingeräumt, weil sie als solche gar nicht anerkannt und
für wirklich gehalten wird. Die »Großzügigkeit« ist eine imperiale,
eine solche »von oben herab«, keine genuine, die von der ontologischen Wirklichkeit dessen ausgeht, was da eine Bedrohung
ist oder sein könnte. Das mentale Fenster hält sich selbst für den
Omegapunkt der Bewußtseinsgeschichte. »Höheres« – als Sache
des unverbindlichen Glaubens – wird zwar der freien Entscheidung des Einzelnen zugestanden (jedem steht es frei, an transpersonale Bewußtseinszustände zu glauben), aber als verbindliche
Seinsgröße darf das Transpersonale nicht anerkannt werden. Schon
diese Anerkennung hieße für das egoische/mentale Selbst, den
Ast abzusägen, auf dem es (noch immer leidlich sicher) sitzt!

Die transmentale Revolution, auf die die psychedelische genauso wie die ökologische Revolution (besser: Revolte) weisen,
steht noch aus. Wie sie aussehen wird, wissen wir nicht. Auch
nicht, welche Etappen sie noch durchlaufen wird, welche Nieder-

lagen, welche Rückschläge, welche Diffamierungen sie noch durchzustehen hat.

Nachstehend seien Auszüge aus Protokollen zweier Selbsterfahrungssitzungen mit LSD und Cannabis wiedergegeben, die etwas erahnen lassen von der angesprochenen existentiellen Verbindung. Die Texte liegen mir im Original vor, und sie werden hier, wenn auch verkürzt, genauso gebracht, wie sie niedergeschrieben wurden (also ohne stilistische Überarbeitung).

Der erste Text entstand unmittelbar nach einer Sitzung mit 100 Mikrogramm LSD, der zweite Text während eines Selbstversuchs mit Cannabis hoher Konzentration:

»Gefühl, eine echte eleusinische Einweihung empfangen zu haben. Einweihung in das Mysterium der Geburt, des Mütterlichen (Erdmutter), der unteren Reiche – schamanische Reise ins Tierreich hinab bis zu den Insekten. Rasend schnelle Metamorphosen der biologischen Evolution. Schnäbel, Klauen – Tiere: Widder, Wölfe, alles schnablige, schnauzige Getier. Tat tvam asi. Das bist auch du. Du *bist* das ganze Tierreich. Technisches Sein als Mutterverrat. (...) Jubelruf der Eingeweihten: *Ich habe es geschafft.* (...) Geburt: Ich bin das Neugeborene. Winzig, feucht, schutzbedürftig, liebeshungrig – blendende Lichtfülle – Explosion von beglückendem Licht, Flutwelle auf Flutwelle. Rasendes Glücksgefühl. (...) Das Geborenwerden bricht die Barrieren zum Tierreich auf; *echte* Naturmagie. Tiersein *von innen.*«

Vor dem Durchbruchs- und Geburtserlebnis, wie es oft berichtet wird von LSD-Erfahrungen (siehe die Forschungen von Stanislav Grof), hatte der Proband eine Phase erlebt, in der er gleichsam im Geburtskanal festzustecken glaubte (Grof nennt das die »dritte perinatale Matrix«, also die Phase unmittelbar vor dem Austritt durch den Geburtskanal)[19]; dazu schreibt er:

»Ich erstarre, versteinere. Meine Brust wird zur steinernen Grabplatte, meine Arme: dürr, eisenhart, tot. Ich hänge fest. Ausweglosigkeit. Lange, lange. (...) Ich will, steckengeblieben und von der Dissoziation zerrissen, abbrechen. Dann gehe ich weiter. (...) Bedingungsloses Vertrauen. *Ich gebe auf,* glaube, das erreicht zu haben, was zu erreichen ist. Dann – plötzlich, überwältigend, unfaßbar – weicht die Sargbetonplatte über mir. In rasender Geschwindigkeit breche ich *auf* und *durch. Ich werde geboren.* Ich erlebe meine Geburt mit vielen Details. Zugleich ist es ein kosmischer Durchbruch. Lichtkaskaden. (...) Zwischen den Lichtexplosionen durchjage ich kosmische Zyklen, erlebe Wandlungen von überwältigender Fülle. Tiefe Verbundenheit mit der Tiefe, die mich gebar. Naturerlösung, Eleusis. ›Das glaubt keiner‹, sage ich. All-Verbundenheit. Anflüge von ›kosmischem Bewußtsein‹. (...) Auferstehung ins Licht. Zugleich ›Abstieg zu den Müttern‹. Ich habe ein Heiligtum betreten. (...) Mischung aus Regression ins Tierreich, bis zu den Insekten, und kosmischem Aufstieg.«

Die »Mischung«, von der hier gesprochen wird, ist typisch für grenzüberschreitende Erfahrungen dieser Art; sie zeigt sehr deutlich den existentiellen Zusammenhang von »Rückbindung« an die eigenen Quellstufen (Erde, Pflanze, Tier) und transmentaler, kosmischer Erfahrung. Geburtserlebnisse in psychedelischen/transpersonalen Erfahrungen sind häufig sehr präzise und lassen sich bis in Einzelheiten hinein auch verifizieren.

In der sogenannten holotropen Atemtherapie, die Christina und Stanislav Grof entwickelt haben (als Alternative zur LSD-Therapie) und in der mit Techniken der Hyperventilation gearbeitet wird, sind Rückerinnerungen an die eigene Geburt eine der signifikantesten Erfahrungen. Und nicht selten wird die physische Geburt synchron erlebt mit einer »zweiten Geburt«: der »nach drüben«. Inkarnation und Exkarnation fallen rätselhaft zusammen. Auch das läßt tiefe Rückschlüsse zu auf einen Geburt und Tod überspannenden und durchdringenden, physisch-metaphysischen Zusammenhang, von dem die herkömmliche Wissenschaft nichts weiß (und wissen will).[20]

Grundsätzlich gilt: Geborensein (geboren worden zu sein) ist alles andere als eine Selbstverständlichkeit, und es gibt gute Gründe, die Frage eines möglichen Lebens nach dem Tod an jene andere, vielleicht gar tiefere (!) Frage zu koppeln, wie es möglich war, daß sich das Geistwesen mit dem Namen Mensch mit dem physischen Körper verband; denn jede Geburt ist auch ein Stück weit Regression (und nicht nur im *Bardo-Thödol*, im tibetischen Totenbuch, wird dies herausgestellt). Eindrucksvoll schreibt Peter Sloterdijk in seinem Buch *Weltfremdheit*:

»Wir leben tatsächlich in einer Welt, die beherrscht wird von der Illusion, Geborensein sei eine Trivialität, die wir in der tiefsten Impliziertheit, der stummsten Selbstverständlichkeit auf sich beruhen lassen dürften bis zu dem Tag des Gegenteils, um das man sich seit jeher gründlichere Gedanken macht.«

Wenig später spricht er von dem »Geburtsvergessen« als der »metaphysischen Signatur des menschlichen Existierens«[21].

Doch diese »Signatur« ist aufhebbar; es gibt ein Erinnern an die Geburt, das mehr ist als die Erinnerung an den Austritt aus dem Mutterleib; das begreift man in transpersonalen Erfahrungen, in denen sich Regression und ichüberschreitende Entgrenzung, Subzendenz und Transzendenz rätselhaft verbinden.

Im Februar 1996 erhielt ich eines Abends einen Anruf von einem Naturwissenschaftler (Direktor eines Max-Planck-Instituts), der gerade mein Buch *Klang und Verwandlung* gelesen hatte. Im Zuge des (langen) Gesprächs erzählte er mir von einer Erfahrung während einer Klangtherapiesitzung nach Alfred Tomatis: Genau an seinem 63. Geburtstag habe er, bis ins Detail hinein, seine eigene Geburt wiedererlebt, ein Erlebnis, das ihn zutiefst aufgewühlt und erschüttert und sein ganzes Leben verändert habe.

Doch nun zu dem zweiten Selbsterfahrungsprotokoll, von dem oben die Rede war; hier geht es um einen Versuch mit hochkonzentriertem Cannabis.

»›Dieser Körper ist der Körper des Buddha.‹ (Hakuin)[22] Buddha bin ich in meinem tiefsten Sein. Buddha-Natur in allen Wesen. Buddha- und Erleuchtungsenergie durchdringt die Welt, hält die Welt. (Sei der Buddha, der du immer warst!) Buddhaschaft ist das Unendliche. Ich schwinge im Unendlichen. Ich kann niemals aus dem Unendlichen herausfallen, – niemals! Ich bin atma. (…) Buddhaschaft und Eros. Müssen wir uns damit abfinden, daß hier ein ewiger Gegensatz herrscht? Kann nicht Buddhaschaft den Eros umschließen? Dieser Körper ist kosmisches Leben; dieser Körper pulsiert in der Liebe. (...) Diese Welt ist göttlich. ›Dieser Körper ist der Körper des Buddha.‹

Die Welten durchfluten mich. Das Wunder der Pflanzen spricht zu mir. Die Dinge flüstern mir ihr Geheimnis zu. Das zu bewahrende Geheimnis. (Bewahre dein Geheimnis. Ehre dein Geheimnis!) Mein tiefstes Sein ist Buddhaschaft. Meine tiefste Strahlung ist Buddha-Strahlung. (...) Die Kugel meines Seins ist göttlich. Ich bin die Innenkugel der Dinge. In mir verknüpft sich das Sein. Verbundene Gestalt – ich bin riesenhaft. Ich bin viele. Ich bin alles Lebendige. Ich bin der Pulsschlag der ewigen Bejahung. Buddhaschaft ist mein wahres Antlitz. Jede Zelle pulsiert im Gesetz (= Dharma). Ich kann nicht aus dem Gesetz herausfallen. (...) *Ich* bin schon jetzt der Zukünftige. Ich bin das große Lichtwesen. Im Unendlichen und *als* Unendliches bin ich immer schon angekommen. Ich bin immer zu mir selbst unterwegs. Ich laufe immer vor mir selbst davon. Ewig fliehe ich den Buddha, und ewig ersehne ich den Buddha. (...)

Gefühl der Sakralität, der Einweihungsnähe. Eine Seinsfrische ohnegleichen. Diese Erde ist die Erde des Buddha. Die Buddha-Natur ist hier, sie ist immer ganz nah – eine winzige Lücke nur klafft zwischen mir und ihrer Verwirklichung. Und doch ist diese winzige Lücke ein unüberwindlich scheinender Abgrund. (...) Ich kann nicht herausfallen aus dem Unendlichen. Ich bin das Unendliche. Welch Wahn, ich könnte abgetrennt sein! Ich bin ewig verbunden. (...)«

Was immer ökologische Ethik ist oder sein mag, ohne *gelebte* und *erfahrene* Verbindung/Verbundenheit kann sie nur in Postulate münden, in einen Wunschkatalog des Sollens, der niemanden in der Tiefe bewegt und überzeugt. Ein kategorischer Imperativ der ökologischen Pflichten ist ähnlich trostlos wie der Kantische. Daß der Mensch auch Pflichten hat, soziale, existentielle, ja spirituelle, ist unbestreitbar, und ohne diese Pflichten bliebe er ein höherer Primat, nur muß der Mensch wissend erfahren, von in-

nen heraus erfahren, was Verbindung oder Verbundenheit mit der
Erde bedeutet. In den modernen Megastädten und virtuellen Wel-
ten ist diese Erfahrung längst erloschen. Das Neue Jersualem der
technischen Simulationen kennt ja die Erde kaum noch – und die
ERDE schon gar nicht. Aber es gibt die ungestillte Sehnsucht nach
»Erdung« und nach »Kosmisierung« der eigenen Existenz, nach
Rückbindung *und* nach Überschreitung. Und einzelne psychoaktive
Substanzen »liefern« beides; sie suggerieren es nicht, sie gaukeln
es nicht vor, sie initiieren es wirklich.

Das gilt auch für bestimmte meditative Schulungen und The-
rapien, etwa die holotrope Atemtherapie nach Christina und Stanislav Grof, deren (auch tiefenökologische) Bedeutung ständig
wächst. Der Mensch hat ein elementares spirituelles und kosmisches Bedürfnis; wird dieses kulturell-kollektiv unterminiert oder
geleugnet, ja verächtlich gemacht, hat dies unabsehbare neurotische Verbiegungen und Verknotungen zur Folge. Auch die Drogenhysterie gehört hier hinein. In der sogenannten Droge schafft
sich die Gesellschaft einen Popanz, der auf hochwillkommene
Weise ablenkt von der »real existierenden« kollektiven Neurose
mit all ihren legalisierten Süchten und Ersatzbefriedigungen, ihren
technisch-erdfeindlichen Atman-Projekten.

Wenn eine Gesellschaft keinen sozial verbindlichen Raum für
grenzüberschreitende Erfahrungen anzubieten weiß bzw. nur Er-
satzformen präsentiert (etwa in der Computersimulation), weil gar
kein Bewußtsein mehr vorhanden ist, was Grenzüberschreitung
überhaupt sein soll, wird der Einzelne gnadenlos zurückgeworfen
auf sich, hineingestoßen in eine geistige und spirituelle Atomisie-
rung. Niemanden sollte es verwundern, wenn nun sogenannte
Sekten und Süchte aller Art, auch nach Drogen, die den Einzelnen
langfristig ruinieren, das entstandene Vakuum füllen. Albert Hofmann, Terence McKenna und andere (zu denen auch ich gehöre)
plädieren aus guten Gründen für ein »neues Eleusis«, einen neuen,
zeitgemäßen Demeterkult. Nur ein sozial verbindlicher Raum für
die existentielle (und nicht weltanschaulich gebundene) Erfahrung
des Sakralen kann langfristig verhindern, daß die Kolonisierung

der Innenwelt durch die Megamaschine auch die letzten Seelen-
reservate erfaßt.

Wir brauchen keine »Denkfabriken« (schon dieser Ausdruck
ist ein Symptom der Katastrophe), sondern Räume und Orte jenseits der ökonomisch-technischen Machtsphäre, in denen Menschen, nach je verschiedenen Vorbereitungsstufen und -graden,
wirklich »herrschaftsfrei« denken, meditieren und das Sakrale erfahren können. Und zwar außerhalb religiöser und ideologischer
Vorgaben; das ist essentiell. Ich halte das für eine sozialökologische Maßnahme von höchster Dringlichkeit.

Ich glaube, daß es mit Blick auf eine derartige »Institution« einen
größeren Konsens gibt, als es zunächst erscheint; Gärten und Hal-
len als Freiräume des Denkens, des Meditierens, der Erfahrung des
Sakralen – als Mischung von wirklich Freier/Anderer Universität
und Zen-Kloster als Experimentierstätte des transmentalen Geistes und daran angeschlossen der im eigentlichen Sinne eleusinische Raum, in dem die »Techniken des Heiligen« (Grof) gelehrt
und praktiziert werden (auch gegebenenfalls unter Einschluß einer
streng ritualisierten Form des Umgangs mit bestimmten psychoaktiven Stoffen).

Wer will vorschnell sagen, dies sei unmöglich oder pure Utopie?
Warum soll es nicht möglich sein, eine derartige Kloster-, Lehr-
und Einweihungsstätte an mehreren Orten zu etablieren, als Hort
eines wirklich »freien Geisteslebens«, also weit über das hinaus, was die Anthroposophen mit diesem Begriff verbinden? Das
Esalen-Institut in Kalifornien hat, in kleinem Maßstab, gezeigt, was
hier möglich ist. Man muß nur den Mut haben, das einmal konsequent anzudenken. Oder ist es naiv, das Transmentale derart in-
stitutionell vorzubereiten und zu verankern, und zwar schon deswegen, weil das mentale Selbst alle Schlüsselpositionen besetzt
hält und alles darüber Hinausweisende nur als unverbindliche
Nischen duldet? Daß diese »Kloster-, Lehr- und Einweihungsstät-
ten« neuen Typs kommen werden, davon bin ich überzeugt. Das
Bedürfnis des Geistes im Fortgang seiner Evolution wird sie schaffen, ja erzwingen.

Stanislav Grof hat überzeugend deutlich gemacht, daß zu den häufig auftretenden Bewußtseinsphänomenen in Grenzzuständen eine zuhöchst dramatische und erschütternde Ausweitung des ichhaften Geistes gehört; dieser erfährt sich wie ausgegossen in den kosmischen Raum, zurückgenommen ins Pflanzliche, Tierhafte, ja ins Anorganisch-Elementare und transzendiert in Stufen des Überbewußten, Quasi-Göttlichen, ja, Göttlichen. Und zwar entweder direkt synchron, wobei das Bewußtsein auf mehreren Ebenen gleichzeitig arbeitet und wahrnimmt, oder nacheinander: erst Regression, dann das Höhere, oder umgekehrt.

Eine von Grofs Probandinnen berichtet von einer psychedelischen Sitzung:

»Anscheinend hatte ich eine sehr tiefe Verbindung zum Leben auf diesem Planeten bekommen. Zuerst durchlief ich eine ganze Serie von Identifikationen mit einzelnen Tieren unterschiedlicher Art, aber später wurde die Erfahrung immer umfassender. Meine Identität dehnte sich nicht nur horizontal im Raum auf alle lebendigen Formen aus, sondern auch vertikal in der Zeit. (...) Wie unglaublich es auch klingen mag, ich war die Totalität des Lebens!

Ich spürte die kosmische Qualität der Energien und Erfahrungen in der Welt lebendiger Formen, die endlose Neugier und Experimentierfreude, die das Leben auszeichnet, und den auf vielen verschiedenen Ebenen wirksamen Trieb zur Selbstverwirklichung und Selbsterhaltung. Ich erkannte, was wir dem Leben und der Erde seit der Entwicklung der Technik angetan haben. Da die Technik ebenfalls ein Auswuchs des Lebens ist, war die entscheidende Frage, mit der ich mich auseinandersetzen mußte, ob das Leben auf diesem Planeten fortbestehen kann.

Ist das Leben ein hoffnungsvolles und konstruktives Phänomen oder eine bösartige Wucherung auf dem Antlitz der Erde, schon von der Anlage her mit einem verhängnisvollen Defekt behaftet, der es zur Selbstvernichtung verdammt? Ist es möglich, daß ein grundsätzlicher Fehler geschah, als der Plan zur Evolution organischer Formen ursprünglich entworfen wurde? Können Schöpfer von Universen Irrtümer begehen wie Menschen? Dies kam mir

in dem Moment als plausibler, aber sehr beängstigender Gedanke
vor, den ich vorher nie in Betracht gezogen hatte.«[23]

Die psychedelische Erfahrung stößt hier in Tiefenschichten kosmischen Geschehens vor, wirft Fragen auf, die jede konventionelle
Religiosität weit hinter sich lassen. Es sind also keineswegs Schichten und Elemente, die sich vordergründig dem zuordnen lassen,
was als mystisch verstandenes Eins-Sein gelten kann, innerhalb
derer nun alle Gegensätze und Widersprüche eingeebnet sind. Gerade das ist nicht der Fall. Die grenzüberschreitende Erfahrung,
die hier stellvertretend für sehr viele, ähnlich gelagerte steht, ist
erheblich »konkreter«, sie bezieht das Spiel der Gegensätze mit
ein, das eine eigene Realität ausmacht, die man nicht einfach überspringen kann.

Hier gilt Ähnliches wie für die Nah-Todeserfahrungen, die seit
den Forschungen von Raymond Moody, Kenneth Ring, Elisabeth
Kübler-Ross und anderen ins Blickfeld einer breiteren Öffentlichkeit getreten sind. Lange war die Vorstellung verbreitet und hat
sogar eine gewisse Popularität erreicht (bis in US-Talkshows hinein), daß die in Todesnähe aufleuchtenden Bilder und Visionen
primär hell, beglückend und »himmlisch« seien. Dabei gibt es ganz
andere Berichte, die – analog dem tibetischen Totenbuch – auch
von Höllenwelten und alptraumartigen Heimsuchungen künden.

Die zitierte Probandin gerät nicht nur existentiell-erlebnismä-
ßig, sondern auch philosophisch-gedanklich in Grenzbezirke hinein, die ganz neue Fragen aufwerfen, u. a. die nach dem Ursprung
des »Bösen«. Und das hat auch zu tun mit der Frage nach den
tiefsten Ursachen der ökologischen Krise. Eine Weile, so berichtet Grof, habe die Probandin mit der Frage gerungen, »ob es sein
konnte, daß das schöpferische Prinzip mit der Erschaffung der
Welt einen fundamentalen Fehler gemacht hatte und daß es den
Prozeß nicht voll in der Hand hatte«. »Sie kam zu dem Schluß,
daß es wahrscheinlich so war und daß das Göttliche womöglich
Beistand von menschlicher Seite brauchte, um seine Schöpfung zu
erhalten.«[24]

Aufschlußreich, daß hier aus einer grenzüberschreitenden Tiefenerfahrung Vermutungen erwachsen, die sich verbinden lassen mit mystischen, unorthodoxen Strängen der großen Glaubenssysteme, etwa mit der jüdischen Kabbala (primär in Form der Lurianischen Kabbala), aber auch mit Überlegungen, wie sie sich bei dem großen Tiefenpsychologen C.G. Jung finden. Unter direkter Bezugnahme auf die Lurianische Kabbala sagt Jung einmal, Gott brauche den Menschen »zur Erhellung seiner Schöpfung«[25]. Und auch der an anderer Stelle von mir vorgestellte Ursprungs- und Sternenmythos des »Göttersturzes« könnte hier herangezogen werden. Offenbar ist die Aufstiegsbewegung des aus dem Göttersturz erwachten Geistes in Richtung Atman-Bewußtsein eine permanent gefährdete, die ein »Sich-Ausruhen« kaum zuläßt. Nur wenn wir die Gefährdung, auch die der Erde – und damit auch der ERDE – als eine wirkliche begreifen, werden wir motiviert und angespornt sein, unserer kosmischen Verantwortung gerecht zu werden.

Noch einmal aus dem Bericht des psychedelischen Experiments:

»Indem ich mich mit dem Leben identifizierte, erlebte und untersuchte ich ein ganzes Spektrum destruktiver Kräfte, die in der Natur und in den Menschen am Werk waren, und sah, daß ihre gefährlichen Verlängerungen und Projektionen in der modernen Technik diesen Planeten zu zerstören drohten. (...) Abwechselnd dazu kamen bewegende Bilder von lächelnden Säuglingen, im Sand spielenden niedlichen Kindern, neugeborenen Tieren und frisch ausgeschlüpften Vögeln in sorgfältig gebauten Nestern, klugen Delphinen und Walen in den kristallklaren Gewässern des Ozeans und wunderschönen Wiesen und Wäldern. Ich empfand ein tiefes Mitgefühl mit dem Leben, ein starkes Umweltbewußtsein und eine echte Entschlossenheit, mich den lebensbejahenden Kräften auf diesem Planeten anzuschließen.«[26]

Die zuletzt zitierten Aussagen könnten, für sich betrachtet, auch in Richtung Öko-Sentimentalismus gedeutet werden, so als würde hier eine eher unverbindliche und primär von wohlmeinenden Gefühlen bestimmte Haltung zur Sprache kommen. Nur spricht der Kontext eine andere Sprache. Und jeder, der in analogen Bewußtseinszuständen, auch in solchen, die nicht durch psychoaktive Stoffe ausgelöst wurden, Bilder und Visionen empfangen hat, weiß um die unvorstellbare Plastizität und Eindringlichkeit, die hier vorliegt, auch um die emotionale Aufgeladenheit, die die meisten der »üblichen« Emotionen weit übertrifft.

Diese Bilder/Visionen sind *wirklich*, auch wenn sie streng neurophysiologisch als endogene Halluzinationen zu gelten hätten. Wir wissen ja gar nicht, was Halluzinationen, was Träume, Tagträume oder gar luzide Träume *wirklich* sind, um mit solchen Begriffen sinnvoll operieren zu können. Die Unwissenheit auf diesem Feld ist immens, und um so erstaunlicher ist die Arroganz, mit der die herrschende Neurophysiologie ihre Urteile fällt.[27] Das Mindeste, was hier erwartet werden kann, gegenüber allen grenzüberschreitenden Erfahrungen, ist eine vorurteilsfreie und differenzierte Bestandsaufnahme der Bewußtseinsphänomene, eine Bestandsaufnahme, die nicht gleich urteilt, kategorisiert und »wegerklärt«.

Wie immer wir grenzüberschreitende Erfahrungen beurteilen, weltanschaulich, psychologisch oder spirituell, sie alle verkünden eine sehr klare, unmißverständliche Botschaft: *Wir sind nicht getrennt!* Und diese Botschaft ist im Kern die gleiche wie die aller großen, relevanten spirituellen Strömungen. Wir sind nicht getrennt; das separate Ich ist eine Illusion, und die Trennwände sind dünner, als es zunächst den Anschein hat. Wer dieses Nicht-Getrenntsein wirklich und authentisch erfahren hat, also nicht als sentimentale Phantasie oder als ethisches Postulat oder als rationale Einsicht, der gewinnt einen anderen Blick auf die Dinge, einen Blick, der – einmal vorhanden – in der Tiefe nicht mehr rückgängig gemacht werden kann.

Das ist entscheidend wichtig: Es gibt Tiefenerfahrungen, die irreversibel sind. Und ohne derartige Tiefenerfahrungen, jenseits der modischen und nur allzu verbreiteten »Gefühligkeit« ohne echte Verbundenheit, ist tiefenökologisches Denken und Wirken, das diesen Namen verdient, unmöglich. Und um diesen Zusammenhang ist es mir hier zu tun. Insofern ist dieses Kapitel auch eine Art Plädoyer für die transpersonale tiefenökologische Erfahrung und ihre zutiefst wünschenswerte sozialökologische Einbettung (Stichwort: Neues Eleusis).

Man wird dies, wie ich hoffe, nicht mißverstehen als eine Aufforderung zu psychedelischen Experimenten »auf eigene Faust« und ohne die notwendigen Rahmenbedingungen, von denen die Rede war. Gerade das wäre gegen den Geist von Eleusis gerichtet.

9. KAPITEL

ERDENLIEBE – MENSCHENLIEBE ODER: ERDE UND EROS. DAS DRAMA VON MANN UND FRAU IN DER ÖKOLOGISCHEN KRISE

»Gottesbewußtsein ist nicht sublimierte Sexualität;
Sexualität ist beschränktes Gottesbewußtsein.«
(Ken Wilber)[1]

»Es ist alles *Kultur*, von uns geschaffene *zweite*
Natur, woran wir scheitern. Es ist das Unbewältigte
unserer menschlichen, unserer psychischen
Existenz.«
(Rudolf Bahro)[2]

Daß es mit Mann und Frau und Eros nicht eben zum besten steht, wissen wir alle, spüren wir alle, erfahren wir alle. Und daß die ökologische Krise auch mit einem durch und durch neurotisierten Mann-Frau-Verhältnis zu tun hat, liegt gleichfalls klar zutage. Das ist den einzelnen Individuen nur bedingt anzulasten, obwohl auch da – im ganz Konkreten, Kleinen, Alltäglichen – jede Menge an Versagen liegt. Das Drama von Mann und Frau ist fast immer eine Überforderung für die Betreffenden. In jedem Paar, in jeder Liebesbeziehung, in jeder Mann-Frau-Begegnung treffen nicht nur dieser konkrete Mann und diese konkrete Frau aufeinander, sondern zugleich die im Einzelnen konstellierte, im Einzelnen gebündelte, uralte Geschichte der Geschlechter. Wenn irgendwo, dann leben und erleben wir hier – und buchstäblich hautnah – Menschheitsgeschichte.

Jede Frau, jeder Mann trägt diese Geschichte in sich, verkörpert diese Geschichte, ist diese Geschichte, auch in ihren unzähligen, bis ins Kleinste hineinreichenden Ablagerungen. Und im letzten wissen wir nicht, wie tief das Geschlecht geht, bis zu welchem Grade unser Mannsein oder Frausein auch unser Bewußtsein bestimmt und prägt. Reicht die Geschlechtlichkeit, wie Nietzsche vermutet, tatsächlich bis in die höchsten Gipfel des Geistes hinein? Bejahten wir dies, was würde es bedeuten? Wären wir dann nicht »auf ewig« Gefangene unseres Geschlechts? Aber ist denn der Logos geschlechtlich? Gibt es »männlichen Geist« und daneben noch »weiblichen Geist«? Ist nicht Geist geschlechtsneutral, übergeschlechtlich, androgyn?

Fragt man Menschen, wie tief sie sich als Frau oder als Mann fühlen, erhält man unterschiedliche Antworten. Man trifft beides an: die geschlechtlich definierte Identität (»Ich kann mir nicht vorstellen, etwas anderes zu sein als eine Frau – bzw. ein Mann.«) und auch jenes andere, vielleicht tiefere Identitätsgefühl, das sich als weder ausschließlich männlich noch ausschließlich weiblich begreift. Relevant ist diese Frage ja auch, wenn man von Wiedergeburten ausgeht: Bin ich jetzt Mann und in einer späteren Verkörperung Frau, oder umgekehrt? Ist das vorstellbar und denkbar? Die meisten derjenigen, die von Reinkarnation (wiederholten Verkörperungen) ausgehen, nehmen einen Geschlechterwechsel im Werdegang der Seele an. Wie der Einzelne dazu steht, ist nicht belanglos; es hat entscheidenden Einfluß auf sein Identitätsgefühl. Vielleicht auch – oder sicher auch – auf sein Verhältnis zum eigenen und zum jeweils anderen Geschlecht.

Wie Frauen lieben, wie Männer lieben, darüber ist unendlich viel nachgedacht und geschrieben worden. Daß da offenbar ein gravierender Unterschied besteht, scheint festzustehen, doch niemand weiß so recht, wie groß genau dieser nun ist.

Auch herrscht heillose Verwirrung in der Frage, was davon biologisch oder »natürlich« vorgegeben und was kulturell oder geschichtlich entstanden ist. Auch die größte Angleichung der Geschlechter wird nicht bewirken, daß ein Mann Kinder zur Welt bringt oder menstruiert. Es gibt also das sogenannte biologische Geschlecht, aber wie weit reicht sein Einfluß? Und: Wo hört er auf? Ist der (biologische) Mann ein Opfer des männlichen Sexualhormons Testosteron, das ihn angeblich aggressiv macht und zum potentiellen Triebtäter, weil er ständig an Sex denkt und ständig Sex will? Dann wäre es eine echte Kulturleistung, den Wildwuchs und die Dauerdominanz von Testosteron eingeschränkt zu haben.

Klischeehaft verkürzt wird oft gesagt: Der (biologische) Mann will »Sex pur«, die (biologische) Frau »Beziehung pur«.

»Natürlich« kann das nicht gutgehen. Schon Schopenhauer glaubte erkannt zu haben, daß Frauen und Männer jeweils nur »das Eine« wollen; nur sei dieses Eine bei beiden Geschlechtern etwas völlig anderes. Der Mann wolle den Geschlechtsakt, die Frau die Beziehung, die Bindung, im Grunde die Ehe, das lebenslange Versorgtsein.

Die Verlogenheit
über den Eros

Vieles spricht dafür, daß die berühmte sexuelle Befreiung gar nicht stattgefunden hat, jedenfalls nicht so, wie dies ihre Befürworter erwartet oder erhofft hatten. Vielleicht auch deswegen, weil der Eros, und zwar seinem Wesen nach, gar nicht befreit oder erlöst werden kann. Könnte er dies, würde er in sich selbst zusammenbrechen. Der Eros, als er selbst, kann nicht und darf nicht »eingefriedet« werden. Natürlich haben das alle Kulturen versucht; jede Kultur muß sich der Elementarkraft Eros auf ihre je eigene Weise stellen, muß versuchen, das Wilde, Anarchische, Nicht-zu-Bändigende der erotischen Energie hineinzuzwingen in verbindliche kulturelle Normen. Wo es gelang oder gelungen zu sein schien, waren meist Krampf und Qual und Verbiegung und Verteufelung die Folge. Am besten gelang und gelingt es immer dort, wo der Eros ohnehin auf kleiner Flamme brennt, also in den Zonen moderater und schon reichlich abgeschwächter Sexualität, die weitab liegen von wirklicher erotischer Ekstase, die weder die »ganze Wonne« noch die »ganze Pein« kennen.

In einem aufschlußreichen Buch mit dem Titel *Der unerlöste Eros* hat Dieter Duhm das traurige Drama der Sexualität beleuchtet, auch und gerade im Zusammenhang mit der ökologischen Krise. Ich will drei Passagen zitieren, die das Thema in einer Weise auf den Punkt bringen, wie man es selten lesen kann. Dieter Duhm, wie immer man nun zu seinen Thesen im einzelnen, auch zu seinen Therapieangeboten stehen mag, gehört zu den wenigen, die sich der Frage des Eros auf ganzer Front und wirklich ehrlich stellen.

Er schreibt: »Die ökologische Katastrophe und die sexuelle Katastrophe gehören zusammen. Die Zerstörung der Lebensenergien im Inneren des menschlichen Organismus und die Zerstörung der Lebensenergien in der Biosphäre sind zwei Seiten desselben Gesamtproblems. Sexpeace und Greenpeace – Heilung der sexuellen Natur im Inneren des Menschen und Heilung der ökologischen

Natur der Biosphäre sind deshalb die beiden zentralen Aspekte der globalen Heilungsaufgabe, vor der wir heute stehen.«³ Fraglos existiert dieser Zusammenhang, und das festzustellen und zu »verinnerlichen« ist zentral wichtig. Meist wird der Zusammenhang zwischen »Sexpeace« und »Greenpeace« (hier als Symbolwort für ökologische Heilung) nicht in genügender Schärfe wahrgenommen, er wird heruntergespielt und relativiert. Auch in ökologischen, feministischen und New-Age-Kreisen ist es nicht wesentlich anders, nur herrschen hier in der Regel weltanschauliche und ideologische Muster, innerhalb deren das eigentlich Brisante und »Unerlöste« des Themas fast verschwindet.

Was natürlich nicht ausschließt, daß sexuelle Neurosen, die es generell, also in der sogenannten normalen Gesellschaft zuhauf gibt, nicht auch genauso und genauso heillos in diesen Kreisen zu finden sind.

Ein zweites Zitat aus dem Buch *Der unerlöste Eros* von Dieter Duhm:

»Die Geistesgeschichte des Menschen gleicht einer gigantischen Bemühung, das Thema Eros zu umgehen, zu verharmlosen, zu verniedlichen oder zu verleugnen – und trotzdem leben zu können. Für keine Sache hat der Mensch mehr Kühnheit und Raffinesse, mehr Schläue und Bosheit, mehr falsche Moral und Lüge investiert als für die Verdrängung des Eros. Für keine hat er schönere Kathedralen gebaut, tiefere Philosophien entworfen und grausamere Gesetze erlassen. Keine Sünde hat er brutaler, sadistischer, geiler und ausführlicher bestraft als die ›Sünden‹ des Fleisches. Durch diesen jahrtausendelangen Stempel von Bestrafung und Gewalt ist der Mensch im sexuellen Bereich mehr als ängstlich geworden. Er wagt es nicht mehr, sein Verlangen zu zeigen und sein Leben offen mit den sexuellen Wünschen zu verbinden. Er hat kapituliert, auch wenn er sich frei und souverän gebärdet. Durch alle Erlösungsbemühungen, mit denen sich der geschichtliche Mensch aus dem selbsterrichteten Jammertal befreien wollte, durch alle seine philosophischen oder religiösen oder politischen Systeme zieht sich als ro-

ter Faden dieses hervorstechende Merkmal des Homo sapiens:
seine Kapitulation vor dem Eros.«[4]

Das ist deutlich; mag es übertrieben oder überzogen sein, in der
Substanz ist es schwerlich zu entkräften. Jeder spürt sofort, ob in
Ablehnung, Zustimmung oder relativierender Distanz, daß es ihn
angeht, und zwar im Innersten angeht, im Innersten berührt, auch
wenn er gute (oder schlechte) Gründe hat, in der Öffentlichkeit
darüber zu schweigen. Schon diese allseits praktizierte, allseits
gelebte Spaltung von privat und öffentlich ist bezeichnend; sie ist
selbst ein – neurotisches – Symptom, sie ist selbst zutiefst politisch
(im Sinne von: auf die Polis, die Gemeinschaft bezogen).

Ein drittes und letztes Zitat von Dieter Duhm:

»Sexuelle Ehrlichkeit würde uns prompt vor die erschütternd-
ste aller Tatsachen stellen: Daß nämlich dieses ganze aufgeputzte
Leben angesichts unserer wirklichen Wünsche und Sehnsüchte
etwas Lächerliches und tief Verlogenes ist. (...) Sexualität ist das,
was alle bewegt. Sie ist deshalb eine öffentliche Angelegenheit
ersten Ranges und muß in jeder halbwegs zurechnungsfähigen
Kultur so gesehen und behandelt werden. Es ist ja für die innere
Gesundheit einer Gesellschaft von allergrößter Bedeutung, ob
ihr sexuelles Nervensystem weiterhin im dunkeln liegt, unterhalb und außerhalb des öffentlichen Bewußtseins, oder ob es bewußt und offen ins soziale Leben integriert wird. Solange die
sexuellen Kräfte abgedrängt bleiben in die privaten Phantasie-
bereiche, solange besteht die Gefahr von Dammbrüchen, denn
die Naturmacht Sexualität läßt sich auf Dauer nicht abdrängen.
Irgendwann bildet sich im Bauch jeder sexualverdrängenden
Gesellschaft jenes explosive Gemisch von Sexualität und Gewalt,
das dann in seiner entsetzlichen Entladung keine Grenzen mehr
kennt.«[5]

Auch hier muß klar gesagt werden, daß der genannte Zusammenhang in der einen oder anderen Form tatsächlich existiert; ihn
als einer der ersten klar erkannt und umfassend beschrieben zu
haben, ist das Verdienst von Wilhelm Reich (u.a. in seinem Buch
Massenpsychologie des Faschismus).

»Verlogenheit« ist ein moralischer Begriff, und dahinter steht, ausgesprochen oder unausgesprochen, der Gedanke: Das sollte nicht so sein. Also, bezogen auf die Sexualität: Sexualität sollte offen und öffentlich behandelt werden, nicht privat und verlogen. Die Frage berührt Schichten, die weder bei Wilhelm Reich noch bei Dieter Duhm und anderen klar zur Sprache kommen. Auf einer Ebene ist dem Ansatz von Duhm, wie ihn die gebrachten Zitate andeuten, nichts entgegenzusetzen; und die Geschichte ist eine einzige gigantische Illustration der Richtigkeit der Grundthese von der »Unerlöstheit« des Eros und seinen neurotischen und häufig genug auch gewaltsamen Konsequenzen.

Nur: Was ist der Eros wirklich, was ist er im Kern, in seinem Wesen? Auf welcher Seinsebene spielt er sich ab, auf welcher Seinsebene ist er »zu Hause«? Wie steht diese Seinsebene zum Ganzen der menschlichen Wesenskräfte, zur Entwicklung des menschlichen Bewußtseins? Wie ist das mit der von Duhm angestrebten und propagierten »Erlösung« des Eros? Und: Wie stehen Eros und Tod zueinander? Wie eng ist die Koppelung von Sexualität und Liebe? Lassen sich Sexualität und Spiritualität verbinden, ohne daß beide Wesenskräfte Schaden erleiden, gemindert oder gar gänzlich unkenntlich gemacht werden? Diese Fragen sind die eigentlich bewegenden und essentiellen. Stellt man sich ihnen nicht wirklich, bleibt alles Flickwerk und pure Ideologie, etwa im Sinne der *so* völlig unhaltbaren These: Eine ausgelebte und öffentlich gewordene Sexualität ist die Gewähr dafür, daß wir die ökologische Krise überwinden.

Die »Lösung« der sexuellen Frage als Schlüssel zur Lösung aller anderen Fragen einschließlich der ökologischen ist schon deshalb unsinnig, weil es Sexualität pur gar nicht oder nur sehr selten gibt; stets ist der Eros eng verzahnt mit zahlreichen anderen Faktoren, z.B. Macht, Hingabe, Selbstbestätigung, Aggression, gesellschaftlichem Ansehen, Geist, Angst (vor Schwangerschaft, vor Anstekkung, vor Ausbeutung, vor Gewalt), Religion/Religiosität/Spiritualität, Pflicht, Moral, Sucht usw. Natürlich weiß das Dieter Duhm, und gerade deswegen will er den Eros herausfiltern, will ihn pur und als solchen angehen. Aber daß das möglich ist, dafür ist er und sind diejenigen, die von ähnlichen Ansätzen ausgehen, den Beweis bislang schuldig geblieben.

Was ist der Eros wirklich?

Eros soll hier synonym mit Sexualität verwendet werden. Das ist wichtig, denn es gibt ganz andere Möglichkeiten, den Eros zu bestimmen und zu denken. Für C.G. Jung etwa ist Eros ein »Beziehungsprinzip«, das dem Weiblichen stärker als dem Männlichen zugehört; als Gegensatzbegriffe nennt Jung zum einen Logos (als Geistprinzip) und zum zweiten »Wille zur Macht«. »Wo die Liebe herrscht, da gibt es keinen Machtwillen, und wo die Macht den Vorrang hat, da fehlt die Liebe. Das eine ist der Schatten des andern.«[6]

Die große feministische Menschheitsgeschichte von Marilyn French trägt den bezeichnenden Titel *Jenseits der Macht*. Macht soll primär männlich, Eros und Beziehung/Bezogenheit primär weiblich sein. Warum eigentlich? Grundsätzlich würde ich dagegenhalten: Eros ist fast immer auch mit Macht verbunden. Schon Lust, als Form der Steigerung, ist in sich niemals gänzlich »jenseits der Macht«.

Das als Motto zu diesem Kapitel gebrachte Zitat von Ken Wilber ist ganz bewußt gegen die berühmte These von Sigmund Freud gerichtet. Wilber folgt alten spirituellen Überlieferungen, wenn er Eros (= Sexualität) als »beschränktes Gottesbewußtsein« bezeichnet. Dann bestünde die Macht und unbezwingbare Suggestivität der erotischen Energie darin, im Kern, in der Substanz etwas anderes zu sein, als sie zu sein scheint, nämlich eine spirituelle, eine auf Atman gerichtete Energie. Erotisches Verlangen wäre dann notwendig eine Art Atman-Projekt. Dafür spricht viel, es könnte so sein. Und auch ich sympathisiere mit dieser Annahme.

Irgend etwas in uns sträubt sich dagegen, den Eros als bloßen Bios zu betrachten; wir alle, Frauen vielleicht stärker als Männer, spüren, daß sich im Eros noch etwas verbirgt bzw. besser entbirgt, das höhere Schichten berührt als die des Nur-Biologischen (»Ätherleib«), aber auch höhere als die des Nur-Animalischen, Tierhaften (»Astralleib«, animalischer Gefühlskörper). »Tierisch« wird Sexualität eigentlich nur, wenn jene andere, höhere Dimension ausgeblendet wird. »Tierische Sexualität«, in diesem Sinne, kann als Beleidigung oder Kränkung des eigentlich Menschlichen gewertet werden; hieraus resultiert, wie immer religiös oder weltanschaulich motiviert, das schlechte Gewissen, das sich immer dann einstellt, wenn so etwas wie »tierische Sexualität« sich vehement und alle Dämme durchstoßend Bahn gebrochen hat.

Wobei »schlechtes Gewissen« naturgemäß nur dann auftritt, wenn überhaupt noch ein Rest davon im Bewußtsein verblieben ist, daß mit dem Menschen »etwas Höheres« gemeint sein könnte als die ungeschminkte und nackte Triebbefriedigung. Und ganz oberflächlich wäre es nun, dieses »schlechte Gewissen« zu verurteilen oder zu verdammen, so als dürfe es nicht sein, als sei es schon an sich ein Symptom der sexuellen Neurose. So einfach können wir es uns nicht machen. Auch ist das Ganze wohl nicht nur geschichtlich-kulturell herzuleiten und zu erklären. Es muß tiefer gelagert sein. Es muß mit dem Menschen überhaupt, mit dem Menschen als Bewußtseinswesen in der kosmischen Evolution zu tun haben.

Auf einem Symposion in Bombay im Herbst 1990 (veranstaltet vom dortigen Goethe-Institut) sprach auch eine indische Tänzerin; einmal sagte sie in ihrem Vortrag, bezogen auf die kulturellen Tabus über Sexualität und Nacktheit: »Why don't we run naked through the streets?« (»Warum laufen wir nicht einfach nackt durch die Straßen?«) In der anschließenden Diskussion entgegnete Hans-Peter Dürr, der Anthropologe, diese Frage allein zeige eine völlige Verkennung der genuin menschlichen Dimensionen von Nacktheit und Scham, die nicht einfach Produkte kultureller Verfremdung und Überlagerung seien. Nacktheit in sogenannten Naturvölkern sei meist keine wirkliche Nacktheit, also keine Nacktheit, wie sie der moderne Abendländer begreift. Sie sei eine durch

Tabus geschützte Nacktheit. Nacktheit, platt verstanden als Befreiung von kulturellen Zwängen, sei eine bloße moderne/postmo-
derne (auch new-age-hafte) Fiktion. Das gelte auch für das angeblich natürliche Ausleben der Sexualität.

Das ist ein entscheidender Punkt, und zu fragen wäre, ob die
These von Dieter Duhm nicht gleichfalls eine solche Fiktion darstellt. Vielleicht kann man Sexualität niemals in Gänze herauslösen aus kulturellen, spirituellen, moralischen »Zwängen«; bzw.
wenn man dies könnte oder ernsthaft versuchte, geschähe dies
notwendig um einen hohen Preis. Sexuelle Tabus sind nicht nur
neurotischen Ursprungs; dies anzunehmen, ist wirklich eine durch
nichts gestützte Fiktion. Viele Menschen könnten gar nicht sinnvoll und in ihrem Sinne auch menschenwürdig existieren, wenn
man ihnen die sexuellen Tabus vollständig nimmt. Das heißt ja
nicht, daß es nicht grausige, abstoßende und, häufig genug, blank
frauenfeindliche Auswüchse gäbe; diese gibt es in großer Zahl.
Und zwar in allen traditionellen Kulturformen. Und das hat sicher
auch mit einer größeren Biosnähe dieser Kulturen zu tun. Und
nicht von ungefähr gibt es so etwas wie Frauenbewegung oder
Frauenemanzipation erst seit der abendländischen Aufklärung,
also im Zuge der Abkoppelung des mentalen Logos vom Bios in
Abgrenzung zum mythischen Gruppenbewußtsein einer von den
Kirchen geprägten Gesellschaft.

Nun kann man platt sagen: Sexualität ist ein Trick des Bios, um
sich zu erhalten und fortzupflanzen. Ein Trick, auf den der
Mensch immer wieder und wohl notwendig hereinfällt, weil er die
eigene Gattung ja auch erhalten will. Und dieser Trick muß machtvoll und zugleich subtil sein, damit er »funktioniert«. Wäre er weniger machtvoll und subtil, wäre er nicht so erfolgreich, nicht so
unbezwingbar. Eros, so könnte man sagen, ist einfach Bioswille,
der mit Geist und mit Ichhaftigkeit nichts zu tun hat. So ist der
Eros ja auch immer wieder gesehen worden: als »Trieb«, der eben
als ein solcher »unten« angesiedelt ist. Unten, relativ gesehen, ja
auch buchstäblich, real. Herz und Kopf sind höher angesiedelt.
Und auch das Unten-Oben-System der Chakras ordnet das Sexu-

elle unten ein; im Siebener-Modell besetzt es die zweite Position (als Sakralzentrum). »Sexualität findet im Kopf statt«, wird zwar oft gesagt, doch die Sexualorgane sind nun einmal unten; und auch der »Ganzkörperorgasmus«, der mittels bestimmter Liebestechniken erreichbar ist (ja, wirklich, es ist so), ist noch immer von unten, vom Sexualzentrum aus bestimmt, auch wenn die genitale Fokussierung aufgehoben wird. Die »Schlangenkraft« (= Kundalini) steigt von unten auf; das erotische Feuer wird unten entfacht, nicht oben.

Daß Sexualität unter-ichhaft ist, steht außer Frage – einerseits. Sie steht nicht auf der gleichen Höhe wie das ichhafte Bewußtsein. Andererseits gibt es in ihr offenbar auch Elemente, die ins Über-Ichhafte, ins Transpersonale hineinreichen. Das macht die kaum auszulotende Ambivalenz des Eros aus, der das Ich oft nichts entgegenzusetzen hat. Der Eros bedrängt das Ich von beiden Richtungen: von unten und von oben. Im Eros unterschreitet sich das ichhafte Bewußtsein, und es überschreitet sich. Im Ich wird beides zugleich erfahren. Im Eros ist man »mehr Fleisch« und »weniger Fleisch« in einem, stärker inkarniert und zugleich schon ein wenig »exkarniert«.

Der Eros kann, umfassend gesehen, als Schwellenkraft gedeutet werden. Das hat er – merkwürdigerweise – mit der Gravitation gemeinsam. Die sexuelle Energie zieht uns tief hinein ins Erdhaft-Sinnliche, sie erdet uns wie kaum etwas sonst; wir werden ganz Fleisch und ganz Erde. Aber – und das spüren viele, ja, wohl die meisten Menschen – es gibt auch eine starke, aus dem Fleisch hinausziehende Bewegung im Eros, einen »Drang nach oben«. In einigen Überlieferungen, etwa im sogenannten Tantrismus, werden Techniken im Umgang mit der sexuellen Energie vermittelt, die verhindern sollen, daß diese vollständig in die Erde fließt, sich vollständig in der Erde auflöst. Verschiedentlich wird der genitale Orgasmus, insbesondere der männliche, mit Ejakulation einhergehende, mit diesem »Abfließen« in die Erde verbunden.

Der Eros ist eine Schwellenkraft für beide Geschlechter, wenngleich auf je verschiedene Weise, was sicher auch mit dem jeweiligen »Inkarnationsgrad« der Frau bzw. des Mannes zu tun hat. Der Mann ist weniger stark inkarniert als die Frau, so sucht er in der erotischen Begegnung und Durchdringung eben das, worin er ein Defizit aufweist; er sucht die ganze, die vollständige Inkarnation. Davon war schon in anderem Zusammenhang die Rede. Der Mann, als strukturell nur Halb-Inkarnierter, sucht in der erotischen Liebe die eigene Erdung, die Ganzwerdung im Fleisch und als Fleisch, die allerdings stets mit der Angst verknüpft ist, das eigene Geist-Sein, die eigene Geist-Essenz im Fleisch und in der Erde zu verlieren. So gibt es neben der männlichen Sucht, geboren zu werden und sich vollständig zu inkarnieren/zu erden, die männliche Sucht, die Erde zu verlassen, das eigene Selbst außerhalb ihrer festzumachen, ja mehr noch, es ins All hinein abzusprengen.

So enthält das männliche erotische Begehren immer eine doppelte Botschaft, und Frauen haben fast ausnahmslos Schwierigkeiten, das nachzuvollziehen oder gar zu akzeptieren. Der eine Teil der Botschaft lautet: Ich will mich *wirklich* inkarnieren, ich will ganz und vollständig Erde werden, mich wirklich mit der Erde verbinden. Und der zweite Teil lautet: Genau davor habe ich Angst, ich fürchte mich vor der Erdung als einer erstickenden Umarmung der Großen Erdmutter, insofern will ich und will ich (eigentlich) auch wieder nicht. So gebe ich der Erde – der Frau als Verkörperung der Erde – einen gewissen Tribut, auch weil mein Fleisch ohne die Frau-Erde nicht sein kann, aber ich fliehe die gänzliche Vereinnahmung, die totale Umarmung, die Rücknahme meiner Geist-Essenz.

Die Frau weiß viel stärker als der Mann um den Schwellencharakter des Eros. Sie ist stärker inkarniert als der Mann, was zu der häufig vollzogenen Gleichsetzung von Frau und Erde geführt hat (mit all den auch verheerenden Folgen, von denen bereits die Rede war). Aber zugleich ist sie es ja, in deren Leib aus der befruchteten Eizelle ein lebensfähiger Mensch entsteht, der dann geboren werden kann. Ausgehend von der Reinkarnation, der *Wieder*verkörperung, muß man annehmen, daß ein wie immer beschaffenes Bewußtseinsprinzip oder Wesen »herabsteigt«, um erneut einen Körper aufzubauen. Eine umstrittene Frage in der Reinkarnationsforschung ist die, wann genau das Bewußtseinsprinzip oder Wesen (oder die geistig-seelische Einheit) sich endgültig mit dem Fötus verbindet. Helen Wambach hat 750 Versuchspersonen in Hypnose danach befragt. Sie schreibt in ihrem Buch *Leben vor dem Leben*:

»Die Analyse aller 750 Fälle ergab, daß 89 Prozent aller Versuchspersonen antworteten, daß sie erst nach dem sechsten Monat der Schwangerschaft Teil des Fötus wurden. Und selbst dann noch erklärten viele Versuchspersonen, seien sie ›innerhalb und außerhalb‹ des fötalen Körpers. Sie erblickten sich selbst als ein erwachsenes Bewußtsein, das sich auf den fötalen Körper als eine weniger entwickelte Form des Lebens bezog. (...) Die größte Gruppe, 33 Prozent, sagten, sie hätten sich mit dem Fötus erst kurz vor oder während des eigentlichen Geburtsvorganges verbunden.«[7] Ich erinnere an das, was ich an anderer Stelle über die Geburt, die Reinkarnation, als Regression gesagt habe. Die ganze Frage ist auch für das Thema »Abtreibung« von zentraler Bedeutung, aber darum geht es jetzt nicht.

Es geht mir hier um etwas anderes, deswegen spreche ich diesen Punkt an. Die Frau ist insofern »erotischer«, als sie der paradoxen Einheit, die der Eros darstellt, inniger verbunden ist. Der Mann will im Eros geboren werden bzw. sich selbst gebären, die Frau dagegen will im Eros »das Dritte«; das muß nicht unbedingt das Kind sein, das sie empfangen und gebären will (ja – soll!), obwohl auch dies häufig der Fall ist. Was ich hier als »das Dritte« bezeichnet habe, bezieht sich auf ein übergreifendes, das eigene Ich übersteigendes Etwas, das im tief erfahrenen Eros immer anwesend ist, aber von der Frau stärker empfunden wird als vom Mann. Die Frau will gerade nicht sich selbst gebären im Eros, sondern sich selbst überschreiten; das macht die erotische Ekstase der Frau so »abgründig«, so rätselhaft weit und tief. (Auch der Mann kann diese Weite und Tiefe erreichen, jedenfalls bis zu einer bestimmten Grenze, aber er muß dies, in tantrischer Schulung, erlernen.)

Nur über »das Dritte« kann dann auch die Empfängnis erfolgen, ein im Grunde ungeheuerlicher, durch und durch unverstandener Vorgang. Die Frau, jedenfalls primär sie, stellt die Öffnung bereit, durch die das nicht mehr oder noch nicht wieder inkarnierte Wesen sich erneut in die Welt des Stoffes hineinbegibt. Im Leib der Frau vollzieht sich jene alchemistische Verwandlung, jene Transformation, die den Geist Fleisch werden läßt. Es gibt immer wieder die Revolte der Frau als Ich-Wesen gegen diesen Vorgang; und immer wieder empfinden Frauen Empfängnis, Schwangerschaft und Gebären auch als »Tyrannei des Leibes«, die ihre Ich-Entwicklung blockiert. Auch hierin wurzelt ein Teil des ganzen Mann-Frau-Dramas. Die Frau weiß, daß sie als Empfangende, als Schwangere, als Gebärende weniger Ich sein muß als der Mann. Gerade weil der Mann weniger inkarniert ist, ist er auch mehr Ich als die Frau (oder umgekehrt). Er will *sich* gebären; die Frau will *Es* gebären.

Das Ich, das ja immer strukturell eine Zusammenziehung, eine Kontraktion bedeutet, verhindert als es selbst die Öffnung in beide Richtungen, nach unten und nach oben. Und erst ein vollständiges, ein vollständig inkarniertes Ich kann sich dann auch öffnen, ohne Gefahr zu laufen, das mühsam Errungene einzubüßen.

Das Mysterium dieses »Dritten« ist, daß es eine Öffnung zur Erde und eine Öffnung zur seelisch-geistigen Welt darstellt; ja, nur durch dieses »Dritte« kann sich überhaupt der Geist »von drüben« mit der Materie, mit dem Stoff verbinden!

Ein zu stark ausgeprägtes Ich würde dieses »Dritte« verhindern. Und auch das weiß jede Frau in der Tiefe. Zugleich weiß sie, daß sie dieses »Dritte«, diese doppelte Öffnung nicht aufgeben darf und kann, ohne sich als Frau zu verraten. Trotzdem sucht auch die Frau, wie der Mensch überhaupt, das vollständig inkarnierte Ich, und eine Reduktion des Weiblichen, der konkreten Frau, auf die ständige Anwesenheit dieses »Dritten«, so als gäbe es gar kein eigenständiges und souveränes »Ich bin« der Frau, so als sei die Frau nur ein »Wir-Wesen« (Otto Weininger), hieße im Kern, ihr die Menschenwürde abzusprechen.

Wahrscheinlich wird im kosmischen Ganzen, in jedem Holon

im Universum stets beides »gebraucht«: die Ich-Kontraktion, die
autonome, souveräne Ich-will-ich-sein-Gebärde, und die Gebärde
der Kommunion, der Verbindung zum »Dritten«, der Durchlässigkeit (Permeabilität), der öffnenden Weite. Es war und ist ein
Wahn, anzunehmen, die Frau sei als sie selbst bereits »ökologischer« als der Mann, als könnten uns »weibliche Werte« nun aus
der Krise befreien. Viele Frauen spüren sehr genau, daß sie hierin
ein weiteres Mal mißbraucht werden sollen. Nur in der Durchdringung und wechselseitigen Steigerung von (männlicher) Ich-
Zusammenziehung und (weiblicher) Öffnung zum »Dritten« und
Durchlässigkeit besteht die Hoffnung, das ganze Rund des Menschlichen auszuschreiten und fruchtbar zu machen.

Was wollen die
Geschlechter voneinander?

Was Frauen und was Männer im Eros suchen, ist in vielerlei Hinsicht deckungsgleich, in entscheidender Hinsicht aber ganz und
gar unterschiedlich. Ich spreche hier in erster Linie von dem
gleichsam archetypisch Weiblichen und archetypisch Männlichen;
es versteht sich von selbst, daß dieses selten ganz rein und unver-
mischt auftritt. Ich sagte: Der Mann will sich, die Frau dagegen Es
gebären. Natürlich gilt dies nicht im absoluten Sinne, denn auch
die Frau will Ich werden und Ich sein, nur will sie dies nicht um
den Preis des öffnenden Wir. Der Mann neigt dazu, das öffnende
Wir und die Durchlässigkeit ganz zu opfern oder, in pathologischer Übersteigerung, gar zu töten: Wo ich bin, wo mein Ich ist,
darf kein Wir sein! Das Wir hindert mich daran, ganz Ich zu sein!
Nicht umsonst ist es eines der ganz großen, essentiellen Themen unserer Zeit, einen »neuen Bund« zwischen den Geschlechtern zu stiften; zu deutlich und schmerzlich spüren unzählige
Menschen, daß der alte Geschlechter-Bund »ausgedient« hat.
Um diesen »neuen Bund« allerdings zu realisieren, und das ist
ein langewährender, mühevoller Bewußtseinsprozeß, ist es gebo-

ten, erst einmal wirklich zu verstehen, was denn das Weibliche
und was das Männliche jeweils ist und was sie voneinander wollen, auch und gerade im Eros, in der Sexualität.

Versteht man nicht den tiefsten Antriebsimpuls, das, was den
jeweils Einzelnen übersteigt, aber trägt und bestimmt, dann werden wir aus dem Teufelskreis der Projektionen und der unsäglichen Schuldzuweisungen nicht herauskommen.

Es ist einfach, zu sagen: Der Mann muß das Wir, die Frau das
Ich lernen; die Frau muß lernen, sich als vollgültiges Ich-Wesen zu
erfahren und zu festigen, der Mann muß lernen, sich dem über-
greifenden Wir zu öffnen, das »Dritte« in der Liebe wirklich zuzulassen. Der Mann muß das Wir, die Frau das Ich auf authentische
Weise integrieren. Es ist leicht, dies zu sagen, aber, es stimmt, es
ist wahr. Genau darum geht es!

Dazu müssen wir begreifen, was die tiefsten Wurzeln des Ich
und des Wir sind, und zwar sowohl bezogen auf die Geschlechter
als auch bezogen auf die Erde, die Natur, das Soziale, die Bewußtseinsentwicklung, die Spiritualität. Was wir heute in erster Linie
wahrnehmen, sind die Pathologien des Ich und die Pathologien
des Wir. Ich ist krampfige, rabiate, tumbe Egoseligkeit; Wir ist
regressiver, geistfeindlicher und genauso tumber Kollektivismus.
Das Ich bekämpft das Wir, und das Wir bekämpft das Ich. Und
um welche Art von Versöhnung es gehen könnte, wird nur vereinzelt gesehen. Aber es wird gesehen, und zunehmend deutlicher,
zunehmend häufiger. Und das ist denn doch auch wieder ermu-
tigend.

Die Geschlechter brauchen einander, sie brauchen die archetypischen Energien, die offenbar kosmische sind. Formelhaft gesagt
(und natürlich sind diese Formeln *immer* eine enorme Simplifizie-
rung): Die Frau gelangt vom Wir zum Ich, der Mann vom Ich zum
Wir. Im Wir der Frau verbinden sich unter-ichhafte Erde und über-
ichhafte »Öffnung nach drüben« zum »Dritten«, das die Empfängnis ermöglicht; der »Preis«, der dafür zu entrichten ist, ist eine geringere Ichhaftigkeit, ein geringerer Grad an Ich-Kontraktion. Und
erst dieses Wir schafft die Durchlässigkeit des »Dritten«. In einem

nächsten Bewußtseinsschritt muß die Frau, jenseits von regressivem Festhalten am Wir, dann auch sich selbst als Ich gebären. Natürlich ist das kein linearer Prozeß, und die einzelnen Momente greifen fluktuierend ineinander. – Der Mann ist stärker *im* Ich und *ein* Ich. Hat er die »zweite Geburt«, die des vollgültig inkarnierten Selbst, vollzogen, muß er in einem nächsten Bewußtseinsschritt das untere Wir, das Erden-Wir, integrieren, um das obere Wir, das kosmische Wir (= Atman), zu gewinnen.

Heillose Konfusion entsteht, wenn die Seinsebenen verwechselt werden, z.B. wenn der Mann am Ich festhält, sich gierig daran klammert, weil er fürchtet, sich dem Wir überhaupt zu öffnen, das er als Bedrohung empfindet. Oder wenn die Frau am Wir festhält, sich an das Wir klammert (natürlich als ein Ich!), weil sie das Ich und den ichhaften Geist als tödliche Bedrohung begreift. Wenn Bios-Wir und Kosmos-Wir undifferenziert zu Einem werden, dann ist das Weiblich-Irdische Lösung und Erlösung zugleich und damit der Ausweg aus der ökologischen Krise. Dann aber wird das (anzustrebende) ökologische Selbst kein öko-noetisches Selbst, sondern ein im Kern regressives biozentrisches Selbst. Was an Erde zu integrieren wäre, wird dann zur »Endstation«, und Gaia kann sich nicht transformieren zu Demeter (= ERDE). Und wenn das noch systemtheoretisch und auf hochabstrakte Weise »bewiesen« werden soll, dann ist das ebenfalls Regression bzw. die Vertauschung der Seinsebenen. Toter Geist ist immer regressiver Geist. Und so verbinden sich das regressive Erdmutter-Wir und das regressive und tote System-Wir (oder -Es) zur großen Heilsbotschaft. Was erreicht wird, ist meist nur dies: die Verhinderung der Aufstiegs-Transformation von Männern und von Frauen.

Der Eros ist die Wurzel jeder Bejahung; Erosverneinung ist die Wurzel jeder Verneinung. Aber: Auch der Eros kann regressiv gelebt werden, und die Geist-Essenz kann tatsächlich dann von diesem regressiv erlebten Eros verschluckt werden. Der Eros ist *auch* dämonisch, auch »kybelisch« (ich erinnere an meine Deutung des Kybele-Kultes: als regressiven, für den Mann mit Kastration einhergehenden Sog in den Bios). Auch das haben Menschen und

Kulturen immer gewußt. Und alle Dämme, die gegen die Flut des
Eros errichtet wurden, und die Menschen waren da wahrlich er-
findungsreich, hatten das Ziel, das Göttliche und das Dämonische
im Eros gleichermaßen abzublocken oder kleinzuhalten. Und sicher hat Dieter Duhm auf einer Ebene völlig recht, wenn er eine
sozial verbindliche Befreiung oder Erlösung des Eros anmahnt,
auch um der Lösung der ökologischen Krise willen, aber die Falle
der Regression und des Anarchisch-Ausufernden (und damit De-
struktiven), das diese Befreiung auch im Gefolge hat oder haben
kann, existiert, und keine noch so kluge Argumentation schafft sie
hinweg.

Eros als solcher kann niemals Erlösung sein. Wird der Eros, wird
die Sexualität zum Erlösungsprojekt, zum Atman-Ersatz, also nicht
zum tantrischen Fahrzeug »nach oben«, ist der Katzenjammer,
ist das Elend unvermeidlich. Daran leiden ja unzählige »Beziehungen«; sie fühlen die Verheißung, das Versprechen, die große
Weltenöffnung in der erotischen Liebe und ersticken faktisch
im Alltagswust und -wahn, im banalen und demütigenden Ge-
schlechterkampf, in dem irgendwann alles auf der Strecke bleibt.
Und jeder weiß, wie rasend schnell Liebe in tödlichen Haß umschlagen kann.

Für viele ist der Eros, wenn er in ganzer Wucht und Tiefe in Erscheinung tritt, schlicht eine Überforderung. Um ihn zu »bestehen«, dazu bedürfte es integrierter und bis zu einem gewissen
Grad auch gereifter Individuen; aber auch wenn diese Voraussetzungen erfüllt sind oder zu sein scheinen, kann sich das Gefühl
der Überforderung einstellen. Und immanent, d.h. aus der Eros-
verstrickung als solcher heraus, gibt es keine Lösung des Dilemmas. Man muß die Integration des Eros nicht zum moralischen
Imperativ erheben, aber in irgendeiner Form muß so etwas wie Integration hergestellt werden. Sonst ist der Eros das, was er über
Jahrtausende hinweg immer war, ein göttlicher Teufel oder ein
teuflischer Gott, der kommt und geht, wann er will, ein Welten-
herrscher, wie es keinen zweiten gibt, ein beseligendes Monster.
Vielleicht kommen wir nicht darüber hinaus; aber ich habe die

Hoffnung nicht aufgegeben, daß eine wirkliche und authentische Bewußtseinsentwicklung auch der Sexualität ihren Rang und Platz zuweist, ohne sie als solche zu negieren und ohne sich ihr auf Gedeih und Verderb zu unterwerfen. – Ich will das noch einmal aus einer anderen Perspektive angehen.

Eros, Leib und Tod

Daß Eros und Tod Geschwister sind, gehört zu den ältesten Einsichten der Menschheit. Die sogenannte bedingungslose Liebe schließt immer den Tod ein, sieht immer dem Tod ins Auge; in jeder »großen Liebe« ist immer irgendwie »Liebestod«.

Schon das Wort vom Orgasmus als einem »kleinen Tod« (petit mort) deutet auf diesen Zusammenhang. Unzählige Beispiele gibt es, daß Menschen in lebensbedrohlichen Situationen sexuell erregt werden, daß selbst öffentliche Hinrichtungen zuweilen Orgasmen ausgelöst haben. Und jeder, der in die Nähe außerkörperlicher Erfahrungen gelangt ist oder gar diese Schwelle überschritten hat, weiß, daß der Ablösungsprozeß vom physischen Körper erotische Gefühle auslösen kann, daß die erste Zone, die hier zu durchschreiten ist und an der man leicht »hängenbleibt«, die Zone des Eros ist. Der Bewußtseinsforscher Robert Monroe hat dies wiederholt betont.

Warum ist das so? Das muß etwas zu tun haben mit dem Wesen des Eros. Robert Monroe behauptet, daß die Sexualität im physischen Körper nur ein schwacher Abglanz und Widerhall der sexuellen Durchdringung im »zweiten Körper« sei, wo eine kurze, aber extrem intensive feinstoffliche Vermischung stattfinde.[8]

Ich habe den Eros eine Schwellenkraft genannt, und das ist eine aus vielen Erfahrungen gespeiste Erkenntnis oder, von mir aus, Hypothese, also alles andere als ein theoretisches Konstrukt. Im Eros sind wir ein Stück weit »herausgehoben«, »herausgedreht« aus dem physischen Körper, sind ein Stück weit »drüben«, sind ein Stück weit – gestorben! Der Tod ist »buchstäblich« anwesend, er ist ein Element des Eros. Zugleich aber, und daran möchte ich hier erinnern, sind wir im Eros »mehr Fleisch« oder stärker im Fleisch als im nicht-erotischen Zustand. Da gibt es aufschlußreiche Parallelen mit grenzüberschreitenden oder veränderten Bewußtseinszuständen; auch hier kann es geschehen, daß eine Ausweitung in beide Richtungen geschieht, nach unten und nach oben, Richtung Erde und Sinnlichkeit und Richtung Kosmos und Geist und Tod.

Der Eros gehört zum Rätsel des Inkarniertseins, des Im-Fleische-Seins; in diesem Zustand, der in sich ein solcher der Unerlöstheit ist, ist der Eros nicht zu »durchschauen«. Das Fleisch ist ja, bis in jede Zelle hinein, dieser Eros selbst. Schon deswegen ist es lebensfeindlicher Irrsinn, den Eros zu verneinen. Erst in Todesnähe erhaschen wir einen winzigen Zipfel vom Eigentlichen, vom Wesen, vom wirklichen Sein oder gar Stoff des Eros. Man beginnt dann zu ahnen, welchem rätselhaften Stoff wir eingewoben sind, wie sich in diesem Stoff Beseligung und Wahn durchdringen, Entgrenzung und Gier, Transzendenz und irdisches Krallen.

Wenn wir dem *Bardo-Thödol* folgen, dem tibetischen Totenbuch, dann ist der Eros vom Bardo-Zustand, vom Bardo-Körper aus (also aus der Warte des nicht-verkörperten Bewußtseinsprinzips) gerade die Falle, die uns in die physische Existenz hineinzwingt. Gewaltig angezogen von der Verheißung, die der Eros darstellt (hier und drüben offenbar), tappen wir in eine für das Bewußtseinslicht tödliche Falle, aus der uns erst wieder der erneute physische Tod befreit.

In Grenzzuständen, in denen die eigene physische Geburt erinnert und erneut erlebt wird, wird häufig gleichzeitig der eigene Tod erfahren; der Durchbruch nach hier und der Durchbruch nach drüben im physischen Tod werden als eng verbunden erlebt. Stanislav Grof berichtet, daß dies ein sehr häufig zu beobachtendes Phänomen sei. Ich selbst habe den Text eines (anonym bleibenden) Probanden zitiert, der genau diesen Zusammenhang beschreibt. Es wäre oberflächlich und auch unredlich, das gewaltige Erfahrungsmaterial, das es auf diesem Felde gibt, zu negieren. Der genannte Zusammenhang ist unbestreitbar, er existiert wirklich. Eine andere Frage ist, wie man ihn interpretiert.

Der Eros, als Schwellenkraft, ist so etwas wie eine Membran. Zugleich mag diese Zwischenzone ganz eigener Art, die so ungeheuer fasziniert wie nur der Tod, so etwas wie ein Stoff sein, was ja schon angedeutet wurde. Ein rätselhafter Stoff, ein Medium oder Fluidum jenseits physikalischer Meßbarkeit. Es ist verständlich, daß immer wieder der Versuch unternommen wurde, die erotische Energie als eine kosmische Energie zu deuten, als Manifestation oder als Schwingungsform einer kosmischen Urenergie. Wilhelm Reichs Theorie der »Orgonenergie« geht ja in diese Richtung. Über das Konzept der Orgonenergie kann man mit Reich dann den Orgasmus mit den Spiralformen der Galaxien verbinden. Jeder Orgasmus ist dann irgendwie »kosmisch«. Ich will dem hier nicht weiter nachgehen.

Der Orgasmus hat wirklich etwas mit dem Tod zu tun. Und mit der Geburt, der physischen und der »Geburt nach drüben«. Je tiefer der Orgasmus erfahren wird, um so stärker taucht die Seele ein in jene rätselhafte Grenzzone, in der sich Inkarnation und Exkarnation berühren; zu jedem Tiefenorgasmus gehört eine Art Ich-Tod, dem ein Gefühl sublimer Stille und Wachheit folgt oder besser: folgen kann; ob dieses Gefühl auftritt oder aber ausbleibt, hängt von sehr feinen, oft unwägbaren Bestimmungsgrößen der Gesamtsituation ab. Auch können im Orgasmus Bewußtseinszustände auftreten, die an psychedelische erinnern.

Dem Blitz des Ich-Todes folgt das ruhige Licht des »reinen Gewahrseins«, um einen buddhistischen Begriff zu verwenden. Die vielen Handbücher zur tantrischen Liebeskunst verwenden kaum Aufmerksamkeit auf diesen Punkt; meist geht es nur darum, möglichst lange in der Nähe des Orgasmus zu verweilen, also die magische Grenze des »kleinen Todes« gerade nicht zu überschreiten.

Im Schwingungsfeld der orgasmischen Erfahrung gibt es ganz verschiedene Formen und Ebenen/Dimensionen von Ekstase, von denen hier nur drei genannt werden sollen:
1. Die Ekstase der Orgasmusnähe,
2. die Ekstase des Orgasmus selbst,
3. die Ekstase unmittelbar nach dem Orgasmus.

Wenn Aphrodisiaka im Spiel sind, erhalten alle drei Ekstasen
noch einen zusätzlichen »Schub«, obwohl dies nicht zwingend gegeben ist (zu jedem Aphrodisiakum gehört eine mit großer Sensi-
bilität und Phantasie zu gestaltende Atmosphäre).

Einige Übung in tantrischer Liebe vorausgesetzt, kann die Nähe
zum Orgamus über einen sehr großen Zeitraum hinweg aufrecht-
erhalten werden (das können durchaus, mit kurzen Pausen, zwei
Stunden sein). Dabei kann es zu einer solchen Verdichtung und
Intensivierung der »Kundalini-Erfahrung« kommen, daß die erwähnte »Herausdrehung« des feinstofflichen aus dem physischen
Körper, die den Eros ohnehin kennzeichnet, eine bestimmte
Grenze überschreitet: Die erotische Ekstase wird seltsam »unkör-
perlich«, man hat das Gefühl, daß sich nicht mehr zwei physische
Körper durchdringen, sondern zwei »feinstoffliche Energiewesen«.
Zugleich kann es geschehen, daß man in Tiefen des jeweils ande-
ren blickt, die normalerweise verschlossen sind; der Vorhang wird
durchsichtig, und man begreift, daß die erotische Liebe nicht nur
im symbolischen oder poetischen Sinn eine mystische/spirituelle
Dimension hat, sondern daß Sakralität zum Wesen des Eros gehört. Stärker als andere spirituelle Strömungen haben dies die
Sufis betont; nicht umsonst wird der Sufi-Weg auch als »Pfad der
Liebe« bezeichnet (man lese z.B. die Texte des großen Sufi-Mysti-
kers und -Dichters Rumi). Erotische Liebe ist immer ein Stück weit
Gottesliebe; und es war tragisch und hat sowohl die Liebe als auch
die Spiritualität im Kern geschädigt, daß der Eros seine Sakralität
und die Sakralität ihre erotische Dimension verlor.

Viele spüren heute diese Tragik, daher die ständig wachsende
»Popularität« von Tantra; und es mag dabei unerheblich sein, daß
das, was häufig als »tantrische Liebeskunst« angeboten wird, mit
wirklich sakralem Eros wenig zu tun hat. Dennoch haben viele
Bücher und Workshops zum Tantrismus einen hohen sexual-
therapeutischen Wert.

Die Ekstase der Orgasmusnähe hat einen gänzlich anderen Charakter als die des Orgasmus selbst. Das eine hat mit Kontrolle, das
andere mit Kontrollverlust zu tun. Je stärker und länger die Kon-

trolle aufrechterhalten wird, um so tiefer und »abgründiger« ist der sich daran anschließende Kontrollverlust. Im extremsten Fall schießen vorübergehender Ich-Tod, das Gefühl, geboren zu werden und zu gebären (auch beim Mann), und eine blitzartig empfundene Exkarnation ineinander – ein erschütternder Vorgang, der die gewohnten Koordinaten verschiebt. Man ist in diesem Augenblick wirklich »verrückt«, eben weil die Koordinaten verrückt oder verschoben wurden. Man löst sich auf, und man wird geboren; man gebiert und man stirbt einen »kleinen Tod«, dem dann ein Zustand folgt, der eine Art Wiedergeburt ist: Das Ich gewinnt sich zurück, aber als ein anderes, als das es abhanden kam. Und das löst eine dritte Ekstasewelle, eine dritte Ekstaseform aus.

In dieser dritten Ekstase bleibt der Kontrollverlust – für eine gewisse, meist sehr kurze Zeit – erhalten, aber das Ich ist wach wie sonst nur selten; es ist wach, und es beobachtet, nimmt wahr; es agiert nicht, es bewegt sich nicht auf die Welt zu, sondern es wird zum »ruhigen Weltenauge« für alles, was um es herum geschieht und auf es einströmt. Und das kann als ein zutiefst meditativer Bewußtseinszustand erlebt werden, wenn man ihn denn überhaupt zuläßt. Häufig geschieht dies nicht, weil gar kein Wissen da ist über die Möglichkeit einer solchen (dritten) Ekstase. So wird eine kostbare Erfahrungsmöglichkeit verschenkt, und zwar aus purer Unwissenheit. So werden viele das »ruhige Weltenauge« in diesem nachorgasmischen Zustand für eher abwegig halten; die berühmte »postkoitale Tristesse« scheint da wohl mehr einzuleuchten. Man könnte fragen, warum das so ist und was es möglicherweise aussagt über die Haltung zum Eros, zur Sexualität überhaupt. Unendlich viel ist geschrieben worden über die Verschiedenartigkeit der seelischen Verfassung bei Männern und Frauen nach dem Orgasmus (»sie will mehr Zärtlichkeit«, »er denkt an seine Arbeit«), kaum etwas dagegen über deren meditative Seite.

Der Umgang mit dem Eros sagt etwas aus über den Umgang mit dem Lebendigen überhaupt. Dumpfheit hier ist auch Dumpfheit dort, Wachheit hier ist auch Wachheit dort.

Das bekannte Wort vom Orgasmus als dem »kleinen Tod« läßt

sich auch umkehren, obwohl dies selten geschieht. Dann wäre der
Tod, die Exkarnation, als »großer Orgasmus« zu bezeichnen. Und
das ist weniger abwegig, als es zunächst erscheinen mag. Nach
allem, was wir wissen, gibt es gemeinsame Merkmale, die die
Geburt (das Geborenwerden und das Gebären), den Orgasmus
und den Tod miteinander verbinden. In allen drei (eigentlich vier)
Fällen wird eine irreversible Grenzüberschreitung vollzogen, eine
wirkliche Transformation, eine radikale Bewußtseinsänderung.
Das Gebären kann von der Frau als eine Art Orgasmus erfahren
werden, schmerzhaft und beseligend zugleich, und häufig treten
Bewußtseinszustände auf, die an psychedelische oder transpersonale Erfahrungen erinnern. Daß auch der physische Tod mit
derartigen Erfahrungen verbunden ist, ist nicht ernsthaft zu bestreiten, wenn auch die Interpretationen dieser Erfahrungen vom
Streit der Weltanschauungen und Ideologien bestimmt werden.

Unstrittig und vielfach verifiziert ist der Umstand, daß man den
Tod erfahren kann, ohne realiter zu sterben; die Todeserfahrung,
die in alten Kulturen – und aus gutem Grund – als Einweihungsgeschehen galt, ist »induzierbar«; im antiken Demeterkult in Eleusis ist genau dies geschehen, und zwar über viele Jahrhunderte
hinweg, was zu der Hypothese geführt hat, hier seien psychoaktive Substanzen im Spiel gewesen.[9]

Und auch die Parallelisierung von physischem Tod und Geburt
war und ist verbreitet. In den Fragmenten des Novalis heißt es einmal: »Sollte es nicht auch drüben einen Tod geben, dessen Resultat irdische Geburt wäre?«[10] Daraus könnte man ableiten, daß die
Geburt immer die andere Seite des Todes und der Tod die andere
Seite der Geburt ist. Wer hier geboren wird, ist drüben gestorben;
wer hier stirbt, wird drüben geboren. Auch das ist in transpersonalen Zuständen erfahrbar. Es ist keine Vermutung oder bloße
Fiktion, die nicht überprüfbar wäre.

Die integrale Tiefenökologie in meinem Verständnis kann sich
diesen Grenzerfahrungen nicht verschließen, ja, ohne die wirklich
erfahrbaren höheren, transmentalen Bewußtseinsebenen bliebe das
Wort »integral« beschränkt, würde es reduziert auf eine bloße

Integration von mentalen und vormentalen (archaischen, magischen, mythischen) Bewußtseinsstufen. Der von mir vorgestellte Neurosebegriff umschließt gerade auch die genannte »Abspaltung von oben«. In diesem Sinne ist jeder eingefleischte Rationalist ein Neurotiker, auch wenn er im üblichen (und ganz oberflächlichen) psychologischen Verständnis als »völlig normal« oder »völlig gesund« einzustufen wäre.

Ich dagegen sage mit der transpersonalen Psychologie: Ohne die Anerkenntnis und die lebendige Integration der spirituellen Bedürfnisse, der spirituellen/transmentalen Ebenen der menschlichen Existenz kann von »Gesundheit« im echten und eigentlichen Sinn keine Rede sein. Eine »Tiefenökologie«, die das Transmentale/Transpersonale als eigene Seinsebene leugnet und damit die höheren, alles Sinnliche weit übersteigenden Bewußtseinsdimensionen, verdient diesen Namen nicht; sie bleibt Flachlandökologie, auch wenn sie das Etikett »tief« für sich beansprucht.

Zum Leib gehören nicht nur die radikalen Grenzüberschreitungen der Geburt und des Todes und verwandter Erfahrungen, sondern auch Leiden, Vergänglichkeit, Altern. Die Existenz im Leib ist ohne Leid und Vergänglichkeit eben dieses Leibes nicht zu haben, und man tut gut daran, sich immer wieder vor Augen zu halten, daß diese Sinnenwelt, buddhistisch gesprochen, Samsara ist, ein Seinsbereich, dem Leiden, Vergänglichkeit und Sterben eingewoben sind. Bei aller betäubenden, beseligenden Schönheit, in der diese Welt oft strahlt, trotz Kinderlachen, trotz Liebe und erotischer Ekstase, trotz Glück und Licht und Klang: Diese Welt vergeht, sie ist die Vergänglichkeit selbst.

Wir leben in einer Todeswelt, in einer buchstäblich und ohne Unterlaß tödlichen, todbringenden Welt. Diese Welt ist kein Spaß, kein Rummelplatz und kein ewiger Blumengarten; diese Welt ist niemals völlig und in Gänze Heimat, sondern immer ein Stück weit Exil. Auch das Öko-Paradies macht die Sinnenwelt nicht zu einer ewigen, einer unvergänglichen Welt; auch das Öko-Paradies beseitigt nicht jene uns ständig bewegenden, ständig umtreibenden, ständig anstachelnden Erfahrungen von Leid, Vergänglichkeit und Exil. Ganz tief innen wissen wir, daß diese Welt ein Riß durchzieht, daß *wir* dieser Riß *sind* und zugleich auch jene Stelle, an der der Riß zu schließen wäre! Wir wissen oder ahnen, »daß etwas mit uns geplant ist«, daß man (wer, wer nur?) »es auf uns abgesehen hat«, daß da eine Aufgabe besteht, die es zu erfüllen gilt, die aber auch verfehlt werden kann.

Buddha hielt die Gott-Existenz für eine schlechte Existenzform, weil sie zu wenig Leiden mit sich bringt und damit zu wenig Ansporn, nach Befreiung und Erlösung zu streben.

Alles ist wie nie geschehen oder immer schon geschehen. Wir sind niemals aufgebrochen und kommen doch ewig an. Wir sind immer schon gestorben und harren immer unserer Geburt. – Was sein wird, ist immer schon jetzt. Und was die Erde wird, »irgendwie« ist sie es schon.

Und das wissen wir auch. Wir sind schon jetzt – dort.

10. KAPITEL

KULTUR NEU DENKEN. ÜBERLEGUNGEN ZU EINER ERDGERECHTEN LEBENSORDNUNG

»Die wirkliche Assoziation ist gefragt …
(Die neue Gesellschaft) wächst nicht von
Außenkriterien her …, sondern aus der
Ausrichtung der inneren Energie auf die
Gemeinschaft und ihr geistiges Projekt, das die
Reichweite der ganzen Erde haben muß.«
»Wie könnten wir uns so bewußt machen,
daß wir uns gegenseitig durchsichtig sind im
Göttlichen, Menschlichen und Allzumenschlichen?
Wir können nicht zeitig genug danach fragen,
wie schwach wir auch ›realpolitisch‹ noch sein
mögen, denn im Augenblick der Tat entscheidet
sich dann, wer wir wirklich sind: Das prägt die
neue Ordnung, die wir schaffen können. Deshalb
eben ist die Subjektivität der Rettung auch
politisch das erste.«
(Rudolf Bahro)[1]

Vor Jahren versuchte ein Anhänger der »Naturgesetzpartei« mich davon zu überzeugen, daß das Programm dieser Partei von ökologischen Prinzipien ausgehe und, realisiert, als einziges wirklich erfolgversprechend sei. Ich hatte gelegentlich von dieser Partei gehört, mich aber niemals mit ihr befaßt, weil schon der Name ein gewisses Mißtrauen in mir wachrief (Leben folgt nicht aus den sogenannten Naturgesetzen, so wie wir sie kennen, um nur einen Punkt zu nennen, der mein Mißtrauen schürte). Vieles in dem Programm klingt, oberflächlich gelesen, tatsächlich »ökologisch« und sinnvoll oder vernünftig. Ich überflog die Programmpunkte und wurde nun aufgefordert, meine Einwände zu äußern, die ich schon zaghaft angemeldet hatte. Nun die Pointe, auf die ich hinauswill; mein Haupteinwand war gar nicht die »Botschaft«, sondern ihr Übermittler. Ich meine das nicht arrogant, sondern elementar-psychologisch, und zwar auch im Sinne des zweiten Bahro-Zitats als Motto zu diesem Kapitel. Das »Allzumenschliche« des Übermittlers der Botschaft war es, was seine Botschaft widerlegte (und auch wieder, s.o., seltsam bestätigte).

Das Scheitern unzähliger Projekte liegt immer auch im Elementar-Menschlichen, also nicht nur in der programmatischen Unausgereiftheit, dem Naiv-Idealistischen oder dem Nur-Halbgedachten. Menschen stolpern in Projekte, in Ideologien und Utopien hinein (genauso wie in die Liebe, in die erotische Verstrickung), ohne die subjektiven Grundvoraussetzungen mitzubringen, die die Gewähr dafür sind, daß wenigstens gewisse Erfolgsaussichten bestehen, das Ganze voranzubringen. Wohlmeinende Programme im Kopf sind keine Gewähr dafür, daß menschlich-allzumenschliche Defizite sich einfach auflösen, wenn es um die als befreiend gewertete Tat geht. Meist ist es so, daß diese Defizite fortbestehen bleiben und nun auch das Neue, das doch das Ganz-Andere sein soll, überlagern und durchsetzen. Das ist eine traurige Geschichte, die meist erst in die Wahrnehmung tritt, wenn es zu spät ist. Die Hoffnung, daß sich die Menschen ändern, wenn sich die Verhältnisse ändern, ist nicht durchweg falsch, übersieht aber die enormen Beharrungskräfte der menschlichen Psyche. So entpuppt sich das angeblich Neue sehr häufig als das Alte, das man verlassen zu haben glaubte. Und was offiziell nicht sein darf, besteht weiter fort, nur eben maskiert oder unter der Oberfläche: Machtspiele, Gier, Eitelkeiten, Neurosen. Das heißt nicht, daß es nun darum gehen kann, das große zynische Halali zu blasen auf alle utopischen Entwürfe und Projekte. Das gerade meine ich nicht. Ich meine nur, daß alles auf die Qualität des Bewußtseins ankommt, und die stellt sich nicht einfach von selbst her, sondern sie will erarbeitet und errungen werden, damit eben nicht, schon im ersten oder zweiten Anlauf, die regressiven und subalternen Energien das Spiel bestimmen.

Das berührt auch das Dilemma in vielen spirituellen Gruppen, und es ist weitgehend ungelöst. Viele suchen dort, was ihnen fehlt, z. b. Geborgenheit, Wärme, Gemeinschaft, klare Werte, Übersichtlichkeit der sozialen Bezüge, und häufig sind diese Gruppen ein Tanzplatz narzißtisch-regressiver Bedürfnisse und alles andere als eine Werkstatt für den wirklich neuen Menschen. Daß es immer und überall auch Ausnahmen gibt, ist in diesen Bemerkungen mitgedacht. Aber das Problem besteht, und wir tun gut daran, es klar zu sehen.

Wir können keinen Schritt weiterkommen, wenn wir immer wieder daran scheitern, Gemeinschaft wirklich vom Grund aus neu zu denken und zu konstituieren, d.h. zu gestalten. Vom Grund aus heißt: von der Wesensstruktur des Menschen aus. Wenn der Mensch nur als Ego-Monster verstanden wird, als atomisiertes und umfassend manipuliertes Einzel(l)wesen, verbunden mit allen anderen Einzel(l)wesen nur durch Geld, Konsum und Arbeitsplatz (oder das Fehlen dieser heiligen Triade), brauchen wir gar nicht anzutreten, irgend etwas ändern zu wollen.

Schon das Wort »Gemeinschaft« ist unter Deutschen belastet; die NS-Volksgemeinschaft ist noch immer der Teufel, der an jede Wand gemalt wird, die gerade zur Hand ist. Und das klägliche Fiasko des Real-Sozialismus ist ein weiteres Mahnmal, auf das gerne verwiesen wird, wenn irgendwo Bestrebungen erkennbar werden, dem Einzelnen etwas von dem »wegzunehmen«, was er

für seinen legitimen Besitz hält (vom Jet-set-Tourismus bis zu
dem Recht der totalen Mobilität mittels des Autos). Jeder hat das
Recht, den Planeten so weit zu ruinieren, wie es irgend geht. Das
scheint zur Stunde das allgemeine Credo zu sein. Wer hier ernsthaft ans Eingemachte geht, an die tragenden Selbstverständlich-
keiten des ganzen Systems, hat nicht den zartesten Hauch einer
Chance, öffentliche Resonanz zu gewinnen, von politischen Mehr-
heiten zu schweigen. Und doch, oder gerade deswegen, nehme ich
mir die Freiheit, im Nachfolgenden einige Reflexionen vorzustellen, die meiner Überzeugung nach relevant sind (oder wären)
für eine tiefenökologische Wende, eine erdgerechte Kultur.

Das Auge und
das Ich der Erde

Wir müssen den Menschen von seiner Höhe aus bestimmen und
verstehen, d.h. von seinen höchsten schöpferischen Möglichkeiten
aus. Es kann nicht sein, daß fortwährend nur der kleinste gemeinsame Nenner gefunden wird, so als gäbe es gar nichts darüber
Hinausgehendes. Es gilt zu begreifen, daß der Mensch nur ganz
ist und sein kann, wenn er wirklich ernst genommen wird. Wer
den Menschen nur als »Konsumidioten« gelten läßt, als Wesen,
das produziert, kauft und fernsieht, in den Urlaub fährt und sich
ansonsten politisch konform verhält, kann ihn nicht ernst nehmen. Alle Kulturen, alle religiösen/spirituellen Traditionen haben
in irgendeiner Weise um ein hohes Bild vom Menschen gerungen,
was nicht heißt, daß wir irgendwo Vorbilder hätten, denen es bloß
nachzueifern gelte. Gerade das ist nicht der Fall. Die uns abverlangte Kulturleistung ist in gewisser Weise beispiellos.

Wenn wir es aufgeben, um ein hohes Menschenbild zu ringen,
und ich meine: außerhalb traditioneller Religionsformen (die alle
angesichts der großen Krise obsolet sind), geben wir uns selbst als
Menschen auf. Was die Klammerbemerkung anlangt, so möchte
ich noch einmal betonen, obwohl ich den Widerstand dagegen

kenne: Keine der traditionellen Religionsformen erscheint mir für
eine Neukonstituierung von Kultur geeignet. Das bedeutet nicht,
daß es nicht einzelne Elemente gibt, hier mehr, dort weniger, die
fruchtbar zu machen wären; und das heißt auch nicht, daß Religionen in der alten Form nun gänzlich verschwinden»sollten« oder
nun gänzlich ohne Wert wären. Aber das, was plakativ als Neue
Spiritualität bezeichnet wird (bei allem, was es auch da an Regressivem und Verquastem gibt), deutet doch darauf hin, daß etwas
wirklich Neues entstehen will. Dieses Neue wird das Alte transzendieren, auch wenn wohl keiner der führenden Vertreter der großen
Religionen und der vielen großen und kleinen Sekten dies akzeptieren wird. Alle sind sie, offen oder insgeheim, davon überzeugt,
daß ihr Glaube, so wie er ist, überleben und – siegen wird.

Was übrigens das von mir»angemahnte« hohe Menschenbild betrifft, möchte ich darauf verweisen, daß in demokratischen Verfas-
sungen von der Unantastbarkeit der Würde des Menschen gesprochen wird. Eine Definition dessen, was diese Würde ausmacht,
wird nicht gegeben, aber ist es so abwegig, auch die»Ehrfurcht vor
dem Leben« (A. Schweitzer) hier zuzurechnen, ferner die Pflicht
gegenüber der Erde und deren Würde, die Pflicht gegenüber sich
selbst als einem kosmischen Wesen, einem Wesen auf dem Wege
zu Atman? Was umschließt denn die Würde? Doch wohl nicht nur
den Schutz gegenüber Gewalt, Willkür, Diskriminierung, Recht-
losigkeit usw.

Die Menschenwürde muß ein metaphysisches Gut sein; sie ist
kein Ding, kein Gegenstand, der in der Sinnenwelt irgendwo anzutreffen ist, wie man einen Baum, einen Fels, einen Garten antrifft.
Insofern übersteigt die Menschenwürde den sinnlich-physischen
Menschen, auch den mentalen und emotionalen. Die Menschenwürde wurzelt, und zwar notwendig, in der transmentalen Dimension. Eine bloße Übereinkunft und damit ein geschichtlich zu rela-
tivierendes Etwas ist sie gerade nicht; sie ist nur entdeckt worden
zu einer bestimmten Zeit, aber nicht erfunden worden. So jedenfalls die herrschende und allseits (wenigstens verbal) sanktionierte
Überzeugung.

Punkt eins wäre eine Neubestimmung der Menschenwürde, und zwar unter Einschluß der kosmischen Verantwortung des Menschen.

Die erwähnte Pflicht gegenüber der Erdenwürde, als Teil der Menschenwürde, setzt eine Art Erdenbewußtsein des Menschen, ein globales Bewußtsein, voraus. Die Erdenwürde besteht nicht in abstracto, es ist eine ständig und immer wieder neu und konkret von uns zu kontaktierende kosmische Qualität – eine kosmische Qualität, zu der der Mensch gehört! Es gehört zur Würde des Planeten, den zum Kosmos erwachten Menschen als Organ seiner selbst (= seines Selbst) hervorgebracht zu haben. Noch einmal Novalis: »Die Menschheit ist gleichsam der höhere Sinn unseres Planeten, das Auge, was er gen Himmel hebt, der Nerv, der dieses Glied mit der obern Welt verknüpft.«

Nur über die (entwickelte) Menschheit wird Erde zu ERDE, Gaia zu Demeter. Jeder Mensch, der aus der Großen Ordnung herausfällt, negiert und leugnet die Erdenwürde. Die (entwickelte) Menschheit ist das kosmische Auge des Planeten.

Von »globalem Bewußtsein« ist in den letzten Jahren viel die Rede; meist bezieht sich diese Formel auf die technische Ebene, auf die planetare Information, das planetare Netz von Strahlen, Wellen und technischen Apparaten. Die so augenfällige Magie der Technik ist eine planetare; sie bedient sich der feinstofflichen Energien des Gestirns. Von wirklichem Erdenbewußtsein kann nur dann die Rede sein, wenn sich der Mensch bewußt ist, das »kosmische Auge des Planeten« zu sein; englisch hieße das »the eye of the planet«, und die Klanggleichheit von »eye« und »I« (= ich) ist vielleicht kein Zufall. So wäre der Mensch auch das Ich der Erde! Stürbe die Erde im Menschen gänzlich, würde er von dieser Erde verschwinden, und damit verlöre diese ihr kosmisches Auge und ihr kosmisches Ich.

»Die Erde will in ihrem vollen Umfang, mit Kern und Schale, will in ihrer Beseelung erkannt werden.« (Ernst Jünger, siehe das 2. Kapitel.) Und dazu bedarf es der geomantischen Arbeit, die von einem Einzelnen gar nicht geleistet werden kann, sondern stets

eine Angelegenheit der Polis, der Gemeinschaft ist. Zu dieser geomantischen (so gesehen also politischen) Arbeit gehört nicht nur
die erdgerechte Gestaltung von Kultur-Natur-Räumen, d.h. unter
Beachtung der sinnlichen und der feinstofflichen Gegebenheiten,
sondern gehören auch Rituale, Feste, Festspiele. Was auf Bali zu
beobachten ist, auch wenn dies nicht direkt übertragbar sein kann,
zeigt mindestens eine Richtung an. Der Grundimpuls der Salzburger Festspiele wurde schon erwähnt.

Vieles wäre ganz neu, auf neuer Ebene zu entdecken. Und
»schöngeistig-unverbindlich« ist all dies gerade nicht. Feng Shui,
das chinesische Geomantiesystem, hat seit einigen Jahren eine
erstaunliche Popularität; ständig erscheinen neue Bücher zu diesem Thema. Daß vieles modisch-flach rezipiert wird, täuscht nicht
darüber hinweg, daß hier ein zunehmend wachsendes Bedürfnis vorliegt. Auf der technischen Bewußtseinsebene ist dies noch
gar nicht adäquat zur Kenntnis genommen worden. Das gilt übrigens generell: Allenthalben regen sich neu-alte Bedürfnisse, die
erst ganz allmählich und mit großer Verzögerung politisch relevant werden. Die fast ausschließlich am Vordergründigen, an
modischen Trends und an den »unteren Chakras« ihrer Klientel
orientierten Politiker (besser: Politikaster) sehen gar nicht die
Woge, die da in der Tiefe der Epoche auf sie zurollt und sie irgendwann hinwegspülen wird. Das Übermorgen ist schon anwesend,
die große Transformation unterwegs. Die Paukenschläger der Gegenwart haben in der Tiefe längst verspielt. Und ich glaube, daß
sie das auch wissen oder ahnen.

Was geomantisch geboten ist und realisiert werden kann, hat
für jede Landschaft eine andere Gestalt. Technisch-ökonomische
Sachzwänge, die oberste Priorität haben in den Köpfen der Politikaster, werden nicht unbegrenzt als Standardargument herangezogen werden können, um das Lebensdienliche und auch Erdgerechte zu verhindern. Ich sagte es schon in anderem Kontext:
Spätestens dann, wenn die Touristen ausbleiben, begreifen Ver-
antwortliche, daß die Seele einer Landschaft ruiniert worden ist.
Aber auch das gilt offenbar nur sehr eingeschränkt; mittlerweile

hat man den Eindruck, als ob der (dann auch ökonomisch fatale) Punkt, wo das Ganze umkippt oder vollends aus der Balance gerät, einfach überschritten wird, ohne daß etwas geschieht, was den besagten Effekt hat. Es gibt Gegenden, deren Seele unter den auf sie gelegten Betonmassen fast völlig unkenntlich geworden ist und die trotzdem und ungebrochen von Touristen überflutet werden.

»Hat ein Computer Buddha-Natur?« Zur Frage der Technik

Jede wie auch immer geartete Lebensordnung, die sich als erdgerecht versteht, muß sich der Frage stellen, die heute so etwas wie die Gretchenfrage tiefenökologischer Besinnung darstellt: der Frage nach der Technik. Wie halten wir's mit der Technik?

Alle ökologischen Ansätze und Strömungen sind hier gespalten. Alle spüren, daß es so wie bisher nicht geht, daß aber andererseits ohne Technik oder mit einer technikfeindlichen Haltung gleichfalls nichts gewonnen ist. Was also ist zu tun? In welchem Grade läßt sich die Technik »ökologisieren«? Heideggers Technikphilosophie ist heute in einigen Kreisen sehr populär. Dabei bietet Heidegger gerade keine Lösung; er selbst war hier zutiefst gespalten und widersprüchlich, hin- und hergerissen zwischen eher konservativer Technikfeindlichkeit und einer messianisch zu nennenden Technikgläubigkeit, die befremdlich wirkt. Er glaubte, in dem, was er vage das »Wesen der Technik« nannte, verberge sich noch etwas, was es zu erkennen gelte und was, einmal enthüllt, auch einen neuen Zugang zum Sein eröffnen könne. Genau das ist ja das unausgesprochene metaphysische Glaubensbekenntnis der globalen Megamaschine. Das gibt den Matadoren der technischen Erderoberung ihr Selbstbewußtsein, irgendwie halten sie sich für Träger und Priester eines höheren Seins, das durchaus nichts Materielles ist.

Hat die Technik etwas mit dem zu tun, was Ernst Jünger als

»Erdvergeistigung« bezeichnet? Es ist auffallend, daß sich die Technik im Fortgang ihrer Entwicklung zunehmend mehr »entmaterialisiert«; angestrebt wird ganz unverkennbar, auch den letzten Rest von Stofflichkeit und Materialität abzustreifen; Information als reine Strahlung also. »Einst soll keine Natur mehr sein. In eine Geisterwelt soll sie allmählich übergehen.« (Novalis)[2] Vom Wortlaut her kann man dies spirituell, aber auch im Sinne von Frank Tipler deuten, auch im Sinne der »Erdvergeistigung« Ernst Jüngers.

Ich glaube, daß eine Transformation der Erde »ansteht«, daß sie auch allenthalben spürbar und erkennbar ist. In der Neunten Duineser Elegie von Rainer Maria Rilke heißt es: »Erde, ist es nicht dies, was du willst: unsichtbar in uns erstehn? – Ist es dein Traum nicht, einmal unsichtbar zu sein? (...) Was, wenn Verwandlung nicht, ist dein drängender Auftrag?«[3] Damit muß die Technik »irgendwie« zu tun haben. Wie aber läßt sich dies des näheren bestimmen? Viele spüren, daß hier etwas auf fundamentale Weise entgleist ist, daß ein übergewaltiges, wie autonom wirkendes Es, ein »Titanen-Es«, die Herrschaft an sich gerissen hat. Sicher gilt, was Johannes Heinrichs sagt:

»*Technokratie ist eine Politikform*, nicht die unschuldige und unvermeidliche Herrschaft der Technik als solcher.«[4] Nur verkennt das (symbolisch gesprochen) den »metaphysischen Eigenwillen« der Technik, den auch Heidegger und Jünger auf je verschiedene Weise im Blick haben. Das meine ich mit dem Begriff des Technozentrismus, der ein Gegenbegriff ist zu Anthropozentrismus.

Ich vermute, daß sich in der technischen Allgegenwart und Entmaterialisierung ein anderes Geschehen verbirgt: ein kosmisches, ein seelisch-geistiges, ein transpersonales Geschehen, das »von oben« hereinbricht und sich durchzudrücken versucht, wie eine homöopathische Arznei, die sich bis ins Mentale hinein durchdrückt und dann die entsprechenden Symptome produziert. Der Signatur des Zeitalters gemäß wird alles Kosmisch-Transpersonale zunächst auf der technischen Bewußtseinsebene manifest. Es bleibt abzuwarten, ob und in welchem Grad es sich ablösen und gleichsam emanzipieren läßt von dieser Ebene. Das kann gegenwärtig nicht oder nur rein spekulativ entschieden werden. Aber es *wird* sich entscheiden und klären, davon bin ich überzeugt. Und erst ein transformiertes Bewußtsein wird einen anderen Zugang zur Technik eröffnen. Auch die Technik wird transformiert werden (müssen). Bis dahin kann es nur darum gehen, die schlimmsten Auswüchse und Überwucherungen der technischen Sphäre einzuschränken, und zwar durchaus auf politisch-gesetzgeberischem Wege. Der Appell an die sogenannte Einsicht oder ökologische Vernunft des Einzelnen löst wenig aus.

Im übrigen deutet viel darauf hin, daß die »alte Technik« konzeptionell längst überholt worden ist durch eine andere und neue, der es bis dato nur an politischer Macht und an genügender Resonanz in der Öffentlichkeit fehlt. Nur zwei Stichworte seien genannt: »Implosion statt Explosion« (nach Viktor Schauberger) und die sogenannte Freie Energie.[5] Einige behaupten, daß wir gegenwärtig eine technologische Revolution erleben bzw. an der Schwelle zu einer solchen stehen. Ich habe da meine Bedenken, beobachte aber die entsprechende Entwicklung. Und ob die »neue Technik« wirklich als »erdgerecht« oder »erdgemäß« zu gelten hat, kann ich gegenwärtig nicht entscheiden.

Über die Frage der Technik habe ich jahrelang nachgedacht, ohne überzeugende Resultate vorweisen zu können. Vorderhand sehe ich auch niemanden sonst, der diese überzeugenden Resultate hätte, was mich allerdings weder »entschuldigt« noch beruhigt. Eher im Gegenteil. – Eines weiß ich: Wenn die Erde Technik »will«, dann auf keinen Fall jene monströse Großtechnologie, die heute global dominiert und die nicht erneuerbaren fossilen Brennstoffe brutal verheizt.

Diese Technik ist die Totengräberin Gaias und Demeters. Und hier ist Widerstand und Empörung an allen Fronten angesagt. – Langfristig, glaube ich, kann der Mensch nur mit einer überschaubaren Kleintechnologie leben und überleben.

Auch Ken Wilber bekundet seine Unsicherheit angesichts der

Herausforderung, die die Technik darstellt, auch und gerade mit
Blick auf das, was er die »transpersonale Morgendämmerung«
nennt. »Hat ein Hund Buddha-Natur?« wird in einer Zen-Geschichte
gefragt. (Diese Art Fragen gelten im Zen als Koans, als Aussagen,
an denen der rationale Geist zerbricht oder zerbrechen soll.) Wilber meint analog, das »neue Koan für unser Zeitalter« laute: »Hat
ein Computer Buddha-Natur?«[6] Und er ergänzt, diese Frage könne
nur eine neue Form der Ewigen Philosophie beantworten (»and
only the neoperennial philosophy can answer it«), also nicht die
herkömmliche und alte Form.

Wie wird die transpersonale Philosophie oder Spiritualität unserer Zeit dieses Koan lösen?

»Wer soll der Erde
Herr sein?«[7]

Brauchen wir eine Weltregierung? Diese Frage hat schon Friedrich
Nietzsche in den 8oer Jahren des vorigen Jahrhunderts wiederholt
gestellt – und eindeutig bejahend beantwortet. Verschiedentlich
wird sie in den letzten Jahren wieder aufgeworfen, und auch
heute – oder gerade heute – haben wir gute Gründe, sie erst einmal im Prinzipiellen zu bejahen. Nur, was hieße das konkret? Was
setzte es voraus, d.h. welche Rahmenbedingungen müßten gegeben sein? Und wie stünde diese hypothetische Erdregierung zu
den heute real bestehenden globalen Organisationen? Diese Organisationen sind gigantische Apparate und alle mehr oder weniger
in Lohn und Brot der Megamaschine, die ja die faktische Erdregierung ist! Schon in der Einführung war von dem »nackten Kaiser«,
dem »Imperator mundi der Technosphäre«, die Rede, was ja fast
als Zynismus ausgelegt werden kann, aber nicht so gemeint ist.

Der große Technikhistoriker Lewis Mumford führt die von ihm
so genannte Megamaschine (als Sammelbegriff für die technische Welt und die ihr zugeordneten, sie stützenden und ermöglichenden Herrschaftsstrukturen) auf das alte Ägypten zurück.

Auch wenn damals noch keine Technik in unserem Sinne (als Maschinentechnik) existierte, so doch ein zentralisierter Machtapparat, der in der Lage war, ungeheure Mengen an Menschen und Material zu bündeln; der Pyramidenbau war gleichsam das Manhattan-Projekt der Alten Welt. Auch das Manhattan-Projekt, das schließlich zum Bau der Atombombe führte, war das Ergebnis einer Bündelung der Kräfte; es war zutiefst »pharaonisch«. Und so gesehen, sind wir heute alle, als Funktionsträger der Megamaschine, Diener des Pharao, Mitwirkende am Neuen Pyramidenbau. Das Pyramidenzeitalter ist noch nicht zu Ende. Nur ist der Pharao heute unsichtbar, zwar geisterhaft allgegenwärtig und mächtiger denn je, aber kaum zu fassen oder präzise zu orten. Dieser Pharao als Erdregent ist ein durch und durch parasitärer Gigant, und alles Reden von einer (für wünschenswert gehaltenen) Weltregierung ist völlig müßig, wenn sie dann doch nur eine Art Ausschuß oder Politbüro der Großen Pharaonenmaschine sein soll. Grundvoraussetzung einer Erdregierung wäre die Entmachtung des Pharao.

Ohne eine wirklich aus den Tiefen eines neuen, eines transformierten Bewußtseins heraus ins Werk gesetzte Palastrevolution gegen den Pharao kann jede weitere »Globalisierung« von Institutionen, welcher Strickart auch immer, nur das allgemeine Fiasko vergrößern. Herrschaft überhaupt macht heute nur Sinn, wenn sie wirklich moralisch-geistige Gestaltungskraft beinhaltet, und zwar Gestaltungskraft *oberhalb* der technischen und ökonomischen Sphäre. So etwas hat es in Ansätzen durchaus gegeben, und in Ansätzen wäre sie auch heute möglich, auch ohne jene tiefgreifende Kulturrevolution, welche die »transpersonale Morgendämmerung« (Wilber) im Gefolge und zur Voraussetzung hat (beides ist nicht voneinander zu trennen).

Doch zur Stunde hat das neue Bewußtsein, das integrale, transpersonale, »demetrische« (abgeleitet von Demeter = ERDE), noch keine erkennbaren kollektiven Träger, noch keine global wirksamen Institutionen. Und ein neuer, anderer »Marsch durch die Institutionen«, wie ihn (lang ist's her) die 68er versuchten, ist wenig erfolgversprechend; der kulturrevolutionäre Impetus als Grundvoraussetzung ist nirgends in genügender Deutlichkeit erkennbar.

Bislang gibt es nur von der Megamaschine gnädig und irgendwie herablassend geduldete Nischen, die, als subkulturelle Spielwiesen, immer auch ein Tummelplatz sind für New-Age-Kitsch und narzißtisch-regressiven Flachsinn. Wohlbemerkt, sie sind dies *auch*, also keineswegs ausschließlich. Jede Polemik gegen die sogenannte New-Age-Bewegung ist müßig und nur kontraproduktiv, wenn sie nicht sieht oder sehen will, daß allenthalben tatsächlich und sehr real etwas Neues durchbrechen will, in welchem Umstand überhaupt die geschichtliche Legitimität, ja, die Notwendigkeit dieser Bewegung besteht.

Falschgeld gibt es nur, weil es echtes Geld gibt (sagt Rumi sinngemäß), ja, es ist ein Fingerzeig auf die Existenz von echtem Geld, es belegt oder beweist sie geradezu. Und um dieses »echte Geld« in allen zur New-Age-Bewegung gerechneten oder ihr irgendwie assoziierten Strömungen geht es. Um nichts Geringeres. Und wenn mein Buch einen schwachen Schimmer von diesem »echten Geld« erkennen läßt, hätte es seinen Zweck erfüllt.

An dieser Stelle möchte ich noch einmal meinem Freund Rudolf Bahro das Wort erteilen, der über die Frage einer möglichen Neukonstituierung von Kultur jenseits der Großen Maschine wie wenige sonst nachgedacht hat. Sein letzter Essay trägt den Titel »Die Idee des Homo integralis oder ob wir eine neue Politeia stiften können«. Hier heißt es:

»Was wir bisher an Weltorganisation haben, reicht ja höchstens aus, die verschiedenen Ausbrüche des Weltbürgerkriegs ein wenig zu moderieren. Die Menschheit würde sich im Idealfall durch eine Art allgemeines Kalifat – jeder und jede in der Würde der Stellvertretung für das Ganze – regieren. Um so furchtbarer dieser Ausschlußprozeß, den unsere herrschenden Strukturen gegen die Menschenmehrheit exekutieren. Darin tradiert sich die älteste Schicht sozialen Unheils. Sie muß weggeräumt werden, wenn so etwas wie Homo integralis ... tatsächlich sich ereignen soll. Sonst ist Diktatur, sonst regiert der Totalitarismus der faktischen Mächte. Deshalb

muß, gerade angesichts der ökonomischen Globalisierung, auch das
Problem einer sanktionsfähigen internationalen Rechtsordnung gelöst werden.
Das heißt, verlangt ist eine ungeheure Kulturleistung. Ich übersehe keineswegs, sondern das gibt mir gerade den Anstoß, daß wir
mit unserer riesigen, fast nur noch von der Geldvermehrung gesteuerten Bewußtseinsindustrie systematisch und umfassend den
Abbau, die Zerstörung der subjektiven Kultur, die Reduktion des
Geistes auf die niedrigsten Frequenzen betreiben. Nur noch ausnahmsweise wie als Alibi bietet sie Gehalte. Massenhaft haben wir
die Multiplikation von Infantilismus, Dummheit und Gewalt, und
dies alles unter dem Namen von Liberalität und Demokratie. Es ist
verbrecherisch, und wir sind, sozial gesehen und griechisch gedacht, buchstäblich Idioten, das hinzunehmen.«[8]
Es ist schwer abzusehen, wie dieser von Bahro zu Recht beklagte Idiotismus überwunden werden kann. Daß er existiert, daran
kann unter Menschen, die sich einen Rest von vorurteilsfreier Vernunft bewahrt haben, kein Zweifel bestehen. Irgendwie sind wir
alle die Idioten in diesem großen Spiel, auch wenn es der Menschenwürde hohnspricht. Aber muß das so bleiben?

Ein anderer »Sonnenstaat«?

Eine erdgerechte Lebensordnung muß sich orientieren an der humanen Grundverfassung, der holarchisch geschichteten Ordnung
des Menschen selbst. Eine so verstandene und gelebte Ordnung
ist, als eine menschengemäße, zugleich eine der Erde entsprechende. Und das wiederum berührt die Würde des Menschen.
Was ist das eigentlich oder substantiell Menschliche? Wodurch
bestimmt sich der Mensch als Mensch? Es versteht sich fast
von selbst, daß zu diesem substantiell Menschlichen so etwas wie
schöpferische Freiheit gehört; dazu gehört Bewußtsein, und zwar
das Bewußtsein seiner selbst (als eines Selbst) und aller anderen
menschlichen sowie darüber hinaus auch tierischen und pflanz

lichen Wesen. Es gehört zur Würde des Menschen, ein über die pure Egoität hinausweisendes, ein menschheitliches, ein planetares, ja – potentiell – ein kosmisches, ein Atman-Bewußtsein zu haben. Von diesen höchsten Bewußtseinsformen oder -stufen und damit vom spirituellen Zentrum seines Wesens aus muß der Mensch die ihn tragende Gemeinschaft gestalten und der wiederum diese tragenden Erde verschwistern. Um das spirituelle Zentrum herum, um das Sakrale, Kosmische herum muß die Gemeinschaft in konzentrischen Kreisen gebaut sein. Tommaso Campanellas Sozialutopie vom »Sonnenstaat« ist gewißlich kein auf direktem Weg und in der Form anzustrebendes Vorbild, aber deutlich wird hier zumindest, wie so etwas einmal gedanklich durchgespielt werden kann.

Es ist ja nicht so, daß nicht auch die sogenannte moderne, die demokratische Massengesellschaft als Äquivalent der Megamaschine ihr spirituelles Zentrum hätte; sie hat es genau dort, wo auch der höchste Wert dieser Gesellschaft liegt. Was ist das spirituelle Zentrum der Megamaschine? Eben das schon genannte technisch-abstrakte neue Jerusalem des von aller Natur und allem Fleisch befreiten reinen Geistes. Das ist der geheime Bezugspunkt, und wenn etwas »religiös« und »metaphysisch« ist, dann dies. Heilig sind die Bankpaläste, heilig ist das Geld (»Das Credo ist zum Kredit geworden«, sagt Egon Friedell), heilig sind die Forschungsstätten, in denen auch der letzte Rest physisch-sinnlicher Natur heraus- und heraufdestilliert wird zum Summum bonum: dem abstrakten Gral.

Man beobachte einmal, wie seltsam still es sein kann in den Hochburgen des abstrakten Geistes, etwa in Bankpalästen; hier findet ein Gottesdienst statt. Und jeder Blick auf das Bankkonto ist der Blick auf einen Anteilschein am Sacrum, gegen das gehalten der »Gottesdienst« üblicher Spielart fast zur Farce wird. Ich sagte es schon: Die Sachwalter und Matadore des abstrakten Geistes, der Megamaschine, wissen sehr genau (gegen alle schöngeistig Beflügelten sei es gesagt), daß sie Substanz und Sein verkörpern.

Substanz und Sein, das sich nährt vom Blut der sinnlichen Erde und das insofern gegen das Leben, gegen die Erde gerichtet ist. Aber im allgemeinen Bewußtsein, auch wenn viele dies vehement abstreiten, ist der Moloch Geld–Abstraktion–Technik–Industrie ein faktischer Gott, das einzige, was wirklich in die Knie zwingt und Bewunderung und Andacht abnötigt, genauso natürlich dumpfen Haß, wenn man Gefahr läuft, von diesem Moloch zermalmt zu werden. Und ganze Volkswirtschaften können ruiniert und korrumpiert werden, wenn sie es versäumen, rechtzeitig ihren Tribut zu entrichten, ihre Demut und Unterwerfung zu bekunden. Was wirklich herrscht, ohne Wenn und Aber, ist der abstrakte und damit tote Geist. Vom Lebendigen aus geurteilt, ist dies einfach Wahnsinn, auf technischen Hochglanz gestylte Geisteskrankheit. Ein Hohn auf das eigentlich Menschliche. – Wer so redet, setzt sich sofort dem Vorwurf aus, er übertreibe maßlos. Aber es sollte möglich sein, die moderne Bewußtseinsverfassung einmal ohne das liebevolle und abmildernde Auge zu betrachten, das gemeinhin waltet, nämlich klinisch-phänomenologisch. Jeder Extraterrestrische, den man hier einen Tag absetzen würde, verbunden mit der Frage, worum sich diese technische Gesellschaft zentral bewegt und was ihr heilig ist, müßte binnen weniger Stunden auf den Punkt kommen, den ich hier andeute. Es geht um das, was faktisch-kollektiv geschieht, was gelebt wird, wie immer es in den Köpfen der Beteiligten aussieht, die häufig gar nicht wissen oder nicht ehrlich genug sind, um überhaupt wissen zu wollen, was gespielt wird.

Ich erlaube mir, nochmals an Frank Tiplers *Physik der Unsterblichkeit* zu erinnern und damit an ein wirklich ehrliches Buch; ich bin gewissermaßen dankbar für diese Ehrlichkeit. Darauf kann man sich beziehen, daran kann man anknüpfen.

Der Atompilz hat zutiefst heilige, zutiefst religiöse Gefühle ausgelöst, als er zum erstenmal aufstieg. Er wurde sofort als ein Sacrum erkannt, und selbst in der dann folgenden (halbherzigen) Verteufelung schwang noch etwas von diesem Ursprungsschauer mit. Heute ist er verbannt in die Katakomben des kollektiven Vergessens; man tut irgendwie so, als gäbe es ihn gar nicht. Welch grausiger Irrtum!

Zurück zur Frage einer erdgerechten, erdgemäßen Kultur. Was ich meine, ist nur dies: Die Neue Kultur wird zentriert sein um ihr spirituelles Zentrum, zentriert sein um die höchsten Möglichkeiten des Menschseins. Das wird alle herkömmlichen religiösen Formen überschreiten und langfristig auch obsolet machen. Eine authentische transmentale Spiritualität kann sich nicht orientieren an prämentalen Manifestationen des Geistes, diese allenfalls – oder das, was an spiritueller Substanz erhaltenswert erscheint – integrieren. Man kann das nicht konzeptionell vorwegnehmen, zumal kaum die bewußtseinsmäßigen Mindestvoraussetzungen erfüllt sind, um zu begreifen, worum es hier gehen könnte. Das Morgen und Übermorgen wirkt ins Heute hinein, es selbst allerdings verhüllt sich. Wenn es da ist, werden wir es erkennen, uns an es erinnern.

Die erdgerechte Kultur wird eine Struktur haben, die alle bis dato bekannten Strukturen überschreitet. Und zwar notwendig, weil das Transmentale als gesellschaftlich verbindliche Wirkgröße in globalem Maßstab bisher nicht existiert hat. Vielleicht wird es auch nicht dazu kommen; zu unserer Freiheit scheint es zu gehören, daß wir scheitern können. Daß es jedenfalls schlechthin unmöglich ist, ist eine voreilige Behauptung; im mythischen Kollektivismus war auch das mentale Selbst »unmöglich«.

Wenn sich das Neue »herstellt« in einer bestimmten Anzahl von Individuen, könnte irgendwann der berühmte kritische Punkt erreicht sein, wo aus der Instabilität des alten Systems, in spontaner, unvorhersagbarer Emergenz, das Neue erwächst oder »herausspringt«. Einzelne Elemente dieses Vorgangs lassen sich vielleicht gar systemtheoretisch beschreiben. Dann werden die bisher gültigen Koordinaten verschoben, und zwar grundstürzend, stärker noch, als es im Herbst 1989 geschah. Ein 9. November 1989 für das herrschende System, das des technischen Pharaos, steht noch aus; er wird ähnlich unvorhersehbar sein, wie dies damals der Fall war. Wenn sich die Eisenfeilspäne neu gruppieren, zeigt dies an, daß

die magnetischen Feldlinien eine Veränderung erfahren haben.
Der geschichtlich reale 9. November 1989 war nur auf der Ebene
der Eisenfeilspäne, nicht aber auf der des Magneten erkennbar.
Auf der Ebene des Magneten könnte er eine wesentlich weiterrei-
chende Wandlung andeuten, deren Konturen noch kaum erahnt
werden können.

Doch einmal den »dritten Weg« wagen? Oder: Wie eine erdgerechte Wirtschaftsordnung aussehen könnte

Zu den wahrhaft erstaunlichen, kaum in der Tiefe durchdachten
Faktoren der globalen Megamaschine gehört das Geld. Geld ist das
magische, allgegenwärtige Fluidum, das abstrakte Blut des großen
Molochs. Wer auf seinen Bankauszug blickt, blickt auf Zahlen, die
tot sind, aber religiöse Verheißung in sich bergen. Oder Verdamm-
nis, Höllenpein, Gewissensqual. »Hinter« den Zahlen steht ein gespenstisches Ding oder besser Unding, vor dem fast alle auf dem
Bauch liegen. Von dem Gottesdienst in Bankpalästen war bereits
die Rede.

Geld ist Manna, göttliche Nahrung, die sich wundersam ver-
mehren kann; wer Kapital »hat« (meist ist es umgekehrt: das Kapital »hat« seinen Eigentümer), kann es horten oder investieren,
kann es »arbeiten lassen« oder verschleudern. Geld, als Kapital,
ist »zinsträchtig«. Es ist kein Lebewesen, kein biologisches System,
es altert nicht, es zeigt keine Gefühlsregungen. Daß es nicht »in
Ordnung« ist oder sein kann, mit Geld zu spekulieren, es als
Selbstzweck zu betrachten oder brutale Macht über andere Menschen damit auszuüben u.ä., ist noch immer als ein Rest moralischer Empfindung in vielen Menschen lebendig. Besonders dann,
wenn der Einzelne, wenn ganze Gruppen oder volkswirtschaft-
liche Einheiten »unter die Räder kommen«, wenn sie gnadenlos
zermahlen werden in der abstrakten Maschine, wird dieses Empfinden verstärkt, oft verbunden mit dumpfem Groll, mit Wut und

Haß. »Alles hat seinen Preis.« Daß dieser Preis manipuliert werden kann, ist noch das Geringste daran. Der Satz als solcher ist ein kollektiv verinnerlichter Wahnsinn. Schon dieser Satz ist die Katastrophe selbst. Daß der Kapitalismus nicht die Wirtschaftsordnung sein kann, die in irgendeinem Betrachte erdgerecht ist, liegt auf der Hand. »Soweit hat es der siegreiche Kapitalismus also gebracht! Millionen und Abermillionen Kinder wie auch Erwachsene verhungern jährlich, und die Wohlstandsländer ersticken in ihrem Plunder, bevor sie kollabieren.« (Johannes Heinrichs)[9] Börsenritter tun das Ihrige, um den sich abzeichnenden Kollaps zu beschleunigen. So möchte man fast prophezeien, daß der schon totgesagte Marx sich wieder erheben wird, um einen »zweiten großen Anlauf« zu wagen.

Entweder Marx oder Rothschild, das kann nicht (mehr) die Alternative sein. Im 20. Jahrhundert hat es drei Versuche gegeben, so etwas wie einen »dritten Weg« – zwischen Kapitalismus und Sozialismus – zu durchdenken und ins Werk zu setzen; alle drei Versuche sind, meist schon konzeptionell, gescheitert.

Chronologisch rückwärts gelesen, läßt sich dies festmachen an der Revolution vom Herbst 1989, an dem Zusammenbruch der NS-Diktatur bzw. den Bemühungen nach 1945, Gesellschaft und Wirtschaft auf eine neue Grundlage zu stellen, und an den ganz analogen Bemühungen nach dem Zusammenbruch von 1918. Es waren drei Imperienstürze, die – für einen kurzen Moment der Geschichte – die Ahnung aufblitzen ließen, daß es so etwas geben könnte wie eine moralisch-politische Ordnung neuen Typs (bezogen auf Deutschland). Global betrachtet, und das ist fast vergessen worden, barg schon die Bezeichnung »Dritte Welt« in den 50er Jahren die Hoffnung in sich, für die »blockfreien« Länder ökonomisch-sozial einen »dritten Weg« zu beschreiten. In der Figur Nehrus, des ersten Ministerpräsidenten des nicht-kolonialen Indien, wird die dramatische Spannung deutlich, die hier aufbrach: Gegen die sozialreformerischen Pläne seines einstigen Mentors Gandhi (fortgesetzt durch dessen Schüler Vinoba Bhave) entschied sich Nehru für den westlichen Industriekapitalismus, jedenfalls was die Grundrichtung anlangt.

Das oft totgesagte Gespenst des »dritten Wegs« ist auch heute noch oder wieder da, lebendiger, als viele denken oder hoffen. Das ist verständlich, denn nur der (wie immer konstellierte) »dritte Weg« vermag ökonomisch-sozial eine Richtung zu weisen, die die Sackgasse des Kollektivismus und die Sackgasse des hemmungslosen Kapitalrittertums vermeidet.

In seinem Buch *Sprung aus dem Teufelskreis. Logik des Sozialen und Natürliche Wirtschaftslehre* hat Johannes Heinrichs den achtunggebietenden Versuch unternommen, das Thema Wirtschaft, Geld und Sozialstruktur noch einmal von Grund auf neu zu denken. Er scheut sich nicht dabei, liebgewordene und geradezu verhätschelte Tabus zu berühren. Ausgangspunkt seiner erhellenden Überlegungen ist die sogenannte »Natürliche Wirtschaftsordnung« des Deutsch-Argentiniers Silvio Gesell (1862 bis 1930).

»Er [Gesell] sah die Crux des Kapitalismus nicht primär im Arbeitsverhältnis, sondern im Zinsmechanismus als solchem. Er machte höchst praktikable, auch im nationalen Alleingang durchführbare Vorschläge für einen anderen Mechanismus des Geldumlaufs, nämlich alterndes Geld (ähnlich dann Rudolf Steiner). (...) Ausgehend von der ... ›unnatürlichen‹ Zeitlosigkeit des Geldes stellt Gesell erstmalig im Wirtschaftsdenken der Menschheit die Frage, warum dem Geld inmitten der vergänglichen Welt der Naturdinge eine Ausnahme eingeräumt wird, indem man ihm durch fest aufgedruckte oder eingeprägte Zahlen anscheinend ein Ewigkeits- oder Dauerwertversprechen verleiht. Gesell hinterfragt die jahrtausendealte Denkgewohnheit, daß der Joker-Vorteil des Geldes gegenüber den vergänglichen Naturgebilden, vor allem den organischen Lebensmitteln, ebenso wie gegenüber den der Zeit unterworfenen Arbeitsleistungen und Lebensbedingungen des Menschen dazu verleitet, im Geld ein ideales Besitz- und Machtmittel zu sehen. Denn im Gegensatz zu den verderblichen Lebensbedarfsgütern und Leistungen ist das Geld durch sein Dauerwertversprechen nicht allein verlustlos hortbar, sondern ohne weitere Arbeit der Geldbesitzenden, mittels des Zinses und Zinseszinses, vermehrbar.«[10] Was Zins und Zinseszins betrifft, so sei nur – gleichsam im Vorübergehen – auf die monströse Staatsverschuldung verwiesen, die jedem von uns eine Last auferlegt, die ständig wächst. Daß das Ganze schlicht ein Irrsinn ist, kann man ohne viel Scharfsinn herausbekommen. Die ganze Gesellschaft, nicht nur in Deutschland, sondern in den meisten Staaten dieser Erde und im Gesamtbau der globalen ökonomischen Systeme, ist eine Art Diktatur von unten, von den unteren Chakras aus. Dieses Unten wird naturgesetzlich hingenommen, sein Selbstlauf vorausgesetzt, was die politisch-moralischen Steuerungs- und Gestaltungsmöglichkeiten dramatisch verkleinert, ja, in Teilbereichen gänzlich gegen Null gehen läßt.

In seinem Nachwort zu dem genannten Buch von Heinrichs schreibt Rudolf Bahro:»Die Weltbewahrung hängt davon ab, ob es gelingen wird, die Ökonomie, koste es, was es wolle, in den sozialen Gesamtzusammenhang zurückzugliedern, aus dem sie – totalitär funktionierend – herausgefallen ist.«[11]

Also auch hier kommen wir wieder an den Punkt, wo es um die (einzig erfolgversprechende) Bewußtseinsrevolution gegen den Pharao geht, dem offenbar überregional und dauerhaft keine »parlamentarische Reform« abgerungen werden kann. Und erst diese Bewußtseinsrevolution wird sich dann – und nur unter dieser Voraussetzung – die nötigen Instrumentarien und Institutionen schaffen, die Geschicke des Planeten von der höchsten, der eigentlich menschlichen (und kosmischen) Ebene aus zu gestalten. Das muß auch »gegen« das an sich großartige Konzept der sozialen Viergliederung von Johannes Heinrichs gesagt werden. (Die Heinrichsche soziale Viergliederung wirkt wie eine Weiterentwicklung der berühmten sozialen Dreigliederung Rudolf Steiners, ist aber unabhängig davon und aus systemtheoretischen Erwägungen heraus entstanden.) Die allein zuträgliche und auch sozial gerechte Ordnung besteht nach Heinrichs in einem vierfach gegliederten Bau von der Wirtschaft als der untersten Stufe (»Feld

des Güteraustausches« bezogen auf die Grundbedürfnisse), zur
Politik (»Feld der Machtkompetenzen« bezogen auf die Interessen-
werte), zur Kultur (Kommunikationswerte) und schließlich zur
religiös-weltanschaulichen Sphäre (Bereich der Letztwerte oder der
»Verehrung des Über-Gemeinschaftlichen«).[12]

Jede Sphäre hat eine relative Autonomie; die eigentlichen Vorgaben jedoch, bis hin zu den spirituellen/religiösen Wertvorga-
ben, erfolgen von oben nach unten. Das ist nicht totalitär gedacht,
sondern sehr subtil-differenziert und systemtheoretisch gebaut.
Heinrichs:

»Die jeweils höhere Ebene hebt die vorhergehende in sich auf –
jedoch ohne sie in ihrer Eigengesetzlichkeit zu zerstören. Jede
Ebene ist rückgebunden an das soziale Ganze und dessen einsei-
tigen Spiegel. Das gilt nicht nur für die Wirtschaft, die eine ganz
und gar soziale Veranstaltung ist und als bloßes immanentes
Rechenspiel mit gegebenen ökonomischen Daten unmöglich adäquat zu beschreiben ist. Ökonomen, die das noch immer meinen,
sollten besser im Sandkasten oder mit Schachfiguren spielen. Es
würde der Allgemeinheit weniger schaden.

Weil Wirtschaft das soziale Ganze in bezug auf den Güter-
austausch spiegelt, stellt ein Wirtschaftssystem ohne Chancen-
gerechtigkeit, ohne Leistungsgerechtigkeit und dergleichen mehr,
eine Anklage an das Gesamtsystem dar. Es gibt keine strukturell
gesunde Wirtschaft ohne ein strukturell gesundes Gemeinwesen
im Ganzen! Beides hat es folglich seit Jahrtausenden nicht gegeben.«[13]

Mein Einwand bezieht sich in keiner Weise auf die Vierglie-
derungsidee als solche, sondern allein auf die (von Heinrichs trotz
aller Skepsis für realisierbar gehaltene) Möglichkeit eines Konsen-
ses auf der höchsten Ebene, der der Letztwerte. Noch einmal
Bahro in seinem Nachwort: »Überschätzt er (Heinrichs) vielleicht
die konsensuale Potenz der Europäer, gar erst der Menschheit,
was die Grundwerte oder Letztwerte angeht?«[14] Die Frage ist rhe-
torisch gemeint; im Grunde wird eine Feststellung oder Behauptung vorgetragen. Ich glaube mit Bahro, daß »der soziale Zusam-

menhalt für die höheren Reflexionsebenen so dünn geworden« ist, »daß er die Menschen nicht mehr zu binden vermag«[15]. »Deshalb scheint mir nach wie vor, daß der Schlüssel zur institutionellen Erneuerung im einzelnen die Berufung eines an spirituellen Werten orientierten ›Oberhauses‹ oder ›Hohen Hauses‹ für das Ganze ist. Sie wird sich womöglich früher aufzwingen als die gesamte Viergliederung.«[16]

Damit wird die Kritik an dem möglichen Konsens, die Bahro zunächst vorgetragen hat, in gewisser Weise wieder zurückgenommen. Denn gerade im »Oberhaus« müßte ein Grundkonsens hergestellt werden, aber wie soll das geschehen, wie soll das ins soziale, ins politische Werk gesetzt werden? Mit Bahro und Heinrichs glaube ich, daß dies ohne katastrophale Umbrüche und Einbrüche, gleichsam ohne »Partialapokalypsen« nicht gehen wird. An einen irgendwie »soften« Übergang in die neue Kultur kann wohl niemand ernsthaft glauben, der die bisherige Menschheitsgeschichte und die globale Situation heute nüchtern betrachtet.

Das Erdgerechte/Erdgemäße (die neue Kultur, wenn sie denn möglich sein soll) kann sich nur im »Zusammenspiel« von regionaler und planetarer Bewußtseinsrevolution, »Partialapokalypsen«, charismatischen Einzelnen an der Spitze und kosmischen »Einschüben« herstellen. Der »Zinskapitalismus« jedenfalls wird dann im Schwarzen Loch der Geschichte verschwunden sein.

Ich will es mit diesen Andeutungen bewenden lassen. Wenig brächte es, nun alle Bereiche relevanter menschlich-sozialer Existenz durchzugehen und zu zeigen, wo und wie ein erdgemäßer Umbau möglich erscheint. Vieles liegt so offen zutage, daß man sich fast scheut, es überhaupt zu benennen, weil es nachgerade banal wirkt und jedermann bekannt ist. Und im unverbindlichen Raum des Privaten kann man auch sehr schnell und ohne allzu große Hindernisse einen »grünen Minimalkonsens« herstellen, der nur nichts bewirkt und daher etwas Müßiges hat. Unverkennbar ist, daß der mächtigste und nach wie vor fast ungebrochene Konsens derjenige mit dem herrschenden pharaonischen System ist. Hieran will fast niemand ernsthaft gerüttelt wissen, und alle Register der Diffamierung und Verunglimpfung werden gezogen, um dem Einhalt zu gebieten. Und es ist auch in der Tat absurd, hier politisch-»fundamentalistisch« zu agieren; sinnvoller ist die ruhige, verstehende, philosophisch-denkende und meditative Grundhaltung: wach, bewußt und – bereit.

Rudolf Bahro spricht von der »Subjektivität der Rettung« als einer psychischen Voraussetzung. Ob der Begriff nun günstig gewählt ist oder nicht, er transportiert das, worauf es zentral ankommt: die zunächst zu leistende Ökologie des Bewußtseins. Und diese ist ein Kernelement der Kulturrevolution, die zum Tiefengeschehen der Epoche gehört: der kosmischen Geburt des transmentalen Geistes im Bewußtsein der Menschheit.

Und um von diesen »Höhen«, in die viele ohnehin nicht folgen wollen (aus einem verständlichen Mißtrauen heraus), »hinabzusteigen« ins Konkret-Irdische, sei abschließend an einen der wirklich gelungenen, eminent erfolgreichen Versuche erinnert, den grünen Ideenhimmel auf die Erde zu bringen; ich meine die Öko-Kommune »Las Gaviotas« in Kolumbien. Über diese berichtet der *Spiegel* in seiner Ausgabe vom 4. März 1996. In dem Artikel heißt es u.a.:

»Grüne Kommunarden trotzen gleichermaßen bewaffneten Rebellen, Militärs und den Killertrupps von Drogenhändlern. Mitten in der riesigen Savanne Kolumbiens überlebt seit 25 Jahren die Öko-Siedlung ›Las Gaviotas‹ (Die Möwen), eine Enklave des Friedens in dem von Bürgerkrieg und Bandenkämpfen heimgesuchten Andenstaat. Konsequent nutzen die Bewohner – Wissenschaftler, Arbeiter, Indios – alternative, umweltfreundliche Technologien und leben vom Gewinn, den der Verkauf von Solarfenstern, Windmühlen, Brunnen oder Rohstoffen abwirft. Schulen und medizinische Versorgung sind ebenso kostenlos wie das tägliche Essen. Wer ein Haus braucht, baut sich mit einfachsten Mitteln einen Bungalow. Schwere Verstöße gegen den Gemeinschaftsfrieden hat es bislang noch nicht gegeben. Kirchen sind ebenso unbekannt wie die Institution Ehe: Wer will, lebt zusammen. Das Stückchen Utopie unter Bougainvillen und Mangobäumen hat bislang keine

Feinde – im gewaltsamen Alltag des Landes gilt die Kommune als strikt neutral, ihre Ärzte versorgen Freund und Feind gleichermaßen. Paolo Lugari, der kreative Träumer und eigenwillige Chef von Las Gaviotas, plant den Bau weiterer Idyllen – Ausstiegsmöglichkeiten für Zivilisationsopfer aus aller Welt.«[17]

Das kann man – und das möchte ich – unkommentiert so stehenlassen. Von weiteren Öko-Kommunen nach dem Vorbild von »Las Gaviotas« und in deren Nachfolge habe ich bisher nichts gehört.

11. KAPITEL

WAS ALSO WILL DIE ERDE VON UNS? CONCLUSIO UND THESENARTIGE ZUSAMMENFASSUNG

»Zu lang ist alles Göttliche dienstbar schon
Und alle Himmelskräfte verscherzt.«
(Friedrich Hölderlin)[1]

Wir haben einen weiten Weg zurückgelegt, und zu fragen wäre, wohin er uns geführt hat. Wo sind wir, wandermüde vielleicht, hingelangt? »Wissen« wir nun, »weiß« der Leser nun, »was die Erde will«? Es könnte eine Ahnung vermittelt worden sein davon. Es könnte deutlich geworden sein, daß hier wirklich ein Thema vorliegt, dessen Klärung oder bewußtseinsmäßige Erhellung buchstäblich lebensnotwendig ist. Im letzten geht es um den Menschen, und wo der Mensch als er selbst und in seiner Erdenwürde, seiner kosmischen Würde ins Spiel kommt, lichten sich verdunkelte Horizonte. Das hat mit Anthropozentrismus der bekannten Form nichts zu tun. Es speist sich vielmehr aus der Überzeugung, daß Mensch, Erde und Kosmos in einer rätselhaften Verrechnung miteinander stehen, wobei diese »Verrechnung« vielleicht (siehe Anhang, S. 379 ff.) eine zahlenmäßig-klangliche/harmonikale ist, die mit der abstrakten Mathematik nichts zu tun hat.

In diesem letzten Kapitel möchte ich noch einmal die Hauptetappen des zurückgelegten Weges umreißen, und zwar soll dies anhand von Kernthesen oder Kernaussagen geschehen, die gleichsam die Leitmotive andeuten, die im Textgeflecht verarbeitet und vielfältig variiert werden. Diese Thesen können aber nicht mehr sein als eine Art Skelett, bestenfalls ein Leitfaden, eine Grundorientierung. Die »Botschaft« sind nicht die Thesen, so wichtig sie sind oder sein mögen, sondern die Motivverarbeitung des gesamten Buches; das Geflecht des Ganzen ist die Botschaft. Jeder Teil spiegelt sich im Ganzen, jeder Teil hat thematische/motivische Bezüge zu allen anderen Teilen. Die Thesen sind ein Destillat, sie haben also keineswegs am Anfang gestanden; sie können nur am Ende stehen. Ich sage dies, um durchaus naheliegende Mißverständnisse zu vermeiden.

1. Das ist ein Buch über integrale Tiefenökologie. Tiefenökologie in meinem Verständnis ist Ökologie des Bewußtseins; die Tiefe der Welt – ihre Innenseite, ihr verborgener Innenraum – ist Bewußtsein. Dieses Bewußtsein ist nicht »einfach so« und auf einer Ebene gegeben, sondern es ist ein weitgefächertes »Spektrum« (wie Ken Wilber sagt), ein Spektrum, das immer anwesend

ist (als Struktur und Stufenbau von Potentialen) und das sich zugleich entwickelt: vom ersten, zarten Aufflammen bis zum Atman-Bewußtsein. Integral meint zweierlei: die lebendige Integration der unteren Bewußtseinsstufen und die transmentalen/transpersonalen Bewußtseinsstufen oberhalb des mentalen Selbst.

2. Die ökologische Krise ist eine kollektive Neurose, und zwar in folgendem Sinn: Das mentale oder rationale Ich hat die eigenen Quellstufen (Erde, Pflanze, Tier, das Magische, Mythische etc.) und das eigene »Souterrain« rabiat abgespalten, abgesprengt wie eine nun überflüssig geglaubte Raketenstufe. Es hat zugleich den Vorhang nach oben, zu den höheren, den transmentalen Bewußtseinsstufen zugezogen.

Das mentale Selbst – die bislang machtvollste kollektive Bewußtseinsformation der bekannten Geschichte – sieht sich als den Gipfel, den Omegapunkt der geistigen Evolution; es leugnet alle höheren Bewußtseinsstufen. Großzügig wird allenfalls zugestanden, daß es sie geben könnte, daß sie aber grundsätzlich unbeweisbar und damit im letzten irrelevant seien. Das mentale Selbst betrachtet sich als Sieger der Geschichte. Die ökologische Krise zeigt, daß dieser Sieg ein Pyrrhussieg war.

3. Zugleich kann die ökologische Krise, als kollektive Neurose, als eine psycho-kosmologische Krise gewertet werden. Sie ist Ausdruck eines weitgehend pathologischen Mensch-Kosmos-Verhältnisses. Der Mensch glaubt sich hineingestellt in ein monströses, ihm selbst durch und durch fremdes, ja, feindliches Universum. Er begreift nicht, daß die Fremdheit oder Feindseligkeit nicht die kosmische Wirklichkeit berührt, sondern lediglich sein Bild von dieser Wirklichkeit. Auch die modernen Kosmologien sind Projektionen; ihre Trostlosigkeit spiegelt das Ausmaß an neurotischer Abspaltung vom Kosmos. Kosmos ist niemals nur das materielle Universum, sondern umschließt stets alle Stufen und Grade des Bewußtseins als eigene/eigenständige Wirklichkeiten.

4. Die ökologische Krise ist weitgehend unverstanden geblieben. Die Bewußtseinsdimension der Erdzerstörung wird ausgeblendet, weil sie eine Grundlagenrevision erforderlich machte,

die nicht gewünscht wird und auch – auf der Ebene – nicht geleistet werden *kann*. Insofern ist das große Spiel auf der Ebene der herrschenden Bewußtseinsverfassung schlicht aus, nicht morgen oder übermorgen vielleicht, aber in nicht allzu ferner Zukunft. Alle seriösen Daten weisen in diese Richtung; die Argumente von Herbert Gruhls *Himmelfahrt ins Nichts* von 1992 sind bis heute nicht ernsthaft entkräftet worden.

5. Der Begriff »Umweltkrise« hat Ablenkungscharakter; er verdeckt die Schlüsselrolle der In-Welt oder Innenwelt. Die »Logik der Selbstausrottung« (Rudolf Bahro) liegt in der kollektiven Bewußtseinsverfassung. Nur hier kann sinnvollerweise angesetzt werden: an der Wurzel und nicht bei den Symptomen.

6. Erkenntnistheorie und die Mühewaltung des Denkens sind im tiefsten Sinn lebensdienlich, sind heute lebensnotwendig. Scheut man diese Mühe, landet man schnell im (sehr verbreiteten) Öko-Sentimentalismus.

7. Die Tiefenökologie als Strömung oder Schule hat wichtige und fruchtbare Impulse gegeben, aber auch viele verdeckt und unkenntlich gemacht. Im Kern geht sie von einem technisch-industriellen Naturbegriff aus (also von dem, was sie selbst gerade kritisiert), einem Naturbegriff, der Natur als Außen, als bloßes Netzwerk oder Ökosystem begreift. Bewußtsein wird hier gerade nicht als eigene Seinsdimension begriffen, sondern nur als Struktur, als Muster, als Netz. Dieses Ökosystem hat keine Tiefe, es ist durch und durch flach. Insofern ist die Tiefenökologie herkömmlicher Form eher flach als tief. Dieser Naturbegriff ist Teil und Symptom der Katastrophe, nicht ihre Lösung oder Überwindung. Das wird seltsamerweise nur vereinzelt gesehen. – Auch ist die Tiefenökologie als Strömung oder Schule gerade nicht wirklich spirituell. Spiritualität stellt sich nicht ein, wenn wir alle Stränge im großen Ökonetzwerk sind oder uns so fühlen.

8. Wir müssen vom Außenweltsein zum Innenweltsein vorstoßen, um weiterzukommen. Der Mensch, als Körper-Seele-Geist-Einheit, ist kein Teil dieses Ökosystems Natur, kann es nicht sein; er ist immer mehr, er reicht immer »höher hinaus«. Ihn zu redu-

zieren auf ein Nur-Natur-Sein nimmt ihm die Würde des Bewußtseins. Eher ist es umgekehrt; die Natur ist ein Teil des (ganzheitlich verstandenen) Menschen. Der Mensch trägt Erde, Pflanze und
Tier in sich; Erden-Selbst, Pflanzen-Selbst und Tier-Selbst sind integrale Teile seiner Ganzheit.

9. Wir müssen zentral beim Menschen ansetzen. Eine wirklich
ganzheitliche Anthropologie zeigt den Menschen als holarchisch
gestuftes oder geschichtetes Wesen. So erscheint er auch in allen
relevanten spirituellen Strömungen. Der Mensch ist ein »Mesokosmos« (= mittlerer Kosmos), der Erde und Himmel (Geist-Kosmos)
verbindet bzw. integriert.

Die Seele des Menschen ist das Formprinzip, die Formkraft der
menschlichen (auch organischen) Gestalt; deren bewußter Teil ist
das Ich, das wiederum Anteil hat am alles durchdringenden (medialen) Geist oder Logos. Der Mensch ist gleichsam Gott-Tier und
Tier-Gott, »eingehängt« zwischen Erde und Kosmos. Es gibt offenbar auch »feinstoffliche« Hüllen oder Körper, die den physischen
Körper umgeben oder durchdringen. Dies ist auch jenseits esote-
rischer Spekulationen aus dem vorurteilsfreien Denken und der
vorurteilsfreien und vertieften Selbstbeobachtung abzuleiten.

Das Ich selbst ist das größte Rätsel, ein Paradox, weil es seine
eigene Überschreitung schon in sich trägt. Am Ich entscheidet sich
alles; ohne ein Verständnis des Ich oder Selbst kommen wir keinen Millimeter weiter.

Eine wirklich ganzheitliche, d.h. alle Ebenen/Dimensionen
der menschlichen Existenz umschließende Anthropologie ist der
Schlüssel zum Verständnis von Natur und Kosmos. Jeder Reduktionismus, insbesondere der naturwissenschaftlich-technische, ist
Teil und Symptom der Katastrophe. Der Mensch – der ganze, un-
geteilte oder integrale Mensch – ist der Schlüssel und die Achse
der Weltentwicklung.

10. Das anthropische Prinzip geht von einem toten Universum
aus, in dem Leben nur ein extrem unwahrscheinlicher Zufall ist
oder sein kann. Aus dieser Unwahrscheinlichkeit wird abgeleitet,
daß der Mensch (primär ist der Erdbewohner gemeint) Sinn und

Ziel der ganzen Veranstaltung ist. Ich meine, daß das anthropische Prinzip in der Form unsinnig ist. Das Universum kennt Leben und Bewußtsein nicht als Ausnahme, sondern als Regel oder »Normalfall«. Wir leben in einem von bewußtem, intelligentem Leben durchpulsten All. Das All ist keine Wüste, sondern ein unendlicher Garten, ein multidimensionales, all unsere intellektuelle Fassungskraft übersteigendes Meer von Leben, Gestalt und Bewußtsein. Das tote Universum ist eine Erfindung, eine projektive Fiktion. So etwas wie einen Urknall hat es niemals gegeben. Urknall und Schwarze Löcher, als Projektionen, spiegeln die explosive Bewußtseinsverfassung des modernen Menschen. Das moderne Bewußtsein selbst ist das Schwarze Loch, das alles Lebendige verschluckt. Urknall, Schwarze Löcher und ökologische Krise: Das ist *ein* Zusammenhang.

Die flapsige Sprache, der hochmütig-tumbe Jargon der Kosmologen ist entlarvend. Das Universum ist ein Kosmos und kein Irrenhaus, kein Tummelplatz abstrakter Gespenster, die uns nun als monströse Masken entgegengrinsen. Das Universum, als Kosmos, ist erheblich intelligenter, als die Kosmologen meinen. Die moderne Kosmologie ist eigentlich Chaotologie.

Überall, wo die entsprechenden Bedingungen gegeben sind, entsteht intelligentes Leben. Die Erde ist ein »typisches« Gestirn, kein Sonderfall.

Der kosmische Imperialismus eines Frank Tipler *(Physik der Unsterblichkeit)* zeigt, wohin die technisch-wissenschaftlich-abstrakte Reise überhaupt geht. Das Erdenfleisch ist längst als unzulängliche Hardware für die kostbare Software Geist erkannt; dies ist das Credo vieler Matadore der technischen Welteroberung. Das technische neue Jerusalem wird längst »im Orbit« angesiedelt oder im abstrakten Nirgendwo.

Wesen, die drauf und dran sind, ihren Planeten zu zerstören, können nicht intelligent sein; warum sollen gerade diese Wesen nun die Rätsel dieses so ganz offensichtlich intelligenten Universums gelöst haben? Eher spricht alles dagegen.

Die irdischen Wissenschaftler sind Großmeister der Projektion und der Simulation; kosmisch gesehen, im tiefsten Wortsinn, gleichen sie eher Analphabeten.

11. Das ökologische Selbst der Tiefenökologie wird häufig als ein biozentrisches Selbst verstanden; derart wird der Mensch auf die Biosebene reduziert. Ein ganzheitlich verstandenes ökologisches Selbst kann nur ein Selbst sein, das auch die Geist- und Seelenschichten und damit auch das lebendige Ich einschließt. Das wirkliche, das lebendige Ich ist keine Metapher, keine Konvention, keine Illusion, sondern Weltenwirklichkeit.

12. Das mentale Selbst hat sich mühevoll und blutig aus dem mythischen Gruppenbewußtsein herausgelöst. Als es in seine entscheidende Runde ging (ab ca. 500 v.Chr.), entstand auch, merkwürdig synchron, der Gedanke der Erlösung, also schon vor dem Christentum. Erlösungsimpuls und mentales Selbst gehören eng zusammen, sie sind fast zwei Seiten einer Münze. Erlösung war fast immer Erlösung gegen Natur und Kosmos, sie war naturfeindlich und akosmisch, insbesondere dann im Christentum.

Das mentale Selbst mußte sich ständig erneut selbst gebären. Es stand – und steht – immer im Ernstfall, immer im Kampf, und zwar sowohl gegen die Große Erdenmutter, der es sich entwand, als auch gegen die Große (transzendente/kosmische) Göttin, die es leugnete. Diese Selbstgeburt des mentalen Ich, zunächst primär von Männern ins Werk gesetzt (und zwar gegen die Frauen, die als Erde-Natur-Körper »zurückblieben«), war – und ist – fast niemals ganz oder vollständig. Und das spüren die konkreten Individuen sehr deutlich, auch wenn sie es verbal leugnen. Die Schwertkämpfer des mentalen Selbst sind mehrheitlich Nur-halb-Geborene, die nun, imperial beflügelt, in die Welt hinausjagen, die Welt kolonisieren.

Der imperiale Wahn des mentalen Selbst ist das fortgesetzte Mühen, die mißlungene Geburt (die Semigeburt) zu kompensieren; was mißlang, soll nun – und immer wieder neu – endlich einmal gelingen. Das technisch-imperiale Projekt ist der Ersatz für die mißlungene Selbstgeburt; jetzt tritt die technische Selbstgeburt an die Stelle einer wirklich integralen, die früheren Stufen einbeziehenden Geburt.

Und wo Integration fehlt oder nicht geleistet wird, tritt Repression auf den Plan; die zurückgelassene Stufe wird unterdrückt, und zwar um so brutaler, je mehr man (= der Mann) noch immer an sie gebunden ist. Das bringt eine fatale Schizophrenie in die Welt, die bis heute fortwirkt, auch und gerade im heillos neurotisierten Geschlechterverhältnis.

Frau–Natur–Erde–Leib, als *ein* großer Zusammenhang, fiel der mentalen Selbstgeburt zum Opfer; die männlichen Sonnenkinder stießen die weiblichen Erdenkinder von sich ab, blieben aber zugleich, und zunehmend suchtartig-regressiv, an sie gebunden. Männliche Großprojekte stehen machtvoll und gebieterisch da, und häufig werden die blutigen Opfer, die sie im Gefolge haben, gar nicht verkraftet. Der Mann, als Nur-halb-Geborener (jeder ein kleiner Fürst, was sage ich: ein Pharao), braucht nun die Frau, um nicht gänzlich zu verdorren, zu ersticken an seiner eigenen Erdferne. Indem er die Frau primär als Erde braucht und sie auch fortgesetzt mit der sinnlichen Erde gleichsetzt, erschwert er und blockiert er *ihren* Aufstieg zum mentalen Geist, zum Logos. Die Frau als Nur-Natur, Nur-Erde, Nur-Leib, Nur-Eros – kurz: als Kundry – muß von dem männlichen Parsifal in immer neuen neurotischen Kraftakten weggestoßen werden (sie stört seine technischen Projekte), zugleich aber bleibt er suchtartig festgeklammert an Kundry. Kundry wird zum Haß- und zum Suchtobjekt zugleich. Diesen Verrat spüren viele Frauen, und sie rächen sich auf ihre Weise, wenn sie resigniert haben, hier etwas zu ändern.

13. Die Erde ist ein Lebewesen im höheren als einem bloß biologischen Sinne. Die berühmte Gaia-Theorie von James Lovelock ist im Kern ökomaterialistisch und flach. Die Erde will zur ERDE werden, zur Menschheitserde. Was die Erde will, das kann nur unter Einschluß des Menschen gedacht werden, unter Einschluß des die Erde wirklich bewohnenden, sie zugleich übersteigenden und zum Kosmos hin öffnenden Menschen. Die Erde braucht den integralen Menschen, um ganz Erde (ERDE) zu sein. Der zu sich selbst gekommene Mensch ist die Erfüllung der Erde.

14. Alle bisherigen Ansätze, Leben zu verstehen und abzulei-

ten, sind gescheitert, sofern sie reduktionistisch ausgerichtet waren. Auch die in Ökologenkreisen so favorisierte Systemtheorie erweist sich als unzulänglich. Die kosmische Evolution kann nur aus der Involution heraus verstanden werden: aus dem Abstieg eines hohen Bewußtseinswesens in das Dunkel der Materie. Der Sternenstaub, aus dem wir gemacht sind, könnte Götterstaub sein; der kosmische Staub gestürzter Götter oder Titanen. Denkfiguren dieser Art finden sich in vielen Mythen, u.a. im altgriechischen Dionysos-Mythos. Die ins Dunkel der Materie abgestürzten Götter (Titanen) arbeiten sich erneut zum Licht des Bewußtseins empor. Kosmische Evolution ist Götterwerden, Göttererinnerung. Kosmische Evolution ist die Aufstiegsbewegung zum Atman-Bewußtsein.

15. Pflanzen und Tiere sind Träger eines unter-ichhaften kosmischen Bewußtseins, das der Mensch in wacher Ichhaftigkeit erringen muß. Im Pflanzen-Selbst und im Tier-Selbst ist der Mensch angeschlossen an das kosmische Bewußtsein der Pflanzen und Tiere. Pflanzen haben eine planetare Wahrnehmung unterhalb der zerebralen Ebene; sie können selbst psychische und mentale Schichten des Menschen kontaktieren bzw. von ihnen (meßbar) beeinflußt werden. In gewisser Weise wollen Pflanzen und Tiere durch den Menschen – und *als* Menschen – erlöst werden. Das höhere Tier fühlt den Menschen als eine ihm überlegene, aber irgendwie erreichbare Stufe seiner selbst.

16. Um in Kontakt mit der Erde zu treten, muß der Mensch zunächst den eigenen Leib, die eigene Sinnlichkeit zurückgewinnen; geschieht dies nicht auf zureichende Weise, wird jede Aufstiegsgeste des Geistes und der Seele neurotisiert. Jede sinnliche Gestalt, ganzheitlich wahrgenommen, weist über sich hinaus in das sie durchdringende und ermöglichende »Über-Sinnliche«. Das gilt auch für Landschaften.

17. Über die sogenannte Geomantie (wörtlich »Wahrsagung über die Erde«) ist es möglich, die feinstofflichen Dimensionen der Erde, z.B. der Seele einer Landschaft, zu erschließen.

18. Die in allen Kulturen anzutreffenden Heiligen Berge lassen

sich geomantisch kontaktieren. Der höchste Berg Europas, der
Mont Blanc, und der höchste Berg Japans, der Fujiyama, werden
als Beispiele vorgestellt; beide Berge sind geeignet, auch im sogenannten modernen Menschen noch eine Wahrnehmung ihrer
Sakralität zu induzieren.

19. Am Beispiel der Stadtlandschaften von Salzburg, Lhasa und
Athen werden deren bipolare Struktur sowie die geomantische
»Feinabstimmung« der zentralen Gebäude sinnfällig gemacht
(Hohensalzburg, Potala, Akropolis). Die Festspiele in Salzburg
gewinnen von hier eine ganz neuartige Dimension.

20. Es wird, aus im einzelnen erläuterten Gründen, ein großes Projekt vorgeschlagen (analog dem SETI-Projekt = Suche nach
außerirdischem Leben), das STI genannt wird (= Search for terrestrial intelligence, Suche nach irdischer Intelligenz). Der Autor
leistet sich an dieser Stelle eine zynische Pointe.

21. Die bekannte Begeisterung der Erdlinge für die Astronautenfotos von der Erde erhält einen entscheidenden Dämpfer. Die Ikone
des blauen Planeten wird als pseudo-kosmisch entlarvt. Das Foto
vermittelt ein kosmisches *Ding*, das nun nach Öko-Management
ruft und zugleich ökosentimentale Gefühle wachruft. Dadurch wird
das Wesentliche, nämlich die Innen- oder Bewußtseinsseite der
Erdverwüstung, unkenntlich gemacht. Das Astronautenbild täuscht,
gerade weil es »echt« ist.

22. Die apokalyptische Schicht der ökologischen Krise wird dargestellt und in ihrer möglichen kosmischen Dimension umrissen.
Möglicherweise ist es kosmisch gesehen durchaus nicht gleichgültig, was hier passiert, d.h. ob wir den Planeten bewahren oder
in den Orkus reißen. Die berühmte Staubkornfiktion des Planeten
macht alles nichtig und belanglos, was hier geschieht; doch diese
Fiktion scheint einer tieferen Form der Ablenkung zu dienen. Der
Mensch dieser Erde hat eine ernstzunehmende kosmische Verantwortung, der er sich nicht entziehen kann. Stirbt die Erde, indem
der Mensch hier verschwindet, erlischt ein wichtiges Bewußtseinslicht in der Galaxis. Nur in einer neu gefaßten Kosmologie bekommt
die ökologische Frage einen kosmischen Sinn. Wir sind wichtige

Mitspieler im galaktischen Drama, Mitspieler, auf die gezählt, mit denen gerechnet wird.

23. In der psychedelischen Revolution der 60er Jahre erfuhr das raketenbestückte mentale Selbst zum erstenmal eine es von Grund auf in Frage stellende Gefährdung. Die erste Wahrnehmung der ökologischen Krise ist ein Parallelphänomen; die zeitliche Koinzidenz ist kein Zufall. Die durch LSD ausgelöste Bewußtseinsrevolution hat alle Beteiligten überfordert und die Grenzsicherungen der technisch-rationalen Welt weggefegt. Die geistigen Grundlagen grenzüberschreitender Erfahrungen mußten nachgeholt werden, und sie wurden nachgeholt, vornehmlich im Rückgriff auf die spirituelle Tradition Asiens.

Ohne LSD kein New Age, keine Bewußtseinsforschung. Grenzüberschreitende Erfahrungen, dann auch ohne LSD, ohne psychoaktive Substanzen überhaupt, zeigen den Menschen als zutiefst Verbundenen; die Isolation des modernen/postmodernen Menschen ist ein Wahn. Nicht-Getrenntheit von der Erde, von dem lebendigen All ist keine metaphysische Spekulation, sondern empirisch gesichertes Wissen; sie *ist erfahrbar.*

Und nur über diese Erfahrungen der Einheit mit der Erde läßt sich eine sinnvolle Ethik gewinnen; fehlen derartige Erfahrungen, erstickt alles im Wortkram, im bloßen politisch-moralischen Postulat. Tiefenökologie ohne die transpersonale Erfahrung ist einfach öde Ideologie. – Erfahrungsberichte dokumentieren die sakrale und tiefenökologische Schicht der grenzüberschreitenden Erfahrungen.

24. Das so beseligende und so traurige Drama von Mann und Frau spielt vielfältig in die ökologische Krise hinein. Ohne»Sexpeace« kann es keinen Frieden mit der Erde geben; Krieg hier bedingt Krieg dort. Dazu müssen wir, durch alle Verlogenheiten hindurch, begreifen, was der Eros wirklich ist. Der Eros ist, umfassend gesehen, eine *Schwellenkraft* (wie die Gravitation); im Eros sind wir»mehr im Fleisch« und *zugleich*»weniger im Fleisch« als im »normalen« Zustand. Der Mann will im Eros die Vervollständigung seiner Inkarnation; im Eros ringt er um seine Geburt. Zugleich flieht

er diese Inkarnation, fühlt sich »im Orbit« besser aufgehoben. Das spürt die Frau, und es ist eine Quelle unsäglicher (auch neurotischer) Verstrickung. Die Frau will im Eros nicht primär die Geburt ihrer selbst, sie will »das Andere«, »das Dritte«, das höhere Wir, das die Verbindung herstellt zwischen der Erde (dem Fleisch) und dem (noch nicht wieder) inkarnierten Geistwesen. Dazu muß sie in gewisser Weise »weniger Ich« sein als der Mann.

Es braucht einen neuen Bund der Geschlechter, der alte hat ausgedient; er ist nun obsolet. Die Frau ist nicht »ökologischer« als der Mann; dies zu behaupten, ist absurd. Ihre größere Durchlässigkeit muß sich genauso zum ich-bewußten Selbst (und dann über es hinaus) entwickeln, wie das stärkere Ego des Mannes sich über das zu erringende Wir zum höheren Selbst emporringt. Die Frau gelangt vom Wir zum Ich, der Mann vom Ich zum Wir; im Ausgangspunkt ist der Mann zwei Drittel Ich und ein Drittel Wir, die Frau zwei Drittel Wir und ein Drittel Ich (um es, heiter-ironisch, in Quantitäten auszudrücken).

Beide müssen den Weg zum *ganzen* Ich-Wir/Wir-Ich gehen; dazu brauchen die Geschlechter einander. Offenbar gibt es das archetypisch Weibliche und das archetypisch Männliche als kosmische Energien, die jedem Holon innewohnen und es in seinem evolutiven Fortgang bestimmen.

Liebe kann kein Atman-Ersatz sein; das muß im Fiasko enden.

Im Tiefenorgasmus erfahren wir Geburt (Gebären/Geborenwerden) und Quasi-Tod *(petit mort),* Inkarnation und einen Anflug von Exkarnation. Die orgasmische Ekstase berührt die Tiefenschichten unserer sinnlich-übersinnlichen Existenz; sie ist nicht reduzierbar auf den Bios.

Der Tod ist immer mit im Spiel. Keine Erfüllung der Sinne, keine noch so »intakte« Ordnung hebt den Tod auf. Auch das »Öko-Paradies« ist (noch immer) eine Todeswelt.

Erst aus der Todeserfahrung erwächst die existentielle Verbundenheit mit einer als höher empfundenen kosmischen Einheit. Erde und Mensch gehen einer kosmischen Transformation entgegen.

25. Zur erdgerechten Ordnung gehört ein hohes Menschenbild; nur wenn der Mensch in seiner Menschenwürde und seinen schöpferischen Möglichkeiten wirklich ernst genommen wird, kann er sich der Erde verbinden. »Nur die Höhe des Menschen ist der Mensch.« (Paracelsus) Alle herkömmlichen Religionen werden in der neuen Kultur (wenn es sie jemals geben sollte) aufgehoben werden. Der Mensch ist gleichsam das kosmische Auge und das Ich des Planeten.

26. Ein neuer Umgang mit der Technik, wie immer der dann aussieht, kann nur aus einer gänzlich anderen Bewußtseinsverfassung erwachsen. Ken Wilber nennt die Frage »Hat ein Computer Buddha-Natur?« ein Koan unserer Zeit (also einen paradox erscheinenden Zen-Spruch, den es zu lösen gilt). In der technischen Allgegenwart und Entmaterialisierung verbirgt (und entbirgt) sich ein ganz anderes Geschehen: ein transpersonales, ein kosmisches Ereignis. Da »will etwas werden«, da will sich etwas gestalten, und wir können es vorderhand nur auf der technischen Bewußtseinsebene wahrnehmen.

27. Die Frage einer möglichen Erdregierung ist von der derzeitigen Geistesformation aus eine unsinnige Frage. Der Pharao der Megamaschine herrscht unangefochten, und er bestimmt alle Institutionen. Das neue Bewußtsein, das sich abzuzeichnen beginnt, hat noch keine materielle, keine institutionelle Form gefunden. So ist es zur Stunde auf (großmütig geduldete) Nischen angewiesen. Der 9. November 1989 für die Megamaschine ist noch nicht gekommen; aber er wird kommen. Alle Signale verkünden diese Botschaft.

28. Die herrschende Geldordnung ist kollektiver Irrsinn, menschenfeindlich und erdfeindlich zugleich. Der totgesagte »dritte Weg« (zwischen Kapitalismus und Sozialismus, zwischen Kapitalfreibeuterei und Kollektivismus) ist lebendiger, als viele annehmen.

IN-DER-WELT-SEIN, IM-KLANG-SEIN. ZUR TIEFENÖKOLOGIE DES HÖRENS. DAS BEISPIEL GROSSER MUSIK

Vortrag in der Akademie der Künste Berlin
am 23. Oktober 1994

»Wir tragen in uns die ganze Musik: sie ruht in
den Tiefenschichten der Erinnerung. All das, was
musikalisch ist, gehört zur Reminiszenz. In der Zeit,
als wir noch keinen *Namen* besaßen, müssen wir
wohl alles vorausgehört haben.«
(Emile Cioran)[1]

Die Welt unter
dem Primat des Sehens

In einer weltgeschichtlich einmaligen Weise ist der abendländische Mensch ein primär sehender. Keine Kultur, so scheint es, ist so erfüllt, um nicht zu sagen besessen, von der Dominanz des Primär-Sehens. Der Abendländer, hier als gleichsam archetypisches Abstraktum verstanden, ist zuvörderst Augenwesen; er sieht die Welt um sich ausgespannt als eine machtvolle und eindringliche Konfiguration von Bildern. Seit der Entdeckung der Zentralperspektive in der Renaissance nimmt sich der sehende Mensch als Zentrum wahr, als Fokus, als Schnittpunkt eines räumlich-meßbar gefügten Koordinatensystems »da draußen«. Die Welt wird mehr und mehr zum bloßen Gegenüber, zum bloßen Nicht-Ich, zum zunehmend hemmungsloser und vehementer zu unterwerfenden, zu vermessenden und zu kolonisierenden Außen. Die berühmte Trennung des Descartes – dort die Welt als »ausgedehnte Sache«, als »res extensa«, hier die menschliche Seele als »denkende Sache«, als unausgedehnte »res cogitans« – ist nur die extreme Fassung einer fundamentalen Weichenstellung. Die als bloßes Außen verstandene Welt wird zunehmend als oberste und eigentliche Wirklichkeit gewertet. Das Gesehene gerät zum Absoluten.

Mag das Denken die Relativität des Gesehenen erkennen, um die Täuschungsfacetten der Außenwelt wissen, ja, im extremsten Fall, das Bild der Welt überhaupt zum Schein degradieren (seit dem Umsturz des Kopernikus), dies ändert nichts oder wenig an der ehernen Dominanz des Sehens. Höchste Beglaubigung wird nur durch das (möglichst eigene) Sehen erreicht. »Ich habe es selbst gesehen, mit eigenen Augen.« Das zählt erst einmal, zumindest wenn das Gesehene sich als vermittelbar, intersubjektiv und nachvollziehbar erweist. Etwas »nur« gehört zu haben, das hat von vornherein einen geringeren Seins- und Wahrheitsgrad im kollektiven Bewußtsein. Sehen – etwas selbst gesehen zu haben – unterliegt nur dann dem Verdikt der Lüge oder der subjektiven Täuschung, wenn das Gesehene herausfällt aus dem Kanon der herrschenden Werte, des kulturbestimmenden Paradigmas. An Beispielen dafür ist kein Mangel. Steine, die vom Himmel fallen, »einfach so«, chaotisch-wild, durften nicht sein in einer durchgängig rational verwalteten Welt; und der wissenschaftliche Mainstream des 18. Jahrhunderts konnte alle augenbeglaubigten Fälle dieser Art (im doppelten Wortsinn) in den Bereich der Fabel verbannen. Heute mögen Ufos den fallenden Himmelssteinen (Meteoriten) von ehedem gleichen. Insofern gilt durchaus der Satz: »Man sieht nur das, was man weiß.« Oder der Satz, den Einstein in einem Gespräch mit Heisenberg geäußert haben soll: »Erst die Theorie entscheidet darüber, was man beobachten kann.«[2] Beide Sätze sind ein Faustschlag ins Gesicht des naiven Augenrealismus, was an dessen Macht, nicht nur im Alltäglichen, wenig ändert. Im übrigen tut man gut daran, bei jeder Art Sehen von etwas, das im herrschenden Meinungsfeld schlicht nicht vorgesehen (vor-gesehen, zuvor gesehen) ist, das irische Sprichwort zu beherzigen: »Wenn du einem zweiköpfigen Schwein begegnest, halt den Mund.«

Nun war die grandiose und differenzierte Entfaltung der optischen Welt zunächst ein kaum zu überschätzender Gewinn, eine Bereicherung, eine Errungenschaft des Geistes. Man denke an den großen Hymnus auf das Auge, den wir von Leonardo da Vinci kennen:

»Quanta bellezza al cor per gli occhi: Wieviel Schönheit dem Herzen durchs Auge! ... Siehst du nicht, daß das Auge die Wunder der ganzen Welt umfaßt? Es ist das Oberhaupt der Astronomie, es bewerkstelligt die Kosmographie, es berät und berichtigt alle menschlichen Künste ... Es hat die Architektur und die Perspektive und endlich auch die göttliche Malerei erzeugt. Oh, du hochausgezeichnetes Auge, erhaben über alle von Gott geschaffenen Dinge! Welche Lobeserhebungen vermöchten deinen Adel auszusprechen! (...) Es ist das Fenster des menschlichen Leibes, durch welches die Seele nach der Schönheit der Welt ausschaut; um seinetwillen läßt sie sich des Kerkers des Menschenleibes genügen; ohne das Auge wäre dieser Kerker ihr Pein.«[3]

Das Auge als »Oberhaupt der Astronomie« und als Ermöglicher der »Kosmographie«: Das ist bezeichnend und zugleich noch ganz geozentrisch-vorkopernikanisch empfunden. Denn wenn etwas das Auge in diesem Sinne entthront hat, dann die kopernikanische Revolution, in deren Gefolge zunehmend deutlicher wurde, daß und wie sehr uns die Sinne, allen voran das Auge, foppen. Aufschlußreich ist, daß noch Galilei, in der ersten Euphorie der durch das Fernrohr erschlossenen kosmischen Dimensionen (das Beispiel der Jupitermonde) auf das, nun erweiterte und verschärfte, Auge als Vehikel und Medium der kopernikanischen Kosmologie vertraute. Wie auch nach ihm Generationen von Astronomen. Erst als zutage trat, daß auch das »bewaffnete« Auge (übrigens eine verräterische Metapher) Auge blieb, d.h. die Augenwelt nicht wirklich überschreitet, trat die mathematische Abstraktion ins Zentrum der Aufmerksamkeit. Das Trägheitsprinzip bzw. das Relativitätsprinzip der klassischen Mechanik ist das erste Beispiel für die Aushebelung des Augen-Empirismus in der sich seitdem als *abstrakte* Naturwissenschaft verstehenden wissenschaftlichen Weltbetrachtung. Das ist essentiell und nur scheinbar paradox.

Der Primat der Augenwelt, der durch die Augen vermittelten Wirklichkeit, wird seit dem 17. Jahrhundert kontrapunktiert von dem wissenschaftlichen Primat der, allerdings platonistisch verstandenen, Abstraktion. Die Dinge werden zwar primär gesehen und sind dadurch erst wirklich, zugleich aber werden sie im naturwissenschaftlichen Diskurs platonistisch »unterfüttert« und mit fortschreitender Entwicklung ausgehöhlt und ontologisch zersetzt. Schließlich tritt das Phantasma der *Weltformel* an die Stelle der wirklichen Welt. Abstrakte Naturwissenschaft ist stets auch Annihilierung der sinnlichen Welt, ist Welt-Aufhebung. Der Primat des Sehens im Abendland rettet nicht vor dem, weltauflösenden, Primat der Abstraktion, der Unanschaulichkeit und Augenferne, der platonistisch gedachten Geisterwelt.

Das ist seltsam und durchaus erklärungsbedürftig. Während die Wirklichkeit des Augenkosmos Absolutheitswert gewinnt, wird dieser selbe Augenkosmos von innen her aufgelöst und aus den Angeln gehoben (buchstäblich mittels der Atombombe). Das Fernsehen demonstriert den Doppelstrang sehr deutlich: Zwar herrscht das Bild, die optische Perspektive bestimmt die Wahrnehmung, ja, wird bewußtseinsmäßig fast zur eigentlichen Realität (nur was im Fernsehen auftaucht, ist ontologisch wahr), aber das magische und allgegenwärtige Bild ist artifiziell, technisch fabrizierter Schein, eine Phantasmagorie für das Auge. Die Welt »dahinter« mag dabei verdunsten oder verstrahlen: Exorzismus des natürlichen Seins durch das technische Sein und Bewußt-Sein. Bilder als Bilder, und nur als Bilder, retten nicht. Denn auch die Augenwirklichkeit wird zusehends zum bloßen Fernsehbild. Im Fernsehen kommt das neuzeitliche Sehen gleichsam zu sich selbst.

Dieses Sehen, als dominierende Weise des In-der-Welt-Seins, trennt. Der Ich-Welt-Abgrund wird unüberbrückbar, entsteht vielleicht erst durch diese Art Augen-Ontologie.

Das neuzeitliche Ich ist ein sehendes Ich. Auch Denken ist ein anderes Sehen, ist Vision, nicht Audition. Daß in jeder Sinneswahrnehmung die jeweils anderen Sinne als Ober- oder Untertöne mitschwingen, steht dazu nicht im Widerspruch. Natürlich gibt es kein »reines« Sehen. Aber Sinnenwirklichkeit ist neuzeitlich-westlich zuvörderst bildhafte Wirklichkeit, wogegen alles Unsichtbare verblaßt. Das Ego kennt nur Ich und Nicht-Ich, ich denke, also bin ich; ich sehe, also bin ich; ich pflege meinen Body, also bin ich.

In seinem erhellenden Essay »Wo sind wir, wenn wir Musik hören?« hat Peter Sloterdijk die aus dem Seh-Primat herrührende Kluft erläutert und dem Im-Klang-Sein gegenübergestellt:

»Um etwas zu sehen, muß der Sehende dem Sichtbaren in einem offenen Abstand gegenüberstehen. Dieses räumliche Auseinander- und Gegenübersein suggeriert die Annahme einer Kluft zwischen Subjekten und Objekten, die zuletzt nicht nur räumlich, sondern auch ontologisch ins Gewicht fällt. In der letzten Konsequenz dessen verstehen sich Subjekte als weltlose Beobachter, die zu einem von ihnen immer schon abgerückten Kosmos ein gleichsam nur äußeres Verhältnis aufnehmen ... Sofern die Augenwelt eine Distanzwelt ist, geht die okulare Subjektivität mit der

Neigung einher, sich als letztlich nicht-involvierbare Weltzeugenschaft zu interpretieren. Das sehende Subjekt steht ›am Rande‹ der Welt wie ein welt- und körperloses Auge vor einem Panorama … Denkern hingegen, die das Dasein von den Tatsachen des Hörens her auslegen wollten, hätte die Fernrückung des Beobachter-Subjekts an die imaginäre Außengrenze der Welt nicht einfallen können, weil es zur Natur des Hörens gehört, nie anders zustande zu kommen als im Modus des Im-Klang-Seins. Kein Hörer kann glauben, am Rand des Hörbaren zu stehen.«[4]

Sloterdijks Frage nach dem »Ort« des Musikhörens, abgeleitet aus Hannah Arendts Abhandlung »Wo sind wir, wenn wir denken?«, ist weniger Aperçu als Kardinalfrage. »Wo sind wir, wenn wir sehen?« Eben außen, am Rande, an der Grenze des Nicht-Ichs im Außen. Hören ist Innen-Sein, ist Partizipation, Teilnahme und Teilhabe. Und es ist kein Widerspruch dazu, daß der Großteil der heutigen Weghör- und Berieselungs-Musik vorrangig als »außen« erlebt wird; tatsächlich dürfte dieses akustische Außen auch einem Innen korrespondieren, genauso wie die breite Skala der technischen Geräusche, des technischen Lärms. Es sind akustische Ablagerungen und Ausformungen der kollektiven Psyche, die wiederum auf diese Psyche, auch individuell, zurückwirken, nicht selten neurotisierend und krankmachend, wie man wissen kann.

Die Welt als Bild oder, mit Schopenhauer zu reden, »als Vorstellung« entfaltet ihre trennenden, isolierenden Qualitäten insonderheit dann, wenn der dunkle Klanguntergrund der »Welt als Wille« außerhalb der Wahrnehmung bleibt. Präzisierend ließe sich also sagen, daß nur ein abgekoppeltes oder abgesprengtes Seh-Subjekt die Welt als bloßes Nicht-Ich kolonisiert, dem machtförmig-rechnenden Denken ohne Nischen oder Reservate unterwirft. Und das heißt immer auch, daß subtile Balancen zerstört wurden, daß die Dinge aus den Fugen geraten sind. Das machtförmig konstituierte Ich wird zum monströsen Ego, das nichts weiß und wissen will von Klang und Stille. Das Rechen-Ego der neuzeitlichen Bewußtseinsentwicklung als »denkende Sache« weiß nur und will nur wissen von der Unterwerfung alles Natürlich-Seienden und des-

sen Umzingelung. Die Verluste sind entsetzlich, Verluste an Welt-
substanz und Weltqualität, an Körperlichkeit und Sinnlichkeit wie
an der sinnlich-übersinnlichen Klang-Aura der Dinge als Ermöglichung der Öko-Katastrophe. Was Wunder, daß die Propheten
eines neuen Hörens, auch aus ökologischen Gründen, die Wiederentdeckung und Wiederbelebung der klanglichen und harmonikalen Schichten der Welt herausstreichen und die Klanglosig-
keit der modernen Subjekte beklagen.

Die vogelfreien Ohren

»Wenn in dieser Welt das Denken an der Tagesordnung wäre,
würden nicht *die Ohren vogelfrei* und jedem erlaubt sein, zu seinem Nutzen oder Vergnügen jeden beliebigen Lärm zu machen.«[5]
Dies schreibt Arthur Schopenhauer im Jahre 1829. Heute sind die
Ohren allenthalben und nun vollends zum Totschlag freigegeben.
Auf sie ist gleichsam nicht gerechnet; sie kommen nicht vor. Das
Sinnesorgan, welches sensibler und beeindruckungsfähiger ist als
alle anderen Sinnesorgane, zudem ein anatomisches und physio-
logisches Wunderwerk, hat keine Lobby. Da ist nichts einklagbar;
und die brutale oder triviale Vertreibung der Stille in der sogenannten modernen Welt scheint die wenigsten ernsthaft zu beunruhigen. Hier ist der Konsensus allgemein und geht quer durch alle
politischen Lager und gesellschaftlichen Gruppen.

Das hängt mit Wertsetzungen und Wertschätzungen zusammen,
mit dem, was als verbindlich und was als, unverbindliche, »Privat-
sache« gilt. Der technischen und wissenschaftlichen Verbindlichkeit
entspricht keine kulturelle, keine künstlerische Verbindlichkeit. Gar
von spiritueller oder metaphysischer Verbindlichkeit zu reden
bleibt heute Fundamentalisten jedweder Couleur vorbehalten.

»Uns ist der Mut abhanden gekommen«, sagt Wolf Lepenies,
»gemeinsam über einen verbindlichen Kanon des Wissens und der
Werte nachzudenken, uns fehlt der Wille, miteinander über einen
Minimalkonsens der Überzeugungen zu streiten, die wir für lebbar

und für lehrbar halten.«[6] Das, was früher »schöner Geist« hieß, ist nicht nur vorübergehend, sondern weltgeschichtlich-ontologisch in der Defensive, führt Rückzugsgefechte, die fast immer verloren werden. Nun sind kulturpessimistische Klagelieder wenig sinnvoll; es gibt sie zuhauf, und sie bewegen nichts. Zumal es an diagnostischer Genauigkeit mangelt, an einer gleichsam klinischen Phänomenologie des herrschenden Kollektivbewußtseins.

Wie das Ich »als solches« der »blinde Fleck« des Selbstbewußtseins ist (Schopenhauer), so ist wohl auch das technische Sein und Bewußt-Sein nicht in der Lage, sich selbst auf den Grund zu kommen (und kann dies erst im eigenen Zugrundegehen). Die »vogelfreien Ohren« sind integraler Teil einer Bewußtseinsverfassung, die davon lebt, nicht zur Besinnung zu kommen; ihre Immunsysteme sind resistent gegen alle Viren, die geeignet wären, den Welt- und Denkentwurf des Ganzen in Frage zu stellen. Eine »ökologische Naturästhetik« (Gernot Böhme) ist schon kaum mehrheitsfähig; für eine »Tiefenökologie des Hörens« im großen Stil fehlen derzeit die kulturellen Voraussetzungen. Über erste Geländeerkundungen läßt sich zur Stunde nicht hinauskommen. Diese aber sind notwendig und möglich.

Das Rätsel von Zahlen und Klängen

Formelhaft verkürzt, läßt sich die auf das Hören, den Klang, die Musik bezogene tiefenökologische Besinnung als die Einsicht beschreiben (Ein-Sicht, warum nicht: »Ein-Hörung«?), daß es so etwas gibt wie eine »musique avant toute chose«, wie Verlaine sagt, eine klanglich-harmonikale oder musikalische/musikanaloge Ordnungsschicht auf dem Grunde der Dinge *und* des Bewußtseins, und daß es sinnvoll ist, diese Ordnungsschicht zu erkennen und zu verstehen. Das »anthropische Prinzip«, also die auf den Menschen zielende Tendenz der kosmischen Evolution, könnte klanglicher oder musikalischer Natur sein. Nicht nur Dichter sprechen von der »Musik des Weltalls« (Novalis, Hermann Hesse). Im Kern ist hier altes pythagoreisches Gedankengut angesprochen, das heute auf den verschiedensten Ebenen, und durchaus überraschend und aufregend, aktualisiert wird.

Die Pythagoreer waren davon ausgegangen, daß
– Zahlen (natürliche oder ganze Zahlen) die Ordnungsprinzipien der Welt sind,
– daß musikalische Harmonie auf einfache Proportionsverhältnisse zurückgeht, also auf das Verhältnis (niedriger) ganzer Zahlen zueinander,
– daß die durch Zahlen und Zahlenverhältnisse geprägte kosmische Ordnung zugleich eine solche der Klänge, der Harmonie ist und
– daß den niedrigen ganzen Zahlen eine göttliche oder numinose Qualität innewohnt, mit der sich eine bestimmte Symbolik verbindet.

Allgemein galten Zahlen, wie Ernst Bindel schreibt, als »Ausdruck schaffender, ordnender Geistwesen, die als göttlichen Ursprungs zu verehren waren«. Zugleich waren die Pythagoreer die Entdecker des Alogon, also dessen, was später als »irrationale Zahl« bezeichnet wurde. Ernst Bindel:

»Am Bilde des einfachsten rechten Winkels, desjenigen mit gleich langen Schenkeln, zerbrach die seitherige Logoslehre und brachte das pythagoreische Weltgebäude zum Einsturz. Im Leben und Forschen der beteiligten Pythagoreer muß die Entdeckung des Nichtlogos, eines Alogon, eine wahre Erkenntnistragödie bewirkt haben.«[7] (Bei einem gleichschenklig-rechtwinkligen Dreieck hat die Hypotenuse den Wert $\sqrt{2}$, wenn die beiden Katheten den Wert 1 aufweisen. Keine Zahl, mit sich selbst multipliziert, ergibt die Zwei.)

Was das Alogon, die »irrationale«, nicht begrenzbare Zahl anlangt, so ist es aufschlußreich, daß diese auch im sogenannten Goldenen Schnitt auftaucht, in der Renaissance als »proportio divina« bezeichnet: Hier verhält sich der längere Teil (= d) zum Ganzen (= 1) wie der kürzere (= 1–d) zum längeren, also d : 1 =

(1–d) : d. In modernen mathematischen Überlegungen und Be-
rechnungen, auch im Zusammenhang mit der Prozessualität des
Schönen, spielt der Goldene Schnitt eine wichtige Rolle (z.B. Be-
rechnung der Wachstumsspirale bei der Muschel).
Die Pythagoreer sahen in dem Verhältnis von 2 : 1 (auf einem
Monochord) bzw. in der ihr klanglich entsprechenden Oktave
das Urbild von Harmonie und Konsonanz überhaupt. In gewisser
Weise kann man das Verhältnis 1 : 1, also die Identität einer Zahl
oder Größe mit sich selbst, als die größtmögliche Konsonanz sehen
(oder: hören), die zugleich spannungslos und ohne Entwicklungs-
impuls ist. Das Verhältnis 1 : g (Goldene Zahl, also 0,618033989…)
ist dagegen der prominenteste Repräsentant extremer Dissonanz.
Das für die Pythagoreer Schockierende ist für die »Chaosmathe-
matik« gerade ein Fingerzeig auf besondere Stabilität, etwa bei
»chaotisch« gewordenen Bahnen oder Schwingungen, die störenden Einwirkungen lange Widerstand leistet, während die »rationalen« Bahnen auf nichtlineare Störungen am empfindlichsten
reagieren.[8]
Ganz anders liegen die Dinge in der Musik; hier bleiben Ganzzahligkeit und ganzzahlige Proportionen das nicht hintergehbare
Bauprinzip. Sergiu Celibidache hat dies eindrucksvoll am Beispiel
der Quinte gezeigt, des für Tonalität schlechthin konstituierenden
Intervalls; er sagt:
»Das Wesen der Quint ist die Opposition 2 : 3. Ich teile die Saite
in 3 und nehme nur 2 Teile, da habe ich die Quint. Opposition
heißt zunächst, daß zwei Direktionen gegeneinander kämpfen.
Wenn die Quint auseinanderbrechen würde, gäbe es eine Explosion. Aber indem sie zusammenhält, schafft sie die größte Einheit,
die am Werk ist, die am Handeln ist.«[9]
Das ist essentiell und hat auch mit dem globalen Desaster heute
zu tun. Nicht nur durch die Atombombe ist die Quinte zerbrochen
worden (metaphorisch gesprochen oder vielleicht auch nicht nur
metaphorisch).
Der Pythagoreismus hatte stets zwei Stränge: einen primär
mathematisch-quantitativen, an der Abstraktion orientierten, und

einen eher musikalisch-symbolisch-qualitativen Strang. Natürlich gibt es Berührungen und Überschneidungen. Johannes Keplers Versuche, das Sonnensystem musikalisch-geometrisch zu vermessen, gehören hierzu. Im letzten war und ist die Frage der Wirklichkeit der Zahlen angesprochen. Hans Kayser, der Begründer der harmonikalen Grundlagenforschung im 20. Jahrhundert (er hat u.a. Paul Hindemith stark beeinflußt, siehe dessen *Unterweisung im Tonsatz* von 1937), schreibt:

»Wenn Pythagoras, sicher weit älteren Traditionen folgend, das Hörbare (Qualitatives) in Zahlen (Quantitatives) umwandelte, so war für ihn das Umgekehrte mindestens ebenso wichtig: Quantitatives, Materielles und mittels der Zahl Berechenbares (Saitenlänge, Monochord) erhielt eine seelische Gestalt, einen psychischen Wert (Intervalle, Töne); denn man konnte ja die Zahlenverhältnisse hören. (...) Auf Grund dieses Erlebnisses der tönenden Zahlen begann die Welt zu klingen. Die Materie erhielt eine psychische Tektonik (eine seelische Struktur), und das Geistige, das Reich der Ideen, einen konkreten Halt in den harmonikalen Gestalten und Formen: Eine Brücke zwischen Sein und Wert, Welt und Seele, Materie und Geist war gefunden.«[10]

Das Gehör, so meint Hans Kayser, habe einen direkten, apriorischen Zugang zur Welt der (ganzen) Zahlen: »Wir können Zahlen als Töne hören.« »Da nun alle harmonikalen Zahlen Zahlverhältnisse, Proportionen sind, und jede Proportion anschaulich dargestellt werden kann, besteht die Möglichkeit einer direkten Transposition des Auditiven, Hörbaren, in das Visuelle, Sichtbare.«[11] Die naturgesetzliche Grundlage für die harmonikale Forschung ist nach Kayser die Obertonreihe. (Wenn ein Ton erklingt, schwingen gleichzeitig andere, höhere Töne mit, die zum Grundton in einem ganzzahligen Frequenzverhältnis stehen. Alle für die Tonalität wichtigen Intervalle, von der Oktave bis zum Ganz- und Halbtonschritt, erscheinen in der Reihe.)

Kayser glaubte etwa nachgewiesen zu haben, daß Terzen und Quinten im Pflanzenreich gestaltbildend wirksam sind, so in der Form der Blüten. Obwohl die Forschungen Kaysers in der modernen Naturwissenschaft nicht rezipiert werden, soweit ich sehen kann, kommen auch hier zunehmend pythagoreisch-harmonikale Denkformen zum Tragen. So heißt es in dem Buch *Die Natur der Schönheit* von Friedrich Cramer und Wolfgang Kaempfer:

»Es läßt sich nun berechnen, daß alle größeren Lücken des Saturnringes als ›Resonanz-Zonen‹ des Saturnmondes Mimas verstanden werden müssen. Die Teilchen, die in den Lücken fehlen, müßten, wären sie vorhanden, mit genau der halben Umlaufzeit von Mimas fliegen, also gewissermaßen eine Oktave höher. Die Übertragung periodischer Vorgänge heißt nicht nur in der Akustik *Resonanz.* Die weiteren Lücken des Saturnringes müssen als Resonanz-Zonen höherer Ordnung aufgefaßt werden.

Natürlich beobachten wir noch weitere auffällige Zahlenverhältnisse in unserem Planetensystem. So stehen zum Beispiel die Umlaufzahlen von Jupiter und Saturn genau im Verhältnis von zwei und fünf.«[12]

Schließlich sehen sich Cramer und Kaempfer zu der Feststellung veranlaßt:»Fast scheint es, als schliche sich die alte Zahlenmystik durch die Hintertür wieder auf die Szene der zeitgenössischen Mathematik.«[13]

Jüngst hat der Physiker (und Anthroposoph) Bodo Hamprecht darauf hingewiesen, daß in der modernen Quantentheorie»alle Zustände der Materie und sogar des Lichtes nach dem Muster der Akustik berechnet werden«[14]. Materie, meint Hamprecht, sei als Musik, als musikalische Schwingung des Vakuums zu deuten; und es wird nicht als Widerspruch dazu gewertet, daß die Vakuumschwingungen quantentheoretisch»sich gar nicht in den Dimensionen des gewöhnlichen dreidimensionalen Raumes vollziehen«[15]. Auch Hamprecht zieht, zur Veranschaulichung, die Obertonreihe heran, auch die Chladnischen Klangfiguren u. ä.

Schon vor 20 Jahren hat der Anthroposoph Hans Jenny zwei Bildbände mit dem Titel *Kymatik* veröffentlicht, die belegen, daß die große Musik des Abendlandes sich aufschlußreich visualisieren läßt, und zwar nach dem Muster der Chladnischen Klangfiguren (eine festgespannte Platte, auf der feiner Sand verteilt ist, wird mit einem Geigenbogen in Schwingungen versetzt, auf diese Weise ordnen sich die Sandpartikel zu eindrucksvollen symmetrischen Mustern). Diese »Sichtbarmachung« der klassischen Musik zeigt eine verblüffende Entsprechung zwischen den derart entstandenen Figurationen und den in der Natur zu beobachtenden Gestaltbildungen (ob Muscheln und Schnecken, Schlangenhäute und Pfauenfedern oder Korallenriffe und Bodenstrukturen im Meer und in Seen u.ä.). Hans Jenny schreibt: »An diesen Phänomenen wird offenbar, daß sie in allen Erscheinungskategorien harmonikal sind – in der Zahl, im Maß, in der Form, in der Zentrierung, in der Symmetrie, in ihrer Dynamik, ihrer Pulsation usw.«[16] Auch hier also ganzzahlige Proportionen als konstituierende Prinzipien natürlicher Formen und Gestalten.

Nun ist das im strengen Sinne keine »Musik«, als hier entscheidende Komponenten fehlen, die Musik in unserem Verständnis erst möglich machen. Und alle Überlegungen von Hans Kayser, Hans Jenny, Bodo Hamprecht und anderen, so wichtig sie sind, haben allenfalls hindeutenden Charakter; sie zeigen das Thema, die Richtung des Themas, zeigen die Frage, eben die einer möglichen »Tiefenökologie des Hörens«, sind aber nicht die Antwort. Gleichwohl ist es aufschlußreich, Celibidaches Wort von den explosiven Folgen einer Zerbrechung der Quinte mit den Forschungen über die morphologische Kraft der Quinte im Pflanzenreich (Hans Kayser) in ökologischer Perspektive zusammenzudenken.

»Die Sonne tönt nach alter Weise / In Brudersphären Wettgesang«, heißt es bei Goethe (*Faust*, »Prolog im Himmel«). Aber wie? Wie? Im Sinne des uns angehenden Musikalischen wohl kaum und als Computerisierung des sogenannten Sonnenwindes (in seinem Auftreffen auf das Erdmagnetfeld) schon gar nicht. Um wirklich Musik zu sein, wenn der Begriff noch einen Sinn haben soll, muß alles Kosmische »draußen« einen Wandlungsprozeß durchlaufen, muß sich irgendwie »vermenschlicht« haben, »übersetzt« haben ins menschliche Spektrum.

Im Grunde ist es rätselhaft, daß eine Kultur wie die abendländische, die wie keine andere vom Auge und von der rechnenden

Abstraktion beherrscht wird, vom 17. bis ins frühe 20. Jahrhundert hinein eine Hochmusik hervorgebracht hat, die im weltkulturellen Maßstab ohne Beispiel ist und die das Kosmologische und Universelle mit den sublimsten Erkundungen subjektiver Innenräume verschmolz. Natürlich kann man unterstellen, und dies wird gelegentlich unterstellt, daß auch die große westliche Musik räumlich-optisch und abstrakt-rechnend verfährt, also die entsprechenden Weltzugänge nur ins Klanglich-Musikalische transponiert. Und sicher ist es legitim, und auch aufschlußreich, die Frage zu stellen: Warum gibt es keine Sinfonien und Streichquartette in allen außereuropäischen Musikkulturen, warum keine temperierte Stimmung, keinen Quintenzirkel, keine Modulation? Und fraglos hat die präzise Notation, bei gleichzeitigem Zurückdrängen des freien Improvisierens, eine räumlich-optische Komponente; auch spielt das Zahlenmäßige, spielen die »tönenden Zahlen« und Zahlenverhältnisse auf allen Ebenen der westlichen Musik eine zentrale Rolle (im gesamten verfügbaren Tonraum, in der Struktur von Diatonik und Chromatik, in den klassischen Perioden, in der Intervallspannung usw.). Musik, sagt Claude Debussy, sei »eine geheimnisvolle Mathematik«. Aber ist diese »Mathematik« die der herrschenden Augen-Ontologie und der mathematischen Abstraktionen? »Zahlen töten«, sagt Oswald Spengler.[17] Und das meint wohl nicht die »tönenden Zahlen« der Musik.

Die abendländische Hochmusik, die »klassische Musik« in einem weitgefaßten Verständnis (von Monteverdi bis Richard Strauss), ist heute weitgehend museal; kulturelle Verbindlichkeit hat sie nicht. Was hier zu sagen ist, hat Adorno bereits in der *Philosophie der Neuen Musik* von 1948 auf den Punkt gebracht; dem läßt sich auch heute wenig hinzufügen, wenngleich die Prämissen, von denen Adorno ausging (das geschichtlich Irreversible und Notwendige der Wiener atonalen Revolution), im ausgehenden Jahrhundert wohl revidiert werden müssen. Die Nähe von U-Musik und E-Musik, von Pop- und klassischem Konzert, mag evident sein, was die gängigen Hörgewohnheiten anlangt. Nur bringt es wenig, ein weiteres Mal die zum Gefällig-Harmlosen und zum Allseits-

Bekannten tendierenden Hörer zu bekritteln; das ist mittlerweile wohlfeil und hat wohl längst seinen Atem eingebüßt, seinen kulturkritischen Elan erschöpft (was die Berechtigung dieser Art Hörerschelte natürlich nicht auslöscht).

»Nur das Gründliche ist wahrhaft unterhaltend«, sagt Thomas Mann. Und in diesem Horizont begriffen und gehört, läßt sich auch in der herkömmlichen Klassikszene immer wieder Staunenswertes, Großartiges aufzeigen, das alles Sedative und Zerstreuende, allen »Schaustück«-Charakter der Musik (Adorno) überschreitet. (»Gründlich« meint hier: aus dem Grunde herausgewachsen, ihm zugeordnet, ihn rätselhaft ins Klangliche transponierend.) Ob nun in Celibidaches Bruckner, Brendels Schubert oder Harnoncourts Monteverdi oder Mozart: Vermeintlich Bekanntes kann hier immer wieder jäh ins bestürzend Unbekannte, Neue umschlagen, ja ins Dämonische, ins ganz und gar Ungesicherte, in eine Klang-Stille, die kaum erträglich ist.

Große Musik ist alles andere als »harmlos«; und es besteht, wie Schopenhauer vermerkt, ein Kontrast »zwischen dem so genau verständlichen und doch so fremden und fremdseligen Wesen der Musik«[18]. Große Musik hat nichts »Schöngeistiges«, und wie alles wirklich Große hat sie etwas Gnadenloses, gleichsam Richtendes, sie reißt Horizonte auf, die etwas atmen von kosmischer Kälte; ihre Schönheit ist erschreckend und so gar nicht bürgerlich-beschaulich, und alles »Schwelgen« ist im Grunde ein Mißverständnis, weil es die Todesnähe und den Herausforderungscharakter, und zwar durchaus »wohlmeinend«, mißachtet. *Wirklich verstanden* haben wir da offenbar recht wenig.

Die abendländische Hochmusik von Monteverdi bis zu Richard Strauss ist die große Terra incognita der abendländischen Kultur, gleichsam ihr bestgehütetes Geheimnis. Weil wir die ihr inhärente Erkenntnis- und Geistesdimension nicht erfassen, bestenfalls erahnen, bleibt alles Reden über große Musik Literatur und Feuilleton. Daß es hier um Wahrheit, um Wirklichkeit und Erkenntnis geht, wie Celibidache betont, tritt kaum ins Bewußtsein. Zugleich ist das Elementar-Musikantische, wenn auch nicht durchgängig, so doch in vielen Werken auf rätselhafte Weise gegenwärtig; und damit auch: Sinnlichkeit, Körperlichkeit und Eros.

Was ist nun eigentlich jene Hochmusik des Abendlandes, die sogenannte »klassische Musik«? Was macht ihre Singularität aus? Welches sind ihre Merkmale?

Wenn ich es richtig verstanden habe (richtig gehört habe), lassen sich grob acht Merkmale aufweisen, welche diese Art Musik, insonderheit in ihren größten Werken, auszeichnen:

Merkmale der abendländischen Hochmusik (vom 17. bis ins frühe 20. Jahrhundert)

– »Körperlichkeit«. Musikalische Abläufe sind körperlich-rhythmisch-symmetrisch gebaut. Schreiten, Tanzen, Atmen, Pulsschlag, Eros. Atmen der Musik im umfassenden Sinne.

– Musik als rhythmisch-melodisch-harmonisch strukturierter Zeitfluß (Zeitwelle, Zeitrhythmus, Zeitbrechung). Kosmosanalog. Klanggestalt in der Zeit. Spannungsbogen, Spannungslösung, Energiefreisetzung. Zeitaufhebung, Zeittranszendierung. Expansion, Höhepunkt, Rücklauf, Verschwinden (Celibidache). Pulsation, zugleich reversibel und irreversibel. Zugleich Mandala (Spiralbewegung) und Gerichtetheit. Melodie als Rund und als Spannungsverlauf.

– Musik als »elektrischer Boden« (Beethoven). Musik aktiviert »Feinstofflichkeit«, die energetische Zwischenzone von Körper und Mentalbereich. »Energiekörper« o. ä.

– Musik ist Abbild (Ab-Klang) seelischer Prozesse. Spannung–Entspannung. Dissonanz–Konsonanz–Spannung. Seelenqualitäten der Tonarten, der Intervalle (Quinte zentral: als expansiv, hinausstrebend, vorantreibend). Fluktuierender Prozeß, zugleich regelhaft: Modulation, Transposition. Dur-moll-Opposition. Innere

Motorik durch Gegensätze (»Dialektik«). Klammer der Tonalität (Tonika–Dominante–Spannung, –Dehnung strukturbestimmend).
– Integration des Körperlichen, Emotionalen, Rationalen und Spirituellen (Transzendenten). Nebeneinander und Ineinander. Spannungsreiche/konfliktreiche Einheit, nicht Einerleiheit.
– Zurückfluten des musikalischen Verlaufs in den Ursprung. »Weltflucht«. Mystische Strebung. Selbstaufhebung der Musik ins Schweigen, in die kosmische Stille. Todesnähe.
– Individuation. Gestaltwerdung des leibseelischen Bewußtseins. Aufbruch und Rückbindung. Fortriß aus der ungeschiedenen Einheit und Zurückfluten. Verschwinden. Bleiben.
– »Zahlenzauber« (Thomas Mann). Einmal im Wechselspiel der Prinzipien der Fünf, der Sieben, der Zwölf (u.a.) als den Bauelementen des dur-moll-tonalen Systems, in den harmonikalen (ganzzahligen) Proportionen. Dann im »unbewußten Rechnen« (Leibniz) »höherer«, kosmischer oder metakosmischer, Zusammenhänge. Archephonik (Archephone, »Klang-Archetypen«, archetypische, kosmologische/kosmogonische, musikalische Gedanken), Musik als Erinnerung, auch an die Ursprungsnähe.

Was hat die klassische Musik mit Tiefenökologie zu tun?

Wirklich in der Welt sein heißt zugleich: im Klang sein?
Die Welt ist Klang, sagt Joachim-Ernst Berendt. Das mag stimmen, obwohl damit das eigentlich Musikalische, als eine nur dem Menschlichen eigene und immer wieder kunstvoll herzustellende Zone, verschwindet. Ein kosmisches Sinfonieorchester, pausenlos spielend, ist wohl nicht das, worum es geht und was hier gemeint ist. Und natürlich meint ja auch Berendt nichts dergleichen. Aber auch wenn man nachweisen kann (und das kann man in der Tat in hohem Maße), daß und wie harmonikale Proportionen auch in die sichtbare Natur hineinwirken, vielleicht gar sie in Teilen konstituieren, bis in den Quantenbereich hinein, also bis ins Unsicht-

bare, bleibt die Frage, was nun das ganz Spezifische der westlichen Musik, etwa ein Streichquartett von Beethoven oder eine
Klaviersonate von Schubert, mit Ökologie oder Tiefenökologie zu
tun hat. Zumal schon die temperierte Stimmung seit dem späten
17. Jahrhundert nicht so ohne weiteres als »naturwüchsig« verstanden und als solche in der Natur nachgewiesen werden kann.
Die natürliche Obertonreihe ist etws anderes. Nun hat dieses
Wiederfindenwollen in der quasi natürlichen Natur etwas subtil
Materialistisches oder Naturalistisches. Als ob es um diese Art Abbild oder besser »Abklang« oder Klangverdoppelung ginge. Das
scheint mir naiv. Allenfalls Bausteine oder Bauelemente, ob nun
quantenmäßig auf der Mikroebene oder in Symmetrien und harmonikalen Verhältnissen (also ganzzahliger Art), sind »da draußen« auffindbar. Musik ist dagegen »drinnen«; sie findet im Innen-
Sein statt. Daß auch das Außen-Sein Innen-Sein hat und daß dieses vielleicht gar zusammenschwingt mit unserem, dem menschlichen, Innen-Sein, etwa im Sinne der von C.G. Jung erforschten
Synchronizität, mag hier unerörtert bleiben. Musik gibt es *so* nur
im Menschen und *für* den Menschen. Und damit ist eine andere
Ebene angesprochen; diese wiederum als eine »nur« natürliche zu
werten, verschiebt die Fragestellung.

Wenn wir etwas im ausgehenden Jahrhundert/Jahrtausend
gelernt haben könnten, dann ist es die Integration von Energien.
Was in der New-Age-Szene, in häufig abgeflachter und verdünnter
Form, zum Thema geworden ist, betrifft die Menschheit und den
Planeten als Ganzes. Der Begriff der »Ganzheit«, befreit von seinem modischen und flachen Gebrauch, meint nichts anderes als
die Integration von Energien und Bewußtseinsstufen.

Es ist durchaus sinnvoll, von einer Vierheit der Seinsschichtung
im Menschen auszugehen, die wiederum Korrespondenzen aufweisen könnte mit der in der Natur zu beobachtenden Vierheit, etwa
im Symmetrieprinzip, in der Richtungsorientierung oder in rhyth-
mischen Prozessen. Ich meine die Vierheit von Körper, Seele, Geist
und einem diese Dreiheit überschreitenden Vierten, das man je
nach Grundüberzeugung als einen transzendenten, supramentalen

oder spirituellen Bereich bezeichnen kann, der offenbar die Verbindung zum Kosmischen eröffnet. Wenn ich das richtig sehe (eigentlich: höre), sind in der großen Musik des Abendlandes diese vier Elemente in einer hochdifferenzierten Weise ausbalanciert; diese Balance wird lebendig erhalten durch das fluktuierende Wechselspiel von Symmetrien und Asymmetrien, von Konsonanz und Dissonanz (bei eindeutigem Primat der Konsonanz). Körperlich-Psychisches tritt in immer wieder neue und andere Beziehungen zu machtvollen Emotionen, mentaler Klarheit und Durchsichtigkeit sowie dem transmentalen Bereich des Metaphysisch-Anderen. Kunst überhaupt, wenn sie mehr ist als Folklore und Show, bedarf des Metaphysisch-Anderen als ihres unsichtbaren Grundes, ihrer Ermöglichung.

Wird das Metaphysisch-Andere abgeräumt oder zerstört (was in der Wertezerstrahlung allenthalben geschieht), dann fehlt der Kunst ihre eigentliche Basis; wozu noch Kunst, wenn es »die andere Ebene« nicht mehr gibt; auf »dieser Ebene«, ohne Verweise »hinauf« oder »hinüber«, verliert Kunst ihre Legitimation.

»Zahlen und Götter« –
zum dur-moll-tonalen System
der abendländischen Musik

Die abendländische Hochmusik hat in ihrer Weise Einzigartiges realisiert. Die Voraussetzung dazu war das dem Ganzen zugrundeliegende dur-moll-tonale System, was schon in sich und als solches auf Energiebalance und Energieintegration basiert. Alle ausufernden, expansiv-überbordenden Strebungen können rückgebunden werden in die Ganzheit des tragenden Tonsystems. Die Ermöglichung fast unbegrenzter Modulationen durch die temperierte Stimmung, das von kleinsten Asymmetrien durchsetzte Mandala des Quintenzirkels, hat den staunenerregenden Aufschwung der abendländischen Musik zur Folge gehabt.

Schon an dieser Stelle erhebt sich die Frage nach der Grundlage bzw. der ontologischen Verankerung des großen Flußbetts und Mandala der westlichen Musik. Es spricht einiges dafür, auch mit Blick (oder mit dem Ohr) auf die tonale Tendenz aller musikalischen Kulturen, daß hier etwas vorliegt, was nicht einfach naturalistisch faßbar in der Natur existiert, was aber sicher wurzelt in einer Schicht des kosmischen Seins, die mit Geist, Ordnung und Gestaltgebung verbunden sein müßte. Diese Schicht wird transphysikalisch sein, ohne deswegen »Natur« zu verlassen; sie könnte zugleich ein anthropisches Element enthalten; »wir« könnten irgendwie darin »vorgedacht« sein.

Spekulationen dieser Art sind alt; sie finden sich auch dort, wo man sie zunächst nicht vermutet, etwa beim späten Heisenberg, in seinen Überlegungen zum Zusammenhang von großer Musik und Quantentheorie (in der Schrift *Der Teil und das Ganze* von 1969). Daß Heisenberg auch ein beachtenswerter Pianist war, mag hierbei eine gewisse Rolle gespielt haben.

Das dur-moll-tonale System ist nicht einfach ein kulturgeprägtes Konstrukt ohne universale Verbindlichkeit, ohne daß deswegen der kulturelle Kontext unerheblich wäre. Dieses Integrationssystem enthält Zahlenordnungen, eine seltsame Zahlenmystik, über die sich vielfältig spekulieren läßt, ohne daß das Mysterium deswegen verschwindet. Offenbar ist hier Ganzzahligkeit essentiell, wie bei den Quantenzahlen. Um Ziffern im mathematisch-funktionalen Sinne handelt es sich nicht.

Ernst Jünger stellt den Begriff »Ziffer« der »orphischen« oder »pythagoräischen« Zahl gegenüber (in dem Essay »Zahlen und Götter«). Jünger schreibt:

»Die Zahl ist jedoch, obwohl in der Musik enthalten, dort auf keine Weise abstrahiert. Das bringt sie einerseits der Ordnung des Universums nahe und erhebt sie andererseits über die gern zitierte Ähnlichkeit mit der Architektur.

Die Pythagoräer verstanden unter Göttlichkeit der Zahlen deren mathematisch und physikalisch nicht abzumessende oder auszuwiegende Qualität. Sie eben wird vor allem durch die Musik den Sinnen nahegebracht.«[19]

Das erinnert an das Leibniz-Wort, daß die Seele in der Musik unbewußt rechne. Jünger ist Platoniker; und der Hinweis auf die orphischen, in der Musik zutagetretenden Zahlen ist fraglos platonistisch. Musiker sind häufig hemmungslose Zahlenmystiker, meist unbewußt; vielleicht »vermessen« sie, »unbewußt rechnend«, kosmische Felder und kosmische Schichtungen, die auch ökologischer Natur sind. Numinose Ordnungsfaktoren in den Dingen oder »hinter« den Dingen: Das muß man nicht platonistisch verstehen. Das dur-moll-tonale System bestimmt sich durch ganze Zahlen und deren Proportionen und Zuordnungen im Mandala, nicht nur des Quintenzirkels, auch die Oktave läßt sich als Mandala verstehen, wo die achte Stufe, auf höherer Ebene, wieder in die Eins mündet.

Das Siebenprinzip bestimmt die Diatonik, das Zwölfprinzip die Chromatik; aufs Ganze gesehen (gehört), dominiert die Sieben. Siebenprinzip und Zwölfprinzip begegnen und durchdringen sich auf zwei Ebenen: einmal innerhalb der Oktave (als dem Urbild der Konsonanz, basierend auf dem 2 : 1-Verhältnis, Identität und Nicht-Identität zugleich) und dann innerhalb des gesamten Tonraums der westlichen Musik: den 84 Tönen, die sich aus sieben Oktaven bzw. zwölf Quinten zusammensetzen, mit dem berühmten pythagoreischen Komma als einer vielleicht chaostheoretisch erfaßbaren Differenz.

Immer sind Zahlen und Zahlenproportionen im Spiele, aber sie erschöpfen es nicht. Das Geheimnis von Zahl und Klang bleibt unausgeschöpft, aller harmonikalen Forschungen von Pythagoras bis zu Hans Kayser, Ernst Bindel und Rudolf Haase im 20. Jahrhundert ungeachtet. Sicher ist, daß das Prinzip der Ganzzahligkeit eine tiefe Ebene berührt, was auch die seltsam numinosen Bedeutungsnuancen erklärt, die selbst im gängigen Sprachgebrauch häufig mit der chronologischen Zahl, etwa der des jeweiligen Lebensalters oder eines bestimmten Datums (des 9. November in der deutschen Geschichte z.B.), verbunden sind. Die Zahl überhaupt ist ein Rätsel, schon erkenntnistheoretisch. Ein Abgrund.

Das »Rechnen« der Musiker und
die Archephone (Klang-Archetypen)
der Welt

Musiker »rechnen« irgendwie, führen dunkle und nur erahnbare
Rechenoperationen durch, also oberhalb der eher vordergründigen Ebene einer bewußten Zahlensymbolik, etwa bei Bach. Dieses
»Rechnen« wird »heruntertransformiert« ins Körperlich-Rhythmi-
sche, Emotionale und Mentale, als deren spannungsreiche Einheit
und Ganzheit es dann in die Welt tritt. Der Ursprung der menschlichen Existenz liegt vielleicht im »Kosmisch-Musikalischen«.

»Tiefenmusikologie« führt auf die Entstehungspfade des sich
seiner selbst bewußten Seins, was natürlich nichts erklärt, aber
eine Richtung andeutet. Welche Perspektive wir auch einnehmen,
hörbare Musik bleibt etwas Abgeleitetes und verweist somit auf
ein Darunter, Darüber oder einfach eine »andere Ebene«, die die
»ursprüngliche« sein müßte. Zugleich ist dieses Abgeleitete in der
Hochform musikalischer Gestaltung ein »Urphänomen« (um einen
Goetheschen Ausdruck zu verwenden, der ganz aus den Erfahrungen des Auges heraus gebildet wurde).

Der von dem Religionspsychologen Ulrich Mann geprägte Begriff der »Archephone« (= Ur-Klänge oder Klang-Archetypen) läßt
sich musikphilosophisch fruchtbar machen. Archephone können
als »eingefaltete« Klänge oder Klangfiguren auf dem Grunde der
Dinge verstanden werden, die sich im Zeitstrom der Musik dann
entlang der Zeit oder gar *als Zeit selbst* »entfalten«. Es könnten
kosmische Klang-Codes sein, die aus einer Zahlenordnung heraus-
wachsen, die noch tiefer liegt als diejenige, die die harmonikale
Grundlagenforschung Hans Kaysers zum Gegenstand hat. Hier ist
noch beinahe alles zu erforschen.

Im existentiellen Hören, jenseits von Trance und Trip, sind wir
wieder oder noch in Kontakt mit jener vermuteten kosmischen Matrix, die das Metaphysisch-Andere, insofern Transzendente (wenigstens Bewußtseins-Transzendente) ist, aber auch, ganz immanent
verstanden (und »gehört«), der tiefsten Kausalebene zugehörig

sein könnte. »Mental« im engeren Wortsinn sind die Archephone wohl nicht, eher transmental, nicht prämental; sie enthalten das Geistige und übersteigen es zugleich.

Was wirklich erschüttert und die Seele unverlierbar beeindruckt an großer Musik, wenn man mit den »Ohren hinter den Ohren« zu hören versteht (Nietzsche), ist ihr »Schwellencharakter«; sie ist ganz hier, ganz im Hier und im Jetzt, im Ohr und im Körper, im Kopf und im Herzen, aber gleichermaßen »drüben«, »ganz draußen« oder »ganz drinnen«, immanent und transzendent (wie alle Grund- und Grenzphänomene der menschlichen Existenz).

Die »reine Matrix«, pur und ungefiltert, ist nicht »menschlich« und nicht sinnlich; sie bedarf des »Vehikels«, des Trägerstroms der physisch-erdhaften, gefühlsmäßigen und intellektuellen »Mittlungen« (oder: »Übermittlungen«). Dazu bedarf es eines jahrhundertelangen »Vorlaufs«, um dann irgendwann (wodurch bedingt?), auf einer bestimmten Stufe der Selbstbewußtwerdung des Geistes, nun sturzbachartig in einzelnen Individuen in die Sinnlichkeit einzubrechen.

Wenn die archephonische Matrix »durchbricht«, ist das »Panische« nicht weit, der Schrecken, das Ungeheure, das »uns zu vernichten droht«, wie Goethe sagt; und vielleicht wäre es grundsätzlich nicht ertragbar, gäbe es nicht vielfältige, beglückende Verschränkungen und Verzahnungen mit allem Sinnlichen und Erdhaften. Die musikalische Integration kann gelingen, und in allen großen Werken der Musik ist sie gelungen, sie kann auch fehlschlagen, umkippen oder schlicht »herausfallen« aus dem noch Menschenzuträglichen. Sie kann die Balance verlieren zwischen hoher Subjektivität und (menschheitlicher oder gar kosmischer) Universalität.

In seinem Aufsatz »Klassik, Romantik, Neue Musik« schreibt Adorno:

»Unverloren aber ist das Postulat einer durchs Subjekt selbst hindurchgehenden, durch es vermittelten und es wiederum in sich empfangenden Objektivität, dem der Wiener Klassizismus zu genügen hoffte. Was die großen Komponisten der Wiener Schule

von Haydn bis Schubert wollten, eine Musik, die ganz und gar
in sich gefügt, ganz richtig, ganz verbindlich und doch in jedem
Augenblick Subjekt, eigentlich befreite Menschheit ist, hat bis
heute noch nicht seine Stimme gefunden.«[20]

Ganz abgesehen davon, daß der Ausdruck »befreite Menschheit« heute seltsam antiquiert wirkt, ja obsolet, angesichts einer in
der ökologischen Krise nur allzu sehr »befreiten«, nämlich von der
Natur befreiten Menschheit, würde ich Adorno entgegenhalten,
daß der sogenannte Wiener Klassizismus dieses Ideal durchaus erreicht hat. Das mag uns gefallen oder eben nicht. Hier ist wirklich
eine Synthese und Balance realisiert worden, die all das klanglich-
musikalisch »einlöst« oder wenn man will: »vorwegnimmt« (vor-
ausdenkt, wenn Musik auch mit Erkenntnis und Denken zu tun
hat), was heute gebraucht wird.

Es gibt kein »Zurück«, darum kann es nicht gehen, zumal diese
Art Musik menschheitlich nie einen verbindlichen »Ort« gehabt
hat bzw. im letzten folgenlos blieb. Eher geht es um ein »Voraus«,
das diese Stufe des Musikalischen überhaupt erst einmal als solche begreift, in die Erkenntnis hebt, quasi »erlöst« oder »einlöst«.

Daß die abendländische Kultur als Ganzes zuvörderst eine solche des anarchisch ausufernden Mentalen ist, der Hypertrophie-
rung alles Rationalen und Visuellen, mag eine mittlerweile triviale
Feststellung sein. Richtig bleibt sie allemal. Die »Leere«, im Sinne
von Benn, ist nur dann wirklich »leer« und damit tot, wenn der
Klang, als Innen-Klang, fehlt. Das Vakuum klingt und ist erfüllt von
Bewußtseinsfeldern, die auf eine schwer greifbare Weise »gequan-
telt« sind: immaterielle Entitäten und deren Beziehungen und Verbindungen bzw. Proportionen.

Abschließend sei eine Passage zitiert aus einem Buch, das
mehr als andere von den dämonischen Dimensionen der Musik
handelt, obwohl es auch von jenem anderen weiß und kündet,
von dem hier die Rede ist; ich meine Thomas Manns *Doktor-Fau-
stus*-Roman.

»In der Tat«, so heißt es in Paraphrasierung der musikologischen
Auffassungen jenes berühmten Wendell Kretzschmar, »sei sie [die

Musik] die geistigste aller Künste, was sich schon daran erweise, daß Form und Inhalt in ihr, wie in keiner anderen, ineinander verschlungen und schlechthin ein und dasselbe seien. Man sage wohl, die Musik ›wende sich an das Ohr‹; aber das tue sie nur bedingtermaßen, nur insofern nämlich, als das Gehör, wie die übrigen Sinne, stellvertretendes Mittel- und Aufnahmeorgan für das Geistige sei. Vielleicht, sagte Kretzschmar, sei es der tiefste Wunsch der Musik, überhaupt nicht gehört, noch selbst gesehen, noch auch gefühlt, sondern, wenn das möglich wäre, in einem Jenseits der Sinne und sogar des Gemütes, im Geistig-Reinen vernommen und angeschaut zu werden. Allein an die Sinneswelt gebunden, müsse sie doch auch wieder nach stärkster, ja berükkender Versinnlichung streben, eine Kundry, die nicht wolle, was sie tue, und weiche Arme der Lust um den Nacken des Toren schlinge.«[21]

In meiner Sprache käme dies einer Art Rückübersetzung der Klangrede der Musik in ihren nicht-sinnlichen oder über-sinnlichen Quellgrund, ihre kosmische Matrix (in die Archephone) gleich, was sie zugleich als Musik in unserem Verständnis aufhebt. So wäre alles Betörend-Sinnliche in der Musik nur ein Mittel, eine Art Verführung in das Schweigen, in die Stille unserer *kosmischen Existenz?*

ANMERKUNGEN

Buchtitel, die im Literaturverzeichnis aufgeführt werden, tauchen hier nur in Kurzform auf. Nur sofern sie dort nicht erscheinen, werden sie hier vollständig angegeben.

SCHLAGLICHTER

1. Gruhl, *Himmelfahrt ins Nichts*, S. 248.
2. *Spiegel* 29/1989, S. 118.
3. Bahro, *Logik der Rettung*, S. 103.

1. KAPITEL

1. Brecht, aus dem Epilog zu *Der gute Mensch von Sezuan*, Frankfurt/M. 1969, S. 144.
2. Gottfried Benn, Ges. Werke in vier Bänden, Wiesbaden 1962, Bd. 1, S. 337 (aus dem Essay »Provoziertes Leben«).
3. In: Chargaff, *Vermächtnis. Essays*, Stuttgart 1992, S. 162 f.
4. Brecht, *Der gute Mensch von Sezuan*, S. 144.
5. Roszak, *Ökopsychologie*, S. 82.
6. Ebd., S. 145.
7. Ebd., S. 146.
8. Oswald Spengler, *Der Untergang des Abendlandes*, München 1919, Bd. 1, S. 223 ff. (Abschnitt »Die Symbolik des Weltbildes und das Raumproblem«).
9. Siehe Literaturverzeichnis.
10. Aus: Friedrich Nietzsche, *Götzendämmerung, Der Antichrist, Ecce homo, Gedichte*, Stuttgart 1954, S. 479.
11. Mündliche Äußerung anläßlich seines 100. Geburtstages.

2. KAPITEL

1. Grossinger, *Der Mensch, die Nacht und die Sterne*, S. 544.
2. Herbert Gruhl, »Die Menschheit ist am Ende«. In: *Spiegel* 13/1992, S. 59.
3. Gruhl, *Himmelfahrt ins Nichts*, S. 9.
4. Ebd., S. 225.
5. Friedrich Nietzsche, Kritische Studienausgabe, München 1980, Bd. 12, S. 407.
6. In: Erwin Chargaff, *Ein zweites Leben*, S. 218.
7. Zitiert in: Hermand, *Grüne Utopien*, S. 71 f.
8. Hermand, ebd.
9. *Spiegel* 8/1998, S. 167.
10. Ebd., S. 168.
11. Ebd., S. 168.

12. Bahro, *Rückkehr*. Text auf der Rückseite des Buches.
13. Jünger, *Zeitmauer*, S. 183.
14. Zitiert in dem Essay»Die kosmozentrische Perspektive im Werk Ernst Jüngers« von Gerhard Stebner. In: *Philosophia Naturalis. Beiträge zu einer zeitgemäßen Naturphilosophie*, Würzburg 1996, S. 182.
15. Varela/Maturana, *Baum der Erkenntnis*, S. 31.
16. Ebd.
17. Zitiert in: Stanislav Grof (Hg.), *Die Chance der Menschheit*, München 1988, S. 155 f.
18. Heinrichs, *Ökologik*, S. 280.
19. Ebd., S. 16.
20. Ebd., S. 32.
21. Zitiert in Gruhl, *Himmelfahrt*, S. 13.
22. Ebd., *Himmelfahrt*, S. 293 ff.

3. KAPITEL

1. Zitiert in: Gottwald, *Tiefenökologie*, S. 143.
2. Zitiert in: ebd., S. 43 ff.
3. Zitiert in: ebd., S. 46.
4. Zitiert in: ebd., S. 61 f.
5. Capra, *Lebensnetz*, S. 19 f.
6. Wilber, *The Eye of Spirit*, S. 166.
7. Zitiert in: Roszak, a.a.O., S. 239.
8. Zitiert in: Capra, a.a.O., S. 67.
9. Roszak, a.a.O., S. 456.
10. Ebd. (Hervorhebungen durch J. K.).
11. Marcus Schmieke in der Zeitschrift *Tattva Viveka*, Nr. 6, S. 69.
12. Ken Wilber,»Physik, Mystik und das neue holographische Paradigma«. In: *Das holographische Weltbild*, hg. v. Ken Wilber, München 1990, S. 151 ff. Zuerst 1979 erschienen.
13. Roszak, a.a.O., S. 278.
14. Lawrence, *Apokalypse*, Leipzig 1932, S. 109.
15. Siehe den Essay»Entzückte Weisheit‹ – Tantra heute. Das tantrische Universum als Herausforderung für unser Weltverständnis« von Jochen Kirchhoff. In: Helmut Uhlig, *Das Leben als kosmisches Fest*, Bergisch Gladbach 1998, S. 257–295.
16. Heinrichs, *Ökologik*, S. 74.
17. Zitiert in: Gottwald, a.a.O., S. 18 f. Was den angedeuteten»Rückgang der Weltbevölkerung« angeht, so bleibt unklar, wie das realisiert werden soll. Auch glaube ich, daß die Erde durchaus in der Lage ist, statt den heutigen sechs auch zehn Milliarden Menschen zu tragen, vorausgesetzt, es gelänge, eine wirklich erdgerechte Lebensordnung zu schaffen.

4. KAPITEL

1. Goethe, *Wilhelm Meisters Wanderjahre*, Erstes Buch, München 1962, S. 108f.
2. Heinrichs, *Ökologik*, S. 17f.
3. Ebd., S. 20f.
4. Untertitel der englischen Ausgabe von *Eros, Kosmos, Logos:* »The Spirit of Evolution«.
5. Wilber, *Kurze Geschichte*, S. 266f. Wilber unterscheidet zwischen »cosmos« und »Kosmos«; »cosmos« – klein geschrieben und mit »c« – meint den bereits reduzierten, eingeebneten Kosmos der Moderne, also das materielle Universum, während »Kosmos« – groß geschrieben und mit »k« – die Ganzheit meint, die das physische und das geistig-seelische Universum umschließt. In der deutschen Übersetzung steht für »Kosmos« »Kósmos«, es wird ein Akzent auf das erste »o« gesetzt; »Kosmos« ohne Akzent meint das materielle Universum.
6. Heinrichs, *Ökologik*, S. 58.
7. Lama Anagarika Govinda, *Grundlagen tibetischer Mystik*, Bern, München, Wien 1985, S. 204.
8. Ebd., S. 204.
9. Ebd., S. 205.
10. Ebd., S. 206.
11. Wilber, *Eros, Kosmos, Logos*, S. 391ff. Im Grunde ist der gesamte zweite Teil des Buches von dieser Figur geprägt.
12. Schulte, *Philosophie der letzten Dinge*, S. 183.
13. Ebd., S. 179.
14. Ebd., S. 177.
15. Ebd., S. 186f.
16. Monroe, *Der Mann mit den zwei Leben*, S. 155ff.
17. Roszak, a.a.O., S. 285f.
18. Wilber, *Kurze Geschichte*, S. 40.
19. Ebd., S. 56f.
20. Zitiert in: Kirchhoff, *Schelling*, S. 90f.
21. Heinrichs, *Ökologik*, S. 268f.
22. Wilber, *Eros, Kosmos, Logos*, S. 575ff.
23. Govinda, a.a.O., S. 170f.
24. Heinrichs, *Ökologik*, S. 60.
25. Gloy, *Das Verständnis der Natur*, Bd. 2, S. 159.
26. Ebd.
27. Siehe die beiden Titel im Literaturverzeichnis. Steiners »Geheimwissenschaft« ist das Grundlagenbuch der Anthroposophie.
28. So Wilber in dem Abschnitt »Das Gehirn des menschlichen Holons« in: *Eros, Kosmos, Logos*, S. 128ff.
29. Heinrichs, *Ökologik*, S. 54.

30. Wilber, *Kurze Geschichte*, S. 62.
31. Reinhard Breuer, zitiert in: Heinrichs, *Ökologik*, S. 25.
32. Heinrichs, *Ökologik*, S. 25.
33. Auffällig ist, daß die Frage der Existenz oder Nichtexistenz Gottes zuneh- mend in Kosmologenkreisen verhandelt wird, was schlicht absurd ist. So titelte der *Spiegel* in einer Geschichte über den Astrophysiker Stephen Hawking: »Gibt es Gott?« (22/1988); ein Bericht über den Weltkongreß der Kosmologen in San Francisco (*Spiegel* 52/1992) trägt den Titel »Asyl für den Herrgott«, und es heißt hier zu Beginn: »Auf dem Weltkongreß ... ging es um letzte Fragen: Bietet das wissenschaftliche Universum einen Platz für Gott?« (S. 202) Und an späterer Stelle: »Doch je mehr sich die Wissenschaft- lerriege mühte, in ihrer Welt der Superstrings und galaktischen Attraktoren noch Schlupfwinkel für den göttlichen Willen zu finden, desto deutlicher wurde, wie rar die Chancen dafür sind. ›Für Gott bleibt ja noch die Mög- lichkeit, die Gesetze zu schaffen, die die Welt regieren‹, schlug der bri- tische Kosmologe Paul Davies vor. ›Und seit dem Akt der Schöpfung dreht er Däumchen?‹ mußte er sich darauf fragen lassen.« (S. 203) Auf diesem Niveau ist die Mainstream-Diskussion mittlerweile angelangt. Für jeden, der noch einen Rest von kritischem Verstand oder gar Vernunft im Leibe hat, ist dies schlicht empörend.
    Die Urknall-Behauptung war nie unumstritten. Es hat immer gute und se- riöse Argumente gegeben, die das Ganze als unmöglich oder unhaltbar er- scheinen lassen. Einen Überblick über die Debatte liefert das Buch *Immer Ärger mit dem Urknall* (hg. v. Reinhard Breuer). Hier wird u.a. Geoffrey Burbidge zitiert:
    »Keine andere Theorie vom Universum, die die westliche Zivilisationsge- schichte hervorgebracht hat, bekommt soviel Zuspruch wie die Urknallkos- mologie. Dabei stützt sie sich auf zahlreiche Annahmen, die nicht über- prüft, teils auch gar nicht überprüfbar sind. Die Urknallkosmologie ist zu einer Jahrmarktsbude der Ideen geworden, in der der Glaube gleichberech- tigt neben der objektiven Wahrheit figuriert.
    Und doch hat dieser Trend eine überwältigende Wirkung. Nahezu jeden Monat findet ein internationaler Kongreß über Kosmologie statt – und beim gegenwärtigen Stand der Dinge ist damit nur das Standardmodell vom ›hei- ßen‹ Urknall gemeint. Ausführliche Artikel in den großen Zeitungen und Magazinen der Welt sind diesem Thema gewidmet, wobei für diese Bei- träge fast ausschließlich Befürworter des Modells interviewt werden. In populärwissenschaftlichen Darstellungen wie Steven Weinbergs ›Die ersten drei Minuten‹ werden alternative Theorien nicht einmal erwähnt.
    Gewöhnlich werden neue Ideen in einem Forschungszweig von jungen Wissenschaftlern vorangetrieben, die sich gegen die eingeführten Auffas- sungen auflehnen. Nicht so derzeit bei den Kosmologen: Die jüngeren von ihnen sind sogar noch intoleranter gegenüber Abweichungen vom geheilig-

ten Urknall als ihre älteren Kollegen. Und das Schlimmste ist, daß Autoren von Astronomie-Lehrbüchern die Kosmologie nicht mehr als ›work in progress‹ behandeln, sondern so tun, als sei die richtige Theorie bereits gefunden.« (S. 141)

Es ist die »richtige Theorie« für eine bestimmte Bewußtseinsverfassung. Ich bin keineswegs der erste oder einzige, der die Urknallfiktion als kollektive Projektion bezeichnet. Meines Wissens war es Max Himmelheber Anfang der 70er Jahre in einem Beitrag für die Zeitschrift *Scheidewege*, der als erster diese These aufgestellt und auch ausführlich begründet hat. Auch Ernst Jünger äußert sich in seinem Buch *Die Schere* in diesem Sinne (S. 178 f.); ebenso wie andere Autoren.

Die umfassendste Darstellung und Beweisführung *gegen* das Urknallmodell findet sich in dem Buch *The Big Bang Never Happened* des US-Physikers Eric Lerner. Lerner zeigt hier u.a., wie eng die Urknallfiktion mit der Atombombe zusammenhängt; erst mit der Atombombe kam die an sich ältere Idee »in Schwung«. Ohne die Atombombe hätte es die Bezeichnung »big bang« (Urknall) niemals gegeben. Übrigens war »big bang« ursprünglich eine Wortprägung der Gegner dieser Fiktion; damit sollte das Ganze ins Lächerliche gezogen werden.

Der Urknall wirft schwindelerregende erkenntnistheoretische Fragen auf, an denen bislang alle Befürworter dieser Idee kläglich gescheitert sind (u.a. die Frage: Was war vorher? Was war mit dem Raum, mit der Zeit, mit den Naturgesetzen usw.?).

Auch kann das Modell nicht erklären, wie Galaxien entstanden sind; die »kosmische Hintergrundstrahlung« ist viel zu gleichmäßig. Die »Große Mauer« (jene gewaltige Ballung von Galaxien in einem kleinen Himmelssegment) widerspricht dem Urknall. Usw.

Die berühmte Rotverschiebung in den Galaxienspektren muß nicht als reale Fluchtbewegung der Galaxien gedeutet werden; es gibt alternative Erklärungen, etwa die, daß es sich um einen Scheineffekt handelt, der mit einer Veränderung (einem Schwächerwerden) der »kosmischen Wahrnehmungslinse« der Erde oder der »kosmischen Provinz«, zu der die Erde gehört, zu tun hat. Das würde auch erklären, warum die Galaxien *von uns weg* fliehen; die in allen Lehrbüchern gegebene Erklärung mit der Oberfläche eines aufgeblasenen Luftballons halte ich nicht für überzeugend.

Man kann dem Gott/der Göttin/der Gottheit schon etwas mehr Intelligenz zubilligen.

34. *Spiegel* 10/1998, S. 187. Titelgeschichte »Der göttliche Funke. Welches Ziel hat die Evolution?«
35. *Spiegel* 9/1998, S. 168 ff.
36. Ebd.
37. Zitiert in: Grof, *Die Chance der Menschheit*, S. 67.
38. Grossinger, a.a.O., S. 106.

39. Ebd., S. 108.
40. Ebd., S. 126.
41. Roszak, a.a.O., S. 166f.
42. Ebd., S. 174f.
43. Davies, *Sind wir allein?*, S. 79ff.
44. Ebd., S. 84.
45. Penrose, siehe den Buchtitel im Literaturverzeichnis.
46. Goswami, *Das bewußte Universum*, S. 285.
47. Davies, a.a.O., S. 35–38.
48. Ebd., S. 42.
49. Kaempfer, *Zeit des Menschen*, S. 61.
50. Ebd.
51. Davies, a.a.O., S. 44f.
52. Ebd., S. 45.
53. Ebd., S. 48.
54. Ebd., S. 93.
55. Tipler, *Die Physik der Unsterblichkeit*, S. 44.
56. Ebd.
57. Ebd., S. 87ff.
58. Siehe die drei im Literaturverzeichnis angeführten Buchtitel von Bruno sowie meine *Bruno*-Monographie.
59. Davies, a.a.O., S. 155.
60. Roszak, a.a.O., S. 270.
61. Wilber, *Kurze Geschichte*, S. 221f.
62. Jünger, *Zeitmauer*, S. 24.
63. Allein die Idee einer »Ausdehnung« des Raumes ist ein kosmologisches/ erkenntnistheoretisches Monstrum. Wohin soll sich denn der Raum ausdehnen als – in einen anderen Raum? Die Kosmologen bringen die längst widerlegten Argumente des Aristoteles und der Scholastik, als hätte es Giordano Bruno nie gegeben. Darauf weist Eric Lerner mit Nachdruck hin, und ich selbst habe schon Mitte der 80er Jahre in meinem *Kopernikus*-Buch darauf verwiesen. Der Raum kann schlechterdings nur aktual und real unendlich sein; in diesem Sinne ist der Raum absolut (deswegen muß der »absolute Raum« Newtons in der bekannten Form nicht stimmen, auch Newton bleibt in seinen kosmologischen Grundüberlegungen weit hinter Bruno zurück, obwohl er ein Jahrhundert nach Bruno auftritt).

5. KAPITEL

1. Zitiert in: Macy, *Die Wiederentdeckung der sinnlichen Erde*, S. 225.
2. Benn, *Provoziertes Leben*. In: Werke, Bd. 1, S. 337.
3. Macy, a.a.O., S. 19ff.
4. Ebd., S. 23.

5. Ebd., S. 26.
6. Ebd., S. 27.
7. Zitiert in: Gottwald, *Tiefenökologie*, S. 116.
8. Zitiert in: Macy, a.a.O., S. 219.
9. Macy, a.a.O., S. 223.
10. Ebd., S. 225.
11. Ebd., S. 226.
12. Jeremy Hayward/Francisco Varela, *Gewagte Denkwege. Wissenschaftler im Gespräch mit dem Dalai Lama*, München 1996. Siehe den Abschnitt »Bewußtsein – grob und subtil«, S. 197ff.
13. Heinrichs, a.a.O., S. 53.
14. Helmut Hark, *Lexikon Jungscher Grundbegriffe*, Olten 1988, S. 122.
15. Ebd., S. 123.
16. Zitiert in: Gottwald, a.a.O., S. 112ff.
17. Heinrichs, a.a.O., S. 61.
18. Wilber, *Atman-Projekt*, S. 171 und 180f.
19. Ebd., S. 14.
20. Wilber, *Eros, Kosmos, Logos*, S. 270f.
21. Ebd., S. 269.
22. Goethe, *Faust*, Leipzig 1911, S. 468.
23. Ebd., S. 471.
24. Buchtitel von Helmut Uhlig über Bali.
25. Adrian Vickers, *Bali. Ein Paradies wird erfunden*, Köln 1994, S. 198ff.
26. Sloterdijk, *Weltfremdheit*, S. 137ff.
27. Ebd., S. 150.
28. Zitiert in: Sheldrake, *Wiedergeburt der Natur*, S. 55.
29. Wilber, *Halbzeit*, S. 269.
30. Ebd., S. 270.
31. Ebd., S. 270f.
32. Thomas Mann, Das essayistische Werk in acht Bänden, Frankfurt/M. 1968.
33. Grof, *Abenteuer der Selbstentdeckung*, S. 25ff.
34. Zitiert in: Wilber, *Atman-Projekt*, S. 255.
35. Zitiert in: ebd., S. 261.

6. KAPITEL

1. Nietzsche, *Also sprach Zarathustra*. In: Krit. Studienausgabe, Bd. 4, S. 15.
2. Jünger, *Grenzgänge. Essays, Reden, Träume*, Stuttgart 1966, S. 82.
3. Zitiert in: Heinrichs, *Ökologik*, S. 74.
4. Bruno, *Über das Unendliche*, S. 42.
5. Heinrichs, a.a.O., S. 190.
6. Bruno, *Über die Ursache*, S. 61.
7. Bruno, *Über das Unendliche*, S. 74.

8. Bruno, *Aschermittwochsmahl*, S. 158.
9. Zitiert in: Johannes Hemleben, *Kepler*, Reinbek 1971, S. 94 f. (rm 183)
10. Zitiert in: Roszak, a.a.O., S. 188.
11. Roszak, a.a.O., S. 208.
12. Ebd., S. 219.
13. Novalis, Werke und Briefe, München 1962, S. 517.
14. Zu dieser Frage aufschlußreich ist der Essay »Kann die Natur durch den Menschen gewinnen?« von Klaus Michael Meyer-Abich in der Zeitschrift *Scheidewege*, Jg. 23, 1993/94, Bd. 1, Baiersbronn 1993, S. 35 ff.
15. Lovelock, *Gaia*, S. 25.
16. Heinrichs, a.a.O., S. 281.
17. Wilber, *Halbzeit*, S. 161.
18. Ebd., S. 173 f.
19. Ebd., S. 222.
20. Ebd., S. 261. Zum Demeterkult wichtig ist das Buch *Das Geheimnis der Mysterien* von Marion Giebel, Zürich, München 1990, S. 17 ff. Auch das Buch *Der Weg nach Eleusis* von R. Gordon Wasson, Albert Hofmann und Carl A. P. Ruck, Frankfurt/M. 1984.
21. Tompkins/Bird, *Geheimes Leben*, S. 148.
22. Zur Kritik am Neo-Darwinismus u.a. Ken Wilber in *Kurze Geschichte* (S. 43 f.), Ervin Laszlo in dem Buch *Kosmische Kreativität* (S. 155 ff.) und Rupert Sheldrake in *Gedächtnis der Natur*.
23. Capra, a.a.O., S. 184 f.
24. Rudolf Bubner, *Evolution, Reinkarnation, Christentum*, Frankfurt/M. 1984, S. 47 und 54. – Der traditionellen Aufteilung in Pflanzen- und Tierreich wird verschiedentlich ein anderer Ansatz entgegengestellt, der von fünf Reichen des Lebens ausgeht: Pflanzen, Pilze, Tiere, Protisten und Bakterien. Hierzu u.a. Capra, a.a.O., S. 282.
25. Hierzu wichtig ist das Buch *Psyche und Erlösung* von Siegmund Hurwitz, Zürich 1983, und zwar das Kapitel über die Erlösungsvorstellung im Judentum.
26. Hurwitz, ebd., S. 69 ff.
27. »Wir sind aus Sternenstaub gemacht« heißt es formelhaft auf der Rückseite des Buches *Die schönste Geschichte der Welt* von H. Reeves, J. de Rosnay, Y. Coppens und D. Simonnet, Bergisch Gladbach 1998.
28. *Faust*, S. 376.
29. Ebd., S. 374.
30. Ebd., S. 374.
31. Ebd., S. 376.
32. Ebd., S. 376.
33. Ebd., S. 380.
34. Ebd., S. 362.
35. Wilber, *Halbzeit*, S. 7 f.
36. Wilber, *Atman-Projekt*, S. 269.

37. Ebd.
38. Wilber, *Eros, Kosmos, Logos,* u.a. im 12. Kapitel, S. 492ff.
39. Zitiert in: Tompkins/Bird, a.a.O., S. 97.
40. Zitiert in: Tompkins/Bird, a.a.O., S. 35.
41. Aus dem Vorwort zu dem Buch *Pflanzen der Götter. Die magischen Kräfte der Rausch- und Giftgewächse* von Richard E. Schultes und Albert Hofmann, Aarau 1995, S. 7.
42. Das wird deutlich, wenn man sich der Mühe unterzieht, das erhellende Buch von Arthur Zajonc über das Licht ganz zu lesen (siehe Literaturverzeichnis).
43. Heinrichs, a.a.O., S. 195f.
44. Jünger, *Annäherungen,* S. 38.
45. Hierzu u.a. Grof, *Abenteuer der Selbstentdeckung,* S. 102ff.
46. Bruno, *Über die Ursache,* S. 65.
47. Dieses berühmte Fragment von Herakleitos wird in der einschlägigen Literatur verschieden übersetzt. In den *Fragmenten der Vorsokratiker* von Hermann Diels heißt es »Trockner Glast: weiseste und beste Seele« bzw. »Trokkene Seele weiseste und beste«, Reinbek 1963, S. 30.
    Zu den vier Elementen ist das Buch des Anthroposophen Georg Kniebe zu erwähnen (siehe Literaturverzeichnis), das ganz von der Phänomenologie ausgeht. Interessant auch die Art, wie Heinrichs das Thema in seiner *Ökologik* (S. 180ff.) behandelt. Sehr ausgeprägt ist der Zusammenhang von Elementen und Mustern des Lebendigen in der Tradition des Ayurveda.
48. Pogačnik, *Geomantie,* S. 9.
49. Ebd., S. 117.
50. Ebd., S. 70f.
51. Ebd., S. 72.
52. Ebd., S. 74.
53. Ebd., S. 73.
54. Ebd., S. 75.
55. Ebd., S. 76.
56. Ebd., S. 79.
57. Ebd., S. 80ff.
58. Ebd., S. 84.
59. Zur Frage der Heiligen Berge ist der erste Teil des Buches *Weisheit der Erde* von Dolores LaChapelle (S. 17ff.) aufschlußreich. Siehe auch *Cuchama. Heilige Berge der Welt* von W. Y. Evans-Wentz, Basel 1984; hier findet sich auch das Gedicht »Hymne an den Montblanc in der Morgendämmerung« von Samuel Taylor Coleridge. In dem Gedicht heißt es u.a.:
    »Erhabner, stiller Berg! Ich blickt' dich an,
    Bis du, dem innern Aug erkennbar noch,
    Mir aus dem Sinn entschwandst: versunken im Gebet,
    Verehrt das Unsichtbare ich allein. (...)

Du hehrer Bote von der Erd zum Himmel,
Du großer Hohepriester! Künd dort oben,
Sag es den Sternen und der jungen Sonne:
Die Erde preist mit tausend Stimmen Gott!« (S. 61)

60. Zitiert in: *Geo* 4/1997, S. 134 ff.
61. Pogačnik, *Geomantie*, S. 307.
62. Uhlig, *Tibet*, S. 47 f.
63. Zitiert in: Uhlig, ebd., S. 126.
64. Pogačnik, *Geomantie*, S. 297 f.
65. Ebd., S. 442.

7. KAPITEL

1. Sheldrake, *Cyber-Talk*, S. 164.
2. Ebd., S. 217.
3. *Faust*, a.a.O., S. 147.
4. So Wolfgang Sachs in seinem Essay »Der blaue Planet. Die Zweideutigkeit einer modernen Ikone«. In: *Scheidewege* (1993/94), S. 168.
5. Ebd., S. 181.
6. Ebd., S. 168 ff.
7. Kevin Kelley (Hg.), *Der Heimatplanet*, Frankfurt/M. 1996, S. 42–45. Der Band dokumentiert das ganze Feld des »Astronautenblicks auf die Erde« auf eine sehr eindrückliche Weise.
8. Gemeint ist der Schutzumschlag zu *Wiedergeburt der Natur* von Rupert Sheldrake.
9. Zitiert bei Sachs, a.a.O., S. 188.
10. Sheldrake, *Cyber-Talk*, S. 164 f. McKenna verwendet das Wort »transzendental« für »transzendent«. Strenggenommen und im Sinne der philosophischen Tradition meinen beide Begriffe etwas anderes: »transzendental« meint das Vorgängige, das Apriorische jeder Erfahrung (das, was Erfahrung überhaupt ermöglicht) und »transzendent« das, was sich grundsätzlich der Erfahrung entzieht.
11. Ebd., S. 164.
12. Wilber, *Eros, Kosmos, Logos*, S. 604.
13. Sheldrake, *Cyber-Talk*, S. 216 f.
14. Ebd., S. 165 f.
15. Ebd., S. 214 f.
16. Ebd., S. 223.
17. Ebd.
18. Zitiert in. Padrutt, *Und sie bewegt sich doch nicht*, S. 387.
19. Novalis, a.a.O., S. 453.
20. Goswami, a.a.O., S. 285.
21. Sheldrake, *Cyber-Talk*, S. 222 f.

22. Ebd., S. 224.
23. Ebd.
24. Ebd., S. 220f.
25. Jünger, *Zeitmauer*, S. 153f.

8. KAPITEL

1. Huxley, *Pforten der Wahrnehmung*, S. 67.
2. Hofmann, *LSD*, S. 13ff.
3. Taeger, *Spiritualität und Drogen*, S. 197.
4. Neuausgabe des Buches im Raymond Martin Verlag (1993).
5. Sheldrake u.a., *Denken am Rande*, S. 117f.
6. Sloterdijk, a.a.O., S. 127ff.
7. In: Sheldrake u.a., *Denken am Rande*, S. 205/213.
8. Ebd., S. 216.
9. McKenna, *Speisen der Götter*, S. 136 und 99.
10. Siehe Lorimer, *Ethik der Nah-Todeserfahrungen*.
11. Christian Rätsch (Hg.), *50 Jahre LSD-Erfahrung. Eine Jubiläumsschrift*, Solothurn 1993, S. 28.
12. Hinweis von Rätsch, ebd., S. 113, und von Ronald Steckel.
13. Jünger, *Annäherungen*, S. 348.
14. Taeger, a.a.O., S. 161.
15. Ausführlich dazu: Josef Zehentbauer, *Körpereigene Drogen. Die ungenutzten Fähigkeiten unseres Gehirns*, München 1994.
16. Hofmann, *LSD*, S. 131.
17. Ebd., S. 198.
18. Ebd., S. 200f.
19. Der Proband möchte anonym bleiben.
20. Grof, *Abenteuer der Selbstentdeckung*, S. 25ff.
21. Sloterdijk, a.a.O., S. 237 und 239.
22. Berühmter Text von Hakuin Ekaku Zenji (»Zazen wasan«), der anfängt mit den Worten »Alle Lebewesen sind im Grunde Buddhas« und endet mit den folgenden drei Zeilen:
    »Weil sich die Wahrheit immer wieder selbst enthüllt,
    ist dieser Ort hier das Lotusland der Reinheit,
    ist dieser Körper hier der Körper des Buddha.«
    (Übersetzt von Christian Stahlhut)
23. Grof, *Kosmos und Psyche*, S. 98f.
24. Ebd., S. 99.
25. Zitiert in: *Jung-Lesebuch*, Olten 1983, S. 364.
26. Grof, *Kosmos und Psyche*, S. 99f.
27. Zum Rätsel der Träume aus neurophysiologischer Sicht: Michael Jouvet, *Die Nachtseite des Bewußtseins. Warum wir träumen*, Reinbek 1994. Jouvet

macht eindrucksvoll deutlich, wie wenig wir wirklich wissen über die Neurophysiologie der Träume (Jouvet gilt als einer der bedeutendsten Schlaf- und Traumforscher).

9. KAPITEL

1. Wilber, *Halbzeit*, S. 164.
2. Bahro, *Logik der Rettung*, S. 103.
3. Duhm, *Eros*, S. 195.
4. Ebd., S. 20.
5. Ebd., S. 14 f.
6. Hark, a.a.O., S. 53 f.
7. Helen Wambach, *Leben vor dem Leben*, München 1986, S. 102.
8. Monroe, a.a.O., S. 182 ff.
9. Dies wird ausführlich dargestellt in dem Buch *Der Weg nach Eleusis* von Wasson/Hofmann/Ruck. Siehe Anm. 20 zum 6. Kapitel.
10. Novalis, a.a.O., S. 454.

10. KAPITEL

1. Bahro, *Logik der Rettung*, S. 443 und 472 f.
2. Novalis, a.a.O., S. 452.
3. Zitiert in: Heinrichs, *Ökologik*, S. 230.
4. Ebd.
5. Zu Viktor Schauberger siehe Bernd Senf, *Wiederentdeckung des Lebendigen*, S. 141 ff., und John Davidson, *Das Geheimnis des Vakuums*, Düsseldorf 1996, S. 265 ff.
   Zur Freien Energie ebenfalls Davidson, Teil II seines Buches (»Die Entschleierung des Tanzes. Geist, Freie Energie und das schöpferische Vakuum«), S. 121 ff.
6. Wilber, *Eye of Spirit*, S. 64.
7. Nietzsche 1884. In: Krit. Studienausgabe, Bd. 11, S. 76.
8. Bahro, »Homo integralis«. Abgedruckt in: *Aletheia*, S. 9 f.
9. Heinrichs, *Sprung aus dem Teufelskreis*, S. 28.
10. Ebd., S. 22.
11. In: Heinrichs, *Sprung*, S. 328.
12. Ebd., S. 105.
13. Ebd., S. 109.
14. In: Heinrichs, ebd., S. 326.
15. In: ebd., S. 327.
16. In: ebd., S. 327.
17. *Spiegel* 10/1996, S. 186.

11. KAPITEL

1. Friedrich Hölderlin, »Dichterberuf«. In: Sämtl. Werke, hg. v. Friedrich Beißner, Frankfurt/M. 1961, S. 261.

ANHANG

1. Zitiert in: Sloterdijk, a.a.O., S. 300.
2. Werner Heisenberg, *Der Teil und das Ganze. Gespräche im Umkreis der Atomphysik*, München 1969. Lizenzausgabe Buchclub Ex Libris Zürich, S. 103.
3. Zitiert in: Joachim-Ernst Berendt, *Das Dritte Ohr. Vom Hören der Welt*, Reinbek 1988, S. 44.
4. Sloterdijk, a.a.O., S. 295f.
5. Zitiert in: Kirchhoff, *Klang und Verwandlung*, S. 14.
6. Vortrag am 7. Nov. 1993 im Thalia Theater in Hamburg.
7. Zitiert in: Kirchhoff, *Klang und Verwandlung*, S. 120f.
8. Hierzu Friedrich Cramer/Wolfgang Kaempfer, *Die Natur der Schönheit*, Frankfurt/M. 1992, S. 29ff. und 264ff.
9. Müller/Schreiber/Eggebrecht, *Sergiu Celibidache*, Bergisch Gladbach 1992, S. 63.
10. Kayser, *Akróasis*, S. 12f.
11. Ebd., S. 38.
12. Cramer/Kaempfer, a.a.O., S. 27.
13. Ebd., S. 31.
14. Bodo Hamprecht, »Die Musik des Weltenäthers«. Aufsatz in dem Sammelband *Am Fluß des Heraklit*, Frankfurt/M. 1993, S. 189.
15. Ebd., S. 197.
16. Zitiert in: Berendt, *Drittes Ohr*, S. 189.
17. Spengler, a.a.O., Bd. 1, S. 101.
18. Arthur Schopenhauer, Der handschriftliche Nachlaß, München 1985, Bd. 3, S. 9.
19. Ernst Jünger, *Zahlen und Götter*, S. 50.
20. Theodor W. Adorno, »Klassik, Romantik, Neue Musik«. In: *Klangfiguren*, Frankfurt/M. 1959, S. 205.
21. Thomas Mann, *Doktor Faustus*, Frankfurt/M. 1967, S. 64.

LITERATURVERZEICHNIS

Abraham, Ralph: *Chaos, Gaia, Eros. A Chaos Pioneer Uncovers the Three Great Streams of History.* San Francisco 1995.

Aurobindo, Sri: *Der integrale Yoga.* Reinbek 1989.

Bahro, Rudolf: *Logik der Rettung. Wer kann die Apokalypse aufhalten?* Stuttgart 1987.

Bahro, Rudolf: *Rückkehr. Die In-Weltkrise als Ursprung der Weltzerstörung* (mit Gastbeiträgen von Johan Galtung, Kurt Hübner, Hans-Peter Hempel, Jochen Kirchhoff u.a.). Berlin, Frankfurt/M. 1991.

Bateson, Gregory: *Ökologie des Geistes. Anthropologische, psychologische, biologische und epistemologische Perspektiven.* Frankfurt/M. 1985. (Zuerst 1972 erschienen.)

Bateson, Gregory: *Geist und Natur. Eine notwendige Einheit.* Frankfurt/M. 1987. (Zuerst 1979 erschienen.)

Berman, Morris: *Wiederverzauberung der Welt. Am Ende des Newtonschen Zeitalters.* München 1983.

Bindel, Ernst: *Die Zahlengrundlagen der Musik im Wandel der Zeiten.* Stuttgart 1985.

Blume, Michael: *Satyagraha. Wahrheit und Gewaltfreiheit, Yoga und Widerstand bei Gandhi.* Gladenbach 1987.

Böhme, Gernot: *Natürlich Natur. Über Natur im Zeitalter ihrer technischen Reproduzierbarkeit.* Frankfurt/M. 1992.

Breuer, Reinhard (Hg.): *Immer Ärger mit dem Urknall. Das kosmologische Standardmodell in der Krise.* Reinbek 1993.

Bruno, Giordano: *Das Aschermittwochsmahl.* Frankfurt/M. 1981.

Bruno, Giordano: *Über die Ursache, das Prinzip und das Eine.* Stuttgart 1986.

Bruno, Giordano: *Über das Unendliche, das All und die Welten.* Stuttgart 1994.

Bucke, Richard: *Kosmisches Bewußtsein. Zur Evolution des menschlichen Geistes.* Frankfurt/M. 1993. (Zuerst 1901 erschienen.)

Capra, Fritjof: *Lebensnetz. Ein neues Verständnis der lebendigen Welt.* Bern, München, Wien 1996.

Chargaff, Erwin: *Das Feuer des Heraklit. Skizzen aus einem Leben vor der Natur.* München 1995. (Zuerst 1979 erschienen.)

Chargaff, Erwin: *Über das Lebendige. Ausgewählte Essays.* Stuttgart 1993.

Chargaff, Erwin: *Ein zweites Leben. Autobiographische und andere Texte.* Stuttgart 1995.

Cramer, Friedrich: *Chaos und Ordnung. Die komplexe Struktur des Lebendigen.* Frankfurt/M. 1993.

Davies, Paul: *Sind wir allein im Universum? Über die Wahrscheinlichkeit außerirdischen Lebens.* Bern, München, Wien 1996.

Duhm, Dieter: *Der unerlöste Eros.* Radolfzell am Bodensee 1991.

Dürr, Hans-Peter: *Die Zukunft ist ein unbetretener Pfad. Bedeutung und Gestaltung eines ökologischen Lebensstils.* Freiburg, Basel, Wien 1995.

Dürr, Hans-Peter/Gottwald, Franz-Theo (Hg.): *Rupert Sheldrake in der Diskussion. Das Wagnis einer neuen Wissenschaft des Lebens.* Bern, München, Wien 1997.

Gebser, Jean: *Ursprung und Gegenwart.* München 1973. (Zuerst 1949/1953 erschienen.)

Giegerich, Wolfgang: *Psychoanalyse der Atombombe.* 2 Bde. Zürich 1988/89.

Giegerich, Wolfgang: *Tötungen. Gewalt aus der Seele.* Frankfurt/M. 1994.

Giegerich, Wolfgang: *Animus-Psychologie.* Frankfurt/M. 1994.

Gloy, Karen: *Das Verständnis der Natur.* 2 Bde. München 1995/96.

Goethe, Johann Wolfgang: *Farbenlehre in 3 Bänden. Mit Einleitungen und Kommentaren von Rudolf Steiner.* Hg. v. G. Ott und H. O. Proskauer. Stuttgart 1979.

Goswami, Amit: *Das bewußte Universum. Wie Bewußtsein die materielle Welt erschafft.* Freiburg i. Br. 1995.

Gottwald, Franz-Theo (Hg.): *Tiefenökologie. Wie wir in Zukunft leben wollen.* München 1995.

Grof, Stanislav: *Das Abenteuer der Selbstentdeckung. Heilung durch veränderte Bewußtseinszustände.* München 1987.

Grof, Stanislav: *Kosmos und Psyche. An den Grenzen menschlichen Bewußtseins.* Frankfurt/M. 1997.

Grossinger, Richard: *Der Mensch, die Nacht und die Sterne. Die Kulturgeschichte der Menschheit im Angesicht des Nachthimmels.* München 1988.

Gruhl, Herbert: *Ein Planet wird geplündert. Die Schreckensbilanz unserer Politik.* Frankfurt/M. 1975.

Gruhl, Herbert: *Himmelfahrt ins Nichts. Der geplünderte Planet vor dem Ende.* München 1992.

Hassenpflug, Dieter (Hg.): *Industrialismus und Ökoromantik. Geschichte und Perspektiven der Ökologisierung.* Wiesbaden 1991.

Heidegger, Martin: *Die Technik und die Kehre.* Pfullingen 1976.

Heinrichs, Johannes: *Ökologik. Tiefenökologie als strukturelle Naturphilosophie.* Frankfurt/M. 1997.

Heinrichs, Johannes: *Sprung aus dem Teufelskreis. Logik des Sozialen und Natürliche Wirtschaftslehre. Nachwort von Rudolf Bahro.* Wien 1998.

Hempel, Hans-Peter: *Heideggers Weg aus der Gefahr.* Meßkirch 1993.

Herer, Jack: *Die Wiederentdeckung der Nutzpflanze HANF Cannabis Marihuana. Hg. v. Mathias Bröckers.* Frankfurt/M. 1994.

Hermand, Jost: *Grüne Utopien in Deutschland. Zur Geschichte des ökologischen Bewußtseins.* Frankfurt/M. 1991.

Hofmann, Albert: *LSD – mein Sorgenkind. Die Entdeckung einer »Wunderdroge«.* München 1993. (Zuerst 1979 erschienen.)

Huxley, Aldous: *Die Pforten der Wahrnehmung. Himmel und Hölle.* Frankfurt/M. 1995. (Zuerst 1954/1956 erschienen.)

Jonas, Hans: *Das Prinzip Verantwortung. Versuch einer Ethik für die technologische Zivilisation.* Frankfurt/M. 1984. (Zuerst 1979 erschienen.)

Jünger, Ernst: *Der Arbeiter. Herrschaft und Gestalt.* Stuttgart 1982. (Zuerst 1932 erschienen.)

Jünger, Ernst: *An der Zeitmauer.* Stuttgart 1991. (Zuerst 1959 erschienen.)

Jünger, Ernst: *Annäherungen. Drogen und Rausch.* Berlin, Wien 1980. (Zuerst 1970 erschienen.)

Jünger, Ernst: *Zahlen und Götter. Philemon und Baucis. Zwei Essays.* Stuttgart 1974.

Jünger, Ernst: *Die Schere.* Stuttgart 1990.

Jung, C. G.: *Erinnerungen, Träume, Gedanken.* Hg. v. Aniela Jaffé. Olten 1971.

Kaempfer, Wolfgang: *Zeit des Menschen. Das Doppelspiel der Zeit im Spektrum menschlicher Erfahrung.* Frankfurt/M. 1994.

Kayser, Hans: *Akróasis. Die Lehre von der Harmonik der Welt.* Basel, Stuttgart 1984.

Kirchhoff, Jochen: *Giordano Bruno.* Reinbek 1980. (rm 285.)

Kirchhoff, Jochen: *Schelling.* Reinbek 1982. (rm 308.)

Kirchhoff, Jochen: *Kopernikus.* Reinbek 1985. (rm 347.)

Kirchhoff, Jochen: *Klang und Verwandlung. Klassische Musik als Weg der Bewußtseinsentwicklung.* München 1989.

Kirchhoff, Jochen: *Nietzsche, Hitler und die Deutschen. Die Perversion des Neuen Zeitalters. Vom unerlösten Schatten des Dritten Reiches.* Berlin 1990.

Kniebe, Georg: *Die vier Elemente. Moderne Erfahrungen mit einer alten Wirklichkeit.* Stuttgart 1993.

LaChapelle, Dolores: *Weisheit der Erde. Eine spirituelle Ökologie.* Saarbrücken 1990. (Zuerst 1978 erschienen.)

Lassek, Heiko: *Orgontherapie. Heilen mit der reinen Lebensenergie.* Bern, München, Wien 1997.

Laszlo, Ervin: *Global denken. Die Neu-Gestaltung der vernetzten Welt. Mit einem Vorwort von Ilya Prigogine.* Rosenheim 1989.

Laszlo, Ervin: *Wissenschaft und Wirklichkeit.* Frankfurt/M. 1994.

Laszlo, Ervin: *Kosmische Kreativität. Neue Grundlagen einer einheitlichen Wissenschaft von Materie, Geist und Leben.* Frankfurt/M. 1995.

Layzer, David: *Die Ordnung des Universums. Vom Urknall zum menschlichen Bewußtsein.* Frankfurt/M. 1995.

Lerner, Eric: *The Big Bang Never Happened. A Startling Refutation of the Dominant Theory of the Origin of the Universe.* London 1992. Bisher keine deutsche Übersetzung. Der Originaltitel lautet in deutscher Übersetzung: *Der Urknall hat nie stattgefunden. Eine aufrüttelnde (oder überraschende) Widerlegung der herrschenden Theorie über den Ursprung des Universums.*

Lorimer, David: *Die Ethik der Nah-Todeserfahrungen.* Frankfurt/M. 1993.

Lovelock, James: *Die Erde ist ein Lebewesen.* Bern, München, Wien 1992.

Macy, Joanna: *Die Wiederentdeckung der sinnlichen Erde. Wege zum ökologischen Selbst*. Zürich, München 1994.

Mayer-Tasch, Peter Cornelius (Hg.): *Natur denken. Eine Genealogie der ökologischen Idee*. 2 Bde. Frankfurt/M. 1991.

McKenna, Terence: *Speisen der Götter. Die Suche nach dem ursprünglichen Baum der Weisheit*. Löhrbach 1992.

Monroe, Robert: *Der Mann mit den zwei Leben. Reisen außerhalb des Körpers*. München 1986. (Zuerst 1971 erschienen.)

Mumford, Lewis: *Mythos der Maschine. Kultur, Technik und Macht*. Frankfurt/M. 1977. (Zuerst 1964/1966 erschienen.)

Mynarek, Hubertus: *Ökologische Religion. Ein neues Verständnis der Natur*. München 1986.

Padrutt, Hanspeter: *Und sie bewegt sich doch nicht. Parmenides im epochalen Winter*. Zürich 1991.

Peat, F. David: *Der Stein der Weisen. Chaos und verborgene Weltordnung*. Hamburg 1992.

Pennick, Nigel/Devereux, Paul: *Leys und lineare Rätsel in der Geomantie. Das Energienetzwerk der Erde*. Chur, St. Gallen, Zürich 1991.

Penrose, Roger: *Schatten des Geistes. Wege zu einer neuen Physik des Bewußtseins*. Heidelberg, Berlin, Oxford 1995.

Pogačnik, Marko: *Die Erde heilen. Das Modell Türnich*. München 1989.

Pogačnik, Marko: *Schule der Geomantie*. München 1996.

Pogačnik, Marko: *Wege der Erdheilung*. München 1997.

Reich, Wilhelm: *Äther, Gott und Teufel*. Frankfurt/M. 1983. (Zuerst 1949 erschienen.)

Reich, Wilhelm: *Orop Wüste. Raumschiffe, DOR und Dürre*. Frankfurt/M. 1995. (Zuerst 1954 erschienen.) Hierzu eine Lesebegleitung von Arnim Bechmann, auch bei Zweitausendeins.

Roszak, Theodore: *Ökopsychologie. Der entwurzelte Mensch und der Ruf der Erde*. Stuttgart 1994.

Scheich, Elvira: *Naturbeherrschung und Weiblichkeit*. Pfaffenweiler 1993.

Schelling, *ausgewählt und vorgestellt von Michaela Boenke. In der Reihe »Philosophie jetzt!«* München 1995.

Schopenhauer, *ausgewählt und vorgestellt von Rüdiger Safranski. In der Reihe »Philosophie jetzt!«* München 1995.

Schulte, Günter: *Philosophie der letzten Dinge. Liebe und Tod als Grund und Abgrund des Denkens*. München 1997.

Senf, Bernd: *Die Wiederentdeckung des Lebendigen*. Frankfurt/M. 1996.

Sheldrake, Rupert: *Das Gedächtnis der Natur*. Bern, München, Wien 1987.

Sheldrake, Rupert: *Die Wiedergeburt der Natur*. Bern, München, Wien 1991.

Sheldrake, Rupert/McKenna, Terence/Abraham, Ralph: *Denken am Rande des Undenkbaren. Über Ordnung und Chaos, Physik und Metaphysik, Ego und Weltseele*. Bern, München, Wien 1993.

Sheldrake, Rupert/McKenna, Terence/Abraham, Ralph: *Cyber-Talk. Mutige Anstöße für die Vernetzung von wissenschaftlichem Fortschritt und Heilung der Erde.* Bern, München, Wien 1998.

Sloterdijk, Peter: *Weltfremdheit.* Frankfurt/M. 1993.

Steiner, George: *Von realer Gegenwart. Hat unser Sprechen Inhalt?* München, Wien 1990.

Steiner, Rudolf: *Theosophie. Einführung in übersinnliche Welterkenntnis und Menschenbestimmung.* Dornach 1974. (Zuerst 1904 erschienen.)

Steiner, Rudolf: *Die Geheimwissenschaft im Umriß. Mit einem Nachwort von Dankmar Bosse.* Dornach 1996. (Zuerst 1910 erschienen.)

Suchantke, Andreas: *Partnerschaft mit der Natur. Entscheidung für das kommende Jahrtausend.* Stuttgart 1993.

Taeger, Hans-Hinrich: *Spiritualität und Drogen. Interpersonelle Zusammenhänge von Psychedelika und religiös-mystischen Aspekten in der Gegenkultur der 70er Jahre.* Markt Erlbach 1988.

Tipler, Frank J.: *Die Physik der Unsterblichkeit. Moderne Kosmologie, Gott und die Auferstehung der Toten.* München 1994.

Tompkins, Peter/Bird, Christopher: *Das geheime Leben der Pflanzen. Pflanzen als Lebewesen mit Charakter und Seele und ihre Reaktionen in den physischen und emotionalen Beziehungen zum Menschen.* Frankfurt/M. 1997. (Zuerst 1977 erschienen.)

Tompkins, Peter/Bird, Christopher: *Die Geheimnisse der guten Erde. Neue und wiederentdeckte natürliche Methoden, mit denen wir verhindern können, daß der Mutterboden noch weiter zerstört wird.* Bern, München, Wien 1989.

Uhlig, Helmut: *Tibet. Ein verbotenes Land öffnet seine Tore.* Bergisch Gladbach 1986.

Uhlig, Helmut: *Bali. Insel der lebenden Götter.* Bergisch Gladbach 1988.

Uhlig, Helmut: *Leben mit Göttern. Feste auf Bali.* Nürnberg 1995.

Uhlig, Helmut: *Das Leben als kosmisches Fest. Magische Welt des Tantrismus. Hg. und mit einem Essay v. Jochen Kirchhoff.* Bergisch Gladbach 1998.

Varela, Francisco/Maturana, Humberto: *Der Baum der Erkenntnis. Die biologischen Wurzeln des menschlichen Erkennens.* Bern, München, Wien 1987.

Wilber, Ken: *Das Atman-Projekt. Der Mensch in transpersonaler Sicht.* Paderborn 1990. (Zuerst 1980 erschienen.)

Wilber, Ken: *Halbzeit der Evolution. Der Mensch auf dem Weg vom animalischen zum kosmischen Bewußtsein.* Frankfurt/M. 1996. (Zuerst 1981 erschienen / *Up from Eden.*)

Wilber, Ken: *Eros, Kosmos, Logos. Eine Vision an der Schwelle zum nächsten Jahrtausend.* Frankfurt/M. 1996. *(Sex, Ecology, Spirituality. The Spirit of Evolution.)*

Wilber, Ken: *Eine kurze Geschichte des Kosmos.* Frankfurt/M. 1997. *(A Short History of Everything.)*

Wilber, Ken: *The Eye of Spirit. An Integral Vision for a World Gone Slightly Mad.*
    Boston, London 1997.
Wilber, Ken: *Naturwissenschaft und Religion. Die Versöhnung von Wissen und
    Weisheit.* Frankfurt/M. 1998.
Zajonc, Arthur: *Die gemeinsame Geschichte von Licht und Bewußtsein.* Reinbek
    1994.

REGISTER